Udo R. Mayer
Mitarbeiter im Außendienst

RECHT AKTUELL

Udo R. Mayer

Mitarbeiter im Außendienst

Der Ratgeber zu arbeits-, sozial- und steuerrechtlichen Fragen

3., überarbeitete Auflage

BUND VERLAG

Bibliografische Information der Deutschen Nationalbibliothek
Die Deutsche Nationalbibliothek verzeichnet diese Publikation in der Deutschen Nationalbibliografie; detaillierte bibliografische Daten sind im Internet über http://dnb.d-nb.de abrufbar.

3., überarbeitete Auflage 2011

Herstellung: Birgit Fieber
Umschlaggestaltung: Neil McBeath, Stuttgart
Umschlagfoto: Bernd Leitner, fotolia
Satz: Dörlemann Satz, Lemförde
Druck: Freiburger Graphische Betriebe, Freiburg
Printed in Germany 2011
ISBN 978-3-7663-6075-5

www.bund-verlag.de

Vorwort

Seit Erscheinen der 2. Auflage im Jahr 2003 haben sich die arbeits-, sozial- und steuerrechtlichen Rahmenbedingungen für Mitarbeiter im Außendienst weiter verändert: Die AGB-Kontrolle durch die Rechtsprechung hat in verschiedenen Bereichen neue Akzente gesetzt, die auch den Außendienst betreffen, z. B. bei Provisionen und Prämien. Das Allgemeine Gleichbehandlungsgesetz hat neue Herausforderungen bei der Behandlung älterer Mitarbeiter mit sich gebracht. Eine Neuregelung zum Gerichtsstand im Arbeitsgerichtsgesetz macht den Wohnsitz des Arbeitnehmers zum Ausgangspunkt bei Gerichtsprozessen, was Außendienstmitarbeitern mit einer Home Office-Struktur entgegenkommt. All diese gesetzlichen Änderungen sowie einschlägige tarifliche Entwicklungen und die Rechtsprechung sind in der Neuauflage bis zum 1. 7. 2010 berücksichtigt.

Ein Ratgeber lebt davon, dass seine Informationen praktisch verwertbar sind und bei strategischen Entscheidungen der Betroffenen Hilfestellung geben. Inwieweit dieser Ratgeber das zu leisten im Stande ist, entscheiden seine Leserinnen und Leser. Über Rückmeldungen, Anregungen und Kritik würde ich mich freuen (E-Mail: udo.mayer@wiso.uni-hamburg.de).

Prof. Dr. Udo R. Mayer
Universität Hamburg

Inhaltsverzeichnis

Abkürzungsverzeichnis

a. a. O.	am angegebenen Ort
Abs.	Absatz
Abschn.	Abschnitt
AFG	Arbeitsförderungsgesetz
AGG	Allgemeines Gleichbehandlungsgesetz
AiB	Arbeitsrecht im Betrieb (Zeitschrift)
AMG	Arzneimittelgesetz
Anm.	Anmerkung
AP	Arbeitsrechtliche Praxis (Nachschlagewerk des BAG)
ArbG	Arbeitsgericht
ArbGG	Arbeitsgerichtsgesetz
ArbZG	Arbeitszeitgesetz
Art.	Artikel
AT	außertariflich
ATG	Altersteilzeitgesetz
Aufl.	Auflage
AÜG	Arbeitnehmerüberlassungsgesetz
AuR	Arbeit und Recht (Zeitschrift)
AVG	Angestelltenversicherungsgesetz
AZ	Aktenzeichen
AZO	Arbeitszeitordnung
BA	Bundesagentur für Arbeit
BAG	Bundesarbeitsgericht
BAT	Bundes-Angestelltentarifvertrag
BB	Betriebs-Berater (Zeitschrift)
Bd.	Band
BDSG	Bundesdatenschutzgesetz
bes.	besonders
BetrAVG	Gesetz zur Verbesserung der betrieblichen Altersversorgung

BetrVG	Betriebsverfassungsgesetz
BFH	Bundesfinanzhof
BGB	Bürgerliches Gesetzbuch
BGBl	Bundesgesetzblatt
BGH	Bundesgerichtshof
BPI	Bundesverband Pharmaindustrie
BSG	Bundessozialgericht
BSGE	Entscheidungen des Bundessozialgerichts
BUrlG	Bundesurlaubsgesetz
BVerfG	Bundesverfassungsgericht
bzw.	beziehungsweise
ca.	circa
DB	Der Betrieb, Zeitschrift
DGB	Deutscher Gewerkschaftsbund
der betriebsrat	Monatszeitschrift
DKKW	Däubler/Kittner/Klebe/Wedde, BetrVG mit Wahlordnung, Kommentar für die Praxis, 12. Aufl. 2010
d. h.	das heißt
EDV	Elektronische Datenverarbeitung
EFZG	Entgeltfortzahlungsgesetz
EStG	Einkommensteuergesetz
EStR	Einkommensteuer-Richtlinien
etc.	et cetera (lat.): und so weiter
EuGH	Europäischer Gerichtshof
EuZW	Europäische Zeitschrift für Wirtschaftsrecht
evtl.	eventuell
EzA	Entscheidungssammlung zum Arbeitsrecht
f./ff.	folgende
FESTL	Fitting/Engels/Schmidt/Trebinger/Linsenmaier, Betriebsverfassungsgesetz, Handkommentar, 25. Aufl. 2010
Fn.	Fußnote
FS	Festschrift
GewO	Gewerbeordnung
GG	Grundgesetz

ggf.	gegebenenfalls
GmbH	Gesellschaft mit beschränkter Haftung
grds.	grundsätzlich
GS	Großer Senat des BAG
HGB	Handelsgesetzbuch
Hrsg.	Herausgeber
i. d. R.	in der Regel
IG	Industriegewerkschaft
insbes.	insbesondere
KSchG	Kündigungsschutzgesetz
LAG	Landesarbeitsgericht
LAGE	Entscheidungen der Landesarbeitsgerichte (Sammlung)
LStR	Lohnsteuer-Richtlinien
masch.	maschinenschriftlich
MDE	mobiles Datenerfassungsgerät
MTV	Manteltarifvertrag
MuSchG	Mutterschutzgesetz
NGG	Gewerkschaft Nahrung-Genuss-Gaststätten
NJW	Neue Juristische Wochenschrift
NZA	Neue Zeitschrift für Arbeits- und Sozialrecht
o. a.	oben angegeben
o. O.	ohne Ortsangabe
RdA	Recht der Arbeit (Zeitschrift)
Rn.	Randnummer
Rspr.	Rechtsprechung
RVO	Reichsversicherungsordnung
Rz.	Randziffer
SGB	Sozialgerichtsbarkeit (Zeitschrift)
sog.	so genannt(e)
ständ.	ständig(e)

TzBfG	Teilzeit- und Befristungsgesetz
u. a.	unter anderem
Urt.	Urteil
usw.	und so weiter
u. U.	unter Umständen
VersR	Versicherungsrecht (Zeitschrift)
vgl.	vergleiche
WSI-Mitteilungen	Wirtschafts- und sozialwissenschaftliches Institut des DGB, Zeitschrift des WSI
z. B.	zum Beispiel
Ziff.	Ziffer
ZPO	Zivilprozessordnung
z. T.	zum Teil
ZTR	Zeitschrift für Tarifrecht

Literaturverzeichnis

Backmeister/Trittin/Mayer, Kündigungsschutzgesetz, Kommentar, 4. Aufl. 2009

Bauer, Arbeitsrechtliche Aufhebungsverträge, 8. Aufl. 2007

Bauer/Diller, Wettbewerbsverbot, 5. Aufl. 2009

Becker u. a., Gemeinschaftskommentar zum KSchG, 8. Aufl. 2007

Beseler u. a., Rechtsfragen im angestellten Außendienst, 2. Aufl. 2007

Bösche/Grimberg, Rechtsfragen der Außendiensttätigkeit, Festschrift A. Gnade, 1992, 377

Bopp/Molkenbur, Mitbestimmung bei Leistungskontrollen im Außendienst, BB 1995, 514

Buschmann/Ulber, Arbeitszeitgesetz, 6. Aufl. 2009

Däubler, Gläserne Belegschaften?, 5. Aufl. 2009

Däubler, Arbeitsrecht, Ratgeber, 8. Aufl. 2010

Däubler/Dorndorf, AGB-Kontrolle im Arbeitsrecht, 2. Aufl. 2008

Däubler/Hjort/Hummel/Wolmerath, Arbeitsrecht – Handkommentar, 2. Aufl. 2010

Däubler/Kittner/Klebe/Wedde (Hrsg.), BetrVG – Betriebsverfassungsgesetz mit Wahlordnung, Kommentar für die Praxis, 12. Aufl. 2010

Erfurter Kommentar zum Arbeitsrecht, 10. Aufl. 2010

Fitting/Engels/Schmidt/Trebinger/Linsenmaier, Betriebsverfassungsgesetz, Handkommentar, 25. Aufl. 2010

Ganz, Betriebsvereinbarung Laptop im Außendienst, AiB 1992, 189

Hesse/Schrader, Praxismappe für das perfekte Arbeitszeugnis, 2007

Hinrichs/Oberhofer, Neue Reisespesen mitgestalten, AiB 1996, 92

Hjort, Aufhebungsvertrag und Abfindung, 4. Aufl. 2011

Hopfner, Tarifverträge für die private Versicherungswirtschaft, 8. Aufl. 2009

Hoyningen-Huene v., Die kaufmännische Hilfsperson, Münchener Kommentar HGB, 1996

Hoyningen-Huene, v./Linck, Kündigungsschutzgesetz, Kommentar, 14. Aufl. 2007

Hunold, Arbeitsrecht im Außendienst, 2. Aufl. 2006
Kempen/Zachert (Hrsg.), Tarifvertragsgesetz, Kommentar für die Praxis, 4. Aufl. 2006
Kittner/Däubler/Zwanziger (Hrsg.), Kündigungsschutzrecht, Kommentar für die Praxis, 8. Aufl. 2011
Kittner/Zwanziger (Hrsg.), Arbeitsrecht, Handbuch für die Praxis, 5. Aufl. 2009
Klebe/Ratayczak/Heilmann/Spoo, BetrVG, Basiskommentar, 15. Aufl. 2009
Kloesel/Cyrau, Arzneimittelrecht, Kommentar, 2009
Knevels/Wagner, Gratifikation, Anwesenheits- und Treueprämie, 3. Aufl. 1998
Küstner, Das neue Recht des Handelsvertreters, 4. Aufl. 2004
Küstner/Thume, Handbuch des gesamten Außendienstrechts, Band 3, 8. Aufl. 2007
Mayer/Paasch/Ruthenberg, Ein Schein von Selbständigkeit, 2. Aufl. 1997
Meinel/Heyn/Harms, TzBfG, Kommentar, 3. Aufl. 2009
Nägele (Hrsg.), Der Dienstwagen, Arbeits- und Steuerrecht von A-Z, 2. Aufl. 2008
Neumann/Biebl, Arbeitszeitgesetz, 15. Aufl. 2008
NGG (Hrsg.), Arbeit im Außendienst 1992
Preis, Der Arbeitsvertrag, 3. Aufl. 2008
Richardi, Betriebsverfassungsgesetz, Kommentar, 12. Aufl. 2009
Schaub, Arbeitsrechts-Handbuch, 13. Aufl. 2009
Schulz, Alles über Arbeitszeugnisse, 8. Aufl. 2009
Wanzke, Das Arbeitszeugnis, 2008
Weuster/Scheer, Arbeitszeugnisse in Textbausteinen, 12. Aufl. 2010
Zmarzlik/Anzinger, Kommentar zum Arbeitszeitgesetz, 3. Aufl. 2009

Einleitung

Umfang des Außendienstes

Der **Außendienst** hat in jedem Unternehmen, das ein Produkt oder eine Service-Leistung auf dem Markt vertreiben will, die Funktion einer zentralen Schaltstelle. Der Außendienst hat Bestellaufträge auf dem Markt zu akquirieren, muss ein Unternehmens-Produkt an einen Kunden bringen und dazu entsprechende Überzeugungsarbeit leisten. Dabei ist die Kundengewinnung natürlich nicht allein vom Außendienst abhängig, sondern zu einem erheblichen Teil von den Marketing-Anstrengungen des Unternehmens selbst.

Die Außendienstmitarbeiter[1] stellen mit ca. 800 000 hauptberuflich tätigen Personen eine der großen Berufsgruppen in der Bundesrepublik dar. Daneben wird geschätzt, dass sich etwa eine Million Menschen nebenberuflich zusätzlich Geld durch außendienstähnliche Tätigkeiten verdienen, z. B. durch Verkauf von Versicherungen oder Kosmetik in Betrieb und Nachbarschaft.

In welchem Umfang Unternehmen einen eigenen Außendienst unterhalten, ist von verschiedenen Faktoren abhängig: einmal von der Struktur des eigenen Vertriebsnetzes, aber zum großen Teil auch von der Struktur des Kundenkreises, den es zu erreichen gilt, also insbesondere von den Besonderheiten der jeweiligen Branche.

Im Nahrungs- und Genussmittelbereich z. B. mit seiner Vielzahl an Einzelhandelsgeschäften beträgt die **Zahl der Außendienstmitarbeiter** ca. 15 % aller dort Beschäftigten mit zum Teil extrem hohen Umsätzen pro Mitarbeiter (z. B.

---

1 Zum Zwecke der besseren Lesbarkeit wird durchgängig der Ausdruck »Außendienstmitarbeiter« benutzt (gewissermaßen als Berufsstandsbezeichnung). Es versteht sich von selbst, dass in diesem Berufsstand Frauen und Männer vertreten sind. Der Frauenanteil beträgt in der Versicherungsbranche ca. 19 %, vgl. Geschäftsbericht Arbeitgeberverband Versicherungswirtschaft 2009; dies dürfte dem Anteil auch in anderen Branchen entsprechen.

Dr. Oetker 1,6 Mio. €).[2] In der Informations- und Kommunikationsbranche liegt der Anteil der Vertriebsmitarbeiter deutlich höher, bei ca. 40 %, während der Umsatz pro Mitarbeiter wesentlich geringer ausfällt (z. B. Siemens 0,4 Mio. € pro Mitarbeiter).[3] In der Chemiebranche sind bundesweit ca. 50 000 Personen im Außendienst beschäftigt, davon etwa 12 000 im Pharmabereich.

Die Spitzenposition im Außendienst dürfte jedoch die Versicherungsbranche einnehmen. Im Jahr 2010 waren rund 440 000 Angestellte im Außendienst beschäftigt (davon 19 % Frauen), neben einer großen Zahl von selbständigen Handelsvertretern und nebenberuflichen Vermittlern.[4]

Organisation des Außendienstes

Als Außendienst wird in der speziellen Betriebswirtschaftslehre, insbesondere im **Vertrieb**, die Tätigkeit eines Reisenden oder Handelsvertreters, häufig auch die Arbeit von Servicepersonal bezeichnet, welches im Hersteller- oder Händlerauftrag Kunden besucht und technische Arbeiten vor Ort erledigt sowie dabei ebenfalls (Ersatzteil-)Verkäufe oder Zusatzverkäufe abwickelt. Hierbei wird regelmäßig ein **Verkaufsgespräch mit dem Kunden** geführt und in manchen Fällen ein Inkasso, z. B. für Anzahlungen vorgenommen. Eine zunehmende Bedeutung im Rahmen der Außendiensttätigkeit gewinnt die Markt- und Kundenbeobachtung.

Der Außendienst steht einerseits für die intensive Betreuung der Kunden, andererseits für die höchsten Kosten je Kundenkontakt. Deshalb ist sein Einsatz in Zusammenhang mit dem Geschäftsplan nach Kundenbedeutung, Region, Produktportfolio und Marketingmaßnahmen sorgfältig zu planen und die Ergebnisse sind detailliert zu überwachen. Um den Außendienst im Sinne der Verkaufsziele zu motivieren, wird üblicherweise ein Teil des **Gehaltes erfolgsabhängig** ausbezahlt. Der angestellte Außendienst ist allerdings leichter für ein Unternehmen zu steuern als ein selbständiger Handelsvertreter.[5]

---

2 Es liegen nur vereinzelte Erhebungen vor, die z. T. etwas länger zurückliegen. Als Trendaussage sind sie dennoch hilfreich, vgl. z. B. Mattler/Geens, Entwicklungstrends im Verkauf der Markenartikelindustrie, in: NGG (Hrsg.), Arbeit im Außendienst, 1992, 6.

3 Ebenda.

4 Arbeitgeberverband der Versicherungsunternehmen in Deutschland, Geschäftsbericht 2009/10.

5 Quelle: www.wikipedia.de.

Außendienstmitarbeiter sind **Teil der Vertriebsorganisation von Unternehmen.** Sie haben maßgeblichen Einfluss auf den Unternehmenserfolg. Die Bedeutung des Vertriebs wiederum wird daran deutlich, wie er in der Hierarchie eines Unternehmens eingeordnet ist. Die oberste Vertriebsleitung ist bei nahezu allen Unternehmen in der Unternehmensorganisation sehr weit oben verankert: In 60 % der Unternehmen koordiniert eine Führungskraft der ersten Ebene sämtliche Vertriebsaktivitäten. In 29 % der Unternehmen ist der Vertrieb sogar »Chefsache« und wird von einem Mitglied der Geschäftsführung bzw. des Vorstandes geleitet.[6]

Die **Organisation** des Außendienstes hat sich in den letzten Jahren stark verändert durch Trends, die sich vor allem im Handel, aber auch in den Vertriebsorganisationen anderer Branchen abgespielt haben. Die zunehmende Konzentrationswelle im Handel hat sich auch auf die Außendienstorganisation der Unternehmen ausgewirkt, indem zentrale Vertriebsverhandlungen über **Key Account Manager** abgewickelt werden und der einzelne Außendienstmitarbeiter in deren Verhandlungsstrategien eingebunden ist.[7] Key-Account-Manager oder Bezirksleiter im filialisierten Einzelhandel (z. B. Schlecker, Lidl, Bonita) mit Personal- und Umsatzverantwortung gehören genauso zum Außendienst wie die Personen, die verkäuferisch tätig sind oder Servicetätigkeiten beim Kunden vor Ort ausführen.

Neben diesen zentralistischen Tendenzen im Spitzensegment lässt sich im Einstiegsbereich ein anderer Trend beobachten: es werden **Junior-Außendienstmitarbeiter** beschäftigt mit dem Versprechen, nach entsprechender Bewährung innerhalb eines bestimmten Zeitrahmens (i. d. R. zwei Jahre) in den Senior-Außendienst aufgenommen zu werden. Die Vergütung ist entsprechend niedriger und der Erfolgsdruck entsprechend hoch.

Die zunehmende Verbreitung von mobilen Geräten der Datenerfassung und Datenverarbeitung, die Trennung von Verkauf und Betrieb, die Einführung EDV-gestützter Tourenplanung sowie Telefon-Marketing sind weitere Faktoren, die zu Veränderungen der Arbeitssituation der Außendienstmitarbeiter beitragen. Insgesamt hat das verkäuferische Element in vielen Bereichen des Außendiensts eher ab-, die **Beratungstätigkeit** dagegen zugenommen.

6 Kienbaum-Studie »Führungs- und Fachkräfte im Außendienst« 2008 (www.kienbaum.de).
7 Kindler, Veränderungen von Betriebsstrukturen, in: Arbeit im Außendienst (Fn. 1), 18.

Veränderungen im Verkäuferprofil

Die Veränderungen in der Vertriebsorganisation schlagen sich in der Konsequenz auch auf die Anforderungen an das Verkäuferprofil nieder. In einer branchenübergreifenden Studie »Vertrieb und Verkauf«[8] nahmen die befragten Unternehmen zur Wichtigkeit bestimmter Verkaufseigenschaften Stellung.

Zukünftige Aufgaben und Anforderungen für Verkäufer	
Der neue Verkäufer wird ein Manager seines Verkaufsgebietes und Systemloser beim Kunden.	96%
Innen- und Außendienst werden in Ihrem Unternehmen im Sinne von Teamselling stärker zusammenwachsen.	95%
Verkäufer müssen Präsentations- und Kommunikationstechniken beherrschen.	94%
Das Key-Accounting wird künftig in Ihrem Unternehmen noch wichtiger werden.	91%
Der zukünftige Verkäufer ist Allrounder und denkt in Projekten statt Produkten.	88%
Strategisches Denken und Managementfähigkeiten bestimmen zukünftige Ausbildung.	84%
Zunehmend werden mehrjährige Berufs- und Branchenerfahrung von Verkäufern verlangt.	73%
Die Aufgaben spalten sich: Einsatz hoch qualifizierter Verkäufer bei strategischen Kunden und Topkunden und Einsatz von Juniorverkäufern in der Breite.	72%
Der Innendienst wird künftig in Ihrem Unternehmen offensiv verkaufen.	69%
Die Gesamtzahl der Verkäufer geht zurück, die Qualifikation des Einzelnen steigt.	67%
Die emotionale und soziale Kompetenz des Verkäufers wird zunehmen müssen.	45%
Akademische Ausbildung (BWL, Technik, Soziologie) wird zunehmende Voraussetzung.	45%

8 DUM-Studie Vertrieb, 2000.

Ausbildung zum Außendienstmitarbeiter

Hinter der Tätigkeit als Außendienstmitarbeiter steht **kein einheitliches Berufsfeld** oder gar ein einheitlicher Ausbildungsgang. Dazu sind die Einsatzfelder zu verschieden mit entsprechend unterschiedlichen Qualifikationsanforderungen. Während in der Elektronikbranche der Verkauf elektronischer Bauteile häufig von Ingenieuren durchgeführt wird und im Pharmabereich Ärzte mit dem Vertrieb von Arzneimitteln betraut sind, wird in den meisten Bereichen des Handels oder im Versicherungsgewerbe lediglich eine gute Kenntnis des Produkts verlangt und Verkaufstalent erwartet. Eine Berufsausbildung mit der Vermittlung solcher Qualifikationen gibt es jedoch weder im Ausbildungsgang Versicherungs- noch Einzelhandels-Kaufmann. Es gab zwar Bestrebungen, die berufliche Sockelqualifikation für diese Bereiche zu verbessern, etwa durch die Einführung eines Ausbildungsgangs Fachberater im Außendienst.[9] Es ist jedoch bei Modellversuchen geblieben. Nur für den Versicherungsbereich wird durch eine 2002 verabschiedete EG Richtlinie, die 2007 in deutsches Recht umgesetzt worden ist, eine einheitliche berufliche Qualifizierung festgelegt (siehe unter 4.4).

Außendienst und Innendienst

Der Außendienst unterscheidet sich schließlich in allen Branchen vom Innendienst im Wesentlichen dadurch, dass die Arbeitsleistung nahezu ausschließlich außerhalb einer festen Betriebsstätte erbracht wird. Die Aufgabe der Außendienstmitarbeiter besteht i.d.R. darin, für ihre Arbeitgeber Kunden zu besuchen und sie zum Abschluss von Geschäften zu bewegen oder über bestimmte Produkte zu beraten. Sie sind also fast ständig auf Reisen und damit aus einem **betrieblichen Arbeits- und Kommunikationsprozess ausgeklammert.** Daraus ergeben sich eine Reihe spezifischer Probleme für die Außendienstmitarbeiter wie auch für den Betriebsrat bei der Wahrnehmung von Schutz- und Kontrollaufgaben des Außendienstes.

Rechtliche Probleme der angestellten Außendienstmitarbeiter stehen im Mittelpunkt dieses Ratgebers. Es sollen dabei Hilfestellungen gegeben werden

9 Wiegart, Qualifizierung im Außendienst, in NGG (Hrsg.), Arbeit im Außendienst, 2. Aufl. 1992, 26.

zur Beurteilung von Konflikten und eine erste eigene Orientierung für ihre Lösung ermöglicht werden. Sie kann dabei nicht die konkrete Beratung vor Ort ersetzen, insbesondere durch Betriebsräte.

Aus der Fülle arbeitsrechtlicher Fragen sind diejenigen herausgegriffen worden, die aus der **typischen Arbeitssituation des Außendienstes** herrühren. Allgemeine arbeitsrechtliche Probleme werden nur insoweit behandelt, als dies zum besseren Verständnis erforderlich ist.

1. Abgrenzung des angestellten vom selbständigen Außendienstmitarbeiter

1.1 Angestellte und selbständige Handelsvertreter im Außendienst

In allen Industriebranchen und den großen Dienstleistungsbereichen wie Versicherungen ist der weit überwiegende Teil des Außendienstes im Angestelltenverhältnis beschäftigt. Aber hier – wie auch in anderen Branchen – ist der **Außendienst** besonders prädestiniert, durch **selbständige Handelsvertreter** angereichert oder ersetzt zu werden.[1]

Beispiel:
Ein großer Arzneimittelhersteller hat für seine Kundenberatung einen Stamm fest angestellter Pharmareferenten. Zusätzlich engagiert er Pharmaberater als freie Mitarbeiter, die ausschließlich auf Erfolgsbasis bezahlt werden.

Diese Veränderung in der personalpolitischen Organisation des Außendienstes hat verschiedene **Gründe**. Die wichtigsten Gründe sind dabei **Kosten und Rentabilitätsgesichtspunkte**, die eng miteinander verbunden sind. Der selbständige Handelsvertreter wird allein und ausschließlich nach seinem Erfolg bezahlt, also danach, wie viele Kunden hereingeholt und wie viele Geschäfte abgeschlossen wurden. Zwar erfolgt auch die Bezahlung der angestellten Außendienstmitarbeiter i. d. R. auf Provisionsbasis, allerdings meist gemischt mit einem festen monatlichen Gehalt, d. h. einem erfolgsunabhängigen Sockelbetrag.[2]

Im Außendienst hat der Einsatz von Selbständigen eine lange Tradition. Es ist der einzige Bereich überhaupt, wo die Selbständigen sogar eine eigene

---

1 Zu den Trends im Versicherungsaußendienst vgl. Mayer, Statusklagen von Versicherungsvertretern, AiB 2001, 656.

2 Nach dem Bundesentgelttarifvertrag für die Chemiebranche muss bei einer Provisionsvergütung das Tarifentgelt der entsprechenden Entgeltgruppe im Jahresdurchschnitt garantiert sein, § 3 Nr. 6.

rechtliche Anerkennung gefunden haben, im Handelsgesetzbuch (HGB als Handelsvertreter).

§ 84 Abs. 1 HGB besagt: **Handelsvertreter** ist, wer als selbständiger Gewerbetreibender ständig damit betraut ist, für einen anderen Unternehmer Geschäfte zu vermitteln oder in dessen Namen abzuschließen. Selbständig ist, wer im Wesentlichen seine Tätigkeit frei gestalten und seine Arbeitszeit bestimmen kann.

In der Versicherungsbranche wird dieser Personenkreis als Versicherungsvertreter definiert. § 92 HGB sagt: Versicherungsvertreter ist, wer als Handelsvertreter damit betraut ist, Versicherungsverträge zu vermitteln oder abzuschließen.

Dabei kommt es nicht darauf an, ob der Begriff Handels- oder Versicherungsvertreter bei der Auftragsvergabe benutzt wird oder ob z. B. der modernere Ausdruck freie/-r Mitarbeiter/-in verwandt wird. Die Rechtsfolgen für selbständige Handelsvertreter werden ausgelöst, wenn die Personen a) Geschäfte vermitteln und dies b) als Selbständige tun.

Die **Rechtsfolgen** sind erheblich: Die Selbständigen sind aus dem System der solidarischen Risikovorsorge für Alter, Krankheit und Arbeitslosigkeit ausgeklammert. Sie können sich zwar in die **Rentenversicherung** einkaufen oder sind unter bestimmten Voraussetzungen verpflichtet, in die Rentenkassen einzuzahlen (siehe unter 1.2.3), haben dann aber hohe Beiträge zu zahlen, da anders als bei Arbeitnehmern kein Arbeitgeber die Hälfte der Beiträge mitfinanziert. Entsprechend teuer ist auch eine **Krankenversicherung** aus denselben Gründen. Eine freiwillige **Versicherung gegen Arbeitslosigkeit** ist nur für diejenigen möglich, die zuvor sozialversicherungspflichtig beschäftigt gewesen waren (§ 434j SGB III).

Arbeitsrechtliche Schutzregelungen entfallen ebenfalls, angefangen vom Urlaub über die Lohnfortzahlung im Krankheitsfall bis zum Kündigungsschutz.[3] Aufgrund dieser weit reichenden Unterschiede hat die Abgrenzung zwischen selbständigen Handelsvertretern und angestellten Außendienstmitarbeitern große Bedeutung, ist aber in der Praxis nicht einfach.

---

3 Kittner/Zwanziger-Deinert, Handbuch Arbeitsrecht, § 3 Rn. 1 f.

1.2 Abgrenzung Arbeitnehmer – Selbständige

1.2.1 Allgemeine Abgrenzungsmerkmale

Es gibt weder eine gesetzliche Definition des Selbständigen noch eine gesetzliche Definition des (abhängigen) Arbeitnehmers. Da sich im Außendienst die Tätigkeit der selbständigen Mitarbeiter von denen der angestellten Mitarbeiter kaum unterscheidet, ist die Abgrenzung in der Praxis häufig schwierig. Nach der **Rechtsprechung** sind die zentralen **Merkmale** für einen **Arbeitnehmerstatus** die **persönliche Abhängigkeit** und **Weisungsgebundenheit**. Arbeitnehmer ist nach der Rechtsprechung des BAG, wer seine Dienstleistung im Rahmen einer von Dritten bestimmten Arbeitsorganisation erbringt. Die Eingliederung in die fremde Arbeitsorganisation zeigt sich insbesondere darin, dass der Betreffende hinsichtlich Zeit, Dauer und Ort der Ausführung der versprochenen Dienste einem umfassenden Weisungsrecht des Auftraggebers unterliegt.[4]

Arbeit in einer fremdbestimmten Organisation zeichnet sich dadurch aus, dass der Betreffende von Apparat und Team eines Dritten abhängig ist.[5]

Persönlich abhängige Arbeit ist nach der Rechtsprechung des BAG auch anzunehmen, wenn jemand seine Arbeitskraft nicht – wie ein Unternehmer – nach selbst gesetzten Zielen unter eigener Verantwortung und eigenem Risiko am Markt verwerten kann, sondern darauf angewiesen ist, seine Arbeitsleistung fremdnützig einem Dritten zur Verwertung nach dessen Plan zu überlassen.[6]

Beispiel:
Wie diese relativ abstrakten Kriterien konkret angewandt werden, macht folgender Beispielsfall deutlich:[7]
Die angeblich selbständigen Pharmareferenten hatten Arbeitsunfähigkeiten nachzuweisen, Schulungsveranstaltungen des Arbeitgebers zu besuchen und in kurzen Zeitabständen regelmäßig über ihre Besuchstätigkeit zu berichten. Sie hatten im Wesentlichen die gleichen Tätigkeiten unter den gleichen Arbeitsbedingungen auszuführen wie die angestellten Pharma-Referenten. Die von beiden Mitarbeitergruppen zu verfassenden Wochenberichte waren anhand ein und desselben Vordrucks zu erstellen. Eine darüber hinausgehende konkrete Arbeitszeitüberwachung für die angestellten Kräfte gab es nicht.

4 Ständ. Rspr., z. B. BAG vom 22. 4. 1998, NZA 1998, 275.
5 Ständ. Rspr., z. B. BAG vom 19. 11. 1997 – 5 AZR 653/96.
6 Ständ. Rspr., z. B. BAG vom 21. 10. 1998, NZA 1999, 110.
7 Entschieden vom LAG Hamm vom 5. 10. 1989 – 16 Sa 762/89, DB 1990, 2027f.

Liegen sowohl im Aufgabenbereich als auch in der Tätigkeitserfüllung keine wesentlichen Unterschiede zwischen den angestellten und »freien« Mitarbeitern vor, so genügt bereits dieser objektive Umstand für eine einheitliche arbeitsrechtliche Einordnung aller Mitarbeiter. Dem kann dann auch nicht entgegengehalten werden, dass die sog. freien Mitarbeiter die Pflicht hatten, Steuern und Sozialversicherungsbeiträge selbst abzuführen.

Zusammenfassend kann man als **Kriterien** für die persönliche Abhängigkeit und damit **Arbeitnehmereigenschaft** folgende Punkte ansehen:

- **feststehende Arbeitszeit,** u. a. auch die Pflicht zur Abstimmung der Urlaubszeit;
- **Bindung an Weisungen** des Auftraggebers hinsichtlich der Ausführung der Arbeit; dazu gehört u. a. die jederzeitige Kontrolle durch den Auftraggeber hinsichtlich der Tätigkeit des Betroffenen; die Pflicht zur Vorlage von Unterlagen usw.;
- Pflicht zur **persönlichen Erbringung der Arbeitsleistung;** kein Recht zur Ersatzgestellung einer anderen Arbeitskraft bei persönlicher Verhinderung;
- **Eingliederung in einen vorprogrammierten Arbeitsprozess,** in dem die Arbeits- und Tätigkeitsschritte im Wesentlichen vordefiniert sind;
- **keine Möglichkeit** oder Erlaubnis, seine **Arbeitskraft frei auf dem Markt anzubieten** und sich verschiedene Auftraggeber zu suchen, sondern weitgehende Bindung an einen Auftraggeber;
- **keine eigene Unternehmerorganisation** (Büro, Buchhaltung usw.), sondern Bindung an den technischen Apparat des Auftraggebers.

Die Rechtsprechung wendet diese Kriterien auf einen strittigen Fall folgendermaßen an: Sie prüft, welche Elemente der Vertragsgestaltung bzw. der tatsächlichen Beziehung zwischen den Parteien für Abhängigkeit und welche für Selbständigkeit sprechen. Ausschlaggebend ist dabei, ob die Elemente überwiegen, die für eine **persönliche Abhängigkeit** sprechen (Schwerpunkttheorie).[8] In der neueren Rechtsprechung wird allerdings neben diesem Element der persönlichen Abhängigkeit verstärkt auch die wirtschaftliche Abhängigkeit mit berücksichtigt.[9]

8 Ständ. Rspr., z. B. BAG vom 21. 10. 1998, NZA 1999, 110.
9 Vgl. BAG vom 19. 11. 1997, AiB 1998, 294 m. Anm. Mayer.

1.2.2 Beispiel Versicherungsaußendienst

Die meisten Auseinandersetzungen um Scheinselbständige gab es in der letzten Zeit in der **Versicherungsbranche.** Die Wahlmöglichkeit zwischen dem Einsatz von Selbständigen oder dem Einsatz von angestellten Außendienstmitarbeitern ist in der Versicherungswirtschaft schon relativ alt. Der sog. »84er« (§ 84 HGB) ist geradezu zum Leitbild des Selbständigen geworden.

In der Versicherungsbranche gibt es aber auch noch den sog. **Ein-Firmenvertreter,** der eigentlich genau in der Grenzzone zwischen Selbständigkeit und Abhängigkeit angesiedelt ist (§ 92a HGB). Denn nach der gesetzlichen Definition sind das Personen, die vertraglich an ein Unternehmen gebunden sind und deren wirtschaftliche Existenz allein von diesem Unternehmen abhängt. Sie werden vom Gesetzgeber deshalb jedoch nicht etwa der Gruppe der Arbeitnehmer zugeschlagen, sondern den Selbständigen!

Diese gesetzliche **Vermutung,** dass Ein-Firmenvertreter **Selbständige** sind, ist jedoch **widerlegbar.** Entscheidend sind schließlich auch hier die Rahmenbedingungen, unter denen die Vermittlungstätigkeit ausgeübt wird.

In einer Reihe von gerichtlichen Entscheidungen war die **Ausgestaltung der Verträge** und die **Praxis** von Versicherungsvermittlern kritisch unter die Lupe genommen worden.[10]

Das **BAG** hat mittlerweile den **Maßstab** für eine wesentliche Beeinträchtigung der Weisungsfreiheit recht **hoch angelegt** und in einer Reihe von Entscheidungen einen Arbeitnehmerstatus bei Versicherungsvertretern verneint.[11] Mit »**aufgabenbezogenen Weisungen**« konkretisiere der Arbeitgeber lediglich die Pflicht zur Interessenwahrnehmung nach § 86 Abs. 1 HGB, die auch den selbständigen Handelsvertreter treffe. Damit werde jedenfalls die **freie Gestaltung der Arbeitszeit** nicht beeinträchtigt, was neben der freien Gestaltung der Tätigkeit das zweite Kriterium für die Beurteilung der Selbständigkeit ist. Auch die Verpflichtung zur Teilnahme an Besprechungsterminen mit einem Organisationsleiter der Versicherung stehe der Arbeitszeitsouveränität des Versicherungsvertreters nicht entgegen.[12] Allerdings hat das BAG nicht ausgeschlossen, dass bestimmte Provisionsregelungen (Absenkung der Provisions-

10 ArbG Nürnberg vom 31. 7. 1996, AiB 1996, 677; ArbG Wuppertal vom 28. 10. 1996 – 5 Ca 1356/96; ArbG Ulm vom 13. 8. 1996 – 2 Ca 271/95; ArbG Berlin vom 3. 1. 1997 – 5 Ca 9798/ 96.

11 BAG vom 15. 12. 1999, BB 2000, 1469 = NZA 2000, 1167; vom 20. 9. 2000 – 5 AZR 271/99.

12 BAG vom 9. 6. 2010 – 5 AZR 332/09.

sätze bei Unterschreitung einer Mindestvermittlungsleistung) einen mittelbaren Zwang auf die Arbeitszeitgestaltung ausüben könnten. Das kann im Einzelfall zu einer Verneinung von Selbständigkeit führen.

Beispiel:
Ein Außendienst-Partner wurde bei seiner Tätigkeit gezielt kontrolliert (z. B. durch Telefonanrufe bei Kunden, ob dieser bereits besucht worden sei). Im Fall der Nicht-Übernahme eines ihm angebotenen (bzw. einfach in sein Fach auf der Geschäftsstelle gelegten) Auftrags wurden ihm Sanktionen angedroht (Kritikgespräche bis hin zum Verlust des überlassenen Versicherungsbestands). Das LAG Hamburg hat in einem solchen Fall den Schluss auf einen Arbeitnehmerstatus gezogen.[13]

Es muss im Einzelnen dargelegt werden, dass etwa durch **Zielvorgaben** im Entgeltbereich eine **wesentliche Einschränkung bei der freien Arbeitszeitbestimmung** eintreten kann.[14] Ferner muss substantiiert belegt werden, dass durch die Art und den Umfang der Tätigkeit der Versicherungsvertreter gehindert ist, eine Erwerbstätigkeit in anderen Branchen auszuüben. Mit folgender Checkliste kann geprüft werden, ob die Abhängigkeitsstrukturen bei Versicherungsvertretern so groß sind, dass ein Arbeitnehmerstatus zu bejahen ist.

Checkliste[15]

- Umfang von Besprechungs- und Berichtsterminen am Sitz des Versicherungsunternehmens oder bei Gebietsleitern;
- Umfang einer Teilnahme an Ausbildungsprogrammen, Fortbildungsseminaren des Versicherungsunternehmens/konkrete Konsequenzen einer Nichtteilnahme;
- zeitliche Vorgaben für die Abarbeitung von Adressenlisten/Auswirkung bei verspäteter Bearbeitung oder Nicht-Bearbeitung im Einzelfall;
- Höhe der Bestandspflegeprovision/Umfang der dazu notwendigen Mindestproduktion/durchschnittlich erforderlicher Arbeitszeitaufwand;
- zeitliche Möglichkeit für Beschäftigung in anderen Branchen;
- Verwendung eines eigenen Werbelogos erlaubt?
- Art und Umfang individueller Weisungen;
- Kundenwerbung per Telefonkontakt bei vorheriger schriftlicher Ankündigung erlaubt oder generell untersagt?
- Umfang der Berichtspflichten (zeitliche Intervalle/Umfang des Berichtskatalogs);
- Kontrolle der Kundenbesuche;
- Androhung von Sanktionen bei Nicht-Übernahme von Aufträgen.

13 LAG Hamburg vom 21. 11. 2001 – 8 Sa 15/01.

14 LAG Bremen vom 2. 4. 2008 – 2 Sa 264/06.

15 Mayer, AiB 2001, 656.

1.2.3 Einfirmenvertreter als arbeitnehmerähnliche Selbständige

Einfirmenvertreter, die nach dieser summarischen Betrachtungsweise nicht den Arbeitnehmerstatus zuerkannt bekommen, können jedoch als **arbeitnehmerähnliche Selbständige** angesehen werden. Nach § 2 Nr. 9 SGB VI haben sie dann **Rentenversicherungsbeiträge** zu bezahlen, wenn sie

- regelmäßig nur für einen Auftraggeber arbeiten dürfen und
- keine versicherungspflichtigen Arbeitnehmer beschäftigen.

In diesem Fall müssen sie den **vollen** Rentenversicherungsbeitrag **allein** aufbringen. Der Beitrag wird berechnet nach der monatlichen Bezugsgröße, deren Höhe jährlich neu festgesetzt wird zusammen mit Prozentsätzen für die Versicherungszweige (Bezugsgröße 2010: 2535 € West/2179 € Ost; Prozentsatz für die Rentenversicherung 19,9 %). Ein niedrigeres Einkommen ist nachzuweisen.

Von dieser Rentenversicherungspflicht gibt es zwei **Befreiungsmöglichkeiten:**

1. In den ersten drei Jahren nach Aufnahme einer selbständigen Tätigkeit (**Existenzgründungsphase**) ist eine Befreiung von der Rentenversicherungspflicht möglich (§ 6 Abs. 1a Nr. 1 SGB VI).
2. Eine weitere Befreiungsmöglichkeit gilt für **ältere Selbständige** ab dem **58. Lebensjahr** unter der Voraussetzung, dass sie erstmalig versicherungspflichtig würden (etwa infolge Auflösung des Mitarbeiterstamms).

Mit den arbeitnehmerähnlichen Selbständigen sind im Vertrieb in erster Linie Handelsvertreter gemeint, die als **Einfirmenvertreter** auftreten (§ 92a HGB). Dieser Personenkreis hat damit für seine gesamte soziale Risikovorsorge allein aufzukommen und entsprechend Beiträge in die Sozialversicherungskassen in vollem Umfang zu entrichten.

Diese Beitragslast wäre nur dann mit den Auftraggebern zu **teilen**, wenn die Einfirmenvertreter einen **Arbeitnehmerstatus nachweisen** könnten. Dabei enthält bereits das geltende Recht die Möglichkeit, die Grenzlinie zwischen Selbständigkeit und Abhängigkeit bei dieser Personengruppe deutlicher zu ziehen:

- Nach § 92 a HGB ist das BMA ermächtigt, per Rechtsverordnung für Einfirmenvertreter eine »untere Grenze der vertraglichen Leistungen festzulegen«, d. h. ein **Mindesteinkommen** zu **fixieren**.
- Wer **unterhalb** dieses Mindesteinkommens bleibt, ist nach § 5 Abs. 3 Arbeitsgerichtsgesetz als **Arbeitnehmer** anzusehen. Seit Jahren liegt dieses Mindesteinkommen relativ niedrig bei 1000 €.[16]

16 Illustrativer Fall: BAG vom 20. 10. 2009 – 5 AZB 30/09.

- Diese Grenze könnte das BMA per Rechtsverordnung an die aktuellen Lohn- und Preisverhältnisse **anpassen.** Bisher hat das BMA von dieser Verordnungskompetenz keinen Gebrauch gemacht. Dabei könnten solche Grenzwerte in praktikables Orientierungsmerkmal in der Auseinandersetzung um die Abgrenzung zwischen Arbeitnehmerstatus und Selbständigkeit bei Einfirmenvertretern sein.

1.3 Gerichtliches Feststellungsverfahren

Meist entsteht ein Streit über die wahren Vertragsverhältnisse erst dann, wenn der Auftraggeber das Auftragsverhältnis kündigt. Bei einem echten Auftragsverhältnis kann dies i. d. R. ohne Beachtung längerer Fristen erfolgen, also häufig von heute auf morgen. Hat der Außendienstmitarbeiter im Wesentlichen für diesen einen Auftraggeber gearbeitet, dann kommt die Kündigung einem Entzug der bisherigen Existenzgrundlage gleich.

In dieser Situation kann er versuchen, Klage vor dem Arbeitsgericht zu erheben,[17] etwa eine Kündigungsschutzklage, mit der Behauptung, in Wahrheit sei er als Arbeitnehmer und nicht als Selbständiger beschäftigt gewesen. Was er tatsächlich war, wird dann mit Hilfe des obigen Kriterienkatalogs festgestellt (und nicht etwa anhand dessen, was im Vertrag stand). Im Rahmen dieses Prozesses wird schließlich sowohl die **Arbeitnehmereigenschaft** geprüft wie die Zulässigkeit der Kündigung und die Einhaltung entsprechender Kündigungsfristen.

Da ein Außendienstmitarbeiter in einem solchen Fall nichts mehr zu verlieren hat, ist ein prozessuales Vorgehen zu empfehlen, wenn nach dem o. a. Kriterienkatalog mit hoher Wahrscheinlichkeit ein Arbeitnehmerstatus nachgewiesen werden kann (wobei die Beweislast allerdings bei dem Betroffenen selbst liegt).[18]

Die Betroffenen können sich aber auch an den **Betriebsrat** wenden mit der Bitte, dass dieser gerichtlich ihren Status klären lässt. Denn der Betriebsrat kann selbst ein **Status-Feststellungsverfahren** vor dem Arbeitsgericht einleiten, da vom Arbeitnehmerstatus u. a. die Reichweite seiner Kompetenzen ab-

17 Vgl. zum Fall eines anderen Pharmamitarbeiters ArbG München vom 29. 5. 1990, Der Betriebsrat 1990, 167. Hier wurde nur eine »arbeitnehmerähnliche« Stellung angenommen, was aber auch die Zuständigkeit des Arbeitsgerichts begründet (§ 5 Abs. 1 Satz 2 ArbGG).

18 Zum Ganzen vgl. Kittner/Zwanziger-Deinert, Handbuch Arbeitsrecht, § 3 Rn. 140 f.

hängt.[19] Diese Feststellung kann beantragt werden auch außerhalb von Streitigkeiten bei Wahlen.[20] Die Inanspruchnahme der Hilfe des Betriebsrats ist für die Betroffenen immer dann ratsam, wenn ihr Auftragsverhältnis noch nicht gekündigt worden ist.

Ein einfacherer Weg für die Betriebsräte ist jedoch die **Aufnahme** von abhängigen Selbständigen in die **Wählerlisten** bei Betriebsratswahlen. Bei der Aufstellung der Wählerlisten ist der Wahlvorstand völlig frei – er allein stellt die Liste der Wahlberechtigten auf, der Arbeitgeber hat lediglich die notwendigen Auskünfte zu erteilen und Unterlagen zur Verfügung zu stellen (§ 2 WahlO BetrVG).[21] Der Wahlvorstand ist aber verpflichtet zu prüfen, ob bei den Selbständigen aufgrund der konkreten Tätigkeit ein abhängiges Beschäftigungsverhältnis vorliegt oder nicht. Überwiegen bei der konkreten Tätigkeit die Merkmale, die für Abhängigkeit sprechen, dann sollte der **Wahlvorstand** diese Personen auch auf die Wählerlisten setzen. Der Arbeitgeber kann diese Entscheidung vor den Betriebsratswahlen nicht ändern. Er kann lediglich **nach den Wahlen** die Wahl anfechten mit der Begründung, die Wählerlisten seien falsch zusammengesetzt gewesen (§ 19 BetrVG).

Von dieser Anfechtungsmöglichkeit wegen der Aufnahme von Scheinselbständigen auf die Wählerlisten wird von den Arbeitgebern eher zurückhaltend Gebrauch gemacht. Sie scheuen diesen Weg, denn wenn sie unterliegen, könnten die betroffenen Scheinselbständigen ja auf die Idee kommen, nun ihrerseits bestimmte Rechte und hohe Nachzahlungen einzufordern. Deshalb lassen die Arbeitgeber die Streitfrage häufig lieber in der Schwebe, als durch eine nachträgliche Anfechtungsklage noch mehr Staub aufzuwirbeln. Lediglich in der Versicherungsbranche ist eine Trendwende festzustellen, begünstigt durch die restriktive Rechtsprechung des BAG zum selbständigen Versicherungsvermittler (vgl. oben 1.2.2).

19 DKKW, BetrVG, § 5 Rn. 251.

20 Richardi, BetrVG, § 5 Rn. 169.

21 DKKW, BetrVG, § 2 WahlO Rn. 15; Richardi, BetrVG, § 2 WahlO Rn. 1; GK BetrVG-Kreutz, § 2 WahlO Rn. 12; ArbG Ludwigshafen vom 28.2.1974, BB 1974, 1207.

2. Arbeitsrecht/Tarifrecht – allgemeine Besonderheiten

2.1 Arbeitsrechtliche Sonderregelungen für den Außendienst – HGB

Eine arbeitsrechtliche Besonderheit des angestellten Außendienstlers gegenüber dem »Innendienstler« besteht darin, dass für ihn zusätzlich zu dem »normalen« Arbeitsrecht, wie es in diversen Arbeitsgesetzen und Tarifverträgen normiert ist, die **Sonderbestimmungen** für Handlungsgehilfen gelten, wie der kaufmännische Angestellte in der altertümlichen Sprache des **HGB** heißt.

Das HGB sieht für den angestellten Handlungsgehilfen besondere Regelungen über den Umfang seiner Handlungsvollmacht vor (§ 55 HGB). Es finden die Provisionsgrundsätze der §§ 87f. HGB Anwendung, die auch für selbständige Handelsvertreter gelten (§ 65 HGB) – im Einzelnen vgl. Kap. 6 – und verschiedene Wettbewerbsverbote (§ 60, 74, 75 HGB) – vgl. Kap. 10.

2.2 Tarifliche Regelungen für den Außendienst

Für den Außendienst gibt es kaum spezielle tarifvertragliche Regelungen hinsichtlich der Außendiensttätigkeiten.

2.2.1 Gleichstellung mit Innendienstmitarbeitern

Außendienstmitarbeiter fallen zwar (Tarifbindung von Arbeitnehmer und Arbeitgeber vorausgesetzt) unter die normalen Bestimmungen in Lohn- bzw. Manteltarifverträgen. So gilt z.B. für Außendienstangestellte in den Bereichen Bergbau, Chemie und Energie der Manteltarifvertrag (MTV) in der Fassung vom 16.4.2008. In der Nahrungs- und Genussmittelindustrie mit ihren zahlreichen Einzeltarifverträgen gilt auf bundesweiter Ebene der Manteltarifvertrag mit Arbeitszeitabkommen für die Zigarettenindustrie vom 27.8. 1988 (in der jeweils aktuellen Fassung). Beide bundesweit geltenden Tarifverträge enthalten u.a. allgemeine Bestimmungen hinsichtlich der Arbeitszeit (37,5-Stunden-Woche Chemie-West, 38-Stunden-Woche Zigarette-West), des Urlaubs (30 Tage), des Kündigungsschutzes und einen besonderen Rationalisierungsschutz in der Chemiebranche. Spezielle Regelungen für den Außendienst enthalten sie jedoch nicht. Damit gelten aber auch die allgemeinen Bestimmungen zur Arbeitszeit für die Außendienstmitarbeiter.

Es gibt vereinzelt **Entgelttarifverträge** für Außendienstangestellte, meist als Firmentarifverträge,[1] sehr selten als Branchentarifverträge.[2]

2.2.2 Bundesmontagetarifvertrag

Eine bundesweite tarifliche Regelung enthält ferner der Bundesmontagetarifvertrag im Metallbereich für sog. **Montagearbeiter.** Dies sind gewerbliche Arbeitnehmer, die aufgrund ihres Arbeitsvertrags verpflichtet sind, auf Weisung des Arbeitgebers auf Montage zu arbeiten (§ 2). Sie unterliegen zwar grundsätzlich den Tarifbestimmungen des entsendenden Betriebs (§ 39), haben insbesondere das gleiche Arbeitszeitpensum:

- Den Besonderheiten von Montagearbeit trägt jedoch ein **Montagezuschlag** Rechnung (§ 3.3).
- Weitere Regelungen enthalten die Erstattung von **Fahrgeld** (§ 4.5), wobei zwischen Nah- und Fernmontage unterschieden wird (unter bzw. über 80 Kilometer zur Montagestelle).
- Bei Fernmontagen ist die Vergütung von **Reisezeit** detailliert geregelt (§ 6) sowie Ansprüche auf Wochenendfahrgeld und Heimfahrt.
- Die jeweilige **Höhe der Vergütung** ist im Tarifvertrag für Auslösungssätze und Fahrtkosten geregelt.
- Für **befristet** beschäftigte Montagezeitarbeiter bestehen Sonderregelungen (Mindestverdienst, Trennungsgeld, § 7).

---

1 Z.B. Entgelttarifvertrag für die Arbeitnehmer der Van Den Bergh Food Service GmbH; Entgeltrahmentarifvertrag Sharp Electronics.

2 Tarifvertrag für Mitarbeiter im Außendienst der Miederindustrie im Bundesgebiet; Tarifvertrag für das Versicherungsgewerbe.

2.2.3 Versicherungsbranche

Werbeaußendienst

Eine ausführliche Regelung für den Außendienst enthält der **Manteltarifvertrag für das Versicherungsgewerbe** mit einem eigenen Kapitel über den **Werbeaußendienst.** Danach ist zunächst vorgeschrieben, dass Angestellte im Werbeaußendienst eine 1-jährige Ausbildung zum Versicherungsfachmann/-fachfrau absolvieren müssen und die Arbeitgeber die Kosten zu tragen haben (§ 17). Ferner wird bei einem Wechsel vom Innen- in den Außendienst eine Rückkehroption innerhalb eines Sechsmonatszeitraums eingeräumt (§ 17a). Schließlich wird ein **Mindesteinkommen** festgelegt und eine **Sozialzulage** festgeschrieben (§ 19). Hinsichtlich der Arbeitszeit wird allerdings ausdrücklich nichts festgelegt (§ 18). Eine Ausnahme besteht lediglich hinsichtlich des 24. und 31. Dezember: beide Tage sind arbeitsfrei.

Zur Arbeitszeit findet man auch in anderen Manteltarifverträgen Formulierungen, dass tarifliche Arbeitszeitregelungen gerade nicht auf Außendienstangestellte Anwendung finden.[3] Der Schwerpunkt kollektiver Regelungen liegt demnach nicht auf der tariflichen, sondern auf der betrieblichen Ebene (Betriebsvereinbarungen).

Abgrenzungsfragen zwischen »werbendem« und »organisierendem« Außendienst

Der MTV für das Versicherungsgewerbe ist insofern eine Besonderheit, als er neben dem »werbenden Außendienst« (Teil III) in dem Teil des MTV, der den Innendienst betrifft (Teil II) Bestimmungen für Angestellte des Innendienstes und des Außendienstes enthält, soweit Letzterer nicht unter Teil III fällt.

Bereits der Begriff **Werbeaußendienst** unterstreicht, dass unter diesen Abschnitt die Mitarbeiter fallen sollen, die Kunden für das Versicherungsunternehmen werben und sich um die Vermittlung von Versicherungsabschlüssen bemühen. Allerdings fehlt es im MTV an einer entsprechenden Definition.[4]

Unter die Bestimmungen des Werbeaußendienstes fällt ferner der sog. **organisierende Außendienst.**[5] Beim organisierenden bzw. betreuenden Außendienst handelt es sich i.d.R. um Mitarbeiter, die nicht selbst akquirieren, sondern eine **organisatorische Tätigkeit im Rahmen des Außendienstes** ausüben. Sie

---

3 Beispielhaft im MTV der Nährmittel- und Feinkostindustrie für Hessen und Rheinland-Pfalz.
4 Küstner, Handbuch des gesamten Außendienstrechts, Bd. III, S. 20.
5 Hopfner, Tarifverträge für das private Versicherungsgewerbe, Rn. 3 vor § 17 MTV.

stellen Vertreter ein, leiten sie an und überwachen sie. Diese Personengruppe findet sich nicht nur in der Versicherungsbranche, sondern ist in vielen anderen Branchen vertreten, wenn die Vertriebsstrukturen entsprechend aufgebaut sind.

Für den organisierenden Außendienst gibt es eine **tarifrechtliche Definition** im Gehaltstarifvertrag (§ 3) und in einer Vorruhestandsvereinbarung: Danach werden als Angestellte des **organisierenden Außendienstes** solche Personen angesehen, die aufgrund ihres Anstellungsvertrages ausschließlich

- haupt- oder nebenberufliche Mitarbeiter anwerben und einarbeiten
- sowie unterstellte Mitarbeiter betreuen (organisierender Außendienst).

Dagegen enthält der MTV keine Definition des Personenkreises, der nach dem Willen der Tarifvertragsparteien als **Außendienstmitarbeiter nach Teil II** des MTV (Innendienst) anzusehen ist.

Unstrittig ist, dass Außendienstmitarbeiter nach Teil II des MTV nur solche Personen sind, die nichts mit Werbung und Vermittlung zu tun haben. Zu diesem Personenkreis gehören in der Versicherungsbranche vor allen Dingen die sog. **Außenregulierer**, die auch in den Beispielen zu den Gehaltsgruppenmerkmalen aufgeführt sind.[6]

Neben diesen Schadensregulierern werden von Abschnitt II ferner solche Angestellte erfasst, die zur Abschätzung eines Risikos mit der Versicherung von Betrieben, Maschinen oder sonstigen Gegenständen beauftragt sind (»Besichtigungsbeamte«, »Havariekommissare«).[7] Außerdem rechnet man noch angestellte Kraftfahrzeugsachverständige und ähnliche Personen diesem Personenkreis zu. Und schließlich sollen auch die Kraftfahrer dazu gehören. In der Praxis wird für diese Personengruppe auch der Sammelbegriff »**technischer Außendienst**« verwandt,[8] der sich aber im MTV selbst nicht findet.

Diese Personen (mit Ausnahme der Kraftfahrer) nehmen **typische Aufgaben der Verwaltung** eines Versicherungsunternehmens bei der **Regulierung von Versicherungsfällen** wahr. Die Erledigung dieser Aufgaben ist jedoch mit vielen Reisen verbunden, um die Versicherungsfälle vor Ort zu begutachten. In diesem Sinne ist der Außendienst nach Teil II MTV als eine **atypische Form des Innendienstes** bzw. der Verwaltung anzusehen.

Allein die **Auslagerung von Aufgaben**, wie solcher aus **dem Innendienst der Hauptverwaltung** in dezentrale kleinere Betriebseinheiten, macht die dort

---

6 Vgl. Gehaltsgruppe VI und VII im Anhang zu § 4 GTV.

7 Hopfner, Tarifverträge für das private Versicherungsgewerbe, Rn. 3 vor § 17 MTV.

8 Ebenda.

beschäftigten Mitarbeiter **nicht zu Mitarbeitern im Werbeaußendienst** nach Teil III MTV.

Das BAG hat folgende Merkmale für die **Zuordnung einer Tätigkeit zum Werbeaußendienst** als entscheidend angesehen:

- Bestandserhaltung und Bestandspflege,
- Auftragsnachbearbeitung und
- Stellvertretung des Kundendienstleiters.[9]

Für den **Begriff des Werbeaußendienstes** komme es nicht entscheidend darauf an, ob der Arbeitnehmer selbst Versicherungsverträge vermittle. Auch Angestellte, die ausschließlich haupt- und/oder nebenberufliche Mitarbeiter betreuten, gehörten dem organisierenden Außendienst als Teil des Werbeaußendienstes an. Unter Werbeaußendienst sei die Gesamtheit der Mitarbeiter zu verstehen, die sich mit der Vermittlung von Versicherungsverträgen und der Betreuung von Versicherungskunden befassten. Hinzu kämen diejenigen Arbeiten, die mit Aufbau, Ausbau und Beaufsichtigung der Werbeorganisation sowie der Vergrößerung und Pflege des Versicherungsbestandes im Zusammenhang stünden.

2.3 AT-Angestellte im Außendienst

Eine weitere Besonderheit besteht für die sog. **AT-Angestellten** im Außendienst. Bei diesem Personenkreis findet das allgemeine gesetzliche Arbeitsrecht volle Anwendung, da es sich um **Arbeitnehmer** handelt. Zum gesetzlichen Arbeitsrecht gehören insoweit das Arbeitsvertrags- und Arbeitnehmerschutzrecht wie auch das kollektive Recht der betrieblichen Interessenvertretung. Die Betriebsräte haben im Hinblick auf AT-Angestellte die gleichen Mitbestimmungsrechte wie gegenüber Tarifangestellten. Lediglich der Kreis der sog. leitenden Angestellten aus dem Gesamtspektrum der AT-Angestellten ist aus dem Betreuungsbereich des Betriebsrats ausgeklammert. Wer zu diesem engen Kreis der leitenden Angestellten gehört, ist in § 5 Abs. 3 BetrVG gesetzlich umschrieben und kann ein eigenes Vertretungsgremium bilden in Form eines Sprecherausschusses.

AT-Angestellte sind per Definition die Personen, die **aus dem Geltungsbereich der Tarifverträge** entweder im Hinblick auf alle seine Regelungen oder im Hinblick auf bestimmte Regelungen **ausgeklammert** sind.[10]

9 BAG vom 24.3.1999 – 10 AZR 692/97.
10 Faustmann/von den Woldenburg, NZA 2001, 1113.

Die **Tarifverträge legen fest**, wer unter ihren **Geltungsbereich** fällt, können also bestimmte Arbeitnehmergruppen ausgrenzen. Beispielhaft gilt der MTV in der Chemiebranche nicht für diejenigen Angestellten, »deren Aufgabengebiet höhere Anforderungen stellt, als die höchste tarifliche Beschäftigungsgruppe verlangt, und deren Entgelt und allgemeine Arbeitsbedingungen im ganzen gesehen die tariflichen Mindestbestimmungen überschreiten, wenn sie durch Einzelvertrag aus dem Geltungsbereich des Tarifvertrages und der Mitbestimmung des Betriebsrats gemäß §§ 99f. BetrVG herausgenommen worden sind«. Diese sog. AT-Angestellten fallen dann nicht unter die Bedingungen des Tarifvertrags.

Eine vertragliche Abrede allein genügt nicht, um zum **AT-Angestellten** zu werden. Wer als AT-Angestellter gilt, bestimmen exklusiv die Tarifparteien durch die Festlegung des persönlichen Geltungsbereichs der Tarifverträge. Der obige Tarifvertrag z.B. verlangt ein **qualitatives Moment** (höhere Aufgaben) **und** ein bestimmtes **finanzielles Moment** (höheres Gehalt als die höchste tarifliche Beschäftigungsgruppe), bevor der Angestellte aus dem Geltungsbereich des Tarifvertrags ausgenommen wird.[11] Allein die übertarifliche Bezahlung ist damit nicht ausreichend, um zum AT-Angestellten zu werden.

Das Vorliegen der persönlichen Kriterien für den AT-Status ist vom Betriebsrat kontrollierbar. Dazu kann der Betriebsrat im Rahmen seines **allgemeinen Informationsrechts** nach § 80 BetrVG verlangen, dass ihm sämtliche **Arbeitsverträge vorgelegt** werden, auch die von AT-Angestellten:

- Das BAG hat dem Betriebsrat im Rahmen von § 80 BetrVG ein umfassendes **Informationsrecht** über **personelle Vorgänge** im Betrieb eingeräumt. So muss in etwa aufgelistet werden, wer als neuer Mitarbeiter oder Honorarkraft für das Unternehmen arbeitet.[12]
- Dann müssen ihm auch sämtliche Arbeitsverträge zur Einsicht vorgelegt werden um prüfen zu können, inwieweit unter Umständen **Beteiligungsrechte** berührt sind.[13] Diese Prüfung muss der Betriebsrat autonom vornehmen können.
- In diesem Zusammenhang kann er z.B. bei AT-Angestellten prüfen, ob die **Tarifabstandsklausel** mit dem jeweiligen Tarifvertrag übereinstimmt (und ggf. Widerspruch einlegen nach § 99 Abs. 2 BetrVG).[14]

---

11 Im Einzelnen Blanke (Hrsg.), Außertarifliche Angestellte, 3. Aufl. 2003.
12 BAG vom 15.12.1998, AiB 1999, 405.
13 So bereits BAG vom 18.10.1988, AP Nr. 57 zu § 99 BetrVG.
14 DKKW, BetrVG, § 80 Rn. 13.

3. Einstellungsverfahren

Die Einstellung von Außendienstmitarbeitern ist eine unternehmerische Entscheidung und unterliegt weitgehend dem freien Ermessen der Arbeitgeber. Kein Arbeitgeber ist verpflichtet, Arbeitnehmer einzustellen, wenn er dies nicht für wirtschaftlich sinnvoll hält. Dieses marktwirtschaftliche Grundprinzip wird rechtlich durch den **Grundsatz der Privatautonomie** abgesichert. Es bedeutet, dass keine Partei in der Regel gezwungen ist, mit einer anderen Partei einen Vertrag abzuschließen.

Diese Freiheit zum Abschluss von Verträgen gilt auch und gerade bei Arbeitsverträgen. Der ökonomische Zwang zur Arbeit auf Seiten der Arbeitnehmer bleibt rechtlich zunächst unerheblich. Bei einer Arbeitsmarktsituation mit einer Vielzahl von Arbeitssuchenden und einer geringeren Zahl von Anbietern von Arbeitsplätzen führt dies zu einem strukturellen Ungleichgewicht.[1] Die Arbeitgeber können ihre **Vertragsfreiheit** beim **Abschluss von Arbeitsverträgen** weitgehend uneingeschränkt wahrnehmen und Bewerber frei auswählen. Die Arbeitssuchenden hingegen haben zwar ebenfalls die freie Auswahl unter Arbeitgebern, geraten aber schnell unter Druck, wenn das Angebot an Arbeitsplätzen gering ist. Diese Konkurrenzsituation erleben vor allem Berufsstarter, nicht nur im Außendienst – siehe das Beispiel sog. Junior-Außendienstmitarbeiter (Näheres in der Einleitung).

Bei einer geplanten Einstellung werden häufig verschiedene Selektionsverfahren eingesetzt, um die geeigneten Bewerber und Bewerberinnen auszusieben. Dazu gehören vor allem Fragebogen, aber auch diverse Testverfahren.

---

1 Vgl. zu den Auswirkungen BVerfG vom 30.9.1993, DB 1994, 279; vom 7.2.1990, DB 1990, 574.

3.1 Selektion durch Fragen

Für eine »grobe« Vorselektion dient häufig der Einsatz eines Personalfragebogens. Welche Fragen in einem solchen standardisierten Bogen aber auch im Rahmen von Vorstellungsgesprächen zulässig sind und welche nicht, ist gesetzlich nicht geregelt und hat deshalb in zahlreichen Einzelfällen die Gerichte beschäftigt. Es wird zwar zurzeit an einem »Beschäftigtendatenschutzgesetz« gearbeitet; es ist aber zweifelhaft, ob darin eine Klarstellung zum Fragerecht des Arbeitgebers enthalten sein wird. Die bisher von der Rechtsprechung entwickelten Leitlinien werden deshalb weiterhin ihre Bedeutung behalten.

Der Arbeitgeber darf grundsätzlich alle **Fragen** stellen, die sich auf die **Qualifikation** und **Eignung** der Bewerber für die entsprechende Stelle beziehen. Es entspricht dem Grundsatz der Vertragsfreiheit, sich vor einer vertraglichen Bindung über die Leistungsfähigkeit des Vertragspartners zu erkundigen.[2] Ausscheiden müssen hingegen Fragen, die sich auf das **Privatleben** der Bewerber beziehen oder auf **Persönlichkeitsmerkmale** mit Grundrechtsqualität (z. B. Gewerkschaftszugehörigkeit, Parteimitgliedschaft, Religion). Bei unzulässigen Fragen haben die Bewerber ein **Recht zur Lüge.**

Zu einigen typischen Fragen in Personalfragebogen haben sich folgende Auffassungen herausgebildet:

- **Beruflicher Werdegang.** Die Frage ist **zulässig**; allerdings müssen **Angaben zum Wehr- oder Ersatzdienst nicht** gemacht werden. Die Frage nach dem Zivildienst kollidiert mit dem Grundrecht auf Kriegsdienstverweigerung nach Art. 4 Abs. 3 GG.[3] Die Frage nach dem Wehrdienst lässt Rückschlüsse auf ein Verhalten der Arbeitnehmer zu, das jedoch von ihrem Persönlichkeitsrecht geschützt wird. Im Übrigen handelt es sich um eine diskriminierende Frage, weil sie nur Männern gestellt werden kann (§ 1, 7 AGG).[4]
- **Familienstand.** Die Frage ist **unzulässig**, da sie die private Lebensführung berührt. Sind viele Kinder vorhanden und handelt es sich um eine Frau, so kann dies Vorurteile begründen über die Leistungsfähigkeit der Bewerberinnen. Angaben über Familienstand und Kinderzahl sind erst nach der Einstellung zu machen.[5]
- **Gehaltshöhe.** Das bisherige Gehalt muss nicht wahrheitsgemäß genannt werden, wenn die bisherige Vergütung nicht als Mindestvergütung für die

---

2 BAG vom 5. 12. 1957, AP Nr. 2 zu § 123 BGB.
3 LAG Baden-Württemberg vom 11. 7. 1985, DB 1985, 2567.
4 Däubler, Arbeitsrecht – Ratgeber, S. 42.
5 Hunold, Arbeitsrecht im Außendienst, S. 17.

neue Stelle gefordert wird.[6] Im Außendienst kann jedoch die Frage nach erzielten Provisionen zulässig sein, sofern hieraus Rückschlüsse auf die Leistungsfähigkeit der Bewerber gezogen werden können.

- **Gewerkschafts-/Parteizugehörigkeit.** Die Frage ist grundsätzlich **unzulässig** wegen des Grundrechts auf Koalitionsfreiheit nach Art. 9 Abs. 3 GG bzw. der Parteifreiheit nach Art. 21 GG. Lediglich bei einer angestrebten Tätigkeit für eine Gewerkschaft oder Partei ist die Frage gestattet.
- **Krankheiten.** Die Frage nach dem Vorliegen von Krankheiten, insbesondere chronischer, berührt einerseits die Leistungsfähigkeit der Bewerber, zum anderen greift sie stark in ihre **Intimsphäre** ein. Zulässig sollen deshalb nur Fragen nach schwer wiegenden oder chronischen Erkrankungen sein, die sich auf die vorgesehene Tätigkeit auswirken können. Die Frage nach dem Vorliegen einer Krankheit oder Körperbehinderung muss nur dann wahrheitsgemäß beantwortet werden, wenn dadurch die Eignung für die vorgesehene Tätigkeit erfahrungsgemäß beeinträchtigt ist.[7] Bei der Frage nach einer **AIDS-Erkrankung** ist zwischen der HIV-Infizierung und der HIV-Erkrankung zu differenzieren. Nur im letzteren Fall besteht Ansteckungsgefahr, die wegen der notwendigen Kundenkontakte wahrheitsgemäß zu beantworten ist.[8] Ferner könnten im Außendienst etwa chronische Erkrankungen der Bandscheiben das Autofahren und damit die Tätigkeit beeinträchtigen.
- **Religion.** Wegen des Grundrechts der Religionsfreiheit (Art. 4 GG) ist die Frage **unzulässig.** Lediglich bei einer angestrebten Tätigkeit für kirchliche Unternehmen (Krankenhäuser etc.) ist die Frage zulässig. Dies trifft wegen des religiösen Diskriminierungsverbots nach dem AGG allerdings nicht für jede Tätigkeit in einer kirchlichen Einrichtung zu, z.B. nicht für Dienstleistungstätigkeiten, die mit dem Verkündungsauftrag der Kirche nichts zu tun haben.[9]
- **Schwangerschaft.** Die Frage nach dem Vorliegen einer Schwangerschaft ist nach der Rechtsprechung des EuGH, der sich das BAG angeschlossen hat, grundsätzlich **unzulässig.**[10] Dies gilt selbst dann, wenn die angestrebte Tätigkeit wegen einer Schutzvorschrift des Mutterschutzgesetzes nicht ausgeübt werden kann.[11]

---

6 BAG vom 19.5.1983, AP Nr. 25 zu § 123 BGB.
7 BAG vom 7.6.1984, AP Nr. 26 zu § 123 BGB.
8 Backmeister/Trittin/Mayer, KSchG, § 611 BGB Rn. 95.
9 LAG Düsseldorf vom 1.7.2010 – 5 Sa 996/09.
10 EuGH vom 8.11.1990, BB 1991, 692; BAG vom 15.10.1992, AP Nr. 8 zu § 611a BGB.
11 EuGH vom 5.5.1994, EuZW 1994, 375; vom 3.2.2000, NZA 2000, 255.

- **Schwerbehinderteneigenschaft.** Die direkte Frage nach der Schwerbehinderteneigenschaft soll nach Auffassung des BAG nur gestellt werden dürfen, wenn das Nichtvorhandensein der Behinderung eine wesentliche und entscheidende Anforderung für die angestrebte berufliche Tätigkeit darstellt.[12] Das BAG hat seine frühere gegenteilige Ansicht inzwischen geändert.[13] Im Zusammenhang mit dem Verbot der Behindertendiskriminierung im AGG ist die **Frage** nach dem Vorliegen einer Behinderung nur zulässig, wenn die Tätigkeit selbst es erfordert, dass keine Behinderung vorliegt, weil andernfalls die Ausübung der Tätigkeit beeinträchtigt wäre.[14]
- **Vermögensverhältnisse.** Die Frage nach bestehender **Lohnpfändung** ist unzulässig; dies gehört in die private Risikosphäre der Arbeitnehmer.[15] Nur wenn der Arbeitnehmer mit der Verwaltung von beträchtlichen Summen des Arbeitgebers betraut werden soll, ist die Frage nach den privaten Vermögensverhältnissen zulässig.
- **Vorstrafen.** Die Frage nach Vorstrafen soll **nur zulässig** sein, wenn sie **einschlägig** sind im Hinblick auf die angestrebte Tätigkeit. Im Außendienst wären insoweit Betrugs- oder Verkehrsdelikte anzugeben. Nicht anzugeben sind allerdings Eintragungen in die Flensburger Verkehrssünderkartei, die nur behördlichen Zwecken dient.[16] Nach Ablauf der Tilgungszeit nach dem Bundeszentralregistergesetz (§ 53 BZRG) brauchen auch einschlägige Vorstrafen nicht mehr angegeben zu werden.
- **Wettbewerbsverbote.** Bestehende Wettbewerbsverbote aus einem früheren Arbeitsverhältnis müssen angegeben werden.[17] Im Außendienst könnten sie das Zustandekommen eines Arbeitsverhältnisses beeinträchtigen, wenn sich das Wettbewerbsverbot auf die gleiche Branche bezieht.

Vielfach wird in **Arbeitsverträgen** festgelegt, dass die wahrheitswidrige Beantwortung von Fragen bei der Einstellung einen Kündigungsgrund darstellt. Eine solche vertragliche Festlegung ist unwirksam, wenn der Arbeitgeber nach den obigen Grundsätzen kein Fragerecht besaß. Denn das Fragerecht kann vertraglich nicht ausgeweitet werden.[18]

---

12 BAG vom 17.12.2009, NZA 2010, 383.

13 BAG vom 5.10.1995, BB 1995, 2271; einschränkend bereits BAG vom 18.10.2000, AP Nr. 59 zu § 123 BGB, wenn die Behinderung offensichtlich ist.

14 Bayreuther, NZA 2010, 679.

15 Kittner/Zwanziger-Becker, Handbuch Arbeitsrecht, § 19 Rn. 38.

16 DKKW, BetrVG, § 94 Rn. 17.

17 Schaub, Arbeitsrechts-Handbuch, § 26 Rn. 30.

18 Vgl. auch BAG vom 4.12.1997, NZA 1997, 474.

Konkret bedeutet das: Bei unzulässigen Fragen hat der Arbeitnehmer ein **Recht** zur Lüge. Macht er von diesem Recht Gebrauch, dann greifen vertraglich festgelegte Sanktionen nicht.

3.2 Selektion durch Testverfahren

Zur Feinsteuerung bei der Selektion von Bewerbern in der Einstellungsphase dienen häufig Testverfahren. Mit ihnen sollen Eigenschaften der Bewerber herausgefunden werden, denen eine wichtige Rolle für die jeweilige Tätigkeit zugewiesen werden. Dazu gehören z. B. Kombinationsgabe oder die Fähigkeit zu logischem Denken. Solche formalisierte Testverfahren sind als praktische Erkenntnisquelle für die Eignung und Qualifikation der Bewerber umstritten. Gerade typische Qualifikationen für den Außendienst können so nicht ermittelt werden, wie z. B. Überzeugungskraft bei der Gesprächsführung oder Kontaktfreudigkeit.

Die Durchführung solcher Tests ist **rechtlich nur zulässig,** wenn die Bewerber **einwilligen.**[19] Für Bewerber ist es allerdings kein Trost zu wissen, dass sie solche Tests natürlich ablehnen können. Denn ihre Einstellungschancen sinken rasch, wenn andere Bewerber die Tests »freiwillig« mitmachen. Das Erheben personenbezogener Daten über Testverfahren setzt ferner den Nachweis voraus, dass dies erforderlich ist (§ 32 BDSG).

Dies gilt namentlich für Tests mit Fragen, deren Antworten psychologische Rückschlüsse auf die Bewerber zulassen und damit tief in ihr Persönlichkeitsrecht eingreifen. Solche **psychologischen Testverfahren** sollen ähnlich wie graphologische Tests nur mit Einwilligung der Betroffenen durchgeführt werden dürfen[20] – aber: Wenn es viele Freiwillige gibt, haben die Verweigerer schlechte Chancen.

Auswahl und Einsatz von **Testverfahren** sind jedoch **mitbestimmungspflichtig** nach § 94 Abs. 1 BetrVG, da ihnen allgemeine Beurteilungsgrundsätze zugrunde liegen.[21] Die Betriebsräte haben somit eine effektive Möglichkeit, den Missbrauch von Testverfahren einzudämmen.

---

19 Däubler, Das Arbeitsrecht Bd. 2, S. 94.
20 Kittner/Zwanziger-Bantle, Handbuch Arbeitsrecht, § 94 Rn. 21.
21 DKKW, BetrVG, § 94 Rn. 34.

Auch die Durchführung von Auswahlseminaren (sog. **Assessment Center**) ist mitbestimmungspflichtig, soweit dabei Beobachtungen über Bewerber auf Formularen schriftlich festgehalten werden.[22]

Die Durchführung eines **Bluttests** kann bereits unter datenschutzrechtlichen Gesichtspunkten unzulässig sein, da dabei eine Unmenge von Daten anfällt, die weit über die erforderlichen Erkenntnisse bei der Durchführung eines Beschäftigungsverhältnisses hinausgeht (§ 32 BDSG). Im Übrigen kann der Betriebsrat hier von seinem Mitbestimmungsrecht bei Maßnahmen des Gesundheitsschutzes Gebrauch machen (§ 87 Abs. 1 Nr. 7 BetrVG).

3.3 Diskriminierungsverbote

Eine deutliche Einschränkung der Abschlussfreiheit des Arbeitgebers ist durch das **Allgemeine Gleichbehandlungsgesetz** (AGG) von 2006 erfolgt. Es setzt verschiedene Anti-Diskriminierungsrichtlinien der EU in deutsches Recht um. Es erweitert das schon lange bestehende **Diskriminierungsverbot** wegen des **Geschlechts** (früher: § 611a BGB) um weitere Diskriminierungsverbote: **Rasse** oder **ethnische Herkunft, Religion oder Weltanschauung, Behinderung, Alter oder sexuelle Identität** (Orientierung), §§ 1, 7 AGG. Gleichzeitig werden Belästigungen mit oder ohne sexuelle Komponente als unerwünschtes Verhalten gebrandmarkt (§ 3 Abs. 3, 4 AGG).

Der Anwendungsbereich dieser Diskriminierungsverbote bezieht sich sowohl auf Einstellungsvorgänge als auch auf Maßnahmen während des Arbeitsverhältnisses, wie berufliche Weiterbildung oder sonstige Arbeitsbedingungen (z. B. Vergütung, Arbeitszeit, Kündigung, § 2 AGG).

Beispiel:
Frau A. bewirbt sich um die Stelle eines »Exportkaufmanns« in einer großen Im- und Exportfirma, bei der u. a. häufige Reisen ins Ausland angegeben waren. Sie erhält ihre Bewerbungsunterlagen mit einem kurzen Schreiben des Bedauerns zurück. Auf Nachfrage beim Betriebsrat erfährt Frau A., dass mit der Stelle Reisen und Verhandlungen in arabische Länder verbunden waren. Die Geschäftsleitung war der Ansicht, dass eine Frau für diese Position nicht in Betracht käme, da sie von den arabischen Vertragspartnern nicht ernst genommen würde.

22 Hunold, Arbeitsrecht im Außendienst 1993, S. 23.

Daraus folgt u. a. das **Gebot einer diskriminierungsfreien Ausschreibung** (§ 11 AGG). Der Arbeitgeber muss ferner sicherstellen, dass sein Unternehmen »diskriminierungsfrei« organisiert wird (§ 12 AGG). In Diskriminierungsfällen besteht ein erleichtertes Beweislastverfahren für die Opfer (§ 22 AGG).

Als Sanktion bei erfolgter Diskriminierung ist in § 15 AGG eine angemessene Entschädigung vorgesehen, deren Höhe in das Ermessen des Gerichts gestellt ist. Die Rechtsprechung billigt **i. d. R. einen Monatsverdienst** als **Entschädigungssumme** zu.[23] Dies ist insofern problematisch, als die EU-Richtlinien ausdrücklich eine abschreckende Sanktion fordern; insoweit müsste stärker nach den Besonderheiten des Einzelfalls die Höhe des Schadensersatzes bestimmt werden. Das LAG Berlin-Brandenburg vertritt deshalb die Auffassung, dass als Schadensersatz die Vergütungsdifferenz zwischen der tatsächlich erhaltenen und der Vergütung, die auf der höherwertigen Stelle gezahlt wird, zu leisten ist und zwar ohne zeitliche Begrenzung.[24]

Zur **Geltendmachung** des Entschädigungsanspruchs besteht gemäß § 15 Abs. 4 AGG eine **Frist** von zwei Monaten seit dem Diskriminierungsvorfall. Bei Ablehnung durch den Arbeitgeber muss eine gerichtliche Klage dann innerhalb von weiteren drei Monaten eingereicht werden (§ 61 b ArbGG). Ein **Anspruch auf Begründung eines Beschäftigungsverhältnisses** besteht ausdrücklich **nicht** (§ 15 Abs. 6 AGG).

Von diesen **Diskriminierungsverboten** gibt es bestimmte **Ausnahmen:** Eine unterschiedliche Behandlung kann zulässig sein, wenn dies wegen der Art der auszuübenden Tätigkeit objektiv erforderlich ist oder wenn die Bedingung für die Ausübung der Tätigkeit eine wesentliche und entscheidende berufliche Anforderung darstellt und nach Zweckrichtung und Anforderung angemessen ist (§ 8 AGG). Hierbei wird allerdings ein strenger Maßstab angelegt. Die subjektiven Vorstellungen des Arbeitgebers sind jedenfalls nicht maßgeblich.

Besondere Ausnahmeregelungen gibt es u. a. bei Diskriminierungen wegen des **Alters** (§ 10 AGG). Hier ist eine Ungleichbehandlung gerechtfertigt, wenn legitime Ziele verfolgt werden. Dazu zählen etwa: Maßnahmen zur besseren arbeitsmarktpolitischen Integration von Jugendlichen und Älteren, die Festsetzung des Dienstalters für den Zugang zur Beschäftigung oder für bestimmte Vorteile; die Festsetzung von Altersgrenzen für den Bezug der Altersrente und differenzierende Regelungen bei der Sozialauswahl und bei Sozialplänen.

23 ArbG Stuttgart vom 5. 9. 2007 – 29 Ca 2793/07.

24 LAG Berlin-Brandenburg vom 26. 11. 2008 – 14 Sa 517/08.

Der folgende kurze Überblick soll die Linie der Rechtsprechung im Umgang mit den Diskriminierungsverboten skizzieren.

Diskriminierung bei der Einstellung

Ausschreibung – Männliche Form
In einer Stellenanzeige hieß es: »Erfolgsorientierte, branchenkundige Außendienstverkäufer gesucht«. Eine qualifizierte Bewerberin bewarb sich. Am Telefon wurde sie darauf hingewiesen, die Anzeige noch einmal genau zu lesen. Ihre Bewerbung blieb erfolglos. Das Gericht sah in der männlichen Form der Ausschreibung ein Indiz für Diskriminierung. Die Beweislast für das Gegenteil lag beim Arbeitgeber (§ 22 AGG). Das Arbeitsgericht Stuttgart verurteilte den Arbeitgeber zur Zahlung von Schadensersatz in Höhe eines Monatsgehalts (1890 €).[25]

Stellenanforderung »flexibel und belastbar« bzw. »jung«
Eine Stellenausschreibung, die für eine Stelle als Kfz-Mechaniker im Kleinbetrieb die Eigenschaften »flexibel und belastbar« aufführt, stellt noch kein Indiz dafür dar, dass behinderten Bewerbern Nachteile drohen würden. Die glaubwürdige Einlassung des vernommenen Unternehmers, der behinderte Bewerber sei ihm deswegen als weniger geeignet erschienen, weil er die gesuchte Tätigkeit bisher nur ausgeübt habe, wenn »Not am Mann« gewesen sei (so wörtlich im Bewerbungsschreiben), steht einem Entschädigungsanspruch entgegen.[26]
Dagegen verstößt eine Stellenausschreibung grundsätzlich gegen das Altersdiskriminierungsverbot, wenn ein »junger« Bewerber gesucht wird.[27]

Text einer Stellenausschreibung – Indiz für Diskriminierung?
Eine fachlich den Qualifikationen gerecht werdende Bewerberin wird diskriminiert durch eine geschlechtsbezogene, ausschließlich an männliche Bewerber gerichtete Stellenanzeige (hier: Außendienst-Verkäufer), sowie durch eine diskriminierende Aussage in einem Gespräch (»Ich bin überrascht, dass sich eine Dame jetzt meldet.«). Dies verstößt gegen § 11 i.V.m. § 7 Abs. 1 AGG. Bei einem Motivbündel reicht es schon aus, wenn das Diskriminierungsmerkmal gegenüber den anderen Motiven nicht unbedeutend ist.
Durch einen Hinweis in einer Stellenanzeige, Bewerber sollten »idealerweise nicht älter als 45« sein, wird die Indizwirkung für eine unzulässige Diskriminierung ausgelöst. Der AG kann dies widerlegen, wenn er dennoch ältere Arbeitnehmer eingestellt hat.[28]

Ernsthaftigkeit der Bewerbung
Um sich gegen sog. AGG-Hopper zu wehren – Personen, die bei einer Ablehnung auf eine Bewerbung grundsätzlich Schadensersatz einfordern –, hat die Rechtsprechung das Kriterium der Ernsthaftigkeit entwickelt. Merkmal für fehlende Ernsthaftigkeit kann der Umstand sein, dass der Beschäftigte vielfache Bewerbungen, insbesondere auch auf Stellen, deren Qualifikationsprofil er nicht oder nicht vollständig erfüllt, absendet. Weitere

25 ArbG Stuttgart vom 5.9.2007 – 29 Ca 2793/07.
26 LAG Nürnberg vom 19.2.2008 – 6 Sa 675/07.
27 BAG vom 19.8.2010 – 8 AZR 530/09.
28 ArbG Stuttgart vom 5.9.2007 – 29 Ca 279/07.

Anhaltspunkte dafür wären eine völlig fehlende Eignung für die ausgeschriebene Stelle oder die Nennung einer unter Arbeitsmarktaspekten utopischen Vergütungsforderung oder unrealistischer Arbeitsbedingungen. Auch der Umstand, dass sich ein Beschäftigter vielfach gezielt auf Stellen beworben hat, die unter Verstoß gegen den § 11 AGG ausgeschrieben worden sind, kann ein solches Indiz sein.[29]

Diskriminierende Arbeitsbedingungen bzw. Anweisungen

Versetzung nach der Rückkehr aus dem Mutterschutz
Eine Arbeitnehmerin ist bei einem Versicherungsunternehmen beschäftigt und für die Betreuung von Banken zuständig (A mit 203 Mitarbeitern und B). Für getätigte Abschlüsse erhält sie Provisionen. Nach Rückkehr aus dem Mutterschutz wurde ihr die Betreuung der Bank C zugewiesen (22 Mitarbeiter). Gegen diese Versetzung, zu der der Betriebsrat nicht gehört worden war, wehrte sich die Arbeitnehmerin. Daraufhin wurde ihr die Betreuung der Banken B und C auferlegt. Der Betriebsrat, der dieses Mal angehört worden war, konnte erreichen, dass ihr für drei Jahre ein Nachteilsausgleich gezahlt wurde. Auch gegen diese Versetzung hat sich die Arbeitnehmerin zur Wehr gesetzt. Zu recht. Es stellt eine Benachteiligung wegen des Geschlechts dar, wenn der Arbeitgeber einer Arbeitnehmerin nach ihrer Rückkehr aus dem Mutterschutz einen Arbeitsplatz zuweist, der dem vorherigen nicht gleichwertig ist. Diese Weisung ist unwirksam.[30]

Tarifliche Einkommensstaffelung nach Lebensalter – Altersdiskriminierung
Eine **Staffelung der Grundvergütung allein nach dem Alter** ist nicht mehr mit dem Verbot der Altersdiskriminierung vereinbar und damit **unzulässig**, da kein Bezug zur ausgeübten Tätigkeit vorliegt.[31] **Zulässig** ist dagegen ein Abstellen auf die **Betriebszugehörigkeit**.[32]

Altersgrenzen – diskriminierend?
In manchen Tarifverträgen wird ein niedrigeres Alter für eine Versetzung in den Ruhestand festgesetzt als das gesetzliche Rentenalter. Nach Auffassung des EuGH stellt dies **keine Altersdiskriminierung** dar, wenn damit ein **legitimes Ziel** verfolgt wird, das in Beziehung zur Beschäftigungspolitik und zu den Bedingungen auf dem Arbeitsmarkt steht.[33] Trotzdem sind eine Reihe solcher tariflicher Regelungen (vor allem aus der Luftfahrt) zur weiteren Klarstellung dem EuGH vorgelegt worden.[34]

29 LAG Baden-Württemberg vom 20.3.2008 – 9 Sa 5/09; LAG Hamm vom 26.6.2008 – 15 Sa 63/08.

30 ArbG Wiesbaden vom 30.10.2008 – 5 Ca 623/08.

31 LAG Hessen vom 22.4.2009 – 2 Sa 1689/08.

32 EuGH vom 3.10.2006 (Cadman) – Rs. C-17/05, NJW 2007, 47.

33 EuGH vom 16.10.2007 (Palacios) – Rs. C-411/05.

34 BAG vom 17.6.2009 – 7 AZR 112/08.

3.4 Bewerbungskosten

Bewerbungskosten sind den Bewerbern vom Arbeitgeber grundsätzlich nicht zu erstatten. Anders sieht es mit den Kosten aus, die den Bewerbern im Zusammenhang mit einem **Vorstellungsgespräch** entstehen, zu dem sie von den Arbeitgebern in spe **eingeladen** worden sind. Hier sind z. B. **Reise- und** unter Umständen **Übernachtungskosten** vom Arbeitgeber verursacht worden und eine Aufwandsentschädigung entsprechend § 670 BGB zu leisten. Dies gilt auch, wenn darüber vorher nichts vereinbart worden ist. Lediglich der ausdrückliche Hinweis des Arbeitgebers, die Bewerber müssten auf eigene Kosten anreisen, befreit den Arbeitgeber von dieser Verpflichtung, da sie vertraglich abdingbar ist.

Bei **arbeitslosen Bewerbern** kann die Agentur für Arbeit in einem gewissen Umfang die Bewerbungskosten übernehmen (§ 45, 46 SGB III). Im Einzelnen übernimmt sie Reise- und Übernachtungskosten und bis zu einem bestimmten Umfang auch die eigentlichen Bewerbungskosten (bis max. 260 € pro Jahr, § 45 SGB III).[35]

35 Weitere Einzelheiten sind in der Anordnung zur Förderung der Arbeitsaufnahme geregelt.

4. Die Tätigkeit im Außendienst

4.1 Festlegung im Arbeitsvertrag

Die Tätigkeiten und Aufgabenfelder der Außendienstmitarbeiter werden durch den Arbeitsvertrag festgelegt. Dabei gibt es zwei Gestaltungsmuster von Arbeitsverträgen: Eine ausführliche Beschreibung der Aufgabenfelder, insbesondere des Betreuungsgebietes, oder eine nur kursorische Umschreibung der Tätigkeit.

Beispiel für eine ausführliche Tätigkeitsbeschreibung im Arbeitsvertrag:

1. Die Firma überträgt dem Mitarbeiter/der Mitarbeiterin die gesamte Kundenbetreuung für ihr Verkaufsprogramm.
2. Der Verkauf erstreckt sich auf die in der Anlage 1 aufgeführten Artikel. Die Firma behält sich vor Artikel aus dem Verkaufsprogramm herauszunehmen oder einzuführen und außerdem in dem Verkaufsbezirk des Angestellten selbst tätig zu werden, ohne dass dadurch eine Minderung der Umsatzprämie eintritt.
3. Der Verkaufsbezirk umfasst die Stadt- und Landkreise gem. Anlage 2.
4. Der Verkaufsbezirk kann aus betrieblichen Gründen geändert werden, ohne dass dadurch der Gesamtvertrag gekündigt wird. Der Angestellte erklärt sich bereit, je nach Erfordernissen vorübergehend im kaufmännischen Innendienst eingesetzt zu werden. Er erhält dann für diese Zeit anteilig mindestens die Durchschnittsbezüge der letzten zwölf Monate im Außendienst.

Der Arbeitgeber kann sich zwar im Arbeitsvertrag das Recht vorbehalten, den Arbeitnehmer je nach den betrieblichen Erfordernissen bzw. seinen individuellen Fähigkeiten auch mit anderen Aufgaben zu betrauen. Dies findet jedoch seine Grenze, wenn durch die Zuweisung einer anderen Tätigkeit die Bezahlung verschlechtert wird. Denn das stellt eine Umgehung kündigungsschutzrechtlicher Bestimmungen dar.[1] Solche Klauseln stellen den **Vorbehalt einer Vertragsänderung** dar, die an und für sich nur im Wege der Änderungskündigung vorgenommen werden kann. Dadurch entfallen aber alle gerichtlichen Kontrollmöglichkeiten für den Arbeitnehmer, die bei einer Ände-

1 BAG vom 7. 10. 1982, AP Nr. 5 zu § 620 BGB Teilkündigung.

rungskündigung gegeben sind (siehe Stichwort Änderungskündigung). Deshalb sind solche Klauseln wegen Umgehung des Kündigungsschutzes **unwirksam.**[2]

Beispiel für eine unzulässige Klausel:
»Die Firma behält sich vor, dem Arbeitnehmer auch andere, seiner Vorbildung und seinen Fähigkeiten entsprechende Tätigkeiten bzw. weitere Arbeitsgebiete zu übertragen, ohne dass eine Änderung der Bezüge eintritt. Sie behält sich weiter vor, dem Arbeitnehmer – falls er den an ihn gestellten Anforderungen nicht mehr entspricht – eine andere, seinen Fähigkeiten entsprechende Tätigkeit zu übertragen, wobei eine Änderung der Bezüge eintritt, die der nun ausgeübten Tätigkeit angemessen sind.«

Wird in dem Arbeitsvertrag die Arbeit allerdings nur allgemein umschrieben, z. B. »als Pharma-Referent eingestellt« oder »Mitarbeiter im Außendienst«, so kann der Arbeitgeber eine genaue Konkretisierung vornehmen (**Direktionsrecht**). Dies muss dem typischen Berufsbild entsprechen und dem Arbeitnehmer zumutbar sein. Zum Beispiel wäre eine Verwendung im Innendienst bei einem Arbeitsvertrag mit Tätigkeitsbeschreibung »Außendienst« nicht ohne weiteres möglich. Im Streitfall kann der Arbeitnehmer eine Änderung gerichtlich überprüfen lassen.[3] Seit Einführung der AGB-Kontrolle (ab 2003) können entsprechende Vertragsklauseln einer Inhaltskontrolle unterzogen werden (insbesondere nach § 307 BGB).[4]

4.2 Direktionsrecht des Arbeitgebers und seine Grenzen

Das Direktionsrecht beinhaltet die Befugnis des Arbeitgebers, eine im Arbeitsvertrag nur rahmenmäßig umschriebene Leistungspflicht des Außendienstangestellten nach Zeit, Ort und Art der Leistung näher zu konkretisieren (§ 106 GewO). Gegen die Ausübung dieser Direktionsbefugnis ist der Arbeitnehmer jedoch nicht machtlos. Denn der Arbeitgeber muss sein **Weisungsrecht nach »billigem Ermessen«** ausüben (§ 106 GewO, § 315 BGB, d. h., er muss **berechtigte Interessen des Arbeitnehmers** bei der Ausübung des Direktionsrechts be-

---

2 BAG vom 14. 12. 1961, 8. 10. 1962, 14. 7. 1965 und 28. 2. 1968, AP Nrn. 17, 18, 19, 22 zu § 611 BGB Direktionsrecht; vom 12. 12. 1984, AP Nr. 6 zu § 2 KSchG 1969.
3 BAG vom 27. 3. 1980, AP Nr. 26 zu § 611 Direktionsrecht.
4 BAG vom 11. 4. 2006 – 9 AZR 557/05, NZA 2006, 1149; vom 9. 5. 2006 – 9 AZR 424/05, NZA 2007, 145.

rücksichtigen. Was dies konkret bedeutet, lässt sich nur unter Einzelfallgesichtspunkten ermitteln. Ist der Arbeitnehmer mit einer Veränderung seines Aufgabengebietes nicht einverstanden, kann der Arbeitnehmer Klage erheben und überprüfen lassen, ob seine Belange und Interessen unzulässigerweise missachtet worden sind.

Enthält der Arbeitsvertrag eine weitgehende Unterwerfungserklärung des Arbeitnehmers im Hinblick auf Veränderungen seines Tätigkeitsgebietes, dann kann eine solche Klausel auch einer Inhaltskotrolle nach § 307 BGB unterzogen werden (**AGB-Kontrolle**).[5] Einzelheiten unter Kapitel 9.

Eine weitere **Schranke des Direktionsrechts** stellen die **Grundrechte** der Arbeitnehmer dar. In den letzten Jahren hat die Berücksichtigung der Gewissensfreiheit von Arbeitnehmern bei der Ausübung des Direktionsrechts eine zunehmende Bedeutung erlangt. Arbeitnehmer verweigern z. B. den Druck von rechtsextremistischen Schriften,[6] die Verteilung rechtsradikaler Postwurfsendungen[7] oder die Mitarbeit an der Entwicklung von Pharmaprodukten zu Kriegszwecken.[8] Die Rechtsprechung hat den Arbeitnehmern ein Arbeitsverweigerungsrecht aus dem Grundrecht auf Gewissensfreiheit zugebilligt mit der Maßgabe, dass der Arbeitgeber ihnen andere Tätigkeiten zuweisen muss.

Das BAG hat dem **Grundrecht auf Gewissensfreiheit** einen hohen Stellenwert bei der vom Arbeitgeber verlangten Interessenabwägung nach § 106 GewO, § 315 BGB eingeräumt und folgende Kriterien aufgestellt: Für die Interessenabwägung ist es grundsätzlich von Bedeutung, ob der Arbeitnehmer schon bei Vertragsschluss damit habe rechnen müssen, dass ihm eine derartige Tätigkeit zugewiesen werden könnte. Es ist weiter bei der Interessenabwägung zu berücksichtigen, ob der Arbeitgeber aus betrieblichen Erfordernissen darauf habe bestehen müssen, dass gerade der sich auf den Gewissenskonflikt berufende Arbeitnehmer den Auftrag ausführe. Stehen andere Arbeitnehmer zur Ausführung des Auftrags zur Verfügung, handelt der Arbeitgeber unbillig, wenn er ausgerechnet den Arbeitnehmer die Tätigkeit ausüben lässt, der sich in einem Gewissenskonflikt befindet.[9]

5 BAG, a. a. O.
6 BAG vom 20. 12. 1984, DB 1985, 2689.
7 Hess. LAG vom 20. 12. 1995, DB 1995, 1619.
8 BAG vom 24. 5. 1989, DB 1989, 2538.
9 BAG vom 24. 5. 1989, a. a. O.; zum Ganzen vgl. U. Wendeling-Schröder, Autonomie im Arbeitsrecht, 1994.

Beispiel:
Ein Pharmareferent soll künftig statt niedergelassener Ärzte Krankenhäuser betreuen, zu denen auch ein Bundeswehr-Lazarett gehört. Er soll dabei u.a. ein Medikament bewerben, das bei Strahlenkrankheiten zur Beruhigung des vegetativen Nervensystems eingesetzt werden kann. Ein besonderer Vorteil für den Bundeswehr-Bereich soll sein, dass dieses Medikament Symptome atomarer Verstrahlung kurzfristig unterdrückt und so den Einsatz von Bundeswehr-Soldaten im Falle eines Atomkrieges verlängern könne.
Der Pharmareferent ist anerkannter Kriegsdienstverweigerer. Er lehnt sowohl die Betreuung eines Bundeswehr-Lazaretts als auch die Bewerbung des Medikaments ab.

In den bisher genannten Fällen muss sich der Arbeitnehmer selbst gegen die Direktionsmacht des Arbeitgebers wehren. Eine Unterstützung von Seiten des **Betriebsrats** ist dann möglich, wenn sich Änderungen des Tätigkeitsfeldes als Versetzung nach § 95 Abs. 3 BetrVG qualifizieren lassen. In solchen Fällen hat der Betriebsrat ein Mitbestimmungsrecht gemäß § 99 BetrVG. Auf Umfang und Grenzen dieses Mitbestimmungsrechts wird im Kapitel Gebietsänderung/Versetzung näher eingegangen.

4.3 Besonderheiten im Pharmabereich

Pharmareferenten – Bedeutung und Umfang

Die Tätigkeit des Pharmareferenten gehört zu den interessantesten Aufgaben, die es im Außendienst gibt. Die moderne Arzneimittelforschung bringt ständig neue, hochwirksame Medikamente hervor, die entweder Krankheiten heilen oder zur neuen Gruppe der Lifestyle-Präparate gehören, mit denen ein positiveres Lebensgefühl erzielt werden soll. Die Bevölkerung der westlichen Industrienationen wird immer älter und die Menschen möchten auch im fortgeschrittenen Alter ihr Leben genießen und den Segen der Medizin nicht versäumen. Somit kommt auf den **Arzt** in unserer Gesellschaft täglich eine Flut wichtiger Informationen zu, die kaum noch zu bewältigen ist. Gerade im Zeitalter der neuen Medien spielt hier der Beruf des **Pharmareferenten** als »Informationsmanager« eine äußerst wichtige Rolle.

Selbstverständlich kann man mit Hilfe von Internet und PC unterschiedliche Daten in Hülle und Fülle über jede noch so ungewöhnliche oder neue Therapie nachlesen sowie Studien anfordern. Dieser Informationszugriff ist aber sehr zeitaufwändig. Der gut ausgebildete Pharmareferent jedoch, der den Arzt in seiner Praxis oder in der Klinik besucht, kennt seine Präparate sehr gut und ist somit in der Lage, den Arzt besonders effizient zu informieren und mit der neuesten Literatur vertraut zu machen. Er kann kurz, klar, wahr und prägnant über neue Medikamente und interessante Therapien berichten und führt so **mit dem** Arzt einen **partnerschaftlichen Dialog** auf **hohem fachlichen Niveau.**[10]

In Deutschland arbeiten gegenwärtig etwa 12 000 Pharmaberater im Außendienst. Sie sprechen pro Jahr rund 20 Millionen Mal bei Ärzten vor. Die Ausgaben der Pharmaunternehmen für die Ärzteberater belaufen sich auf rund 2,5 Milliarden €.

Anforderungsprofil[11]

Wer als Pharmaberater tätig wird, muss eine der folgenden **Ausbildungen** abgeschlossen haben:

- **abgeschlossenes Hochschulstudium** der Pharmazie, der Chemie, der Biologie, der Humanmedizin oder der Veterinärmedizin
- **Ausbildung zum technischen Assistenten** der Pharmazie (PTA), der Chemie (CTA), der Biologie (BTA), der Humanmedizin (MTA) oder der Veterinärmedizin (VTA)
- **Apothekerassistent, Pharmazieingenieure**

Andernfalls kann in einem **Fortbildungslehrgang** die Qualifikation als geprüfter Pharmareferent nachgewiesen werden. Außerdem kann die zuständige Behörde andere Ausbildungen als gleichwertig bestimmen. Für die Zukunft ist – in Angleichung an die gesetzlichen Regelungen anderer europäischer Staaten – geplant, für Pharmaberater verpflichtend Fortbildungen in Form von bepunkteten Weiterbildungen (ähnlich wie für Ärzte) einzuführen. Das sog. **Continuing Pharmaceutical Education (CPE) Konzept** für Pharmaberater soll eine kontinuierliche und produktneutrale Fortbildung gewährleisten.

Der Pharmaberater muss die geltenden Rechtsvorschriften, vor allem des **Arzneimittelgesetzes** (AMG) und des Heilmittelwerbegesetzes einhalten. Nach § 76 Abs. 1 AMG ist der Pharmaberater verpflichtet, im Rahmen der Pharmakovigilanz Mitteilungen von Angehörigen der Heilberufe über Nebenwirkungen und Gegenanzeigen oder sonstige Risiken bei Arzneimitteln schriftlich aufzuzeichnen und dem Auftraggeber schriftlich mitzuteilen.

---

10 Quelle: www.mkm-mediline.de: Stellen für Pharmareferenten.

11 Nach www.wikipedia, Stichwort Pharmaberater.

Die **Verletzung** dieser **Mitteilungspflicht** wird als **Ordnungswidrigkeit** angesehen und kann mit einer Geldbuße bis zu 25 000 € geahndet werden (§ 97 Abs. 2 Nr. 30 AMG).

Eine weitere schriftliche **Dokumentationspflicht** trifft die Pharmaberater bei der **Verteilung von Arzneimittelmustern**. Hier haben sie sowohl die Empfänger als auch Art, Umfang und Zeitpunkt der Abgabe festzuhalten (§ 76 Abs. 2 AMG). Die zuständigen Behörden können die Vorlage dieser schriftlichen Aufzeichnungen verlangen. Auch hier wird ein Verstoß als Ordnungswidrigkeit bewertet und mit dem gleichen Bußgeldrahmen bedroht wie die Nicht-Weitergabe von Risiko-Informationen.

Die **pharmazeutische Industrie** hat sich auf einen **Kodex** festgelegt,[12] was bei Informations- und Werbemaßnahmen gegenüber den Heilberufen zu beachten ist. An diesen Kodex sind auch die Pharmaberater als »ausführende Organe« der Pharma-Unternehmen ausdrücklich zu binden (§ 23). Er beinhaltet u. a. das Verbot, Ärzten ein Entgelt für die Verschreibung, Anwendung oder Empfehlung von Arzneimitteln anzubieten oder zu gewähren (§ 13); ferner das Verbot, das Angebot oder die Abgabe von Mustern mit dem Angebot oder der Abgabe von Werbemaßnahmen zu koppeln (§ 19). Verstöße gegen diesen Kodex durch den Pharmaberater verletzen nicht nur arbeitsvertragliche Pflichten, sondern lösen auch bestimmte Verbindlichkeiten des Pharma-Unternehmens aus (Abgabe einer Unterlassungsverpflichtungserklärung).

Trotz dieser Einbindung in das **Informations- und Kontrollsystem des AMG** darf allerdings nicht übersehen werden, dass die Pharmaberater primär den Verkaufsinteressen des Pharmaunternehmens unterworfen sind und vom Arbeitgeber letztlich nach dem Erfolg ihrer beratenden Tätigkeiten beurteilt werden, die sich in entsprechenden Verkaufszahlen niederschlagen.

Einkommen[13]

Ein durchschnittlicher Pharmaberater verdient in Deutschland etwa 3000 € brutto im Monat. Anfänger beginnen mit ca. 2500 € bei Dienstleistern und können sich dort bis zu ca. 3800 € steigern. Bei einer Direkteinstellung in einem Pharmaunternehmen liegen die Anfangsgehälter etwas höher. Hinzu kommen regelmäßig (firmenabhängig) Prämien für erlangte Umsatzziele. Ein

12 Letzte Fassung vom 12. 9. 1988, Bundesanzeiger, 4243.

13 Angaben laut wikipedia.

Firmenwagen der Mittelklasse gehört zum Standard. Gemäß www.hitec-consult.de belaufen sich die Jahresgehälter für Anfänger auf 30 000 €, für Professionals auf 50 000 € und für Topverdiener auf 70 000 €. Pharmaberater leisten zum Teil an Wochenenden Kongressdienst und sind auf Messen und Veranstaltungen präsent und dort für die Stände ihrer Unternehmen verantwortlich. Sie betreuen und beraten dort insbesondere Ärzte oder halten Vorträge.

Neuere Entwicklungen[14]

Auch in der Pharmabranche besteht ein Trend, Pharmaberater nicht mehr direkt einzustellen, sondern die benötigten Mitarbeiter bei Dienstleistern (**Leihaußendienst, contract sales organisation**) zu »mieten«. Damit soll das Pharmaunternehmen flexibler in der Personalplanung sein. Es wird häufig so dargestellt, dass Firmen diesen Weg benutzen würden, um neue Mitarbeiter zu finden, d. h. nach einer bestimmten Zeit die Pharmaberater dann fest bei dem Pharmaunternehmen anzustellen. Untersuchungen des Leiharbeitsmarktes haben allerdings ergeben, dass dieser sog. Klebeeffekt eher die Ausnahme bleibt.[15]

Aus den USA stammt eine Entwicklung, die Arbeit des Pharmareferenten durch E-Detailing zu verstärken (Online-Beratung). Diese, in Europa erst ansatzweise vorhandene, auf dem Internet basierende Technologie wird zum Teil als Konkurrenz zum klassischen Field-Detailing (persönliche Vor-Ort-Beratung) des Pharmareferenten bewertet.

4.4 Besonderheiten im Versicherungs-Außendienst

Im Versicherungsbereich wurde durch die **EG-Richtlinie 2002/92 zur Versicherungsvermittlung** vom 9. 12. 2002 der Schutz der Versicherten zum Ausgangspunkt verschiedener Anforderungen an Versicherungsvermittler gemacht:[16]

14 Trendaussage laut wikipedia.

15 Studie der Bertelsmann Stiftung, Süddeutsche Zeitung vom 28. 4. 2010.

16 AblEG 2003 L 9, vgl. dazu Versicherungswirtschaft 20/2002, 1608.

- Danach haben Versicherungsvermittler ein Mindestmaß an verbindlichen Berufsanforderungen zu erfüllen. Sie müssen über **angemessene allgemeine kaufmännische und fachliche Kenntnisse** und Fertigkeiten verfügen (Art. 4). Dies ist Voraussetzung für die Eintragung in ein öffentliches Register (Art. 3). Allerdings dürfen die Versicherungsunternehmen auch eigene Register führen (insbesondere für die angestellten Versicherungsvermittler, Art. 3 Abs. 1).
- Dies macht eine Berufsausbildung für Vermittler erforderlich (Umsetzungsfrist der Richtlinie war 2005, Art. 16). Allerdings ist derjenige, der bereits als Vermittler im September 2000 tätig war, von dieser Ausbildungspflicht befreit (**Übergangsbestimmung**, Art. 5).
- Von dieser Voraussetzung sind **nebenberufliche Mitarbeiter ausgenommen**, die in der Versicherungsbranche eine sehr große Zahl ausmachen und etwa bei der HUK-Coburg die Säule des Versicherungsgeschäfts darstellen (Art. 1 Abs. 2d).
- Jeder Versicherungsvermittler hat bestimmte **Informationspflichten gegenüber den Kunden** (Art. 12).
- Jeder Versicherungsvermittler muss ferner eine **Berufshaftpflicht** abschließen, die pro Schadensfall eine Summe von 1 Million€ abdeckt (Art. 4 Abs. 2).
- Auch das **Beschwerdewesen** soll europaweit vereinheitlicht werden. Dabei ist nicht alleine eine Beschwerdestelle einzurichten, sondern auch ein Verfahren zur außergerichtlichen Streitbeilegung zu entwickeln (Art. 10, 11).
- In einer **Bagatellklausel** wird die Vermittlung von Verträgen ausgenommen, bei denen es sich weder um Lebens- oder Haftpflichtversicherungen handelt und die eine Prämie von 5€ nicht übersteigen (Art. 1 Abs. 2f). Gemeint ist damit vor allem die Reiseversicherung.[17]

Im Gesetz zur Neuregelung des Versicherungsvermittlerrechts vom 22.5.2007 ist in Umsetzung der Richtlinie eine **Erlaubnis- und Registrierpflicht** in § 11a GewO verankert worden (bei der Industrie- und Handelskammer).[18] Die Details über den Nachweis an Sachkunde sind in einer VersicherungsvermittlerVO geregelt.[19] Die Haftungsgrundsätze sind im VVG enthalten (u.a. § 42e VVG).

---

17 Versicherungswirtschaft 23/2000.

18 Gesetz zur Neuregelung des Versicherungsvermittlerrechts vom 19.12.2006, BGBl. I 2006, S. 3232.

19 VersVermVO vom 15.5.2007, BGBl. I S. 733.

5. Arbeitszeit

5.1 Besonderheiten im Außendienst

Die Arbeitszeit von Außendienstmitarbeitern weicht in mancher Hinsicht stark von der Arbeitszeit anderer Arbeitnehmer ab. Im Außendienst besteht anders als im Innendienst häufig ein erheblich größerer **Spielraum bei der Gestaltung der Arbeitszeit.** Wann die Außendienstmitarbeiter z. B. ihre Kunden besuchen und wie sie ihre Route aufteilen, hängt wesentlich davon ab, welche Terminabsprachen sie vorher vereinbaren konnten oder wann sie die Kunden am besten antreffen. Zusätzlich sind Besonderheiten zu berücksichtigen, wie etwa der »freie Mittwochnachmittag« bei Ärzten für Pharmaberater.

Das bedeutet aber nun nicht, dass Arbeitszeitfragen zu keinen Problemen führen. Im Gegenteil. Vor allem die Einordnung von Reisezeit als Arbeitszeit, die Qualifizierung von Wartezeiten, der zulässige Umfang von Abend- und Wochenendveranstaltungen sind **typische Arbeitszeitprobleme im Außendienst.** Der rechtliche Rahmen zur Klärung dieser Probleme wird dabei abgesteckt einmal durch das Arbeitszeitgesetz sowie die ihm zugrunde liegende EG-Arbeitszeitrichtlinie und zum anderen durch die einschlägigen Tarifverträge, in denen Arbeitszeitfragen häufig ausführlich geregelt sind. Allerdings werden die Besonderheiten im Außendienst dort meist unzulänglich behandelt.

Tarifverträge enthalten in der Regel detaillierte Arbeitszeitregelungen einschließlich der Mehrarbeitvergütung. Ist der Außendienst in diesen Tarifverträgen nicht besonders erwähnt, dann fallen die Außendienstmitarbeiter automatisch unter diese tariflichen Arbeitszeitregelungen. Häufig tragen jedoch Tarifverträge den Besonderheiten im Außendienst dadurch Rechnung, dass sie die Außendienstmitarbeiter **von den tariflichen Arbeitszeitregelungen** ganz **ausnehmen.**[1] In diesen Fällen gelten weder die tarifliche wöchentliche Arbeitszeitgrenze noch die tariflichen Regelungen zur Mehrarbeit.

---

1 Beispiel MTV Versicherungsgewerbe, Haus-Tarifvertrag Sharp Electronics.

5.2 Der gesetzliche Arbeitszeitrahmen

Das gesetzliche Arbeitszeitrecht wird zwar durch die tarifvertragliche Ausgestaltung der Arbeitszeit relativiert. Es gilt aber nach wie vor für alle Arbeitnehmer, Arbeiter wie Angestellte, d. h. gerade auch für AT-Angestellte, wenn sie aus den Arbeitszeitbestimmungen des einschlägigen Tarifvertrags ausgeklammert sind.[2] Ausgenommen sind lediglich die leitenden Angestellten nach § 5 Abs. 3 BetrVG (§ 18 Abs. 1 Nr. 1 ArbZG).

5.2.1 Umfang der Arbeitszeit, Ruhezeiten

Nach dem **ArbZG** beträgt der »Normalarbeitstag« netto acht Stunden (ohne Pausen), die Normal-Arbeitswoche sechs Tage, so dass eine **Wochenarbeitszeit** von 48 Stunden gesetzlich zulässig ist.

Dieser Normal-Rahmen kann jedoch bis auf zehn Stunden täglich verlängert werden (§ 3 Satz 2 ArbZG). Zehn Stunden sind gleichzeitig das absolute Maximum für die Tages-Arbeitszeit. In einem Zeitraum von sechs Monaten (wahlweise: 24 Wochen) muss allerdings ein Durchschnitt von acht Stunden pro Tag, d. h. 48 Stunden pro Woche erreicht werden. Damit werden erhebliche Spielräume bei der Flexibilisierung der Arbeitszeit eingebaut.

Das Arbeitszeitgesetz verlangt bei Vollzeitbeschäftigung die Gewährung einer mindestens halbstündigen **Ruhepause** pro Tag. Bei einer täglichen Arbeitszeit von mehr als neun Stunden muss sie mindestens 45 Minuten betragen (§ 4 ArbZG). Diese Pausen zählen nicht als Arbeitszeit. Sie sind vorher festzulegen, wobei die Festlegung eines ungefähren Rahmens genügt (z. B. »in der Mittagszeit zwischen 12 und 14 Uhr«).

Ferner besteht die Pflicht zur Gewährung einer ununterbrochenen **Ruhezeit** von elf Stunden (§ 5 ArbZG). Sind Außendienstangestellte etwa bis spät in den Abend hinein mit einer Besprechung, einem Seminar oder einer Veranstaltung befasst, dann verschiebt sich der zulässige Beginn ihrer Arbeitszeit am folgenden Tag entsprechend. Unabhängig davon, ob sie von dieser Möglichkeit Gebrauch machen, haben sie zumindest ein Recht darauf und können ruhigen Gewissens länger ausschlafen.

---

2 Zur Einführung vgl. Buschmann/Ulber, Arbeitszeitgesetz, Basiskommentar, 6. Aufl. 2009.

Die Unantastbarkeit der Ruhezeit durch Arbeitszeiten jeglicher Art ist durch die Rechtsprechung des EuGH bestätigt worden.[3] Der EuGH hatte sich mit einigen Arbeitszeitbegriffen aus der Praxis auseinanderzusetzen, die in der **EG-Arbeitszeitrichtlinie** nicht enthalten sind, wie **Bereitschaftsdienst** und Rufbereitschaft. Der EuGH musste diese Zeiten nun aber in das System der Richtlinie einordnen, das nur Arbeitszeiten und Ruhezeiten kennt.

Definition von Arbeitszeit nach der EG-Richtlinie
- Arbeitszeit ist jede Zeitspanne, während der ein Arbeitnehmer arbeitet, dem Arbeitgeber zur Verfügung steht und seine Tätigkeit ausübt oder Aufgaben wahrnimmt.
- Ruhezeit ist jede Zeitspanne außerhalb der Arbeitszeit.

Der EuGH hat es für das Vorliegen von Arbeitszeit genügen lassen, dass eine der in der Definition genannten Kriterien vorliegt, nämlich die **persönliche Anwesenheit** an einem vom **Arbeitgeber zugewiesenen Ort**. Der Begriff Arbeitszeit wird vom EuGH unter Berufung auf Wortlaut und Zweck der Norm im Gegensatz zum Begriff Ruhezeit bestimmt, so dass beide Begriffe sich gegenseitig ausschließen. Unter Berücksichtigung des Normzwecks, nämlich **Sicherheit und Gesundheit der Arbeitnehmer** zu gewährleisten, sei die Pflicht, sich am Arbeitsplatz aufzuhalten und verfügbar zu sein, Bestandteil der Aufgabenwahrnehmung und deshalb Arbeitszeit. Die *Verrichtung einer Tätigkeit* an diesem Ort ist dagegen nicht wesentlich für die Einordnung als Arbeitszeit, weshalb z. B. Bereitschaftsdienste als Arbeitszeit bewertet wurden.

Bereitschaftsdienste sind vollständig als **Arbeitszeit** zu bewerten, da den Arbeitnehmern vom Arbeitgeber **vorgeschrieben** wird, **wo** sie diese **Dienste zu verrichten** haben.

Allerdings wurde den **Tarifparteien** gleichzeitig in § 7 ArbZG die **Kompetenz** eingeräumt, die **Dauer** der täglichen Arbeitszeit **zu verlängern**, wenn Bereitschaftsdienste anfallen.

3 EuGH vom 3. 10. 2000 (SIMAP) – Rs. C 303/98, NZA 2001, 53; vom 9. 9. 2003 (Jaeger) – Rs. C-151/02, NZA 2003, 1019; vom 11. 1. 2007 (Vorel) – Rs. C-437/05.

Überträgt man diesen Ansatz auf die spezifische Situation im **Außendienst,** dann sind Reisezeiten vom und zum Kunden Arbeitszeiten und dürfen zusammen mit den Besuchszeiten und eventuellen Wartezeiten acht, ausnahmsweise zehn Stunden am Tag nicht übersteigen (§ 3 ArbZG). Längere Arbeitszeiten sind nur dann zulässig, wenn dies von Tarifparteien unter Berücksichtigung der Besonderheiten von Bereitschaftsdiensten geregelt worden ist (§ 7 ArbZG). Eine solche Regelung für den Außendienst liegt in keiner Branche vor.

5.2.2 Vergütung von Mehrarbeit

Das Arbeitszeitgesetz enthält keine vergütungsrechtlichen Verpflichtungen für Mehrarbeit. In den Arbeitsverträgen finden sich häufig Formulierungen, wonach durch das Gehalt eventuell anfallende Mehrarbeit als »mitvergütet« angesehen wird. Typisch sind Formulierungen wie: »Etwaige Entschädigungen für vergütungspflichtige Mehr-, Nacht-, Sonn- und Feiertagsarbeit sind grundsätzlich im Rahmen der Gesamtjahresbezüge mitgewährt.« Eine andere Variante ist die **Pauschalierung** evtl. anfallender Mehrarbeit.

Nach einer Kienbaum-Außendienst-Studie lag die vertragliche Arbeitszeit bei den Fachkräften im Außendienst (Verkauf/Beratung) bei 38,5 Stunden, die tatsächliche Arbeitszeit jedoch im Durchschnitt bei 44,5 Stunden. Diese beträchtlichen Überstunden wurden jedoch nur bei 12 % gesondert honoriert; bei den meisten dagegen werden die Überstunden nicht extra bezahlt, sondern mit dem »normalen« Gehalt als abgegolten angesehen.[4] Durchaus typisch ist daher etwa folgende Regelung:

Regelung über Mehrarbeit:

1. Für jede nicht mit dem Monatsentgelt abgegoltene Arbeitsstunde ist eine Grundvergütung in Höhe von 1/166,8 (für 38,5 Std./Woche) des einzelvertraglich vereinbarten festen Monatsentgelts zu zahlen.
2. Die Arbeitnehmer erhalten darüber hinaus für angeordnete Mehrarbeit einen Zuschlag von 25 %, bei Nachtarbeit in der Zeit von 20.00 bis 6.00 Uhr einen Zuschlag von 12,5 % und bei Sonntagsarbeit einen Zuschlag von 50 %.
3. Die Ziffern 1 und 2 gelten nicht für Außendienstmitarbeiter mit Provision und/oder Prämienvereinbarung. Sie erhalten jedoch für Wochenendarbeit auf Messen für bis zu maximal zehn Stunden täglich wahlweise Freizeitausgleich oder Vergütung (beides ohne Zuschläge, d.h. im Verhältnis 1:1).

4 Kienbaum, Fach- und Führungskräfte im Außendienst.

Eine solche **pauschale Vergütung** von Arbeitszeit begegnet grundsätzlichen Bedenken. Zumindest ist eine Verrechnung dann unzulässig, wenn dadurch das **Gleichgewicht** zwischen **Leistung** und **Gegenleistung** grundlegend gestört würde.[5] Das BAG hat hier allerdings einen weiten Rahmen zugelassen. So sah es etwa den Vorbehalt eines einseitigen Widerrufs von Leistungszulagen als zulässig an, obwohl diese 25 bis 30 % des tariflichen Stundenlohns betrugen. Es hat jedoch gleichzeitig den Widerruf daraufhin überprüft, ob er billigem Ermessen nach § 315 BGB entsprach.[6] Entsprechendes muss für pauschalierte Vergütungsregelungen in Arbeitsverträgen gelten. Das heißt die Obergrenze für Mehrarbeit, die noch durch das Gehalt abgedeckt ist, dürfte bei ca. 25 % der vertraglichen Arbeitszeit liegen. Das setzt jedoch voraus, dass im Gehalt bereits ein pauschalierter Mehrarbeitszuschlag enthalten ist oder es generell höher ist als das tarifübliche Entgelt.

5.3 Reisezeit – Arbeitszeit?

5.3.1 Allgemeine Regelung

Eine Besonderheit des Außendienstes besteht darin, dass oft in erheblichem Umfang Reisezeit anfällt, um die einzelnen Kunden in den jeweiligen Betreuungsgebieten aufzusuchen. Ist diese Reisezeit nun als vergütungspflichtige Arbeitszeit zu beurteilen (und bei der Ermittlung der Wochenarbeitszeit mitzuberechnen) oder handelt es sich hier um bloße Wegezeiten, die dem Arbeitszeitkonto nicht gutzuschreiben sind?

Gesetzlich ist diese Frage **nicht geregelt**. Zwar ist im Unfallversicherungsrecht geklärt, dass **Wegezeiten** vom **Versicherungsschutz** mit erfasst sind (§ 8 Abs. 2 SGB VII), wobei der Versicherungsschutz mit Verlassen der Haustür beginnt.[7] Im Steuerrecht wird zur Spesen-Berechnung bei Dienstreisen ebenfalls das Verlassen der bzw. Rückkehr zur Wohnung als maßgeblicher Zeitpunkt für die Berechnung der Abwesenheitsdauer festgelegt (Abschn. 119 II 3 und 4 EStR). Im Arbeitsrecht bei der Ermittlung der vergütungspflichtigen Arbeits-

5 BAG vom 7.10.1982, AP Nr. 5 zu § 620 BGB Teilkündigung.

6 BAG vom 13.5.1987, AP Nr. 4 zu § 305 BGB Billigkeitskontrolle; vom 7.12.2005, NZA 2006, 423.

7 BSG vom 13.3.1956, 30.9.1964 und 11.12.1973, BSGE 2, 239; 22, 10; 37, 36.

zeit gibt es jedoch keine gesetzliche Regelung und nur in wenigen Fällen kollektivrechtliche Festlegungen.

Nach der Rechtsprechung sind **Reisezeiten** bei Außendienstangestellten grundsätzlich als **Arbeitszeit** anzusehen, wenn sie die Fahrt von der Betriebsstätte zu einer außerhalb gelegenen Arbeitsstätte (Kunde) umfassen.[8] Gehört das Aufsuchen von Kunden zur vertraglichen Hauptleistungspflicht des Arbeitnehmers, dann nimmt er nach Auffassung des BAG mit solchen Reisen die Interessen des Arbeitgebers wahr, wofür dieser grundsätzlich die entsprechende Vergütung zu entrichten hat.[9]

Diese Reisezeit im Zusammenhang mit der Erbringung der arbeitsvertraglich geschuldeten Leistung ist zu unterscheiden von der **Dienstreise**, worunter gemeinhin die Fahrt an einen Ort verstanden wird, an dem ein Dienstgeschäft zu erledigen ist.[10] Bei der Dienstreise wird **differenziert:** Ist während der Fahrt eine Arbeitsaufgabe zu erfüllen (z. B. vorbereitendes Aktenstudium) oder ist der Betreffende zu einer belastenden Tätigkeit verpflichtet (etwa zum Lenken des Fahrzeugs), dann wird auch hier die Reisezeit als Arbeitszeit gewertet. Ist die Reisezeit jedoch nicht mit einer zusätzlichen Belastung verbunden (Fahren im ICE ohne Aktenstudium), dann soll es sich nicht um Arbeitszeit handeln.[11]

Diese Differenzierung hat vor allem für den **Arbeitszeitschutz** Bedeutung. Hat etwa die Anreise an einem Sonntag zu erfolgen und wird die Reisezeit nicht als Arbeitszeit gewertet, dann greift auch nicht das generelle Arbeitsverbot an Sonntagen mit der Folge, dass keine Genehmigung durch die zuständigen Landesbehörden nach § 13 Abs. 2 ArbZG eingeholt werden muss etc.[12] Umgekehrt kann es sich um eine genehmigungspflichtige Arbeitszeit handeln, wenn die Fahrt mittels PKW gestattet wird. Um einen **Streit über die Genehmigungspflicht** und den entsprechenden bürokratischen Aufwand zu vermeiden, werden deshalb **Konferenzen** bzw. **Tagungen** am Montag erst zu einer Zeit angesetzt, zu der **keine Anreise am Sonntag** erforderlich ist.

Nach der EuGH-Rechtsprechung[13] sind in der EG-Richtlinie nur die Begriffe Arbeitszeit und Ruhezeit enthalten. Alle anderen Zeitphasen im Zusammenhang mit der Arbeitsleistung müssen diesen beiden Grundbegriffen zugeord-

8 BAG vom 28. 6. 1995 – 7 AZR 762/94.
9 BAG vom 28. 6. 1995 – 7 AZR 762/93.
10 BAG vom 14. 11. 2006 – 1 ABR 5/06.
11 BAG vom 22. 2. 1978, AP Nr. 3 zu § 17 BAT.
12 Zmarzlik/Anzinger, Arbeitszeitgesetz, § 2 Rn. 9f.; Neumann/Biebl, Arbeitszeitgesetz, § 2 Rn. 15.
13 EuGH vom 3. 10. 2000, NZA 2001, 53; vom 9. 9. 2003, NZA 2003, 1019.

net werden. Der EuGH hat als **entscheidendes Merkmal für Arbeitszeit** die **persönliche Anwesenheit am Arbeitsplatz** unabhängig von einer tatsächlich geleisteten Arbeit angesehen. Bei Dienstreisen begibt sich der Arbeitnehmer an einen vom Arbeitgeber zugewiesenen Ort. Die **Dienstreise** ist somit das **notwendige Mittel**, um der Anordnung des Arbeitgebers überhaupt nachkommen zu können. Deshalb ist sie Arbeitszeit im Sinne des Arbeitszeitgesetzes und fällt damit auch unter die Begrenzungen, die das Arbeitszeitgesetz enthält (maximale Arbeitszeitdauer von zehn Stunden am Tag, Verbot der Sonntagsarbeit, es sei denn, eine behördliche Genehmigung liegt vor). Diese Sichtweise hat allerdings die deutsche Rechtsprechung bisher noch nicht übernommen.[14]

Die **Frage der Vergütung** ist vom Schutzzweck der Richtlinie und des ArbZG dagegen nicht erfasst. Sie kann folglich unterschiedlich ausfallen je nachdem, um welche Art von Arbeitszeit es sich handelt.

Vergütungsrechtlich wird für Dienstreisen ohne Arbeitsleistung eine Vergütung als entgeltfähige Nebenleistung diskutiert, aber entscheidend auf den Arbeitsvertrag abgestellt.[15] Vor allem bei **gehobener** und entsprechend **vergüteter Tätigkeit** ist jedoch **nicht jede Reisezeit** wie **Arbeitszeit** zu entgelten.

Vergütung von Reisezeit bei gehobener Tätigkeit:
Bei einem Revisionsverband für ärztliche Organisationen arbeitete ein Revisor gegen ein Monatsgehalt von 7061,95 DM brutto (entsprechend BAT IIa). Er bezog 14 Gehälter im Jahr. Zu den Außenprüfungen reiste er jeweils zum Sitz der zu prüfenden Organisation. Seine regelmäßige wöchentliche Arbeitszeit betrug 42 Stunden. Sein Arbeitsvertrag enthielt keine Regelungen über die Bezahlung von Mehrarbeit oder Überstunden, tarifliche Vorschriften galten für das Arbeitsverhältnis nicht. Er verlangte aufgrund eigener Berechnungen für einen Zeitraum von zwei Jahren die Bezahlung von insgesamt 231,75 Überstunden einschließlich Mehrarbeitszuschlägen in Höhe eines Gesamtbetrages von 11 018,71 DM. Die Überstunden setzten sich zusammen aus solchen für Reisezeiten und solchen für Prüfungstätigkeiten. Das LAG hat ihm lediglich 5425,– DM brutto nebst Zinsen zugestanden. Das BAG hat die Entscheidung des LAG bestätigt.[16]

Nach Auffassung des BAG muss bei einer gehobenen und entsprechend vergüteten Tätigkeit nicht die gesamte **Reisezeit** gesondert vergütet werden. Vielmehr könne eine Reisezeit von ggf. **bis zu zwei Stunden** über die geschuldete Arbeitszeit hinaus pro Reisetag als **nicht vergütungspflichtig** und durch das reguläre Gehalt als abgegolten angesehen werden. Im vorliegenden Fall ging der

14 Z.B. BAG vom 14.11.2006 – 1 ABR 5/06.
15 Hunold, NZA 1993, 10, 14.
16 BAG vom 3.9.1997, BB 1998, 52.

Kläger mit seinen Hauptaufgaben einer akademischen Tätigkeit nach. Sein Gehalt lag deutlich oberhalb der allgemeinen durchschnittlichen Bezahlung abhängig Beschäftigter. In einer solchen gehobenen Stellung hat ein Arbeitnehmer nach der Verkehrsanschauung ein gewisses Kontingent an Reisezeiten unentgeltlich zu erbringen. Deshalb wurden die ersten zwei Reisestunden pro Reisetag als nicht vergütungspflichtig angesehen.

5.3.2 Beginn der Reisezeit – Wohnung als Arbeitsstätte

Kontrovers beurteilt wird im Außendienst die Frage nach dem Beginn der Reisezeit als Arbeitszeit, wenn aufgrund der Außendienstorganisation der Außendienstmitarbeiter seine Wohnung gleichzeitig als Arbeitsstätte nutzt.

Wie steht es dann mit der **Fahrt** der Außendienstmitarbeiter von ihrer Wohnung **zum ersten Kunden** bzw. vom letzten Kunden zurück zu ihrer Wohnung? Sind diese Zeiten zu vergleichen mit den Wegezeiten, die der Innendienstler jeden Tag von seiner Wohnung zum Büro zurücklegen muss und die ihm nicht vergütet werden? Oder sind diese Fahrten aufgrund der spezifischen Arbeitsgestaltung im Außendienst als Fahrten zwischen verschiedenen Arbeitsstätten zu bewerten, die nach allgemeiner Auffassung als Arbeitszeit zu vergüten sind?

Die **Rechtsprechung** hat sich zu diesem Punkt wenig geäußert, da offensichtlich gerichtliche Auseinandersetzungen um diese Frage gescheut werden. Geklärt worden ist allerdings, dass der Arbeitgeber nicht einseitig bestimmen kann, was als vergütungspflichtige Arbeitszeit anzusehen ist.[17] Im Gegensatz zum Innendienst ist der Kontakt von Außendienstmitarbeitern zum Betrieb des Arbeitgebers häufig auf ein Minimum geschrumpft. Eine Notwendigkeit, das Unternehmen aufzusuchen, besteht für die Außendienstmitarbeiter jedenfalls nicht regelmäßig, da der notwendige Informationsfluss aufgrund der modernen Kommunikationstechniken kein persönliches Aufsuchen der Geschäftsräume des Arbeitgebers mehr erfordert.

Solche Besuche finden in manchen Branchen nur noch in großen Abständen statt, zuweilen gar nur ein- bis zweimal im Jahr. Deshalb fungiert hier die **Wohnung der Außendienstmitarbeiter als Außenbüro des Unternehmens,** wo nicht nur schriftliche Dokumentations- und Berichtsaufgaben erfüllt werden, sondern wo z. T. auch Lagerkapazität vorgehalten wird, etwa für Musterkol-

17 LAG Berlin vom 29. 11. 1968, AP Nr. 8 zu § 611 BGB Wegezeit.

lektionen, Proben etc. Im verkäuferischen Außendienst ist z. B. das frühere Filialsystem mittlerweile weitgehend aufgelöst worden, bei dem mit einem Netz von Filialstellen für mehrere Außendienstmitarbeiter Lagerstätten und organisatorische Anlaufpunkte bereitgehalten wurden. Ihre Funktionen sind nun auf die Wohnungen der Außendienstmitarbeiter verteilt worden. Es werden also vertragliche Leistungspflichten in der Wohnung erfüllt.

In all diesen Fällen hat der Arbeitgeber einen Teil seiner organisatorischen Pflichten auf den Außendienst abgewälzt und einen Teil seiner Büro- und Lagerorganisation in den Wohnbereich der Außendienstmitarbeiter ausgelagert. Der Arbeitgeber erspart sich dadurch das Vorhalten entsprechender Raumkapazität. Deshalb ist die **Wohnung** grundsätzlich als **Startpunkt** für die **vergütungspflichtige Reisezeit** zu nehmen.[18] Da bereits das Aufsuchen des ersten Kunden durch die Außendienstmitarbeiter die Erfüllung ihrer arbeitsvertraglichen Hauptpflicht darstellt,[19] ist auch die erste bzw. letzte Fahrt zwischen ihrer Wohnung und dem Kunden als Arbeitszeit zu beurteilen.

Diese Auffassung wurde in der Rechtsprechung zumindest für die **Abrechnung von Fahrtkosten** auch vom BAG geteilt.

Berechnung der Reisezeit bei Fahrt von der Wohnung:
Ein Angestellter im Werbeaußendienst wohnte in B. Die Geschäftsstelle befand sich in K. Zwischen den Parteien war strittig, ob die Fahrten zwischen Wohnung und Geschäftsstelle zu erstatten waren. Sie ergaben im Jahresdurchschnitt 9717 Kilometer. Auf die Parteien traf zur Erstattung von Reisekosten der Manteltarifvertrag für das private Versicherungsgewerbe zu. Der MTV bestimmt in § 20, dass notwendige tatsächliche Fahrtauslagen dem Angestellten ersetzt werden müssen.

Das BAG hat zur Frage der Erstattung von Fahrtauslagen entscheidend darauf abgestellt, ob die **regelmäßige Arbeitsstätte** in der Wohnung liegt oder in der Geschäftsstelle.[20] Im vorliegenden Fall hatte der Außendienstmitarbeiter nach seinem eigenen Bekunden in der Geschäftsstelle mangels eines Büros keine Arbeitsmöglichkeiten. Er musste sich dort einmal wöchentlich für drei Stunden in der Geschäftsstelle zur Teilnahme an Besprechungen einfinden. Nach Auffassung des BAG deutete in diesem Fall alles darauf hin, dass der Außendienstmitarbeiter seine regelmäßige Arbeitsstätte in seiner Wohnung und nicht in

18 So auch Bösche/Grimberg, Rechtsfragen der Außendiensttätigkeit, FS A. Gnade, 1992, S. 377f.
19 Ähnlich Denecke-Neumann, § 2 Anm. 9.
20 BAG vom 21. 7. 1993, NZA 1994, 663.

der Geschäftsstelle hatte. Deshalb waren auch die Fahrten, die der Kläger im geschäftlichen Interesse von seiner Arbeitsstätte aus zur Geschäftsstelle unternahm, erstattungspflichtig.

Aus dieser Entscheidung kann der Grundsatz abgeleitet werden, dass in Fällen, in denen die Wohnung als Arbeitsstätte des Außendienstmitarbeiters dient und ihm in der Geschäftsstelle keine eigenen Büromöglichkeiten zur Verfügung gestellt werden, Ausgangspunkt für die **Erstattung von Fahrtkosten** eben seine Wohnung ist.

Daraus lässt sich aber entsprechend auch für die Berechnung von Reisezeiten schlussfolgern, dass auch hier **Beginn** für die Berechnung das **Verlassen der Wohnung** ist.[21] Dies wurde auch vom BAG bestätigt.[22]

Der Fall:
Der Kläger war als Kundendienstmitarbeiter im Außendienst tätig. Er führte seine Kundenbesuche bis Ende 2004 von der Niederlassung der Beklagten in W. aus. Die Niederlassung wurde Ende 2004 geschlossen und stattdessen den Kundendienstmitarbeitern ein Home Office eingerichtet. Seitdem besuchte der Kläger mit einem Service-Fahrzeug der Beklagten die Kunden. Das Fahrzeug wurde über Nacht durch ein beauftragtes Transportunternehmen mit den benötigten Ersatzteilen bestückt. Büro- und Verwaltungstätigkeit erbrachte der Kläger unter Verwendung eines Notebooks (von der Beklagten gestellt) in seiner Wohnung. Der Kläger will An- und Abfahrt zu den Kunden, auch zum ersten und vom letzten, als Arbeitszeit vergütet bekommen.
Das BAG hat den Vergütungsanspruch bejaht. Die Frage der Vergütung der Fahrzeit sei nicht davon zu trennen, ob die Fahrt von der Betriebsstätte oder von einem Home Office aus angetreten wird. Fahrten zum ersten Kunden und vom letzten Kunden zurück sind nach Auffassung des BAG in diesem Fall als eine Arbeitsleistung anzusehen und entsprechend zu vergüten. Die **Fahrten zum ersten Kunden und vom letzten Kunden zurück** bilden mit der übrigen Tätigkeit eine Einheit und stellen jedenfalls **bei Außendienstmitarbeitern** nach Auffassung des BAG insgesamt die **Dienstleistung** i. S. d. §§ 611, 612 BGB dar. Das soll unabhängig davon gelten, ob der Fahrtantritt ab der Betriebsstätte des Arbeitgebers oder ab der Wohnung des Arbeitnehmers erfolgt.

Im **Pharmabereich** dient darüber hinaus die **Wohnung** der Pharmaberater als **Zwischenlager für Arzneimittelmuster.** Mit dieser Zwischenlagerung nehmen die Pharmareferenten Pflichten auf sich, die eigentlich den Hersteller der Arzneimittel treffen und die Beachtung der **Vorschriften über den Verkehr mit Arzneimitteln** gerade auch bei ihrer Lagerung beinhalten (§ 19 AMG).

21 ArbG München vom 17. 9. 1991 – 11 Ca 7633/91.
22 BAG vom 22. 4. 2009 – 5 AZR 292/08, der betriebsrat 4/2010, 39.

5.4 Wartezeiten

Bei der Außendienstarbeit können in erheblichem Umfang Wartezeiten auftreten, weil die Kunden abgesprochene Termine wegen anderer Verpflichtungen nicht pünktlich einhalten können oder kurzfristig absagen. Zur Illustration der Bandbreite von Wartezeiten folgende Beispiele:[23]

Beispiel 1:
Außendienstmitarbeiter A. hat bei einem Kunden einen Termin um 12.00 Uhr. Dort vor Ort erfährt er, dass der Kunde noch in einer Konferenz ist und sich daher der Termin verzögert. A. wartet im Besprechungsraum der Firma; das Kundengespräch kommt erst um 14.00 Uhr zustande.

Beispiel 2:
Außendienstmitarbeiter B. hat einen Termin um 10.00 Uhr beim Kunden vereinbart. Pünktlich eingetroffen erfährt er, dass der Termin erst um 14.00 Uhr stattfinden kann, da dem Kunden überraschend ein anderer Termin dazwischengekommen ist. Ein anderer Termin kann von B. inzwischen nicht wahrgenommen werden. B. erledigt deshalb persönliche Einkäufe und geht u. a. zum Friseur. Das Gespräch findet dann um 14.00 Uhr wie verabredet statt.

Beispiel 3:
Pharmaberaterin C. wartet im Wartezimmer des Arztes darauf, beim Doktor zwischen den Patienten ein Gespräch führen zu können. Der Arzt führt üblicherweise zwischen den einzelnen Patienten auch die Gespräche mit den Pharmareferenten.

In allen Fällen handelt es sich um **Ausfallzeiten,** bei denen sich die Frage stellt, wie sie vergütungsrechtlich zu behandeln sind. Grundsätzlich trägt das **Ausfallrisiko** nicht der Arbeitnehmer, sondern der **Arbeitgeber.** Dies folgt aus den Grundsätzen der Betriebsrisikolehre (§ 615 BGB). Der Arbeitgeber hat hier das Vergütungsrisiko zu tragen, weil der Arbeitnehmer seine Arbeitskraft für eine bestimmte Zeitspanne in demselben Zeitraum nicht anderweitig nutzbringend einsetzen kann.[24] Lediglich die Zeit privater Einkäufe oder der Friseurbesuch sind auf das Pausenkontingent anzurechnen bzw. als Freizeit zu bewerten.

23 Nach Bopp, Frage der Arbeitszeit im Außendienst, in H. D. Rieder (Hrsg.), Rechtsfragen im Angestelltenaußendienst, S. 46.

24 Zur Vergütungspflicht des Arbeitgebers beim Betriebsrisiko vgl. Boewer, Münchner Handbuch Arbeitsrecht, Bd. I, 1992, § 77 Rn. 3.

5.5 Mitbestimmung bei der Arbeitszeitfestlegung

Obwohl die Regelung der betriebsüblichen Arbeitszeit für die Beschäftigten im Außendienst gemäß § 87 Abs. 1 Nr. 2 BetrVG der Mitbestimmung des Betriebsrats unterliegt und aufgrund des Wortlautes der meisten Betriebsvereinbarungen die betriebsüblichen Arbeitszeiten auch im Außendienst gelten, gibt es bei der praktischen Umsetzung Probleme. Die Arbeitszeit muss aufgrund der Anforderungen an den Außendienst häufig flexibler gestaltet werden und ist deshalb weniger planbar als bei den meisten Tätigkeiten im Innendienst. Die Außendiensttätigkeit ist stark an den Wünschen der Kunden orientiert, was bei der Regelung von Arbeitszeitfragen ebenfalls eine Rolle spielt.

Lösungen können sich beispielsweise aus einer auf die Außendienstmitarbeiter abgestimmten **Gleitzeitregelung** ergeben.[25] Dort, wo auch ein flexibler Rahmen zu Umsetzungsproblemen führt, ist in der Praxis für die Regelung der Arbeitszeit die Festlegung einer bestimmten Anzahl von Besuchen pro Tag gewählt worden. Häufig wird dazu ein **Besuchswertesystem** vereinbart, wonach der Besuch von Kunden mit einer bestimmten Punktzahl versehen wird, und zwar differenziert nach der Größe und nach dem Betreuungsaufwand für die einzelnen Kunden.

Auch **Branchenbesonderheiten** können bei solchen Kundenfrequenzzahlen besser mit berücksichtigt werden. Im Pharmabereich kann dabei z. B. am Mittwoch (freier Nachmittag der meisten Ärzte) eine geringere Besuchszeit festgelegt werden. Dabei ist denkbar, dass Besuche, die über diese Mindestzeit hinausgehen, an diesem Tag doppelt gezählt werden.

Die Betriebsräte sollten bei der Entwicklung von Lösungen für die betriebliche Arbeitszeit der Außendienstbeschäftigten **beteiligungsorientierte Modelle** aufgreifen.[26] Bei geplanter Optimierung der Arbeitszeit sollte der Betriebsrat spezifische Interessen der Beschäftigten mit zur Geltung bringen. Es ist davon auszugehen, dass ein modernes Management derartige Lösungsansätze mitträgt. Ziel sollte dabei sein, eine praxisnahe Regelung zu finden, die gesetzliche oder tarifliche Vorgaben für die Arbeitszeit in entsprechende Vereinbarungen zum Schutz der Beschäftigten integriert.

---

25 Die mit dem Betriebsrat getroffene Gleitzeitregelung ist für den Arbeitgeber auch im Einzelfall bindend, BAG vom 18.4.1989, DB 1989, 1978.

26 Vgl. dazu »Experten in eigener Sache – Konzept für eine zukunftsorientierte Betriebsrätearbeit mit Hilfe von themen- und tätigkeitsbezogenen Arbeitsgruppen«, hrsg. vom Hauptvorstand der IG Chemie-Papier-Keramik, VB Betriebsräte-Mitbestimmung, Hannover 1994.

Bei einer tariflichen Arbeitszeitverkürzung taucht für den Außendienst die Frage auf, wie diese Reduzierung sinnvoll umzusetzen ist. Eine lineare wöchentliche Arbeitszeitverkürzung wird so gut wie gar nicht praktiziert, obwohl z.B. eine Konzentrierung der Besuchszeiten auf einige Tage (4 statt 5) denkbar wäre (z.B. 4 mal 9 Stunden). Besteht ein **Punktesystem für Kundenbesuche**, dann kann der Punktewert entsprechend reduziert werden.

Häufiger wird die Arbeitszeitverkürzung jedoch umgesetzt durch eine **Freie-Tage-Regelung**. Gewährt der Tarifvertrag eine bestimmte Anzahl freier Tage,[27] dann haben auch die tarifgebundenen Außendienstmitarbeiter einen Anspruch darauf. Die freien Tage können ihnen nicht verweigert werden mit dem Argument, das Arbeitstempo und damit die Arbeitszeit der Reisenden sei vom Arbeitgeber nicht zu kontrollieren. Dafür hat der Arbeitgeber durch geeignete Maßnahmen im Rahmen seiner Arbeitsorganisation selbst Sorge zu tragen (etwa durch Tourenvorgaben).[28]

Bei einer zusätzlichen Gewährung von freien Tagen ist eine Variante, diese Tage genau festzulegen, z.B. die Behandlung sog. **Brückentage**.

Die Freitage nach Himmelfahrt und Fronleichnam sowie die Tage zwischen Weihnachten und Neujahr werden häufig dazu benutzt.

Es empfiehlt sich jedoch eine Klarstellung über **Verfallsregelungen**, dass bei **Krankheit** diese freien Tage z.B. nicht verfallen, sondern später nachgeholt werden können. Ohne eine solche Klarstellung sind diese ansonsten nach der Rechtsprechung des BAG nicht nachzugewähren,[29] da der Freizeitausgleich nicht wie Erholungsurlaub zu behandeln sei, sondern der Einhaltung der tariflichen Arbeitszeit diene. Insofern werden tarifliche Regelungen zum Freizeitausgleich anders behandelt als Urlaubsregelungen; hier musste das BAG seine Rechtsprechung zum Verfall nach Krankheit ändern, da der EuGH eine solche **Verfallsregelung** als **gemeinschaftswidrig** angesehen hat (vgl. unter 8.3). In einer Betriebsvereinbarung könnte geregelt werden, dass bei einem Zusammentreffen mit Krankheit die Freischicht nicht verbraucht sei.[30]

Wegen der zahlreichen Auslegungsprobleme bei der Beurteilung von Arbeitszeit im Außendienst empfiehlt sich eine Regelung in einer Betriebsverein-

27 Vgl. wegen der Einzelheiten der Umsetzung z.B. § 2 I 1 MTV-Chemie nebst Protokollnotiz II.

28 BAG vom 24.3.1993, NZA 1994, 35 für den MTV der Süßwarenindustrie.

29 BAG vom 21.8.1992, NZA 1992, 76.

30 So BAG (5. Senat) vom 2.12.1987, DB 1988, 1402; anders BAG (1. Senat) vom 18.12.1990, NZA 1991, 484; bei tariflichen Ansprüchen nach wie vor zurückhaltend BAG vom 19.5.2009 – 9 AZR 477/07.

barung, die über § 87 Abs. 1 Nr. 2 BetrVG vom Betriebsrat initiiert werden kann.[31] Als anregendes Beispiel soll die folgende Vereinbarung aus einem großen Unternehmen der Süßwarenindustrie dienen.

Betriebsvereinbarung Arbeitszeit:

(1) Als Arbeitszeit im Außendienst gilt auch die häusliche **Büro- und Lagerarbeit** jeweils unter Berücksichtigung der gesetzlich vorgeschriebenen Pausen. Außerdem wird bei der Gesamtwürdigung der Arbeitszeit berücksichtigt, dass Außendienstmitarbeiter durch den zunehmenden Straßenverkehr stärker belastet werden und unterschiedlich lange Anfahrtszeiten zum ersten Kunden bzw. Rückfahrtszeiten vom letzten Kunden haben. Von daher ist die **An- und Rückreise wie Arbeitszeit** zu behandeln.

(2) Das Unternehmen berücksichtigt bei der Planung des Mitarbeitereinsatzes neben den markttypischen Erfordernissen auch die Vorschriften des BetrVG hinsichtlich der Beratungsrechte des Betriebsrats. Bei geplanten **Veränderungen der Besuchsvorgaben** in Bezug auf Bezirkskapazitäten ist der zuständige Betriebsrat beratend hinzuzuziehen.

(3) Am **Freitagnachmittag** endet die Reisezeit um 13.30 Uhr beim letzten Kunden. Der Nachmittag wird zur Erledigung von Büro- und Lagerarbeiten genutzt. Der Außendienstmitarbeiter ist mindestens bis 16.00 Uhr telefonisch erreichbar.

(4) **Nach** einem mind. 3-wöchigen **Urlaub** bzw. längerer **Erkrankung beginnt** die Reisezeit – nach vorheriger Information an den Vorgesetzten – am ersten Arbeitstag erst um 12.00 Uhr.

Das Mitbestimmungsrecht des Betriebsrats bei der Arbeitszeitregelung soll allerdings nicht bei **einmaligen Dienstreisen** gelten.

Mitbestimmung über Dienstreisen:

Ein großer Münchener Konzern veranstaltete im Jahr 1992 eine Arbeitstagung zum Thema »Elektronische Vorschaltgeräte« in Treviso/Italien. An der Tagung sollten Spezialisten aus den inländischen Verkaufsbüros teilnehmen. Sie fand an einem Montag/Dienstag statt, wobei die Anreise am Sonntag erfolgen sollte. Für den Sonntagnachmittag war eine gemeinsame Venedig-Führung vorgesehen. Der Betriebsrat hat die Auffassung vertreten, es habe sich hier um einen mitbestimmungspflichtigen Tatbestand nach § 87 Abs. 1 Nr. 3 BetrVG gehandelt, da die Reisezeit außerhalb der betriebsüblichen Arbeitszeit gelegen habe.

Das **BAG** hat ein **Mitbestimmungsrecht verneint.**[32] Nach § 87 Abs. 1 Nr. 2 und 3 BetrVG soll der Betriebsrat durch sein Mitbestimmungsrecht die Interessen

31 Beispiele für Betriebsvereinbarungen auch bei Hunold, Arbeitszeit, insbes. Reisezeit im Außendienst, NZA 1993, 10.

32 BAG vom 23.7.1996, NZA 1997, 216.

der Arbeitnehmer an einer sinnvollen Arbeitszeit- und Freizeiteinteilung und -gestaltung schützen. Zwar seien die Arbeitnehmer durch den Zwang zur Anreise an den auswärtigen Dienstort in der Gestaltung ihrer Freizeit eingeschränkt. In der Anordnung einer nur gelegentlich notwendigen Dienstreise, während derer zusätzliche Arbeitsleistungen nicht erbracht werden, liege jedoch keine Verlängerung der betriebsüblichen Arbeitszeit vor. Es handele sich vielmehr um eine vorübergehende Verlegung des Arbeitsortes, die nicht von § 87 Abs. 1 Nr. 3 BetrVG erfasst sei.

Dieser Entscheidung des BAG ist **nicht zuzustimmen**. Sie ist in sich widersprüchlich und nicht überzeugend. Wenn eine Dienstreise die autonome Gestaltungsfreiheit von Arbeitnehmern während ihrer Freizeit beeinträchtigt, wie das BAG hier einräumt, und auf der anderen Seite das Mitbestimmungsrecht den Zweck hat, gerade diese Interessen der Arbeitnehmer an einer sinnvollen Freizeiteinteilung zu schützen, dann muss das Mitbestimmungsrecht für alle diese Fälle gelten. Es kann also nicht darauf ankommen, ob solche Dienstreisen nur gelegentlich vorkommen oder ob sie häufiger angeordnet werden.

5.6 Mehrarbeit

5.6.1 Vergütung

Im Außendienst können u. U. Tagesrouten zusammenkommen, die weit **über acht Stunden** hinausgehen. Bei mehr als zehn Stunden ist die absolute Obergrenze nach § 3 ArbZG überschritten (es sei denn, es liegt eine abweichende tarifliche Regelung vor, § 7 ArbZG; besteht im Außendienst nicht). Dies wird als Ordnungswidrigkeit mit einer Geldbuße bis zu 15 000 € geahndet (§ 22 ArbZG). Ferner fallen vor allem bei Außendienstmitarbeitern mit **Heimbüros** nach den Tagestouren bzw. am Wochenende Büroarbeiten an, deren Ausmaß in den letzten Jahren ständig zugenommen hat. Viele Aufgaben, die früher vom Innendienst wahrgenommen wurden, werden zunehmend auf den Außendienst abgewälzt. Es kann sich dabei Arbeitszeit in solchem Umfang anhäufen, dass sie in den tarifvertraglich vorgesehenen Ausgleichszeiträumen durch Freizeit gar nicht mehr ausgeglichen werden kann bzw. die in Betriebsvereinbarungen festgelegten zusätzlichen Frei-Tage den zeitlichen Mehr-Aufwand nicht abdecken. Im Hinblick auf die flexible Arbeitszeitgestaltung im Außendienst stellt sich hier die Frage, ob es sich bei diesen überschießenden Zeiträumen um Mehrarbeit handelt, die gesondert zu vergüten ist.

Mehrarbeit ist grundsätzlich die über die **tarifliche wöchentliche oder die vereinbarte tägliche Arbeitszeit hinausgehende Arbeitszeit.** Darüber hinaus wird vielfach eine ausdrückliche Anordnung des Arbeitgebers zur Leistung der Mehrstunden verlangt, was im Außendienst jedoch praktisch nicht möglich ist.

Zuweilen sollen gelegentliche **geringfügige Überschreitungen** der täglichen Arbeitszeit mit dem Tarifentgelt abgegolten sein (z. B. § 3 I MTV Chemie). Wo die Geringfügigkeitsgrenze zu ziehen ist, lässt der Tarifvertrag jedoch offen. Deshalb empfehlen sich vielfach konkretisierende Betriebsvereinbarungen etwa in Gestalt von Prozentsätzen. Geringfügig kann danach z. B. sein, wenn das Überschreiten der täglichen Arbeitszeit nicht mehr als ca. 5 % der Normalarbeitszeit von acht Stunden ausmacht, also keine halbe Stunde. Denkbar ist auch, eine bestimmte Zeitspanne als Geringfügigkeitsgrenze zu definieren, etwa eine Viertelstunde. Voraussetzung für den Wegfall der Vergütungspflicht ist aber auf jeden Fall, dass solche Mehrarbeit nicht regelmäßig anfällt.

Täglich anfallende Berichte und Kontrollmitteilungen sowie sonstige Schreibarbeiten, die der Außendienstmitarbeiter nach Rückkehr von seinen Touren vornimmt, fallen nicht mehr unter diese Geringfügigkeitsgrenze, sondern sind als normale Arbeitszeit zu bewerten.

Liegt keine pauschalierende Regelung zur Vergütung von Mehrarbeit vor, dann sind die **Zuschläge für Mehrarbeit** nach den Sätzen in den Manteltarifverträgen zu berechnen. Sie sind zwar unterschiedlich hoch, liegen aber zwischen 25 und 80 %, je nachdem, ob die Mehrarbeit an einem Wochentag oder an einem Sonntag anfällt[33] bzw. vor oder nach einer bestimmten Uhrzeit.

5.6.2 Mitbestimmung des Betriebsrats

Der Betriebsrat hat nach § 87 Abs. 1 Nr. 2 und 3 BetrVG ein Mitbestimmungsrecht bei der Regelung von Mehrarbeit im Außendienst. Dies gilt auch, wenn z. B. **Mehrarbeit im Außendienst** nach dem einschlägigen **MTV nicht vergütet** wird. Die vergütungsrechtliche Behandlung in einem Tarifvertrag ist **für das Mitbestimmungsrecht** des Betriebsrats **irrelevant.** Denn das Mitbestimmungs-

33 Sonntagsarbeit kann normalerweise nur bei Messen und Ausstellungen anfallen. Vgl. § 9, 10 Abs. 1 Nr. 9 ArbZG.

recht des Betriebsrats bezieht sich auf jegliche Abweichung von der betriebsüblichen Arbeitszeit, die durch den wöchentlichen Arbeitszeitrahmen (etwa von 38,5 Stunden) vorgegeben ist. Soll ein Außendienstmitarbeiter 40 Stunden oder mehr in der Woche im Einsatz sein, so hat der Arbeitgeber **vorher** dazu die Zustimmung des Betriebsrats einzuholen, gleichgültig, ob dies als Mehrarbeit nach dem Tarifvertrag vergütet werden muss oder nicht. Das Mitbestimmungsrecht bei Arbeitszeitfragen soll die Interessen der Arbeitnehmer an der Lage ihrer Arbeitszeit und damit zugleich ihrer Freizeit für die Gestaltung ihres Privatlebens zur Geltung bringen. Ferner soll der Betriebsrat den Arbeitnehmer vor psychischen und physischen Belastungen bei dauerhafter Arbeitszeitverlängerung schützen.[34]

Einfacher zu erfassen und zu regeln ist angeordnete Mehrarbeit beispielsweise im Rahmen zusätzlicher **Werbe- oder Kundenveranstaltungen am Abend oder an Wochenenden**, bei Schulungsveranstaltungen, Standbetreuung auf Messen/Veranstaltungen usw. Der Betriebsrat kann hier eine generelle Regelung für alle Außendienstmitarbeiter nach § 87 Abs. 1 Nr. 2 und 3 BetrVG einfordern.[35] Für solche angeordnete Mehrarbeit muss grundsätzlich mindestens der tarifliche Mehrarbeitszuschlag gewährt werden; ggf. kann für die geleistete zusätzliche Arbeitszeit ein Freizeitausgleich vereinbart werden. Die Regelung eines solchen Freizeitausgleichs empfiehlt sich ebenso wie die Festlegung der jährlichen Höchstzahl derartiger Veranstaltungen.

Kommt auf Initiative des Betriebsrats eine **Betriebsvereinbarung über die Arbeitszeit** zustande, so kann der Arbeitgeber ohne Zustimmung des Betriebsrats davon abweichend keine Arbeit anordnen. Dies gilt sogar dann, wenn bei einer im dienstlichen Interesse liegenden Veranstaltung für Kundenberater außerhalb der Kernzeit, aber innerhalb der Gleitzeit den Beschäftigten die Teilnahme an der Veranstaltung vom Arbeitgeber freigestellt worden ist.[36] Ob im Übrigen der Arbeitgeber die Mehrarbeit ausdrücklich anordnet oder nur duldet, spielt dabei für das Mitbestimmungsrecht keine Rolle,[37] soweit ein kollektiver Tatbestand vorliegt, also eine Vielzahl von Außendienstmitarbeitern durch zusätzliche Einsätze betroffen sein könnte.

---

34 Vgl. DKKW, BetrVG, § 87 Rn. 68.

35 BAG vom 2. 3. 1982, 21. 12. 1982 und 10. 6. 1986, AP Nrn. 6, 9 und 18 zu § 87 BetrVG Arbeitszeit.

36 BAG vom 18. 4. 1989, Der Betriebsrat 1990, 170ff.

37 Sänd. Rspr.: BAG, Beschluss vom 27. 11. 1990, NZA 1991, 382ff.

Beispiel aus einer Betriebsvereinbarung für Wochenendveranstaltungen:
Höchstens achtmal im Kalenderjahr kann der Mitarbeiter bei Messen, Kongressen und Kundenbetreuungsveranstaltungen (mit Ausnahme reiner Abendveranstaltungen) eingesetzt werden, die an einem Wochenende (Samstag und/oder Sonntag) oder an einem Wochenfeiertag (ggf. unter Einschluss eines Wochenendes) stattfinden. Die aus diesem Anlass gutgeschriebene Arbeitszeit sollte in der darauf folgenden Kalenderwoche genommen werden.

Beispiel aus einer Betriebsvereinbarung für Abendveranstaltungen:
Höchstens sechsmal im Kalenderjahr kann für den einzelnen Mitarbeiter eine Abendveranstaltung arbeitgeberseits – auch für die Zeit nach 20.00 Uhr, höchstens jedoch bis 24.00 Uhr – angeordnet werden. An diesen Tagen hat der Mitarbeiter unter Einschluss der Abendveranstaltung mindestens die tägliche Normalarbeitszeit zu leisten. Nach angeordneten Abendveranstaltungen entfällt am nächstfolgenden Vormittag die Kernarbeitszeitverpflichtung.

Bei **Abendveranstaltungen** ist zusätzlich zu beachten, dass die Ruhensregelung nach § 5 Abs. 1 ArbZG nicht verletzt wird, die eine **Ruhenszeit** von mindestens elf Stunden vorschreibt. Endet eine Abendveranstaltung um 23.00 Uhr, dann darf die Arbeitszeit am darauf folgenden Tag erst um 10.00 Uhr gestartet werden.

5.6.3 Mitbestimmung bei Vertrauensarbeitszeit

In der personalpolitischen Diskussion wird als besonders flexibles Arbeitszeitinstrument die sog. Vertrauensarbeitzeit gehandelt, bei der vom Arbeitgeber nur auf **Erfolg** gesetzt wird, die dafür erforderliche Arbeitszeitmenge aber autonom vom Beschäftigten gesteuert werden kann (**Arbeitszeitsouveränität**). Entsprechende Vorgaben sind für den Außendienst als »modernes« Steuerungsinstrument wie geschaffen.[38]

Nach dem Arbeitszeitmodell der »Vertrauensarbeitszeit« werden **keine technischen Arbeitszeitkontrollen** mehr eingesetzt. Auf Vorgaben für eine bestimmte Arbeitszeitgestaltung bzw. Anwesenheitsvorgaben wird verzichtet. Der einzelne Mitarbeiter wird zum Souverän seiner Arbeitszeit.

Aus **Unternehmenssicht** werden damit folgende **Ziele** angestrebt: ein ergebnisorientiertes Arbeiten und eine erfolgsabhängige Bezahlung. Das Ansammeln bzw. Absitzen von Zeitkonten soll sich nicht mehr lohnen. Für **Arbeitnehmer** werden als **Vorteile** herausgestellt der Gewinn an Zeitsouveränität und eine bessere Vereinbarkeit von Privat- und Berufsleben.

38 Andreas Hoff, Vertrauensarbeitszeit – einfach flexibel arbeiten, 2002; www.arbeitszeit beratung.de.

Als **Problem** der Vertrauensarbeitszeit gilt die Gefahr einer permanenten Selbstausbeutung aber auch die Gefahr eines Vertrauensmissbrauchs, die Ausdehnung unbezahlter Mehrarbeit und ein insgesamt höherer Leistungsdruck.

Im Außendienst sind viele Ziele der Vertrauensarbeitszeit durch **Leistungsvorgaben** bereits realisiert: es wird eine bestimmte Zahl von Verkaufseinheiten festgelegt, bei deren Erreichung ein bestimmtes Mindesteinkommen erzielt wird. Bei Unterschreiten dieser Vorgabe werden Provisionen nicht ins Verdienen gebracht, bei Überschreiten erfolgen gestaffelte Prämienzahlungen (im Einzelnen Kap. 6). Bei der Festlegung des Grads der Zielerreichung bzw. der Höhe der Prämiensätze besteht ein zwingendes Mitbestimmungsrecht nach § 87 Abs. 1 Nr. 10 und 11 BetrVG.

Der **Betriebsrat** kann jedoch auch **Informationen über den Arbeitszeiteinsatz** verlangen. Die Arbeitgeber können sich nicht damit herausreden, zum Wesen der Vertrauensarbeitszeit gehöre gerade der Verzicht auf Arbeitszeitkontrollen. Denn auf diese Weise können gesetzliche Arbeitszeitschutzbestimmungen und Beteiligungsrechte des Betriebsrats nicht suspendiert werden. Zu den gesetzlichen Auflagen des Arbeitszeitgesetzes gehört etwa die Dokumentationspflicht nach § 16 Abs. 2 ArbZG, wonach der Arbeitgeber das Überschreiten der 8-Stunden-Grenze pro Tag festhalten muss.

Der Betriebsrat hat schließlich einen Auskunftsanspruch über Lage und Verteilung der Arbeitszeit.[39] Das bedeutet: Der Arbeitgeber muss dem Betriebsrat Informationen geben über Beginn und Ende der täglichen Arbeitzeit an jedem Arbeitstag des Vormonats und über jede Überschreitung der Regelarbeitszeit.[40] Nach der Rspr. des BAG folgt dieser **Auskunftsanspruch** des **Betriebsrats** aus **§ 80 Abs. 2 Satz 2** BetrVG.

Wie der Arbeitgeber diese Informationen **organisiert**, bleibt ihm überlassen.

5.7 Kontrolle der Arbeitszeit

Die Regelung von Arbeitszeit, Mehrarbeitsvergütung und Freizeitausgleich ist für Beschäftigte im Innen- und Außendienst häufig unterschiedlich, insbesondere in Tarifverträgen. Die Unterschiede werden in erster Linie mit der re-

39 BAG vom 6.5.2003 – 1 ABR 13/02, NZA 2003, 1348.

40 BAG vom 6.5.2003, a.a.O.

lativen Autonomie der Arbeitnehmer im Außendienst begründet, weil eine entsprechende Anordnung zur Mehrarbeitsleistung fehlt oder weil die tatsächlichen Arbeitszeiten schwerer nachzuweisen sind. Während im Innendienst tatsächlich geleistete Arbeitszeit häufig durch betriebliche Zeiterfassungssysteme festgehalten wird, kann die tatsächliche Arbeitszeit im Außendienst allenfalls durch **eigenes Aufschreiben** erfasst werden.

Da einerseits den Außendienstmitarbeitern bei der Einteilung ihrer Besuchstermine und damit der Ausfüllung ihrer Arbeitszeit relativ viel Autonomie eingeräumt wird, andererseits aber der Anspruch auf Mehrarbeitsvergütung vielfach von einer entsprechenden arbeitgeberseitigen Anordnung der Mehrarbeit abhängt, sind auch hier besondere Lösungen notwendig. Bei Fehlen einer pauschalierten Mehrarbeitsvergütung (über die Geringfügigkeitsgrenze hinaus!) sind sowohl die Voraussetzungen für Mehrarbeit (wie wird den tarifvertraglichen Erfordernissen, eine Anordnung zu erteilen, Genüge getan?) als auch die Form der Arbeitszeiterfassung zu regeln.

Dabei ist vor allem zu beachten, dass die **Mitbestimmungsrechte des Betriebsrats bei Mehrarbeit** nicht leer laufen. Deshalb ist eine Pauschale ohne vorherige Zustimmung des Betriebsrats zu einem bestimmten Volumen an Mehrarbeit für den Arbeitgeber zwar praktisch. Der Betriebsrat kann dann aber nur noch kontrollieren, ob das Volumen überschritten wird. Sinnvoll könnte deshalb die Festlegung einer Bandbreite (z. B. vier Stunden pro Woche) mit Festlegung eines Augleichszeitraums sein. Dann muss der Arbeitgeber ein System des Arbeitszeit-Nachweises einführen, um die Einhaltung dokumentieren zu können. Diese Dokumentationspflicht folgt aus § 16 ArbZG.

Zu dieser **Dokumentation der Arbeitszeit** kann das System von **Besuchsberichten** genutzt werden, wie es bereits jetzt im Außendienst üblich ist. Allerdings sollten diese Berichte dann um eine Rubrik »**Büroarbeitszeiten**« ergänzt werden. Die häufig beklagte Abwälzung von Bürotätigkeiten vom Innendienst auf den Außendienst kann anders nicht sichtbar gemacht werden. Eine Dokumentation solcher Bürotätigkeiten ist auch schon deshalb sinnvoll, um Argumente gegen eine weitere Auslagerung von Bürotätigkeiten auf den Außendienst zu sammeln. Denn der Außendienstmitarbeiter soll verkaufen und weniger verwalten. Der Innendienst soll den Außendienst beim Verkauf unterstützen und in den Vertrieb ein Stück weit mit eingebunden bleiben.

Soweit der Arbeitgeber anstelle des Selbstaufschreibens der Arbeitszeit die **Kontrolle** durch ein System verlangt wie durch GPS und Laptop, so ist dieses zur Kontrolle des Außendienstlers durch **technische Einrichtungen** geeignet und insoweit **mitbestimmungspflichtig** (§ 87 Abs. 1 Nr. 6 BetrVG).[41] Die Außendienstmitarbeiter müssen deshalb eine solche Maßnahme nicht hinnehmen, wenn sie nicht vom Betriebsrat genehmigt worden ist.

41 BAG vom 10.7.1979, AP Nr. 3 zu § 87 BetrVG Überwachung.

6. Vergütung/Provisionszahlungen/Prämien

6.1 Vergütung im Außendienst

Die Vergütungssituation im Außendienst ist von **großen Bandbreiten** gekennzeichnet. Ausschlaggebende Bedeutung kommt der Funktion des Außendienstmitarbeiters zu. Vom Anfangsverkäufer zum Durchschnittsverkäufer, Topverkäufer, Verkaufsberater, Verkaufsförderer zum Key Account Manager geht eine aufsteigende Linie. Die erzielten **Gesamtbezüge** verteilen sich in etwa wie folgt:

> Circa **ein Drittel** der Außendienstmitarbeiter haben Gesamtbezüge bis zu 40 000 €. **Ein weiteres Drittel** verdient zwischen 50 000 € und 70 000 €. Vom **restlichen Drittel** liegt der weitaus größte Teil (21 %) bei Gesamtbezügen zwischen 80 000 € und 100 000 €. Lediglich 9 % der Außendienstmitarbeiter erzielen noch höhere Einkünfte.[1]

Die Vergütung im Außendienstbereich erfolgt in der Regel auf der Basis eines **Festgehalts mit** einem zusätzlichen **variablen Gehaltsanteil**, der leistungsbezogen vergeben wird. Leistungsorientierte Vergütung nimmt im Außendienst einen hohen Stellenwert ein: 90 % der Befragten werden variabel entlohnt. Bei den Gebiets- und Produktverkaufsleitern sind es 95 %, bei den Verkäufern sogar 96 %. Derartige Vergütungssysteme eröffnen fähigen Mitarbeitern im Außendienst attraktive finanzielle Perspektiven: Während das Jahresgrundgehalt eines Verkäufers 42 000 € beträgt, steigt es durch Bonifikationen auf durchschnittlich 66 000 €. Beim Junior-Verkäufer macht der variable Anteil nahezu 20 % der Gesamtbezüge aus, beim Top-Verkäufer sogar 40 %.[2]

Reine Festgehälter spielen lediglich noch bei Verkaufsförderern, Anwendungsberatern und Servicetechnikern eine Rolle. Beim Festgehaltsteil stellt

1 Siehe unter www.gehalts-check.de; www.gehaltsvergleich.com; www.nettolohn.de.
2 Kienbaum, Vergütungsstudie »Führungs- und Fachkräfte im Außendienst« 2008 (www.kienbaum.de).

sich für den angestellten Außendienstmitarbeiter zunächst die Frage nach der richtigen tariflichen Einordnung, sofern er nicht zum Kreis der AT-Angestellten gehört. Ein ausdrücklicher Entgelttarifvertrag für Außendienstmitarbeiter fehlt in den meisten Branchen, so dass hier lediglich Empfehlungen gegeben werden können (unter 6.2).

Die leistungsbezogenen Gehaltsanteile beruhen i.d.R. auf Provisionszahlungen, zunehmend jedoch auch auf Prämiensystemen. Nach Gehaltsstrukturuntersuchungen soll bei Außendienstangestellten (ohne Führungsverantwortung) der variable Anteil der garantierten Jahresvergütung im Schnitt bei 25 % liegen.[3]

Die Höhe des **variablen Anteils** ist dabei abhängig von der Position im Außendienst. Jährliche Untersuchungen des Kienbaum-Instituts haben ergeben, dass der variable Anteil am höchsten beim sog. Durchschnittsverkäufer ist, am niedrigsten dagegen bei den Führungspositionen Key Account Manager bis Gebiets- und Regionalverkaufsleiter.[4]

Die **Vergütungsstruktur** im Außendienst ist stark branchenabhängig. Die Vergütung von Verkäufern im Außendienst ist am niedrigsten in der Textil- sowie in der Nahrungs- und Genussmittelindustrie. Am höchsten ist sie im Maschinenbau und in der Elektrotechnik. Bei den Versicherungen ist die Streubreite relativ hoch; in der Chemiebranche ist sie (auf hohem Niveau) relativ schmal.[5]

Die Gehälter der Führungspositionen im Außendienst sind in allen Branchen deutlich höher (Gebiets-/Regional-/Außendienstleiter), wobei der eigentliche Sprung erst ab der Regionalleitung stattfindet. Hier ist die Branche der Finanzdienstleistungen (Außendienstleitung) Spitzenreiter, die Bauwirtschaft Schlusslicht.

Der Unterschied in der Einkommensstruktur beruht vor allem auf der unterschiedlichen Einstufung der Tätigkeiten in den einzelnen Branchen. Während im Maschinenbau und in der Elektrotechnik hauptsächlich Ingenieure eingesetzt werden und im Chemiebereich zu einem großen Teil Pharmaberater mit akademischer Vorbildung, sind in anderen Branchen keine besonderen Einstiegsqualifikationen gefragt. Entsprechend niedriger fällt dann die Eingangsvergütung aus. Die berufliche Sockelqualifikation für diesen Bereich ist durch die Einführung eines Ausbildungsgangs »**Fachberater im Außendienst**« verbessert worden.

3 Personalwirtschaft 9/2002, S. 14.

4 Kienbaum, Vergütungsstudie 2008, a.a.O.

5 Kienbaum, Vergütungsstudie 2008, a.a.O.

6.2 Tarifliche Eingruppierung

Eine tarifliche Festlegung der Entgeltgruppen für Außendienstmitarbeiter ist eher die Ausnahme. Ein Beispiel ist der Entgelttarifvertrag für Mitarbeiter im Außendienst der Miederindustrie im Bundesgebiet vom 25.6.1992. Dieser Tarifvertrag enthält vier Entgeltgruppen und zwar für

- Verkäufer,
- Großhandelsverkäufer,
- Regionalverkaufsleiter Mieder,
- Regionalverkaufsleiter Wäsche/Freizeit/Sport.

Fehlt es an solchen Entgelttarifen, dann kann die tarifliche Eingruppierung von Außendienstlern nicht unerhebliche Schwierigkeiten bereiten, da die bei den einzelnen Entgeltgruppen aufgeführten Richtbeispiele keine Beispiele aus dem Außendienstbereich enthalten. Allerdings wird im letzten Absatz des § 7 Bundesentgelttarifvertrag für die Chemieindustrie ausdrücklich erklärt, dass die Richtbeispiele nicht erschöpfend sind. Vielmehr sollen Arbeitnehmer, die Tätigkeiten beispielsweise im Außendienst ausüben, nach der Art ihrer Tätigkeit in die Entgeltgruppen eingruppiert werden. Dabei sind die Oberbegriffe der Entgeltgruppen mit ihren Anforderungsmerkmalen maßgebend und die Richtbeispiele vergleichend heranzuziehen.

Für den **Pharmabereich,** in dem die beratende Tätigkeit überwiegt, sind von der früheren IG Chemie **folgende Empfehlungen** entwickelt worden:

E 10
Pharmaberater in der Ausbildung ohne den Abschluss als »geprüfte Pharmareferentin, geprüfter Pharmareferent«.

E 11
Pharmaberater mit abgeschlossener Prüfung als »Pharmareferent« oder vergleichbarer Qualifikation ohne betriebliche Erfahrung.

E 12
Pharmaberater nach voller Einarbeitung.

E 13
Pharmaberater, der besonders qualifizierte Tätigkeiten ausübt (z.B. Klinikaußendienst).

Hat der **Pharmaberater** eine abgeschlossene **naturwissenschaftliche Hochschulbildung,** dann fällt er unter den **MTV für akademisch gebildete Angestellte in der Chemie-Industrie.** Nach § 8 wird sein Gehalt frei vereinbart. Es soll den Tarifsatz der höchsten Entgeltgruppe angemessen überschreiten und bei entsprechender Tätigkeit und Leistung weiter steigen (AT-Angestellte). Als »angemessen« wird i.d.R ein Plus von mindestens 20 % bezogen auf die höchste Entgeltgruppe angesehen.[6]

Im **verkäuferischen Außendienst** fällt wegen der Vielgestaltigkeit und Unterschiedlichkeit der Verkaufstätigkeiten eine Eingruppierung erheblich schwerer. Aufgrund einzelbetrieblicher Erfahrungen im **Markenartikelbereich,** der allerdings nur einen Teil des verkäuferischen Außendienstes abdeckt, wurde folgende Checkliste erstellt:

E 9
Berufsanfänger im verkäuferischen Außendienst, die nach Anweisung höherwertige kaufmännische oder verkäuferische Tätigkeiten verrichten.

E 10
Arbeitnehmer, die im Rahmen allgemeiner Anweisungen einen Reisebezirk im verkäuferischen Außendienst selbständig bearbeiten (z. B. Kundenbesuche, Produktberatung, Messe-Teilnahme).

E 11
Selbständige Bearbeitung eines eigenen Reisebezirkes im verkäuferischen Außendienst sowie zusätzlich Durchführung spezieller Teilaufgaben.

E 12
Tätigkeiten wie E 11, die jedoch Kenntnisse und Fertigkeiten durch eine einschlägige Berufserfahrung und spezielles Wissen mindestens auf Teilgebieten voraussetzen (z. B. Unterweisung und Einarbeitung neuer Außendienstler).

E 13
Besonders verantwortungsreiche Tätigkeit, z. B. anwendungstechnische Beratung im Außendienst, Durchführung und Auswertung von Versuchen im anwendungstechnischen Bereich, Jahresabschlussverhandlungen bei Großkunden, Festsetzung von Verkaufsstrategien.

In einem Unternehmen der **Elektronikbranche** wurde in einem Haustarifvertrag die **Tätigkeit** von verschiedenen Positionen im Außendienst **genau beschrieben** und jeweils einer Tarifgruppe zugewiesen. Der Gehaltstarif enthält insgesamt 16 Tarifgruppen, wobei Tarifgruppe 16 die höchste ist.

6 Blanke, Handbuch AT-Angestellte, Rn. 49.

Key Account Manager
Tarifgruppe 15
Haupttätigkeiten:
- Geschäftsanbahnung, Selektion und Betreuung von Geschäftspartnern
- Steigerung des Umsatzes
- Produktneueinführungen
- Angebotsausarbeitung
- Marktbeobachtung

Voraussetzungen:
- Dipl. Ing. Nachrichten/Elektrotechnik
- acht Jahre Berufserfahrung, davon zwei Jahre als Key Account Manager/in
- gute Englischkenntnisse
- Führerschein Klasse 3

Vertriebsingenieur
Tarifgruppe 14
Haupttätigkeiten:
- Verkauf elektronischer Bauelemente
- Einführung neuer Produkte
- Angebotserstellung
- Marktbeobachtung

Voraussetzungen:
- Dipl. Ing. Nachrichten/Elektrotechnik
- acht Jahre einschlägige Berufserfahrung
- sehr gute Englischkenntnisse
- Führerschein Klasse 3

Gebietsverkaufsleiter
Tarifgruppe 10
Haupttätigkeiten:
- Verkauf definierter Produkte an vorgegebene Kundenkreise innerhalb eines bestimmten Gebiets
- Beratung und Unterstützung der Handelspartner bei deren Verkaufsmaßnahmen
- Durchsetzung der vorgegebenen Umsatz-/Vertriebsziele
- Anwerbung von Neukunden
- Umsatzplanung in Euro- und Stückzahlen
- Sammeln und Auswerten von Marktdaten
- Teilnahme an regionalen und überregionalen Messen

Voraussetzungen:
- kaufmännische oder technische Ausbildung
- sechs Jahre Vertriebserfahrung im Außendienst, davon zwei Jahre im relevanten Produkt- und Betriebsbereich
- Markt- und/oder Produktkenntnisse

Die Außendienstmitarbeiter haben **Anspruch auf die richtige Eingruppierung** in die jeweiligen Entgeltgruppen entsprechend der von ihnen ausgeübten Tätigkeiten.[7] Dabei macht es im Übrigen keinen Unterschied, ob die betreffenden Mitarbeiter einen Arbeitsvertrag als AT-Angestellte haben. Denn der Anspruch auf richtige Eingruppierung der ausgeübten Tätigkeit besteht unabhängig von dem vertraglich vereinbarten Status.

Beispiel Pharmareferentin:
Frau B hat als Pharmareferentin einen AT-Vertrag und begehrt Eingruppierung in die Entgeltgruppe E 12 des Bundesentgelttarifvertrags der Chemiebranche (BETV), womit sie sich besser stellen würde als mit ihrem AT-Gehalt.
Pharmareferenten sind in den Richtbeispielen des BETV nicht aufgeführt. Für Arbeitnehmer im Außendienst sagt § 7 BETV jedoch generalklauselartig, dass die Eingruppierung nach der Art der Tätigkeit vorzunehmen sei.

Das LAG Baden-Württemberg hat die Tätigkeitsmerkmale von AT-Angestellten im Pharmabereich daraufhin untersucht, inwieweit sie mit den Anforderungen des Tarifsystems des BETV übereinstimmen.[8] Wenn Entgeltgruppen die Erfüllung von schulischen Abschlüssen verlangen, neigen die Gerichte dazu, gerade diese Qualifikationsmerkmale in den tariflichen Richtbeispielen eng zu interpretieren (z. B. das Erfordernis eines Fachhochschulabschlusses oder eines vergleichbaren Wissensstandes). Im Fallbeispiel wurde die begehrte Eingruppierung wegen fehlender Hochschulabschlüsse abgelehnt.

Zu den tariflichen Grundgehältern kommt im Außendienst ein bunter Strauß zusätzlicher Zahlungen, entweder als **Provision** oder **Prämie**. All diesen Zahlungen ist gemeinsam, dass sie das **Leistungsverhalten** des Außendienstlers steuern und einen Anreiz darstellen sollen, ein als »normal« bewertetes Aufgabensoll zu übertreffen. Dabei ist im Außendienst die Provisionszahlung die »klassische« Zulage.

In den letzten Jahren ist aber ein deutlicher Trend festzustellen, eher mit Prämien zu arbeiten, um ein gewünschtes Leistungsverhalten zu erreichen. Die Provisionen werden dagegen »eingefroren« und als fester Bestandteil mit dem Grundgehalt verrechnet. Dies spiegelt die Entwicklung im Handel wider, den Vertrieb zu zentralisieren und Abschlüsse auf der Ebene des Key Account Managements zu tätigen, bei deren Umsetzung die Außendienstmitarbeiter vor Ort dann eher beratend tätig werden.

---

7 Vgl. § 7 Bundesentgelttarifvertrag der IG BCE.

8 Vgl. dazu LAG Baden-Württemberg vom 23.2.1995 und 24.2.1995, KUR-PRAXIS Juli/August 1995, 35, 43.

6.3 Provisionszahlungen

6.3.1 Gesetzliche Vorgaben

Die **Provision** ist eine **Erfolgsvergütung.** Allgemein versteht man unter Provision eine Vergütung für geleistete Dienste oder Geschäftsbesorgungen, die nach einem im Einzelfall bestimmten Prozentsatz vom Wert des ausgeführten Geschäfts oder der geleisteten Dienste bemessen wird.[9] Sie besteht in einer prozentualen Beteiligung an dem Wert der Geschäfte, die durch den Provisionsberechtigten zustande gekommen sind, in der Regel in der Form einer prozentualen Beteiligung am Umsatz. Sofern keine tarifvertraglichen oder einzelvertraglichen Regelungen bestehen, sind bestimmte gesetzliche Mindeststandards zu beachten (§§ 65, 87f. HGB).

Die Zahlung von Provisionen neben dem Festgehalt ist nach wie vor das am weitesten praktizierte Entlohnungssystem im Außendienst. Nach einer Kienbaum-Studie erhalten 29 % der Außendienstmitarbeiter eine Provision, weitere 31 % eine gemischte Entlohnung aus Provision, Prämie und Wettbewerb.[10]

Die ausschließliche Vereinbarung einer Provision ohne feste Grundvergütung ist nach § 138 BGB unwirksam, wenn keine Provisionsgarantie zugesagt ist[11] und der Außendienstangestellte aufgrund betrieblicher Gegebenheiten trotz aller Mühe nicht zu einer angemessenen Entschädigung für die geleistete Tätigkeit kommen kann.[12] Daraus folgt, dass grundsätzlich ein Anspruch auf eine **angemessene Grundvergütung** besteht.

Grundsätzlich sind alle während des Vertragsverhältnisses abgeschlossenen Geschäfte provisionspflichtig. Zur Begründung des Provisionsanspruchs reicht es aus, dass der **Abschluss** des Geschäfts auf eine **Tätigkeit des Außendienstlers** zurückgeht, selbst wenn der Arbeitgeber noch zusätzliche Bemühungen aufgewandt hat (Mitursächlichkeit genügt!).[13]

Für **Nachbestellungen** entsteht grundsätzlich kein Provisionsanspruch (§ 87 Abs. 1 HGB). Anders sieht es aus, wenn der Außendienstler an den Nachbestellungen mitgewirkt hat. Hier genügt ebenfalls »Mitverursachung«.[14]

9 v. Hoyningen-Huene, Die kfm. Hilfspersonen, § 87 Rn. 11.
10 Orga-Handbuch Außendienst II, III/3 Vergütung im Außendienst, 5.
11 LAG Hamm vom 16.10.1989, LAGE § 138 Nr. 4.
12 LAG Berlin vom 3.11.1986, LAGE § 138 Nr. 1.
13 BAG vom 22.1.1971, AP Nr. 2 zu § 87 HGB.
14 BGH vom 14.10.1957, BB 1957, 1086.

Häufig werden gesonderte **Provisionszulagen** für einen **befristeten Zeitraum** gegeben. Die Befristung von vertraglichen Nebenbedingungen soll grundsätzlich zulässig sein. Das BAG hat dies zumindest bei einer Provisionszusage angenommen, die lediglich 15 % der Gesamtvergütung ausmachte.[15] Wird nach Ablauf des Befristungszeitraums keine neue Provisionszusage erteilt, so wird dies vom BAG mit Hilfe der **AGB-Kontrolle** auf seine Angemessenheit hin überprüft.[16] Der Arbeitgeber muss nachweisen, warum er ein anerkennenswertes Interesse an einer Befristung hat. Nur die Ungewissheit der weiteren Marktentwicklung ist nicht ausreichend.

Außendienstangestellte behalten auch nach **Beendigung eines Arbeitsverhältnisses** einen **Provisionsanspruch** für Geschäfte, die nach ihrem Ausscheiden abgeschlossen wurden, wenn sie das Geschäft vermittelt oder eingeleitet haben (**Überhangsprovisionen**). Diese Klarstellung in § 87 Abs. 3 HGB ist aufgrund der EU-Handelsvertreterrichtlinie erfolgt und gilt auch für den angestellten Außendienst. Diese Regelung ist vertraglich **nicht abdingbar.** Bereits nach der Rechtsprechung des BAG war der vertragliche Ausschluss von Provisionsansprüchen nach dem Ausscheiden für unzulässig angesehen worden, da es sich hierbei um unverzichtbare Vergütungsbestimmungen handle.[17] Dieser Anspruch kann auch **nicht pauschal** in einer vom Arbeitgeber vorformulierten Klausel **auf die Hälfte der Provision vermindert** werden. Eine solche Klausel benachteiligt einen Außendienstmitarbeiter unangemessen und ist nach § 307 Abs. 1 Satz 1 BGB unwirksam.[18]

Allerdings kann dieser Provisionsanspruch für **nachvertraglich** zustande gekommene **Geschäfte** den nachfolgenden Außendienstmitarbeitern anteilig zustehen, wenn eine **Provisionsteilung** wegen besonderer Umstände der Billigkeit entspricht (§ 87 Abs. 3 Satz 2 HGB).

Anders sieht es mit der »Provisionsteilung« zur Kundengewinnung aus: Es kursiert immer wieder als Geheimtipp der Hinweis, den **Kunden** eine **Provisionsbeteiligung** anzubieten. Dieser Tipp ist gefährlich: Gibt ein Vermittler seine Provision oder einen Teil davon an den Kunden weiter, muss er mit einem Bußgeld rechnen.

15 BAG vom 21.4.1993, AP Nr. 34 zu § 2 KSchG 1969.
16 BAG vom 27.7.2005 – 7 AZR 486/05, NZA2006, 40.
17 BAG vom 17.5.1962, AP Nr. 2 zu § 65 HGB; vom 20.2.2008 – 10 AZR 125/07.
18 BAG vom 20.2.2008 – 10 AZR 124/07, BB 2008, 1291.

6.3.2 Provisionshöhe/Umsatzvorgaben

Die Höhe der Provisionen ist gesetzlich nicht vorgegeben und stark branchenabhängig.

Provisionshöhe bei Versicherungsverträgen:
Lebensversicherungen (auch Rente oder Berufsunfähigkeit): 2,5 bis 5 % der Gesamtprämie
Krankenversicherungen (auch Zusatzpolicen): sechs bis zehn Monatsprämien
Sachversicherungen: (abhängig von der Laufzeit): 60 bis 80 % einer Jahresprämie

Beispiel:
Läuft die Lebensversicherung mit einer Monatsprämie von 150 € über 30 Jahre, beträgt die Gesamtprämie 54 000 €. Bei 3,5 % Provisionssatz bekommt der Versicherungsvertreter 1890 €.[19]

Sonderfragen werfen die **Aufstellung von Umsatzvorgaben** auf, die im Außendienstbereich weit verbreitet sind. Sie dienen dazu, den Außendienst auf die Erreichung eines bestimmten Leistungsziels zu orientieren und sind damit zunächst einmal ein Führungsinstrument. Solche Umsatzvorgaben werden jedoch häufig nicht bloß als Orientierungsmarge benutzt, sondern auch als Druckmittel gegen Außendienstangestellte, wenn sie die Vorgaben nicht erreichen. Dabei hängt das Erreichen solcher Vorgaben nicht ausschließlich vom Verhalten der Außendienstmitarbeiter ab, sondern wird noch von einer Reihe ganz anderer Faktoren beeinflusst, auf die sie keinen Einfluss haben (z.B. Struktur des Verkaufs- bzw. Betreuungsgebiets, konjunkturelle Einflüsse, Werbung des Unternehmens). Außerdem wird das zu erreichende Soll vom Arbeitgeber einseitig festgesetzt und unterscheidet sich oft erheblich von den Erfahrungswerten der Außendienstmitarbeiter.

Eine solche **erfolgsorientierte** Leistungsverpflichtung, ohne dass dem Arbeitnehmer im Falle des Nichterfolgs für seine ordnungsgemäß geleisteten Dienste eine Vergütung garantiert wird, ist dem Arbeitsverhältnis fremd. Dieses Ziel kann mit selbständigen Handelsvertretern angesteuert werden, jedoch nicht mit Angestellten auf der Basis eines Arbeitsvertrages.

Das **LAG Düsseldorf**[20] hat deshalb festgestellt, dass der angestellte Außendienstmitarbeiter nicht einen bestimmten Umsatzerfolg schuldet auf der Basis von Sollzahlen, die der Arbeitgeber so hoch ansetzt, dass sie vom Arbeitneh-

19 Fintext Research.
20 LAG Düsseldorf vom 17.2.1989, AiB 1990, 85.

mer überhaupt nicht oder nur unter besonderen Anstrengungen erreichbar wären. Anderenfalls könnte der Arbeitgeber durch eine entsprechende Umsatzvorgabe den Außendienstlern jedes Mal vorhalten, sie verletzten ihre arbeitsvertraglichen Pflichten. Im konkreten Fall erreichte z. B. ein Außendienstmitarbeiter 1985 das gesetzte Umsatzsoll von 2 Mio. DM nur zu 49 %, 1986 ein Soll von 1,6 Mio. zu 81 % und 1987 ein Soll von 1,7 Mio. zu 61 % und wurde daraufhin wegen mangelnder Leistung entlassen. Die Festlegung solcher Umsatzvorgaben wertete das LAG als einen Verstoß gegen Arbeitnehmerschutzrechte nach dem Kündigungsschutzgesetz und erklärte solche Vorgaben für unwirksam[21] (wegen Verstoßes gegen ein gesetzliches Gebot, § 134 BGB).

Umgekehrt haftet allerdings auch nicht der Arbeitgeber für einen bestimmten Provisionserfolg.

Beispiel:
1985 wurde die Weinbranche durch den sog. Glykol-Skandal erschüttert. Daraufhin ging der Weinabsatz drastisch zurück. Ein Außendienstmitarbeiter bei einer Weinkellerei, die ebenfalls Weine mit Glykol vertrieben hatte, forderte aufgrund der Absatzeinbußen von der Weinkellerei Ersatz für den Ausfall von Provisionen. Das BAG lehnte dieses Verlangen ab. Der Außendienstmitarbeiter habe keinen bestimmten Erfolg bei seiner Verkaufstätigkeit geschuldet, sondern seine Tätigkeit habe darin bestanden, die Weine der Kellerei zu verkaufen. Die Kellerei treffe kein Verschulden, auch kein Organisationsverschulden. Ein Schadensersatz wegen schuldhafter Vertragsverletzung scheide aus. Weder die deutschen Weinimporteure noch die Behörden hätten die Versetzung von Wein mit Glykol feststellen können, weil dieser Stoff als Mittel zur Weinverfälschung bis zum Jahr 1985 nicht bekannt war.[22]

Ein weiteres Problem bei Jahres-Sollvorgaben bei Provisionen kann auftauchen, wenn der Außendienstmitarbeiter im laufenden Jahr sein Arbeitsverhältnis kündigt (oder er gekündigt wird) und er nun eine anteilige Provisionszahlung verlangt, eine arbeitsvertragliche Regelung für diesen Fall aber fehlt.

Beispiel:
Ein Außendienstmitarbeiter bei einer Dentalgold-Firma schied zum 30. Juni aus der Firma aus und verlangte Nachzahlung von Provisionen für das erste Halbjahr. Im Arbeitsvertrag war eine Leistungsprovision vereinbart worden, die für das gesamte Jahr eine Sollvorgabe von 135 Kilogramm verkauften Goldes vorsah. Auf diese Jahressollvorgabe bezogen sich die gestaffelten Provisionssätze: bei 65 % Soll-Erreichung betrug die monatliche Provisionsgarantie 800 DM, darüber hinausgehende Verkaufserfolge wurden mit monatlich 400 DM vergütet. In der Zeit bis zum 30. Juni hatte der Mitarbeiter 98 Kilogramm Gold verkauft und errechnete einen anteiligen Provisionsanspruch von 23 000 DM.

21 Ebenda; ebenso LAG Hamm vom 16. 10. 1989, AuR 1990, 262.

22 BAG vom 15. 11. 1990 – 8 AZR 258/89.

Nach Ansicht des BAG muss bei Jahressollvorgaben für Provisionen im Falle einer fehlenden Regelung für **unterjährige Beschäftigung** durch Vertragsauslegung ein **anteilmäßiger Provisionsanspruch** errechnet werden.[23] Andernfalls könne ein Arbeitnehmer praktisch nur einmal jährlich kündigen, wollte er nicht erhebliche Verdiensteinbußen hinnehmen. Das aber verstößt gegen § 622 Abs. 6 BGB (keine längere Kündigungsfrist für den Arbeitnehmer als für den Arbeitgeber).

6.4 Prämien

Das Provisionssystem ist im beratenden Außendienst eher rückläufig. Dort spielen Prämiensysteme eine entscheidende Rolle. Eine Beratungstätigkeit im Außendienst ist über Provisionen nur schwer zu beeinflussen mangels einer hierbei zu erzielenden Umsatzgröße, was aber wiederum Voraussetzung für die prozentuale Berechnung von Provisionen ist.

Im Gegensatz zur Provision ist die Prämie wesentlich flexibler einsetzbar und mit schier unerschöpflichen Inhalten auszugestalten. Von der Definition her will die Prämie die **besondere Leistungshergabe honorieren.** Es wird von einer Normalleistung ausgegangen, die mit dem normalen Gehalt vergütet wird. Alles was oberhalb dieser Schwelle liegt, wird überproportional vergütet, um einen hohen Leistungsanreiz zu erzielen.

6.4.1 Zielvereinbarungen

Die Festlegung der Fixpunkte einer sog. Normalleistung und der Prämiensätze bei Übersteigen der Normalleistung werden i. d. R. durch **Jahreszielvereinbarungen** festgelegt.

Provisions- und Prämienregelungen können arbeitsvertraglich festgelegt werden.[24] Dabei ist vor allem auf die Einhaltung des **Transparenzgebots** nach § 307 BGB zu achten, mit dem insbesondere unklare Regelungen überprüft werden können.[25] Ferner ist zu beachten, dass hier das Mitbestimmungsrecht

23 BAG vom 20. 8. 1996, AiB 1998, 299 m. Anm. Mayer.

24 Zu den einzelvertraglichen Aspekten vgl. Annuß, NZA 2007, 290.

25 Vgl. Däubler/Dorndorf, AGB-Kontrolle im Arbeitsrecht, 2. Aufl. 2008, § 307 Rn. 76.

des Betriebsrats bei Provisionen/Prämien eingreift (dazu im Einzelnen unter 6.6.2 und 11.1.1). Als vertragliche Beispiele für reine Prämienregelungen und für gemischte Provisions-/Prämienregelungen finden sich in einem Kienbaum-Musterarbeitsvertrag für Außendienstmitarbeiter folgende Formulierungen:[26]

Prämienregelung bei Zielvorgaben:

- Die Prämien werden nach Budgetvorgaben ermittelt. Der Mitarbeiter erhält für jedes Quartal des Kalenderjahres ein Euro-Verkaufssoll vorgegeben.
- Grundlage für die Berechnung der Prämie sind die innerhalb des jeweiligen Quartals erstellten Rechnungen. Auszugehen ist dabei vom Nettopreis; Rabatte, Skonti und Nebenkosten wie Fracht, Versicherung und Steuern werden bei der Berechnung abgezogen.
  - Maßgebend für die Berechnung der Prämie ist die Sollerfüllung in den Produktgruppen ... Die Höhe der Prämie errechnet sich wie folgt:

Sollerfüllung in %	Prämie pro Quartal in € für jedes % der Sollerfüllung
bis 89%	–
90 bis 99%	200
100 bis 104%	250
105 bis 109%	300
110 bis 124%	350

Bei einer Sollerfüllung von 100% erhält der Mitarbeiter also pro Quartal 2250 €. Bei 124%iger Sollerfüllung in allen vier Quartalen ergibt sich eine Prämie von 40000 €.

Provision und Prämien für Zielerreichung:

Die variable Vergütung des Mitarbeiters setzt sich zusammen aus Provision und Prämie für die Zielerreichung.

Provision:

- Der Mitarbeiter erhält eine Provision in Höhe von drei Prozent des laufenden Umsatzes (= Nettorechnungswert ohne Mehrwertsteuer und nach Abzug der den Kunden eingeräumten Rabatte).
- Maßgebend für die Berechnung der Provision ist der Monatsumsatz des Verkaufsgebiets.

Prämie:

Durch eine ergänzende Prämie wird der Grad der Erreichung individueller Ziele honoriert.

26 Kienbaum, Anstellungsvertrag Außendienstmitarbeiter.

Voraussetzungen der Zielvereinbarung

- Die Ziele werden grundsätzlich aus den jeweiligen Gesamtzielen des Unternehmens abgeleitet.
- Die bisherige Entwicklung im Verkaufsgebiet wird berücksichtigt.
- Als Untergrenze für die Zielvereinbarung gilt der Durchschnitt der in den beiden vorausgegangenen Jahren tatsächlich erzielten Werte.
- Die Ziele werden jährlich vereinbart.

Bemessungsgröße für die Zielvereinbarung sind zwei bis drei produktbezogene Umsatz- oder Mengenziele.

Verknüpfung von Zielerreichung und Vergütung:

- In der Regel wird die Prämie ab einer Zielerreichung von mind. 90 % gezahlt. Unter Berücksichtigung der derzeitigen besonderen Situation im Bereich ... wird bereits ab 80 % Zielerreichung eine Prämie gezahlt.
- Jede Bemessungsgrenze wird getrennt bewertet, so dass auch unterschiedliche Zielerreichungsgrade möglich sind.
- Die Höhe der Prämie berechnet sich wie folgt:

Grad der Zielerreichung			Prämie in € pro Jahr Zielgröße/Gewichtung		
			I 40 %	II 40 %	III 20 %
80	bis	84 %	400	400	200
85	bis	89 %	500	500	250
90	bis	94 %	700	700	350
95	bis	99 %	1000	1000	500
100	bis	104 %	3000	3000	1500
105	bis	109 %	5000	5000	2500
110	bis	114 %	7000	7000	3500
115	bis	119 %	10000	10000	5000

Maximale Prämie pro Jahr: 25 000 €

Statt der Erreichung von Umsatzzielen werden häufig sog. **Deckungsbeitragsziele** vorgegeben. Deckungsbeiträge errechnen sich in der Regel aus dem Bruttoumsatz abzüglich von Rabatten, Boni, abzüglich von variablen Kosten (wie Fracht, Verpackung, Provision) sowie von Fixkosten, z. B. die dem Außendienstbezirk direkt zurechenbaren Gehälter, Mieten etc. Das Verfahren der Ausschüttung bestimmter Prämiensätze je nach Grad der Zielerreichung ist jedoch ansonsten das Gleiche.

Weitere Prämien-Anlässe können ferner sein: die Gewinnung von Neukunden, bestimmte Ergebnisse bei **Aktionsverkäufen** oder bei neu aufgenommenen Artikeln.[27]

Die Prämiensätze sind in der Regel gestaffelt und machen im verkäuferischen Außendienst einen Anteil von etwa 40 %, im beratenden Außendienst einen Anteil von ca. 20 % aus.

Insgesamt betrug der reine Prämienanteil an der Entlohnungsstruktur im Außendienst 17 %, die kombinierte Form von Prämien, Provisionszahlungen und Wettbewerb 30 %.[28]

Eine weitere Variante sind sog. **Incentive-Prämien**, die noch zusätzlich zum »normalen« Prämiensystem ausgelobt werden und häufig in Sachzuwendungen bestehen wie Reisen, Erhöhung der Wagenklasse, besondere technische Geräte (z.B. Autotelefon), Reisen u.U. unter Einbeziehung der ganzen Familie.

6.4.2 Individualkontrolle

Die rechtliche Bindung des Arbeitgebers bei solchen Prämiensystemen ist gering, sieht man von den Mitbestimmungsrechten des Betriebsrats ab (dazu 6.6). Es gibt im Gegensatz zu den Provisionen keinen besonderen gesetzlichen Rahmen, der bei der Ausgestaltung einzuhalten wäre. Die Rechtsprechung hat u.a. mit Hilfe des **Gleichbehandlungsgrundsatzes**[29] versucht, hier einige Schranken einzuziehen, um eine Prämienverteilung nach Gutsherrenart zu unterbinden. Auch darf eine Prämienregelung nicht auf eine so starke Senkung des Festgehaltsanteils und eine so hohe Steigerung des Prämienanteils hinauslaufen, dass der Betreffende trotz aller Anstrengungen nicht zu einer angemessenen Gesamtvergütung kommt.[30] Das Gleiche gilt im Übrigen auch, wenn es sich um Provisionsleistungen handelt. Allerdings kann der Arbeitgeber ungleiche Vergütungsregelungen treffen, wenn dies sachlich gerechtfertigt ist.

Beispiel:
Ein AT-Angestellter im Außendienst – er war als Diplom-Chemiker für ein Unternehmen der Pharma-Industrie als Außendienstmitarbeiter Klinik eingesetzt – hatte in seinem Arbeitsvertrag eine Klausel, wonach sich sein Gehalt nach der Stellung und den Leistungen entwickelt und bei

27 Weitere Beispiele bei Hunold, Arbeitsrecht im Außendienst, 52.
28 Orga-Handbuch Außendienst II, III Vergütung im Außendienst, 5.
29 Vgl. etwa BAG vom 5.12.1957, AP Nr. 13 zu § 242 BGB Gleichbehandlung.
30 LAG Berlin vom 3.11.1986 – 9 Sa 65/86, unveröffentlicht.

guten Leistungen eine Gratifikation in Aussicht gestellt wird. Trotz durch Umsatz ausgewiesener herausragender Leistungen hatte der Mitarbeiter bei der letzten Gehaltserhöhung nur einen Aufstockungsbetrag von 420 DM brutto erhalten (Gesamtgehalt 1991: 7170 DM brutto). Andere vergleichbare Mitarbeiter hatten eine Erhöhung von 490 bis 500 DM brutto zugebilligt bekommen. Die Einzelerhöhungen bewegten sich zwischen 300 DM und 700 DM brutto/Monat. Aus Gründen der Gleichbehandlung wollte er deshalb eine weitere Gehaltserhöhung.

Das BAG hat die Forderung abgelehnt. Der Grundsatz der Gleichbehandlung verpflichte den Arbeitgeber nicht, abstrakte Regeln für Gehaltserhöhungen aufzustellen; er könne individuelle Gesichtspunkte, z. B. die Gehaltsdifferenz unter den Mitarbeitern berücksichtigen. Zum Beispiel sei es ein sachlicher Grund, durch eine unterschiedliche Gehaltserhöhung bestehende Vergütungsabstände zwischen vergleichbaren Mitarbeitern zu verringern.[31]

Bei Prämien- bzw. **Bonusregelungen** über Zielvereinbarungen ist der Außendienstmitarbeiter nicht auf das Wohlwollen des Arbeitgebers angewiesen, dass solche Vereinbarungen fortgeschrieben werden. Der **Arbeitgeber** ist vielmehr **verpflichtet**, rechtzeitig eine neue **Zielvereinbarung herbeizuführen**.

Beispiel:[32]
Die Parteien streiten über die Verpflichtung der Beklagten, an den Kläger für die Monate Januar bis März 2006 einen anteiligen Bonus zu zahlen. Der Kläger war als Leiter der Abteilung Vertrieb und Marketing bei der Beklagten beschäftigt, die für die Gastronomie Software für Kassensysteme entwickelt und mit den entsprechenden Kassen an Gastronomen verkauft.
Laut Arbeitsvertrag war eine Bonuszahlung von 50 000 € pro Jahr zugesagt. In § 9 des Arbeitsvertrags hieß es zur Bonuszahlung: »(1) Der Arbeitnehmer erhält für jedes Geschäftsjahr einmal pro Jahr eine erfolgsabhängige Vergütung … (2) Die Ziele für das erste Kalenderjahr werden gemeinsam mit dem Mitarbeiter festgelegt.«
Für das Jahr 2005 wurde der Bonus entsprechend der Beschäftigungsdauer des Klägers pro rata temporis gezahlt. Die Beklagte kündigte das Arbeitsverhältnis im Dezember 2005 zum 31. März 2006. Eine neue Zielvereinbarung für die Monate Januar bis März 2006 wurde nicht getroffen. Der Kläger verlangt von der Beklagten für diesen Zeitraum einen anteiligen Bonus in Höhe von 12 500 €.

Das BAG hat einen solchen Anspruch anerkannt. Werden entgegen einer vertraglichen Abrede keine Verhandlungen über eine Zielvereinbarung geführt und wird deshalb für eine Zielperiode auch keine Zielvereinbarung getroffen, dann hat der betroffene Arbeitnehmer einen **Schadensersatzanspruch** gegen den Arbeitgeber.[33]

31 BAG vom 15. 11. 1994, AP Nr. 121 zu § 242 BGB Gleichbehandlung.
32 BAG vom 12. 12. 2007 – 10 AZR 97/07.
33 BAG vom 12. 12. 2007 – 10 AZR 97/07; vom 12. 5. 2010 – 10 AZR 390/09.

6.5 Aufwandsentschädigung, insbesondere bei Home Office

Neben der reinen Vergütung für die Arbeitsleistung hat der Arbeitgeber für **Aufwendungen**, die der Außendienstler **im Zusammenhang mit seiner Arbeitsleistung** hat, Aufwendungsersatz zu leisten. Dieser Grundsatz folgt aus **§ 670 BGB**, wobei die Einzelheiten vertraglich festgelegt werden können.

Solche Festlegungen sind im Außendienst allgemein üblich für Verpflegungsaufwand, für die Kosten bei Reisen (Pkw, Übernachtung), nicht jedoch für die Kosten einer Büroausstattung und -Unterhaltung. Diese Kosten werden häufig dem Außendienstler nicht erstattet, zu Unrecht.

Bei einer Außendienstorganisation, die dem einzelnen Außendienstler die **Wohnung als Büroarbeitsplatz** zuweist, sind alle **Kosten** im Zusammenhang mit der Anschaffung und der Unterhaltung dieses Arbeitsplatzes **zu ersetzen.** Der Arbeitgeber spart durch die Auslagerung eines Büroarbeitsplatzes in den Wohnbereich seiner Mitarbeiter erhebliche Kosten. Dieses Kostenrisiko kann er jedoch nicht gleichzeitig auf den Außendienstmitarbeiter abwälzen.

Zu den erstattungsfähigen Kosten gehören nicht nur die Anschaffung eines Bürotisches mit entsprechendem Stuhl, Regal etc. Dazu gehören vielmehr auch die Unterhaltungskosten wie Strom usw.

Beispiel:
Ein Außendienstmitarbeiter hatte in seinem Arbeitsvertrag stehen, dass die Platzbeanspruchung für Bürotätigkeiten in seiner Wohnung mit der Vergütung abgegolten sei. Die Verhältnisse hatten sich jedoch so entwickelt, dass zwischenzeitlich ein ganzes Zimmer beansprucht wurde. Das hessische LAG hatte in diesem Fall einen Anspruch auf Aufwendungsersatz für den beruflich genutzten Arbeitsraum in der Wohnung trotz der anders lautenden vertraglichen Regelung zugebilligt. Nach §§ 670 und 675 BGB hat der Arbeitgeber einem Außendienstmitarbeiter die Aufwendungen eines Arbeitszimmers zu erstatten, wenn dort Muster und Werbematerialien gelagert werden und ein PC zu dienstlichen Zwecken genutzt werden muss. Berechnungsgrundlage für den Aufwendungsersatz sind die ortsübliche Vergleichsmiete und die auf die Quadratmeterfläche des Arbeitsraums entfallenden Nebenkosten.[34]

Der Betriebsrat hat **nicht** darüber **mitzubestimmen**, nach welchen **Kriterien** der Arbeitgeber Außendienstmitarbeitern ein eigenes besonders ausgestattetes Büro zu ausschließlich dienstlichen Zwecken zur Verfügung stellt. Die Zuweisung bestimmter Arbeitsmittel ist keine mitbestimmungspflichtige Lohngestaltung nach § 87 Abs. 1 Nr. 10, 11 BetrVG. Die Zuweisungskriterien sind

34 Hessisches LAG vom 16.6.1998, AiB 1999, 417.

auch keine mitbestimmungspflichtigen Auswahlrichtlinien i. S. v. § 95 Abs. 1 BetrVG.[35]

Es empfiehlt sich jedoch, über diese Fragen eine freiwillige Betriebsvereinbarung abzuschließen, wobei der Kostenrahmen bei Neuanschaffungen sowie eine monatliche Pauschale für den Unterhalt des Büroarbeitsplatzes festgelegt werden können. Zwar hat nur der Außendienstmitarbeiter einen **individualvertraglichen Anspruch**, den er zur Not auch gerichtlich durchsetzen kann. Sinnvoller für den Arbeitgeber und den Außendienstler ist jedoch eine kollektive Regelung mit dem Betriebsrat, um eine rationale Klarstellung zu treffen.

Wird jedoch der Büroarbeitsplatz mit EDV-Geräten ausgestattet, was in der Regel der Fall ist (Einzelheiten unter 11.), dann sind die Modalitäten wegen der Kontrollmöglichkeiten nach § 87 Abs. 1 Nr. 6 BetrVG mitbestimmungspflichtig. In diesem Rahmen kann der Betriebsrat dann versuchen, auch benachbarte Kostenfragen zu klären wie etwa die Frage der Ausstattungskosten.

Bei **Unfällen im Home Office** liegt nicht in allen Fällen ein Arbeitsunfall vor mit der Folge, dass die Unfallversicherung zuständig ist. Nach Auffassung des BSG beschränkt sich bei häuslichen Arbeitsplätzen der Schutz der gesetzlichen Unfallversicherung auf die Bereiche des Hauses, die der Ausübung der versicherten Tätigkeit dienen. Ein **Arbeitsunfall liegt** deshalb **nicht vor**, wenn ein Außendienstmitarbeiter auf dem Weg zu einem Kundenbesuch nach Verlassen seines häuslichen Arbeitsbereichs innerhalb des von ihm bewohnten Hauses verunglückt.[36]

6.6 Mitbestimmung des Betriebsrats bei Provisionen, Prämien, übertariflichen Zulagen

Bei der Ausgestaltung von Provisions- wie von Prämiensystemen hat der Betriebsrat ein **Mitbestimmungsrecht nach § 87 Nr. 10 und 11 BetrVG**. Die Beteiligung des Betriebsrats soll den Arbeitnehmer von einer einseitig an den Interessen des Unternehmens orientierten Lohn- und Leistungspolitik mit Hilfe von Provisions- und Prämiensystemen schützen. Es geht dabei sowohl um die

35 BAG vom 31.5.2005 – 1 ABR 22/04.
36 BSG vom 12.12.2006 – B 2 U 1/06 R.

Angemessenheit wie um die **Durchsichtigkeit** des innerbetrieblichen **Lohngefüges** und um die Sicherung innerbetrieblicher **Lohngerechtigkeit.**

6.6.1 Mitbestimmung bei Provisionszahlung

Das **Mitbestimmungsrecht** des Betriebsrats nach § 87 Nr. 10 BetrVG (Provisionszahlungen) umfasst sowohl die Entscheidung darüber, **ob** ein Gehaltsfixum und/oder Provisionen überhaupt gezahlt werden als auch **wie** die Ausgestaltung dieses Systems aussehen soll, z. B. die Art der Provision sowie das Verhältnis der Provisionen zum Lohnfixum (Anrechenbarkeit). Mitbestimmungsfrei ist lediglich die Festlegung des finanziellen Volumens, das der Arbeitgeber für Provisionsleistungen insgesamt zur Verfügung stellen will.

Mitbestimmungspflichtig ist demnach die **Festsetzung der Bezugsgrößen,** z. B. ob bei Erreichung einer bestimmten Provisionshöhe diese und/oder andere Provisionen progressiv oder degressiv beeinflusst werden, ob also auch eine Provision ganz oder teilweise wegfällt, sowie schließlich die abstrakte Staffelung der Provisionssätze.[37]

Auch die **Zuweisung von bestimmten Betreuungsgebieten** ist mitbestimmungspflichtig, wenn diese eine unterschiedliche Ertragsfähigkeit haben. Zwar gehören die Aufteilung der Kundengebiete und ihre Zuweisung an Außendienstangestellte zum Direktionsrecht des Arbeitgebers. Erwachsen aus dem unterschiedlichen Zuschnitt solcher Gebiete jedoch Auswirkungen auf die Vergütung, dann hat der Betriebsrat ein Mitbestimmungsrecht, um willkürliche Zuweisungsentscheidungen abzuwehren.[38]

Beispiel:
Das Tochterunternehmen eines amerikanischen Konzerns vertreibt in Deutschland Anlagen und Systeme der Datenverarbeitung. Die Verkaufsrepräsentanten erhielten neben einem Fixum für die von ihnen vermittelten Geschäfte Prämien und Provisionen. Die Provisionsberechnung richtete sich nach einem Provisionsplan, bei dem nach festen Quoten entsprechend der hereingeholten Aufträge abgerechnet wurde. Der Betriebsrat wollte bei der Zuweisung der Aufgabengebiete mitbestimmen, was ihm verweigert wurde.
Das BAG hat dem Betriebsrat Recht gegeben. Die Marktbedingungen für die Produkte des Arbeitgebers sind nicht in jedem Aufgabengebiet eines Vertriebsrepräsentanten gleich. Anlagen der elektronischen Datenverarbeitung sind in einem ländlichen Raum schwerer und nur in geringerem Umfang zu verkaufen als in Industriegebieten. Wegen dieser **unterschiedlichen Marktverhältnisse** muss auch die Quote der einzelnen Verkaufsrepräsentanten entsprechend

37 BAG vom 29. 3. 1977, AP Nr. 1 zu § 87 BetrVG 1972 Provision.
38 BAG vom 17. 10. 1989, BB 1990, 853f.

unterschiedlich bemessen werden. Denn ein Repräsentant mit einem ländlichen Gebiet kann nicht unter gleichem Arbeitseinsatz eine Quote von 1 Mio. DM erarbeiten, wie dies einem Repräsentanten in einer Großstadt möglich ist. Gleichwohl muss ihm ein angemessenes Entgelt für seine Arbeit gezahlt werden. Ein gleicher Provisionssatz würde insofern bei nahezu gleichem Arbeitseinsatz zu Unterschieden in der Provisionsvergütung führen, die nicht gerechtfertigt wären.

Mitbestimmungspflichtig ist die **Zuordnung einzelner Artikel zu bestimmten Provisionsgruppen.** Wird etwa eine Provision nach Cent-Sätzen pro Artikel gezahlt und werden zu diesem Zweck sechs Provisionsgruppen mit unterschiedlichen Cent-Sätzen gebildet, dann unterliegt die Zuordnung der einzelnen Artikel zu den Provisionsgruppen dem Mitbestimmungsrecht des Betriebsrats.[39] Denn mit der Zuordnung der Artikel zu den einzelnen Provisionsgruppen wird das Verhältnis der Vergütung für die einzelnen provisionspflichtigen Geschäfte untereinander bestimmt. Es ist damit auch eine Frage der Lohngerechtigkeit, welche Artikel welchen Provisionsgruppen zugeordnet werden.

Ähnliches gilt bei der **Einführung eines Punktesystems**[40] für den Abschluss bestimmter Geschäfte. Auch hier unterliegt die Festlegung der Punktezahl, die für jedes Geschäft vergeben wird, der Mitbestimmung des Betriebsrats. Mitbestimmungsfrei ist allerdings die Festlegung des Euro-Betrages pro Provisionspunkt.

Beliebt ist auch die Durchführung von **Wettbewerben**, insbesondere bei Einführung eines neuen Produkts oder bei der Umstellung von Preissystemen. Werden bei diesen zeitlich und sachlich begrenzten Wettbewerben bestimmte Geldleistungen ausgelobt, so handelt es sich dabei nach Auffassung des BAG um eine mitbestimmungspflichtige Frage der betrieblichen Lohngestaltung.[41] Werden solche Wettbewerbe von einem Verkaufsteam durchgeführt, so trägt jeder zum Gesamtergebnis bei und ist entsprechend zu beteiligen. Solche Gruppen-Aktionen lösen die individuelle Einzelaktion immer mehr ab.

39 BAG vom 26.7.1988, AP Nr. 6 zu § 87 BetrVG 1972 Provision.
40 BAG vom 13.3.1984, DB 1984, 2145.
41 BAG vom 10.7.1979, AP Nr. 2 zu § 87 BetrVG Lohngestaltung.

6.6.2 Mitbestimmung bei Prämienzahlung

Nach § 87 Abs. 1 Nr. 11 BetrVG hat der Betriebsrat ein Mitbestimmungsrecht bei der Ausgestaltung der Prämiensysteme.

Nach Auffassung des BAG kann man von einem leistungsbezogenen Entgelt, das mit einem Akkord- und Prämienlohn vergleichbar ist, nur dann sprechen, wenn eine »**Leistung**« des Arbeitnehmers, gleichgültig worin diese besteht, **gemessen** und mit einer Bezugsleistung verglichen wird. Ferner muss sich die Höhe der Vergütung in irgendeiner Weise nach dem Verhältnis der Leistung des Arbeitnehmers zur Bezugsleistung bemessen.[42]

Bei **Abschlussprovisionen** hat das BAG ein Mitbestimmungsrecht nach Nr. 11 verneint. Bei ihnen fehle es an einer Bezugsleistung, zu der die Leistung des Außendienstmitarbeiters in ein Verhältnis gesetzt wird, das dann über die Höhe des Entgelts Auskunft gibt.[43] Wird allerdings bei Erreichen einer bestimmten Anzahl von Abschlüssen eine Sondervergütung geleistet, dann liegt ein leistungsbezogenes Entgelt vor, worüber der Betriebsrat nach § 87 Abs. 1 Nr. 10 BetrVG mitzubestimmen hat.

Genau dies geschieht jedoch im Augenblick bei den eingangs geschilderten Prämiensystemen insbesondere bei den sog. **Jahreszielvereinbarungen.** Hier hat der Betriebsrat ein volles **Mitbestimmungsrecht.** Bei solchen Vereinbarungen wird festgelegt, bei welchem Jahresumsatz eine Prämie gezahlt wird und in welcher Höhe. Häufig wird auch festgelegt, wie hoch die Prämie maximal sein kann und wie hoch sie mindestens sein muss. Darin spiegelt sich wider, dass der Außendienstmitarbeiter das Erreichen oder Nicht-Erreichen einer Jahreszielvereinbarung nicht allein in der Hand hat, sondern dabei stark von Werbemaßnahmen etc. abhängig ist.

Einen weiteren individuellen Anreiz vermitteln die sog. **Incentive-Prämien,** bei denen durch Sachleistungen eine Art Superprämie vergeben wird. Beliebt sind exotische oder ungewöhnliche Reisen, häufig unter Einbeziehung der Lebenspartner, die auf diese Art und Weise in die Motivationssteigerung mit einbezogen werden. Die Ausgestaltung ist mitbestimmungspflichtig, da Messlatten für eine »Leistung« aufgestellt werden.[44]

---

42 BAG vom 25.5.1982 und 13.9.1983, AP Nrn. 2, 3 zu § 87 BetrVG Prämie.
43 BAG vom 13.3.1984, DB 1984, 2145.
44 BAG vom 12.8.1982, AP Nr. 3 zu § 87 BetrVG gilt entsprechend.

6.6.3 Mitbestimmung bei Sonderzuwendungen, übertariflichen Zulagen und Betriebsrenten

Auch im Außendienst werden verbreitet finanzielle Sonderzuwendungen und übertarifliche Zulagen auf das Tarifentgelt gezahlt. Diese Praxis mag dann nicht so ausgeprägt sein, wenn durch das Provisionssystem bereits ein hoher variabler Anteil an der Vergütung besteht. Werden jedoch übertarifliche Zulagen gezahlt, dann sind diese nicht beliebig entziehbar bzw. auf eine Tariferhöhung anrechenbar. Der Betriebsrat hat vielmehr unter bestimmten Voraussetzungen ein Mitbestimmungsrecht.[45]

Das BAG bejaht ein **Mitbestimmungsrecht** dann, wenn durch die Anrechnung übertariflicher Zulagen auf Tariflohnerhöhungen die **Verteilungsgrundsätze geändert** werden und darüber hinaus für eine anderweitige Anrechnung bzw. Kürzung ein Regelungsspielraum verbleibt. Nicht mitbestimmungspflichtig ist die Kürzung des sog. **Dotierungsrahmens** selbst, d. h. eine Verringerung des Finanztopfes, den der Unternehmer künftig für übertarifliche Zulagen zur Verfügung stellen will. Führt diese Kürzung zu keiner Änderung der bestehenden Verteilungsgrundsätze – d. h. am Verhältnis der Zulagen zueinander bzw. zum Tariflohn ändert sich nichts –, dann ist der Betriebsrat nicht zu beteiligen.[46]

In einer Reihe von Urteilen hat das BAG jedoch klar gemacht, dass eine ungleichmäßige Kürzung oder Anrechnung wieder mitbestimmungspflichtig ist.[47] Das Unternehmen darf nicht im Rahmen einer Kürzung Leistungsgesichtspunkte geltend machen, um eine unterschiedliche An- bzw. Verrechnung zu rechtfertigen (»**Nasenprämien**«). Sinn und Zweck des Mitbestimmungsrechts bei der Verteilung übertariflicher Zulagen ist nach Feststellung des BAG das Verhindern einer willkürlichen Lohngestaltung.[48]

Besteht in einem Unternehmen ein **Betriebsrentensystem**, dann ist der Arbeitgeber zwar weitgehend frei in der Bestimmung des Personenkreises, den er begünstigen will oder in der Wahl der Versorgungsform (Direktzusagen, Versorgungszusagen durch Versicherungen). Er ist auch frei in der Festlegung der finanziellen Mittel, die er zur Verfügung stellen will. Soll jedoch ein bestehender **Versorgungsplan geändert** werden, dann hat der Betriebsrat ein **Mitbe-**

---

45 BAG GS 2/90 vom 3.12.1991, DB 1992, 1579.

46 BAG vom 28.2.2006 – 1 ABR 4/05.

47 Vgl. BAG vom 22.9.1992, AiB 1993, 400f. mit Anm. Mayer; vom 28.2.2006 – 1 ABR 4/05.

48 BAG vom 28.2.2006 – 1 ABR 4/05.

stimmungsrecht. Dies ist vor allem von Bedeutung bei einer geplanten Kürzung von zugesagten Versorgungsleistungen.

Im Einigungsstellenverfahren kann dann als Vorfrage mit entschieden werden, ob sich die Geschäftsgrundlage für die Versorgungsansprüche im Unternehmen so verändert haben, dass eine Leistungskürzung gerechtfertigt ist. Dazu gehören u. a. Fälle wirtschaftlicher Notlagen.

6.7 Entgeltfortzahlung im Krankheitsfall

Im Krankheitsfall hat der angestellte Außendienstmitarbeiter nach § 616 BGB, § 63 HGB, § 3 EFZG Anspruch auf Entgeltfortzahlung bis zu **sechs Wochen** und zwar in **Höhe** von **100 %** des regelmäßigen Arbeitsentgelts. Der Anspruch besteht allerdings erst nach einer Beschäftigungszeit von vier Wochen (§ 3 Abs. 3 EFZG).

In vielen **Tarifverträgen** sind ferner Zuwendungen auch nach Ablauf des 6-Wochen-Zeitraums bei bestimmten Beschäftigungszeiten vorgesehen. Nach dem MTV der chemischen Industrie wird ein **Zuschuss** bzw. eine Zuwendung gezahlt (§ 9 III). Er umfasst den Unterschiedsbetrag zwischen dem Brutto-Krankengeld und 100 % des Netto-Arbeitsentgelts.[49] Dieser Zuschuss wird brutto gewährt, und zwar:

- nach zwei Jahren ununterbrochener Betriebszugehörigkeit bis zu acht Wochen;
- nach fünf Jahren bis zu drei Monaten;
- nach zehn Jahren bis zu vier Monaten;
- nach 15 Jahren bis zu fünf Monaten;
- nach 20 Jahren bis zu sechs Monaten.

Bei einer Vergütungsstruktur mit hohen **Provisionsanteilen** stellt sich die Frage, in welcher Höhe das Gehalt fortgezahlt werden muss. Weder das Gesetz noch Tarifverträge geben darauf eine Antwort. Nach Auffassung des BAG können Außendienstangestellte, deren Vergütung sich aus einem monatlichen Grundgehalt und Provisionen zusammensetzt, im Krankheitsfalle nicht nur die Fortsetzung des Grundgehalts bis zur Dauer von sechs Wochen verlangen; ihnen steht vielmehr auch die Zahlung der Provisionen zu, die sie in dieser Zeit ohne krankheitsbedingte Veränderung wahrscheinlich verdient hätten. Nach

49 Ebenso § 10 TV Versicherungsgewerbe.

dem Lohnausfallprinzip muss darauf abgestellt werden, was der Außendienstmitarbeiter nach den Regeln der Wahrscheinlichkeit an Abschlüssen erreicht hätte, wenn keine krankheitsbedingten Ausfalltage eingetreten wären und die Betroffenen daher an diesen Tagen hätten arbeiten können.[50]

Dabei müssen **schwankende Bezüge** durch **Schätzung** entsprechend § 287 Abs. 2 ZPO ermittelt werden und zwar in der Weise, dass man vom Durchschnittsverdienst eines bestimmten Bezugszeitraums ausgeht. Dieser wiederum ist so zu wählen, dass ein sachgerechtes Ergebnis erzielt werden kann.

50 BAG vom 5. 6. 1985, AP Nr. 39 zu § 63 HGB.

7. Reisen im Außendienst

Reisen ist für den Außendienstler eine unabdingbare Voraussetzung zur Erfüllung seiner vertraglichen Pflichten. Deshalb ist der Arbeitgeber grundsätzlich zum **Aufwendungsersatz** der dabei entstehenden Kosten verpflichtet (§ 670 BGB). Dies umfasst sowohl die Reisekosten selbst als auch die sonstigen notwendigen **Auslagen** (z. B. Übernachtung). Einzelheiten werden i. d. R. in Reisekosten- bzw. Spesenregelungen festgelegt.[1] Besteht eine solche Regelung nicht, sind alle Kosten zumindest in der tatsächlich entstandenen Höhe (nach Vorlage entsprechender Belege) zu erstatten.

Der Arbeitgeber kann die Kostenerstattung für Aufwendungen des Außendienstlers **pauschalieren,** er kann aber auch nach den tatsächlichen Kosten abrechnen. **Gesetzliche Vorgaben** für den Arbeitgeber **gibt es nicht.** Insofern wird die Wahl der Kostenabrechnung häufig von Praktikabilitätsgründen abhängig gemacht.

7.1 Firmenfahrzeug oder eigener Pkw

7.1.1 Stellung von Firmenfahrzeugen

Die Frage, ob ein Firmenfahrzeug gestellt wird (mit oder ohne private Nutzung) oder ob der Außendienstler sein privates Fahrzeug nutzen muss, steht grundsätzlich im unternehmerischen Ermessen. Wird ein Firmenwagen gestellt, dann verlangt der **Gleichbehandlungsgrundsatz,** dass allen Außendienstmitarbeitern diese Möglichkeit angeboten wird. Differenzierungen bei der Zuweisung bestimmter Wagenklassen dürfen nur nach sachlichen Kriterien vorgenommen werden. Auch das folgt aus dem Gleichbehandlungs-

1 Einzelheiten bei Hunold, Arbeitsrecht im Außendienst, S. 82 f.

grundsatz. Wird die Zuweisung bestimmter Fahrzeugtypen von einer bestimmten Leistung des Außendienstmitarbeiters abhängig gemacht, dann handelt es sich um ein verkapptes Prämiensystem und ist mitbestimmungspflichtig.

Die Stellung eines Firmenfahrzeugs wird als ein weiterer **monetärer Anreiz** im Außendienst gesehen. Nach einer Untersuchung von Kienbaum[2] fahren 91 % der Außendienst-Führungskräfte und 97 % der Verkäufer ein vom Unternehmen gestelltes Auto. Der Firmenwagen ist heute im Außendienst genauso verbreitet wie in der obersten Vertriebsleitung, denn für den Außendienstmitarbeiter ist er ein notwendiges Handwerkszeug für seine tägliche Arbeit. Die private Nutzung des Dienstwagens ist in seiner Belohnungs- und Motivationsfunktion nicht zu unterschätzen. Immerhin 84 % der Fachkräfte können ihren Wagen auch außerhalb der Arbeitszeit privat nutzen. Die meisten von ihnen fahren ein Modell der Marke Volkswagen oder Audi. Bei den Führungskräften sind es 95 %, die das Firmenfahrzeug privat nutzen können. Bei ihnen sind die Marken Audi und BMW am weitesten verbreitet.

Im Hinblick auf die **Marke und** das **Modell** des Fahrzeugs hat allerdings der Großteil der Fahrer **keinerlei Mitsprachrecht.** Nach einer Umfrage des Meinungsforschungsinstituts TNS Sofres in Kooperation mit der unabhängigen Expertenplattform Corporate Vehicle Observatory sind 62 % der Fahrer bei der Fahrzeugauswahl nicht beteiligt. In 17 % der befragten Unternehmen in Deutschland können die Mitarbeiter das Fahrzeug immerhin aus einer vorgegebenen Liste auswählen. In jedem fünften Betrieb darf ein Firmenwagen innerhalb eines begrenzten Budgets gewählt werden. Als Grund für die Einschränkung werden »betriebliche und hierarchische Aspekte« genannt.[3]

Es kommt immer wieder zu Streit über Details einer **privaten Nutzung.** Darf nur der Außendienstangestellte den Pkw auch zu privaten Fahrten nutzen oder dürfen dies auch Familienangehörige und wenn ja, in welchem Rahmen? Solche Fragen spielen meist in Zusammenhang mit Unfällen und den dabei entstehenden Kosten eine Rolle. Deshalb ist es zweckmäßig, die Frage der privaten Nutzung entweder im Arbeitsvertrag oder in einer **Betriebsvereinbarung** zu regeln. Darf der Außendienstmitarbeiter das Firmenfahrzeug privat nutzen, dann kommt dieser Privatnutzung Entgeltcharakter zu. Dies zeigt sich bereits darin, dass die Privatnutzung als geldwerter Vorteil mit 1 % bezogen auf den

2 Kienbaum, Führungs- und Fachkräfte im Außendienst, 2008; www.kienbaum.de.
3 Süddeutsche Zeitung vom 31.7.2010.

Anschaffungspreis zu versteuern ist. Wegen des Entgeltcharakters greift die **Mitbestimmung des Betriebsrats** nach § 87 Abs. 1 Nr. 10 BetrVG hinsichtlich der **Details** einer solchen **Nutzung** (vgl. im Einzelnen unter 7.7).[4]

Wegen des vom Außendienstmitarbeiter zu leistenden Eigenbeitrags sollte der Arbeitgeber von jeglichen Details bei der Privatnutzung Abstand nehmen, z. B. keine Genehmigungspflicht bei Auslandsfahrten verlangen.

Beispiel einer Betriebsvereinbarung über private Nutzung eines Pkw:
Das Firmenfahrzeug kann vom Mitarbeiter auch privat genutzt werden. Eine gelegentliche Nutzung durch Familienangehörige (Lebenspartner und Kinder) ist erlaubt.

Bei Stellung von Firmenfahrzeugen mit Gestattung einer privaten Nutzung können viele Detailfragen auftauchen, wer in welchem Umfang wofür die Kosten zu tragen hat. Die Faustregel: »Was in der privat genutzten Zeit rund um das Firmenfahrzeug passiert, hat der Mitarbeiter allein zu tragen!« ist es nicht getan, vor allem, wenn Reparaturen anfallen. So gibt es fließende Übergänge zwischen dienstlicher und privater Nutzung, so dass auch hier eine Klarstellung in einem Anhang zum Arbeitsvertrag oder in einer Betriebsvereinbarung zweckmäßig ist.[5]

Zuweilen werden in Betriebsvereinbarungen **Grenzen** festgelegt für eine kostenlose **private Nutzung** eines Firmenfahrzeugs. Der durchschnittliche Wert für Fachkräfte beträgt 4500 Kilometer, für Führungskräfte liegt er bei durchschnittlich 5500 Kilometer. Die Schwankungsbreite des Eigenanteils für privat gefahrene Kilometer liegt zwischen € 0,10 und € 0,30.[6] Solche Obergrenzen sind mit dem **Gedanken der Privatnutzung** eigentlich **nicht zu vereinbaren.**[7] Schließlich ist die Privatnutzung durch den Arbeitnehmer mit 1 % zu versteuern, bezogen auf den Brutto-Anschaffungspreis einschließlich aller Kosten für Sonderausstattungen (wie Navigationsgerät).[8] Die Regelung der Privatnutzung in einer Betriebsvereinbarung sollte deshalb schlicht und kurz lauten:

Betriebsvereinbarung über die Kosten bei privater Nutzung:
Die private Nutzung ist kostenfrei.

4 Hunold, Arbeitsrecht im Außendienst, Rn. 378
5 Einzelheiten bei Nägele (Hrsg.), Das Dienstfahrzeug.
6 Orga-Handbuch Außendienst II, Außendienstvergütung III/3, 1995, 9.
7 So auch Hunold, Arbeitsrecht im Außendienst, Rn. 378
8 BFH vom 16. 2. 2005 DB 2005, 1430.

Zuweilen wird auch versucht, den Arbeitnehmer zum Abschluss einer **Zusatzversicherung** zu bewegen, insbesondere bei Urlaubsfahrten. Auch das widerspricht dem Grundsatz, dass der Arbeitnehmer durch die steuerliche 1 %-Regelung seinen Eigenanteil bereits leistet.

Bei **Leasingverträgen** ist es grundsätzlich zulässig, dass der Außendienstmitarbeiter für die Dauer des bestehenden Arbeitsverhältnisses verpflichtet ist, sich an den Kosten eines zur Privatnutzung überlassenen Fahrzeugs zu beteiligen. Die Grenzen zulässiger Vertragsgestaltung sind jedoch überschritten, wenn der Mitarbeiter verpflichtet wird, bei Beendigung des Arbeitsverhältnisses das Fahrzeug dem Arbeitgeber zurückzugeben und weiterhin für die restliche Laufzeit des Leasingvertrags die Leasingrate an den Arbeitgeber in einem Einmalbetrag zu entrichten.[9]

7.1.2 Nutzung des eigenen Pkw

Entscheidet sich der Arbeitgeber dafür, die Außendienstmitarbeiter ihre eigenen Pkws benutzen zu lassen, so muss er ihnen eine angemessene Aufwandsentschädigung zahlen (§ 670 BGB). Die Höhe wird dabei stark vom geltenden **Steuerrecht** beeinflusst. Denn bis zu einer bestimmten Höhe wird eine solche Aufwandsentschädigung nicht versteuert. Diese sog. Entfernungspauschale wurde 2007 begrenzt auf Entfernungen ab dem 21. Kilometer. Diese Begrenzung wurde jedoch bereits Ende 2008 vom BVerfG für verfassungswidrig erklärt,[10] worauf die alte Regelung wieder eingeführt wurde: 0,30 € ab dem ersten gefahrenem Kilometer. Allerdings wird nur eine Fahrt pro Tag bezogen auf die kürzeste Wegstrecke angerechnet und es ist eine Kappungsgrenze von 4500 €/Jahr festgelegt. Es müssen jedoch darüber hinausgehende tatsächliche Aufwendungen für den PKW belegt werden (Tankbelege etc.); ein Fahrtenbuch ist nicht erforderlich.

Zahlt der Arbeitgeber höhere Beträge, dann werden diese als geldwerter Vorteil angesehen und müssen entsprechend versteuert werden. Zahlt der Arbeitgeber einen geringeren Betrag, so kann der Arbeitnehmer die Differenz als Werbungskosten absetzen.

Fällt der private Pkw des Außendienstmitarbeiters durch einen **Unfall** aus, dann muss der Arbeitgeber auch den **Nutzungsausfallschaden** übernehmen.

9 BAG vom 9.9.2003, NZA 2004, 484.
10 BVerfG vom 9.12.2008 – 2 BvL 1/07.

Konkret bedeutet das, dass der Arbeitgeber dem Arbeitnehmer die Kosten eines Ersatzfahrzeugs erstatten muss, solange der Pkw des Außendienstmitarbeiters wegen des Unfalls in Reparatur ist. Denn auch bei der Benutzung eines Firmenfahrzeugs müsste der Arbeitgeber so verfahren. Zum Unfallrisiko des Arbeitgebers gehört aber auch die Übernahme von Kosten für den Nutzungsausfall eines dienstlich genutzten Pkw, das dem Außendienstmitarbeiter gehört.[11]

7.1.3 Reisekosten

Pauschalregelung

Durch das Reisen entstehen den Außendienstmitarbeitern nicht nur Kosten rund um das Auto als wichtigstem Arbeitsmittel, sondern auch persönliche Kosten für **Verpflegung** und **Übernachtung**.

In vielen Betrieben bestehen allgemeine Reisekostenregelungen, z.T. mit Sonderbestimmungen für den Außendienst. Die Bedeutung solcher Reisekostenregelungen für den Außendienst ist dabei natürlich ungleich größer als für Mitarbeiter im Innendienst, bei denen Reisen eher zur Ausnahme gehören. Grundsätzlich hat der Arbeitgeber alle Kosten zu erstatten, die durch von ihm vereinbarte Reisen entstehen (§§ 670, 675 BGB). Dabei wird in den Reisekostenregelungen jedoch i.d.R. eine Obergrenze festgelegt, die sich an der steuerlichen Behandlung von Spesenpauschalen orientiert. Bei **Übernachtungen** werden häufig eine bestimmte Hotelkategorie je nach betrieblicher Hierarchie und eine Obergrenze der Übernachtungspreise festgelegt. Dasselbe geschieht bei der Wahl von anderen Reisemitteln als dem Pkw. Bei **Bahnreisen** hängt die jeweilige **Wagenklasse** dabei häufig von der Entfernung ab (z.B. längere Strecken 1. Klasse, kürzere Strecken 2. Klasse).

Die steuerfreien Pauschalbeträge für Übernachtung und Verpflegung sollen nur die Mehraufwendungen abgelten, die durch die Reisetätigkeit entstehen. Es soll nicht der tatsächliche Gesamtaufwand abgegolten werden, das wären dann Kosten der privaten Lebensführung nach § 12 EStG, die auch nicht steuerfrei erstattet werden können.

11 BAG vom 7.9.1995, DB 1995, 2481.

Steuerfreie Pauschbeträge:	
Verpflegungspauschale	
◆ ab 24 Stunden	24 €
◆ 14 bis weniger als 24 Stunden	12 €
◆ 8 bis weniger als 14 Stunden	6 €
Übernachtungspauschale	21 €/ Nacht

Die steuerfreien **Pauschbeträge** für den Verpflegungsmehraufwand können **bis zu 100 % erhöht werden.** Der Erhöhungsbetrag unterliegt dann einem Pauschalsteuersatz von 25 %, ist aber sozialversicherungsfrei (§ 40 Abs. 2 EStG). Diese **Pauschalsteuer** ist vom **Arbeitgeber** zu übernehmen (§ 40 Abs. 3 EStG).

Reisekostenregelung – Beteiligungsrechte des Betriebsrats

Reisekostenregelungen fallen nur **eingeschränkt** unter ein **Mitbestimmungsrecht des Betriebsrats**. Die Frage, **ob** und in welchem Umfang Reisekosten erstattet werden, ist nicht mitbestimmungspflichtig.[12] Pauschale Spesensätze erfolgen im Rahmen des Aufwendungsersatzes, zu dem der Arbeitgeber nach § 670 BGB verpflichtet ist.[13] Lediglich soziale Komponenten oder Vergünstigungen im Rahmen solcher Regelungen (z. B. Sonderregelungen für Familienheimfahrten) unterfallen der Mitbestimmung.[14]

Nach manchen **Tarifverträgen** – z. B. in § 3 VI MTV der chemischen Industrie oder in § 20 MTV für das private Versicherungsgewerbe – ist der **»angemessene Aufwand«** für Reisekosten zu erstatten; betriebliche Reisekostenregelungen in Form von Betriebsvereinbarungen legen dann lediglich fest, was als angemessen betrachtet wird. Eine Reduzierung der Kostenerstattungsansprüche auf die Steuerpauschalsätze dürfte hier nicht zulässig sein. Nach solchen Tarifverträgen ist lediglich eine Begrenzung des Kostenrahmens auf Durchschnittskosten vertretbar. Die Steuerpauschbeträge als fiktive Rahmenbeträge können nicht in Durchschnittskosten umgedeutet werden.

Die **steuerlichen Pauschalregelungen** erlauben insgesamt noch einen großen Spielraum für betriebliche Gestaltungen.[15] Erlaubt z. B. der Steuergesetzgeber ein vereinfachtes Verfahren bei der Steuerabführung und sieht er die Möglichkeit einer für die Arbeitnehmer steuerfreien Erhöhung der Pauschbeträge bis

12 BAG vom 8. 12. 1981, AP Nr. 6 zu § 87 BetrVG Lohngestaltung.
13 BAG vom 27. 10. 1998, NZA 1998, 381.
14 BAG vom 10. 6. 1986, DB 1986, 2340.
15 In den Lohnsteuerrichtlinien 9.4 bis 9.6 sind weitere Pauschbeträge angegeben.

zu 100 % vor, so kann kein Arbeitgeber behaupten, es müsse bei den niedrigen Pauschalsätzen bleiben.[16]

Dienstreisezeiten an **zwei Kalendertagen** können zusammengerechnet werden. Beginnt eine Tätigkeit nach 16 Uhr und endet sie vor 8 Uhr des nachfolgenden Kalendertages ohne Übernachtung, dann ist die gesamte Zeit dem Tag mit der überwiegenden Abwesenheitszeit zuzurechnen (§ 4 Abs. 5 Satz 1 Nr. 5 EStG). Beginnt eine Dienstreise z. B. um 16.30 Uhr und endet sie um 1 Uhr, dann wird eine Abwesenheitsdauer von 8,5 Std. angerechnet und es kann ein steuerfreier Pauschbetrag von 6 € gezahlt werden.

Die steuerliche Behandlung von **Spesenzahlungen** hat **arbeitsrechtlich** unmittelbar **keinerlei Konsequenzen** auf betriebliche Reiseordnungen.

Bei einer (freiwilligen) **Betriebsvereinbarung** kann der Arbeitgeber aber bei einer Steueränderung eine Neuverhandlung der Spesenregelung verlangen und sie u. U. kündigen.

Arbeitsvertragliche Regelungen

Geht aus dem **Arbeitsvertrag** hervor, dass nur die jeweils geltenden Steuerpauschbeträge erstattet werden, wirkt sich eine steuerliche Änderung auch auf die Arbeitsrechtsbeziehungen aus.[17]

Ist im Arbeitsvertrag eine Reisekostenpauschale in einer bestimmten Höhe vorgesehen, dann kann der Arbeitgeber diese Pauschalregelung nicht einseitig durch eine Einzelkostenabrechnung ablösen.

Beispiel:
Ein Mitarbeiter im Werbeaußendienst hat in seinem Arbeitsvertrag eine Reisekostenpauschale in Höhe von monatlich 490 €. Das Unternehmen will auf Einzelkostenabrechnung umstellen. Es kommt zum Streit. Das Unternehmen ist der Auffassung, die Geschäftsgrundlage für die Pauschalzahlung sei weggefallen. Parteien einer Pauschalabrede müssten stets damit rechnen, dass sich deren tatsächliche Grundlagen änderten.

Das LAG Düsseldorf hat dem Außendienstmitarbeiter recht gegeben. Eine einseitige Änderung vertraglicher Pauschalregelungen ist unzulässig.[18]

Ist die Art der Reisekostenerstattung nicht ausdrücklich geregelt, kann u. U. eine **Erstattungspflicht** des Arbeitgebers **kraft betrieblicher Übung** entstehen. Diese setzt das regelmäßige Wiederholen eines Verhaltens des Arbeitgebers voraus, aus welchem die Arbeitnehmer schließen können, ihnen solle die Leis-

16 Hinrichs, Neues zur Reisekostenerstattung, AiB 1997, 135.
17 Hinrichs/Oberhofer, AiB 1996, 92.
18 LAG Düsseldorf vom 12. 5. 2005 – 11 Sa 2023/04.

tung auf Dauer gewährt werden.[19] Wurden in der **Vergangenheit** die Kosten nach dem **tatsächlichen Aufwand** erstattet, so ist eine **Umstellung auf** neue **Pauschbeträge** einseitig durch den Arbeitgeber **nicht möglich**. In diesem Fall bedarf es vielmehr einer Änderungskündigung.[20] Anders sieht es aus, wenn bereits bisher nach den jeweiligen Pauschalsätzen die Kosten erstattet wurden.[21]

Die 46-Tage-im-Jahr-Regel und der privat genutzte Dienstwagen

Bei der steuerrechtlichen Behandlung eines auch privat genutzten Dienstwagens spielt seit einer Änderung der Steuerrichtlinien der Finanzverwaltung im Jahr 2008 die sog. 46-Tage-Regelung für den Außendienst eine große Rolle, wenn die Außendienstmitarbeiter mit einem Home Office ausgestattet sind.[22] **Bezugspunkt** für die steuerrechtliche Behandlung des privat genutzten Dienstwagens ist die **regelmäßige Arbeitsstätte.** Das Home Office ist dann »regelmäßige Betriebsstätte«, wenn sich der Außendienstmitarbeiter weniger als 46 Tage im Jahr an der Betriebsstätte des Unternehmens aufhält. Der Bundesfinanzhof sieht die 46-Tage-Regelung z. B. dann als überschritten an, wenn der Außendienstmitarbeiter mindestens einmal wöchentlich den Betriebssitz seines Arbeitgebers aufsucht.[23]

Wird die **46-Tage Regel nicht überschritten,** bleibt es bei der pauschalen Versteuerungsregel für die Privatnutzung des Fahrzeugs von 1 % (bezogen auf den Brutto-Anschaffungswert des Fahrzeugs). Von dieser Prozentregelung kann man sich durch Führen eines Fahrtenbuchs befreien. Mit einer entsprechenden Software ist dies relativ einfach zu handhaben und kann u. U. günstiger sein.

Wird die **46-Tage-Regel** durch entsprechend häufige Besuche der Betriebsstätte des Unternehmens **überschritten**, dann werden **zusätzlich** zu der 1 %-Regelung (bezogen auf den Brutto-Anschaffungspreis) **für jeden Fahrten-Kilometer weitere 0,03 %** berechnet. Auch hier müssen u. U. niedrigere Belastungen durch Anlegen eines Fahrtenbuchs nachgewiesen werden. Insgesamt ist jedoch die 46-Tage-Regel eine »Wasserscheide«, die bei der Organisation des Außendienstes unbedingt berücksichtigt werden sollte.

19 BAG vom 14. 9. 1994, AP Nr. 46 zu § 242 BGB Betriebliche Übung.
20 ArbG Eberswalde vom 8. 1. 1997, AiB 1998, 59.
21 Einzelheiten bei: Hinrichs/Oberhofer, AiB 1996, 92.
22 Richtlinie R 9.4 Abs. 3 Satz 4 LStR 2008.
23 BFH vom 4. 4. 2008 – VI R 85/04.

7.2 Haftungsfragen

Außendienstler sind aufgrund ihrer Reisetätigkeit einem besonderen Unfallrisiko ausgesetzt. Dabei spielt vor allem die Frage eine Rolle, ob der Arbeitnehmer bei Schäden, die er bei Fahrten verursacht und die nicht durch die Unfallversicherung gedeckt sind, einen Freistellungsanspruch gegenüber dem Arbeitgeber hat.

7.2.1 Haftungsfragen bei Reisen im Außendienst

Nach zivilrechtlichen Grundsätzen haftet jeder für die Schäden, die er selbst schuldhaft verursacht hat (§ 823 BGB). Werden solche Schäden jedoch vom Arbeitnehmer bei der Ausübung einer beruflichen Tätigkeit verursacht, dann gelten diese Grundsätze nach der Rechtsprechung nicht uneingeschränkt. Denn der Arbeitnehmer wird dabei gleichzeitig für den Arbeitgeber tätig und erfüllt damit die vom Arbeitgeber gesetzten unternehmerischen Ziele. Der **Arbeitgeber** hat jedoch grundsätzlich das **Risiko** bei der Umsetzung seiner unternehmerischen Ziele selbst zu tragen und damit auch die **Gefahren**, die von Arbeitnehmern ausgehen, deren er sich zur Erreichung seiner Ziele bedient. In welchem Umfang er diese Gefahren zu tragen hat, ist im Einzelnen gesetzlich nicht geregelt. Die Rechtsprechung hat für Arbeitnehmer ein modifiziertes Haftungssystem entwickelt, das im Prinzip nun auch in § 619a BGB verankert ist.

Das abgestufte Haftungssystem der **Rechtsprechung** sieht wie folgt aus: Eine **modifizierte Haftung** des Arbeitnehmers gilt allgemein anerkannt für alle fahrlässig verursachten Schäden bei einer betriebsbedingten Tätigkeit, ohne dass es heute noch auf die Gefahrgeneigtheit der Tätigkeit ankommt.[24] Das berufsmäßige Fahren eines Kraftfahrzeugs im Außendienst, führte immer schon zu einer modifizierten Haftung.[25] Der Außendienstmitarbeiter gehört also zu der Arbeitnehmergruppe, deren Haftung stets eingeschränkt ist.[26]

---

24 BGH vom 23.9.1993, DB 1994, 428.

25 BAG vom 13.3.1968 und 18.12.1970, AP Nrn. 42, 62 zu § 611 BGB Haftung des Arbeitnehmers.

26 LAG Frankfurt vom 13.11.1985, BB 1986, 2340.

7.2.2 Haftungsminderung im Außendienst

Die Beschränkung der Haftung bei Arbeitnehmern vollzieht sich in drei Stufen und ist abhängig vom Grad des Verschuldens.

Wurde der **Unfall vorsätzlich oder grob fahrlässig** verursacht, dann **haftet der Arbeitnehmer** voll für den entstandenen Schaden.[27] Bei grober Fahrlässigkeit kann die Haftung noch oben begrenzt werden, wenn Einkommen und Haftungssumme in einem krassen Missverhältnis stehen.[28] Auf jeden Fall ist der Abschluss einer Berufshaftpflichtversicherung zu empfehlen, die auch im Fall grober Fahrlässigkeit für den Schaden eintritt.[29]

Beispiel 1:
Ein Außendienstler versucht bei Dunkelheit, regennasser Fahrbahn mit Wasserglätte und starkem böigem Wind mit einer Geschwindigkeit von 130 km/h ein anderes, ebenfalls mit hoher Geschwindigkeit fahrendes Fahrzeug zu überholen, gerät dabei ins Schleudern und verursacht einen Totalschaden. Dafür muss er wegen grob fahrlässigen Fahrverhaltens selbst aufkommen.

Beispiel 2:
Ein Außendienstmitarbeiter wurde über das im Fahrzeug installierte Mobilfunktelefon angerufen. Er nahm das Gespräch an und blätterte in Unterlagen, die auf dem Beifahrersitz lagen. Deshalb übersah er den Wechsel einer Lichtzeichenanlage von grün auf rot. Er stieß im Kreuzungsbereich mit einem anderen Pkw zusammen. Das BAG hat das Missachten einer auf rot geschalteten Lichtzeichenanlage in aller Regel als grob fahrlässig bewertet. Er wurde zu vollem Schadensersatz verurteilt (im vorliegenden Fall 3500 €).[30]

Bei sog. **mittlerer Fahrlässigkeit** ist die Rechtslage strittig.

Nach Auffassung des BAG[31] soll in solchen Fällen der **Schaden gequotet,** d. h. zwischen Arbeitgeber und Arbeitnehmer aufgeteilt werden. Damit wurde eine zuvor von einem anderen Senat des BAG vertretene Auffassung revidiert, bei mittlerer Fahrlässigkeit den Arbeitnehmer von einer Haftung zu befreien.[32] In der Praxis macht es häufig Schwierigkeiten, den gesetzlich nicht definierten Grad »mittlerer« Fahrlässigkeit zu bestimmen.

---

27 BAG vom 18. 6. 1970, AP Nr. 57 zu § 611 BGB Haftung des Arbeitnehmers.
28 Kittner/Zwanziger-Lakies, Handbuch Arbeitsrecht, § 62 Rn. 38f.
29 BAG vom 25. 9. 1997, NZA 1998, 310.
30 BAG vom 12. 11. 1998, DB 1998, 2421.
31 BAG vom 24. 11. 1987, BB 1988, 1467f. und 1601f.
32 BAG vom 10. 11. 1961, DB 1979, 1061.

Beispiel:
Ein Lkw-Fahrer fährt mit einem 3,65 m hohen Fahrzeug gegen eine nur 3 m hohe Eisenbahnunterführung, obwohl vor der Unterführung auf mehreren Schildern auf die Höhe der Unterführung hingewiesen wurde, und verursacht dabei einen Schaden von 15 000 €. Hier wurde auf mittlere Fahrlässigkeit erkannt.

Ob und gegebenenfalls in welcher Höhe der Arbeitnehmer an der Wiedergutmachung des Schadens zu beteiligen ist, richtet sich im Einzelnen nach der Höhe der in der Arbeit liegenden Gefahr, nach dem vom Arbeitgeber einkalkulierten oder durch Versicherung abdeckbaren Risiko (im obigen Fall z. B. durch eine Haftpflichtversicherung). Ferner richtet sich die Höhe der Schadensbeteiligung nach der Stellung des Arbeitnehmers im Betrieb, nach der Höhe des Arbeitsentgelts (in dem möglicherweise eine Risikoprämie für den Arbeitnehmer enthalten sein kann) und nach der Höhe des Schadens; ferner nach dem Grad des dem Arbeitnehmer zur Last fallenden Verschuldens und überhaupt nach den persönlichen Umständen des Arbeitnehmers wie der Dauer der Betriebszugehörigkeit in der vergangenen Zeit, dem Lebensalter, den Familienverhältnissen, dem bisherigen Verhalten, nicht aber nach der wirtschaftlichen Leistungsfähigkeit des Arbeitnehmers schlechthin.

Bei **leichter Fahrlässigkeit** soll der Arbeitnehmer von der **Haftung freigestellt** werden und der Arbeitgeber allein für den Schaden aufkommen. Das BAG sieht den Grund für die Haftungsbeschränkung im Betriebsrisiko, das grundsätzlich der Arbeitgeber zu tragen habe. Die Folge von Schäden, die das Betriebsrisiko mit sich bringe, könne der Arbeitgeber nicht ohne weiteres auf den Arbeitnehmer abwälzen.[33]

Beispiel:
Fahrlässig handelt, wer die im Verkehr erforderliche Sorgfalt außer Acht lässt (§ 276 BGB). Bei der einfachen Fahrlässigkeit ist ein objektiver Maßstab anzulegen, wobei allerdings besondere Fähigkeiten und Kenntnisse des Betroffenen zu seinen Lasten berücksichtigt werden. Als einfache Fahrlässigkeit wäre dem Außendienstler etwa anzukreiden ein unvorsichtiges Überholmanöver bei ansonsten normalen Straßen- und Witterungsverhältnissen, Übersehen von Verkehrsschildern, unvorsichtige Park- bzw. Wendemanöver.

Die Haftungsminderung bei Arbeitnehmern soll nach einer Entscheidung des BGH allerdings dann nicht greifen, wenn der Arbeitgeber zahlungsunfähig geworden ist und ein **Dritter** sich nun an den schadensverursachenden Arbeitnehmer hält.[34]

---

33 BAG vom 29. 9. 1961 und 11. 9. 1975, AP Nrn. 26, 78 zu § 611 BGB Haftung des Arbeitnehmers.

34 BGH vom 19. 9. 1989, NZA 1990, 100f.

Beispiel:
Eine Autohandlung hatte einer Firma im Wege des Leasings einen Pkw zur Nutzung überlassen. Diese Firma stellte das Fahrzeug einem Außendienstmitarbeiter zur Verfügung, der als Verkaufsrepräsentant tätig war. Auf einer Dienstreisefahrt verlor der Außendienstler infolge Straßenglätte die Kontrolle über den Wagen und geriet gegen eine Leitplanke, wodurch ein Schaden von knapp 4000 € entstand. Da die Firma des Außendienstlers zahlungsunfähig geworden war, hielt sich die Autohandlung an den Außendienstler selbst. Obwohl er den Unfall nur leicht fahrlässig verursacht hatte und deshalb nach den Grundsätzen der Gefahr geneigten Arbeit von seinem Arbeitgeber von der Haftung hätte freigestellt werden müssen, musste der Außendienstler gegenüber der Autohandlung den Schaden ersetzen.

Nach Auffassung des BGH können die im Arbeitsrecht entwickelten Grundsätze der gefahrgeneigten Arbeit mit ihrer Modifizierung der Haftungsverpflichtung des Arbeitnehmers nicht zu einer generellen Veränderung der zivilrechtlichen Haftungsgrundsätze führen. Da es sich hier um Richterrecht handele, könnten die gesetzlichen Haftungsgrundsätze nicht vollständig verdrängt werden.[35]

Detailfragen

- **Arbeitsvertragliche Abbedingung der Haftungsgrundsätze?**
  Für Arbeitgeber sind die abgestuften Haftungsgrundsätze durchaus ein Risiko, von dem sie sich durch entsprechende Vertretungsklauseln zu befreien versuchen könnten. Dies kann etwa durch das Hochsetzen der Selbstbeteiligungskosten geschehen. Das BAG hat eine Klausel, die eine Selbstbeteiligung bei jedem fahrlässig verursachten Unfallschaden vorsah, als **Verstoß gegen die Grundsätze der beschränkten Arbeitnehmer-Haftung** angesehen.[36] Eine solche Klausel hätte dem Arbeitnehmer auch bei leichtester Fahrlässigkeit die Haftung auferlegt.
- **Diebstahl von Arbeitsmitteln aus dem Pkw**
  Grundsätzlich sind alle Gegenstände im Pkw gegen Entwendung im Rahmen einer Reisegepäckversicherung bzw. einer Betriebshaftpflichtversicherung mitversichert. Besteht im Einzelfall eine Versicherungslücke (z. B. nur ein Teil des Wertes wird ersetzt) und will der Arbeitgeber den Außendienstmitarbeiter mit der Begründung in Anspruch nehmen, er habe das Fahrzeug nicht ordnungsgemäß gesichert, dann trägt der Arbeitgeber dafür die Beweispflicht.[37]

35 Ebenda.
36 BAG vom 5. 2. 2004, NZA 2004, 649.
37 BAG vom 29. 1. 1985, DB 1985, 2565.

- **Kaskoversicherung – Abschlusspflicht des Arbeitgebers?**
  Die Haftungsregelungen der Rechtsprechung verlieren an Bedeutung, wenn eine Vollkaskoversicherung für das Firmenfahrzeug abgeschlossen wird. Dazu ist der Arbeitgeber jedoch **nicht verpflichtet**, da es in seinem unternehmerischen Ermessen liegt einzuschätzen, welche Versicherungsart betriebswirtschaftlich günstiger ist. Allerdings kann das dazu führen, dass der Arbeitnehmer (bei mittlerer Fahrlässigkeit) nur in der Höhe der Selbstbeteiligung haften muss, die bei Abschluss einer Kaskoversicherung zu vereinbaren gewesen wäre.[38]
  Wenn Privatnutzung des Firmenfahrzeugs gestattet ist, dann darf es keinen Unterschied machen, ob der Unfall während einer Dienst- oder Privatfahrt geschah. Entsprechend kann es auch **nicht darauf ankommen**, ob der Arbeitnehmer oder ein **Familienangehöriger den Unfall verursachte**, der zur Nutzung des Fahrzeugs berechtigt war.[39]
- **Arbeitgeberhaftung für Unfallschaden an einem betrieblich eingesetzten Privat-Pkw**
  Fährt der Außendienstmitarbeiter seinen Privat-Pkw und entstehen ihm ohne sein Verschulden Unfallschäden, dann werden die Kosten zwar von der Versicherung des Verursachers getragen; deckt die Versicherung jedoch nicht den gesamten Schaden ab, dann hat der Arbeitgeber dafür die Kosten zu tragen, wenn das Auto mit seiner Billigung eingesetzt worden ist.[40] Um einen Einsatz im Betätigungsbereich des Arbeitgebers handelt es sich, wenn ohne den Einsatz des Arbeitnehmerfahrzeugs der Arbeitgeber ein eigenes Fahrzeug einsetzen und damit dessen Unfallgefahr tragen müsste. Wenn dem Arbeitnehmer für die Tragung dieses Unfallrisikos keine besondere Vergütung geleistet worden ist, hat ihm der Arbeitgeber analog § 670 BGB (Aufwendungsersatz) den Schaden in voller Höhe zu ersetzen.[41] Darüber hinausgehenden Schadensersatz (nach § 294 BGB) muss der Arbeitgeber nicht leisten.[42]
  Hat dagegen der Außendienstmitarbeiter den **Unfall verschuldet,** dann muss der Arbeitgeber die Kosten für die Rückstufung in der Kfz-Versicherung nur dann tragen, wenn das im Arbeitsvertrag oder in einer Betriebsvereinbarung vereinbart worden ist. Ist lediglich eine Kilometer-Pauschale vereinbart und

38 BAG vom 24.11.1987, NZA 1988, 584.
39 LAG Köln vom 22.10.2004, BB 2006, 335.
40 BAG vom 14.12.1995, DB 1996, 630; Loritz, NZA 1997, 1188f.
41 BAG vom 17.7.1997, AiB 1998, 533.
42 LAG Niedersachsen vom 2.9.2004, NZA-RR 2005, 64.

war der Arbeitnehmer in der Auswahl seines Pkw und der Versicherungsgesellschaft frei, so ist im Zweifel anzunehmen, dass mit Zahlung der Kilometer-Pauschale auch Rückstufungserhöhungen in der Kfz-Versicherung abgegolten sind.[43]

7.3 Haftungsregelung in Betriebsvereinbarungen

Aus Gründen der Rechtssicherheit empfiehlt es sich, Haftungsfragen für den Außendienst entweder per Betriebsvereinbarung zu regeln oder im Arbeitsvertrag eine entsprechende **Haftungsbefreiung** bei mittlerer und leichter Fahrlässigkeit aufzunehmen. Ferner ist die Frage des Versicherungsschutzes zu regeln, insbesondere wer die Kosten für diesen Versicherungsschutz trägt. Da beim Führen eines Pkw grundsätzlich Versicherungspflicht besteht, geht es im Wesentlichen um Fragen wie Voll- oder Teilkasko und um die Frage, zu wessen Lasten eine unfallbedingte Rückstufung geht.

Zwar gilt der Bereich der Haftungsregelung nicht als mitbestimmungspflichtige Angelegenheit. Trotzdem sollten die Betriebsräte auf eine Regelung auch dieser Frage drängen, wenn eine generelle Betriebsvereinbarung zu Dienstfahrzeugen angestrebt wird.

Beispiel aus einer Betriebsvereinbarung:

(1) Versicherungen

Die zugunsten des Mitarbeiters abgeschlossenen Versicherungen beinhalten die gesetzliche Haftpflicht (4 Mio. € Deckungssumme) und eine Vollkaskoversicherung mit 500 € Selbstbeteiligung (Firmenfahrzeug wie privater Pkw).

(2) Haftung

(a) Verschuldet der Mitarbeiter einen Unfall auf einer Dienstfahrt, trägt die Gesellschaft die Selbstbeteiligung der Voll-/Teilkaskoversicherung wie die Kosten einer Rückstufung des Schadensfreiheitsrabattes.

(b) Verschuldet der Mitarbeiter einen Unfall auf einer Privatfahrt, so haftet er zumindest in Höhe der Selbstbeteiligung der Voll-/Teilkaskoversicherung.

43 BAG vom 30.4.1992 – 8 AZR 409/91.

7.4 Entgeltfortzahlung nach unfallbedingter Krankheit

Ist der Außendienstmitarbeiter durch den verursachten Unfall selbst arbeitsunfähig krank geworden, dann kann die Frage entstehen, ob er einen Lohnfortzahlungsanspruch für die Dauer der Arbeitsunfähigkeit bis zur Dauer von sechs Wochen hat, oder ob wegen eigenen Verschuldens dieser Anspruch entfällt und nur der geringere Krankenschutz eingreift (Zahlung von Krankengeld).

Bei Verkehrsunfällen wird ein **Verschulden**, das den Lohnfortzahlungsanspruch entfallen lässt, nur bei **grob fahrlässigem** Verhalten angenommen. Ein fahrlässiger Verstoß gegen die Verkehrsregeln allein ist noch nicht ausreichend. Schuldhaft sind insbesondere **Verkehrsunfälle wegen Trunkenheit, grob unvorsichtige Überholmanöver** usw.[44] Dazu gehört auch das **Nichtanlegen eines Sicherheitsgurtes,** wenn dadurch bei einem Unfall die körperliche Verletzung ein besonderes Ausmaß angenommen hat.[45]

7.5 Ersatzfahrkraft bei Führerscheinentzug

Verliert ein Außendienstler seinen Führerschein aufgrund von Verstößen gegen die Straßenverkehrsordnung, dann wird ihm das Arbeitsmittel entzogen, auf das er zur Erfüllung seiner arbeitsvertraglichen Pflichten existentiell angewiesen ist. Je nach Dauer des Führerscheinentzugs und der Umstände, die dazu geführt haben, kann dies zu einer Gefährdung seines Beschäftigungsverhältnisses und letztlich zu einer Kündigung führen (siehe Stichwort Kündigung/Führerscheinentzug).

Der Außendienstler wird in einem solchen Fall bestrebt sein, eine **Ersatzfahrkraft** zu gewinnen, entweder aus seinem familiären Umfeld oder aus dem Freundeskreis. Zur Not würde er auch jemanden vorübergehend als Fahrer beschäftigen, wenn dies kostenmäßig überschaubar bleibt.

Schwierigkeiten tauchen jedoch auf, wenn der Arbeitgeber mit einer solchen ersatzweisen Regelung nicht einverstanden ist. Grundsätzlich ist die Arbeitsleistung höchstpersönlich zu erbringen (§ 613 Satz 1 BGB). Man kann sich nun darüber streiten, ob das Überwinden von Strecken zum jeweiligen Kun-

44 BAG vom 11.3.1987, AP Nr. 71 zu § 1 LohnFG.
45 BAG vom 7.10.1981, DB 1982, 496.

den integraler Bestandteil höchstpersönlich zu erbringender Aufgaben des Außendienstmitarbeiters ist oder ob es sich hierbei um eine abspaltbare Teilaufgabe handelt, deren Erfüllung dem Arbeitnehmer nicht höchstpersönlich obliegt. Die **arbeitsvertragliche Hauptaufgabe** des Außendienstmitarbeiters besteht in der **Herstellung von Kundenkontakten**. Dem Arbeitgeber kann zwar nicht gleichgültig sein, wie der Außendienstmitarbeiter diese Kontakte organisiert. Deshalb wird er regelmäßig ein berechtigtes Interesse daran haben, dass der Außendienstmitarbeiter auch selbst fährt. Das Fahren stellt jedoch nicht die Hauptaufgabe dar, so dass es unter bestimmten Umständen für den Arbeitgeber hinnehmbar ist, wenn der Arbeitnehmer diese Fahrten über Ersatzkräfte organisiert.[46]

Häufig stellen sich die Arbeitgeber jedoch auf den Standpunkt, der Außendienstmitarbeiter sei zur persönlichen Erbringung dieser Teilaufgabe verpflichtet und weigern sich, eine vom Außendienstmitarbeiter organisierte Ersatzkraft zu akzeptieren. Von der **Rechtsprechung** wird dieser Standpunkt unterstützt. Der Arbeitgeber soll nicht verpflichtet sein, die Heranziehung Dritter zur Erfüllung der Arbeitspflicht zu dulden.[47] Das ergebe sich schon aus haftungsrechtlichen Erwägungen sowie daraus, dass es sich bei dem Arbeitsverhältnis um ein höchstpersönliches Leistungsaustauschverhältnis handele.[48]

Wegen dieser unsicheren Rechtslage empfiehlt es sich deshalb, eine **Betriebsvereinbarung** herbeizuführen und die Details einer solchen Ersatzgestellung bzw. einer u. U. in Frage kommenden vorübergehenden anderen Beschäftigung des Außendienstmitarbeiters zu regeln.

Betriebsvereinbarung bei Führerscheinentzug:
Bei Erteilung eines Fahrverbots oder Führerscheinentzugs gilt hinsichtlich personeller Maßnahmen durch den Arbeitgeber Folgendes:

1. Der Arbeitnehmer ist verpflichtet, unverzüglich den Arbeitgeber zu informieren.
2. Der Arbeitnehmer kann seine Tätigkeit weiter ausüben, wenn er einen Fahrer/-in auf seine eigenen Kosten stellt. Der Arbeitgeber ist über die Person des Fahrers zu unterrichten unter gleichzeitiger Vorlage einer gültigen Fahrerlaubnis. Der Arbeitnehmer hat eine Vollkaskoversicherung für diese Zeit auf eigene Kosten abzuschließen.
3. Wird kein Ersatzfahrer gestellt, kann der Arbeitnehmer während der ersten drei Monate mit zumutbaren anderen Tätigkeiten beschäftigt werden bei Fortzahlung seines Gehalts. Im Streitfall ist über die Zumutbarkeit unter Mitwirkung des Betriebsrats zu

46 So auch Hunold, Arbeitsrecht im Außendienst, Rn. 678.

47 LAG Köln vom 19. 5. 1993 – 8 Sa 60/93.

48 LAG Schleswig-Holstein vom 16. 6. 1986 – 4(5) Sa 684/85.

entscheiden. Bei wiederholtem Fahrverbot innerhalb von zwei Jahren wird der Arbeitnehmer grundsätzlich für die Zeit des Fahrverbots unbezahlt von der Arbeit freigestellt, soweit keine andere geeignete Beschäftigungsmöglichkeit besteht und soweit eine Verrechnung mit Urlaub oder anderen Zeitguthaben nicht möglich ist.

7.6 Rückgabepflicht bei längerem Arbeitsausfall, Änderung der Tätigkeit und nach Kündigung?

Arbeitsausfall

Hat der Arbeitnehmer ein Firmenfahrzeug zur unbeschränkten privaten Nutzung erhalten und fällt er wegen **Krankheit** für längere Zeit aus, dann wird zuweilen das Fahrzeug zurückverlangt. Im Falle eines Arbeitsausfalls wegen **Schwangerschaft** hat allerdings das BAG entschieden, dass hier ein Firmenfahrzeug nicht zurückverlangt werden kann.

Begründung:
Sachbezüge wie das Zurverfügungstellen von Firmenfahrzeugen gehörten zum Arbeitsentgelt und könnten nicht frei widerrufen werden. Deshalb müssten sie auch während der Mutterschutzfristen gewährt werden. Das gilt für Zeiten besonderer Beschäftigungsverbote für werdende Mütter ebenso wie für die Dauer der Schutzfristen vor und nach der Entbindung. Entscheidend für einen Anspruch der Arbeitnehmerin auf Weitergewährung der bisherigen Sachbezüge während der Mutterschutzfristen ist der Sinn und Zweck des Mutterschutzes. Die werdende und später die junge Mutter soll vor wirtschaftlichen Nachteilen bewahrt werden, die andernfalls mit den Beschäftigungsverboten verbunden wären. Sie sollen zu keinerlei Verdienstminderung führen, damit jeder finanzierte Anreiz für die Arbeitnehmerin entfällt, entgegen den Mutterschutzvorschriften die Arbeit zu ihrem und des Kindes Nachteil fortzusetzen. Eine Arbeitnehmerin, die einen Firmenwagen ohne Einschränkung auch zu privaten Zwecken nutzen darf, wird in aller Regel kein eigenes Fahrzeug besitzen. Sie wird auf die Nutzung des Firmenfahrzeugs angewiesen sein. Hätte sie dieses für die Dauer der Schutzfristen zurückgegeben, gingen mit einer eventuellen erforderlichen Ersatzbeschaffung u. U. nicht geringe Belastungen einher. Davor soll die Schwangere bzw. junge Mutter nach dem Zweck der gesetzlichen Regelung geschützt werden. Der Arbeitgeber darf deshalb auch nicht monatliche Leistungskürzungen vornehmen (im vorliegenden Fall 250 € pro Monat, weil das Firmenfahrzeug nicht zu dienstlichen Zwecken benutzt wurde).[49]

49 BAG vom 11. 10. 2000, DB 2001, 486.

Änderung der Tätigkeit – Versetzung vom Außen- in den Innendienst

Ist ein Dienstwagen für die Dauer des Arbeitsverhältnisses auch zur Privatnutzung überlassen, rechtfertigt die **Versetzung vom Außen- in den Innendienst** keine Herausgabe des Pkw.[50] Das Gleiche gilt bei der Ausübung des **Betriebsratsamts**, wenn dadurch keine weitere Tätigkeit im Außendienst mehr möglich ist.

Für die Betrachtung von **Nutzungsrechten an Firmenfahrzeugen** kann die Lage bei Werkmiet- oder Werkdienstwohnungen vergleichend herangezogen werden. Sachbezüge sind nicht lediglich unter finanziellen Gesichtspunkten, sondern auch unter Gesichtspunkten der Lebensführung zu betrachten. Da das Arbeitsverhältnis auch bei längerer Erkrankung und bei Ablauf des Entgeltfortzahlungszeitraumes fortbesteht und nicht endet, ja nicht einmal ruhend gestellt wird, muss auch bei einer Versetzung von einem Fortbestand des Besitzrechtes des Arbeitnehmers ausgegangen werden. Niemand käme auf den Gedanken anzunehmen, dass mit Ablauf des Entgeltfortzahlungszeitraumes ein Arbeitnehmer verpflichtet wäre, aus einer Werkmiet- oder Werkdienstwohnung auszuziehen und diese an den Arbeitgeber zurückzugeben, um dann nach Wiederherstellung der Arbeitsfähigkeit wieder einzuziehen.

Kündigung

Nach einer **Kündigung** des Arbeitsverhältnisses **durch den Arbeitgeber** stellt sich die Frage, ob der Außendienstmitarbeiter das Dienstfahrzeug auch dann zurückgeben muss, wenn er sich gegen die Kündigung mit einer Klage zur Wehr setzt. Denn während der Kündigungsschutzklage ist das Arbeitsverhältnis in einem Schwebezustand. Erst mit einer gerichtlichen Entscheidung wird dieser Schwebezustand beendet.

Will nun der Arbeitgeber vom Arbeitnehmer nach Erklärung der Kündigung und Ablauf der Kündigungsfrist das Dienstfahrzeug zurückhaben und lehnt der Arbeitnehmer dies ab mit der Begründung, die Kündigung sei unwirksam, so trägt er das Risiko einer unberechtigten Nutzung des Pkw, wenn er die Kündigungsschutzklage verliert.

---

50 LAG Berlin-Brandenburg vom 19.2.2007 – 10 Sa 2171/06.

Gibt der Arbeitnehmer den Pkw heraus und gewinnt er die Kündigungsklage, dann hat der Arbeitgeber ihm den **Schaden** zu ersetzen, der ihm durch den **Entzug der Pkw-Nutzung** entstanden ist.[51]

Wenn nun der Arbeitnehmer das Fahrzeug zurückgegeben hat und den Kündigungsprozess gewinnt, so ist für die **Höhe des Schadenersatzanspruches** maßgebend, was der Arbeitnehmer für Anschaffung und Nutzung eines vergleichbaren Kraftfahrzeugs am freien Markt aufwenden müsste.

Das LAG Rheinland-Pfalz hat sich zur **Berechnung** der Höhe des Schadenersatzanspruches auf die vom ADAC veröffentlichten Kostentabellen bezogen, aus denen sich ergibt, welche Kosten dem Arbeitnehmer durch die Überlassung des Firmenfahrzeugs erspart bleiben.[52]

Das LAG Hamm hat in einem vergleichbaren Fall zur Berechnung der Schadenshöhe auf die im Zusammenhang mit der Abwicklung von Verkehrsunfällen erstellte Tabelle von Sanden/Danner/Küppersbusch zurückgegriffen.[53] Diese Tabelle geht bei der Wertermittlung von den durchschnittlichen Mietsätzen für Pkw aus.

Das BAG hat eine Berechnung der Schadensersatzhöhe nach dieser Tabelle jedoch abgelehnt. Der Arbeitnehmer kann Schadensersatz nur in Höhe der steuerlichen Bewertung der privaten Nutzungsmöglichkeit verlangen (zurzeit 1 % der Anschaffungskosten, § 6 Abs. 1 Nr. 4 EStG).[54]

Bei einer **Kündigung durch** den **Arbeitnehmer** kann es vorkommen, dass das Fahrzeug unter Berufung auf ein **Widerrufsrecht im Arbeitsvertrag** bereits während der Kündigungsfrist zurückverlangt wird.

Beispiel:
Im Dienstwagen-Vertrag ist folgende Klausel enthalten: »... die Überlassung kann jederzeit widerrufen werden.« Unter Berufung auf diese Klausel wurde der Dienstwagen drei Monate vor Ablauf des Arbeitsverhältnisses zurückverlangt. Der betroffene Außendienstmitarbeiter gab das Fahrzeug zurück und macht für diese drei Monate den geldwerten steuerpflichtigen Vorteil für die Benutzung des Dienstwagens geltend (422,84 €/Monat).

---

51 Tupay, Fragen im Zusammenhang mit der Nutzung des Kfz, in Rieder (Hrsg.), Rechtsfragen im angestellten Außendienst, 1993, S. 130.

52 LAG Rheinland-Pfalz vom 23.3.1990, LAGE Nr. 4 zu § 249 BGB.

53 LAG Berlin vom 19.2.2007 –10 Sa 2171/06, BAG vom 19.12.2006 – 9 AZR 294/06, NZA 2007, 809.

54 BAG vom 27.5.1999, DB 1999, 1756.

Nach Auffassung des BAG[55] **benachteiligt** eine solche **Widerrufsklausel** den Arbeitnehmer **unangemessen**, weil das Widerrufsrecht an **keinen Sachgrund** gebunden ist.

7.7 Mitbestimmungsfragen

Wegen der besonderen Bedeutung eines Fahrzeugs als spezifisches »Arbeitsmittel« im Außendienst sind Regelungen über typische Problempunkte sinnvoll und sollten in Betriebsvereinbarungen festgehalten werden. Mitbestimmungsrechtlich erzwingbar sind jedoch nur wenige Aspekte.

Nicht der **Mitbestimmung** unterliegt die Entscheidung, **ob** der Arbeitgeber überhaupt ein Firmenfahrzeug zur Verfügung stellen will. Das betrifft auch die weitere Entscheidung über die Zulassung einer privaten Nutzung und deren Umfang.[56]

Hat jedoch der Arbeitgeber eine solche Entscheidung getroffen, dann sind die weiteren **Modalitäten der Nutzungsregelung mitbestimmungspflichtig.** Es handelt sich hierbei nämlich um eine monetäre Vergünstigung, die als Vergütungsbestandteil nach § 87 Abs. 1 Nr. 10 BetrVG der Mitbestimmung unterliegt. Nach der Rechtsprechung des BAG sind alle Vergünstigungen oder sonstigen Vorteile, die den Arbeitnehmern mit Rücksicht auf die Arbeitsleistung gewährt werden, Teil des Arbeitsentgelts. Die Ausgestaltung dieser Bezugsbedingungen ist mitbestimmungspflichtig.[57]

Aus dem gleichen Gesichtspunkt unterliegt auch die Verteilung von Firmenfahrzeugen mit privater Nutzung auf eine Gruppe von Außendienstmitarbeitern der Mitbestimmung. Sollen etwa auf einen Kreis von 30 Personen nur 20 solcher Fahrzeuge verteilt werden, dann hat der Betriebsrat bei der Aufstellung der Verteilungsgrundsätze mitzubestimmen. Denn bei der Verteilung monetärer Vergünstigungen ist dem Betriebsrat ein Kontrollrecht eingeräumt, um eine gerechte Verteilung sicherzustellen.[58]

---

55 BAG vom 19.12.2006 – 9 AZR 294/06, NZA 2007, 809.
56 BAG vom 10.2.1988, DB 1988, 1223.
57 BAG vom 10.6.1986, DB 1986, 2340.
58 Es gelten hier die gleichen Grundsätze wie bei der Aufstellung von Verteilungsgrundsätzen für übertarifliche Zulagen, vgl. BAG vom 22.9.1992, AiB 1993, 4f.

Beispiel:
Der Arbeitgeber hat eine neue Firmenwagenregelung eingeführt, wonach Fahrzeuge nur noch auf Leasing-Basis angeschafft werden. In diesem Zusammenhang verwendet er im Betrieb sog. Kraftfahrzeugbenutzungsabkommen, die zwischen ihm und den einzelnen betroffenen Mitarbeitern abgeschlossen werden. Der Betriebsrat verlangt die Einsetzung einer Einigungsstelle, um über einzelne Punkte des Abkommens mitbestimmen zu können.

Das ArbG Hamburg hat dem Betriebsrat Recht gegeben.[59] Das Zurverfügungstellen von Firmenwagen sei unter die betriebliche Lohngestaltung zu subsumieren, da dieser Begriff weit reichend sei und alle Leistungen des Arbeitgebers mit Entgeltcharakter umfasse, also alle Geld- oder geldwerten Leistungen bzw. Vorteile, die mit Rücksicht auf das Arbeitsverhältnis dem Arbeitnehmer gewährt werden. Als **geldwerter Vorteil** in diesem Sinne sei auch die Möglichkeit zur **Privatnutzung** von **Firmen-Pkws** zu verstehen, was nicht zuletzt auch in der steuerrechtlichen Behandlung zum Ausdruck komme.

Grundsätzlich sind damit **Spesenregelungen mitbestimmungspflichtig,** wenn darin Leistungen enthalten sind, die **über die steuerfrei zu zahlenden Aufwendungserstattungen hinausgehen.** In diesem Fall dienen sie nicht ausschließlich dem Ersatz von Aufwendungen, sondern stellen eine Art Anreiz für die betroffenen Arbeitnehmer dar, die vom Arbeitgeber gewünschten auswärtigen Einsätze auch zu erbringen. Sowohl die Aufstellung solcher Spesenregelungen als auch ihre Abänderung bedürfen deshalb der Beteiligung des Betriebsrats nach § 87 Abs. 1 Nr. 10 BetrVG.[60]

59 ArbG Hamburg vom 7.7.1994, AiB 1994, 760 m. Anm. Grimberg.
60 Hessisches LAG vom 4.9.1997, AiB 1999, 103.

8. Urlaub

8.1 Urlaubsdauer

Urlaub ist neben Arbeitszeit- und Vergütungsfragen eine Domäne der Tarifpolitik. Der **gesetzliche Urlaubsanspruch** nach dem Bundesurlaubsgesetz (BUrlG) mit 24 Werktagen ist von der Tarifpolitik weit überholt worden.

Die durchschnittliche **Urlaubsdauer in Tarifverträgen** beträgt gegenwärtig 30 Tage. Das Lebensalter spielt eine gewisse Rolle, indem für jüngere Arbeitnehmer ein kürzerer, für ältere Arbeitnehmer ein längerer Urlaub gewährt wird. Die reale Urlaubsdauer verlängert sich noch dadurch, dass die Tarifverträge von einer 5-Tage-Woche bei der Berechnung der Urlaubsdauer ausgehen. Dies ergibt im Schnitt einen Urlaubsanspruch für die tarifgebundenen Arbeitnehmer von sechs Wochen gegenüber vier Wochen nach dem BUrlG.

Diese tarifliche Urlaubsdauer wird Angestellten im Außendienst in der Regel auch dann gewährt, wenn sie nicht Gewerkschaftsmitglieder sind, also tarifrechtlich keine Ansprüche haben. Entweder wird im Arbeitsvertrag entsprechend Bezug genommen auf die jeweilige Regelung in den einschlägigen Tarifverträgen oder – seltener – eine bestimmte Urlaubsdauer gesondert festgelegt. Wenig überraschend kam deshalb auch eine Kienbaum-Studie zu dem Ergebnis, dass **30 Tage** die **»normale« Urlaubsdauer im Außendienst** ist.[1]

Im Außendienst ist der Urlaub ein wichtiger Ausgleich für die häufig familienfeindlichen Arbeitszeiten. Urlaub hat darüber hinaus heute nicht mehr einen bloßen Erholungswert, sondern ein großes gesellschaftliches Prestige. Deshalb machen die Arbeitgeber im Außendienst so gut wie keinen Gebrauch von der Möglichkeit, Unorganisierte auf die gesetzliche Urlaubsdauer zu beschränken.

Erkranken Außendienstmitarbeiter während des Urlaubs, dann wird die Urlaubsdauer unterbrochen, allerdings nur bei Vorlage eines ärztlichen Attests

1 Kienbaum, Führungs- und Fachkräfte im Außendienst, www.kienbaum.de.

(§ 9 BUrlG). Dabei ist unerheblich, um welche Art der **Erkrankung** es sich handelt; sie muss nur so beschaffen sein, dass sie während der Arbeitszeit zu Arbeitsunfähigkeit geführt hätte. Allerdings darf der Urlaub nicht selbständig um die Krankheitstage verlängert werden. Die Außendienstmitarbeiter müssen vielmehr am Ende des bewilligten Urlaubszeitraums zurückkehren, es sei denn, sie lassen sich die Verlängerung bewilligen oder die Arbeitsverträge sehen Entsprechendes vor.[2]

8.2 Vergütung

Die Außendienstmitarbeiter haben einen Anspruch auf Fortzahlung des Arbeitsentgelts während des Urlaubs, für dessen Bemessung § 11 BUrlG bestimmte Grundsätze aufstellt. Danach ist der durchschnittliche Arbeitsverdienst fortzuzahlen. Weisen die monatlichen Gehaltszahlungen Schwankungen auf, dann bestimmt § 11 Abs. 1 BUrlG, dass sich die Höhe des Urlaubsentgelts nach dem **durchschnittlichen Arbeitsverdienst in den letzten 13 Wochen** vor dem Beginn des Urlaubs bemisst. Diese Regelung ist gerade im Außendienst bedeutsam, wo das Gehalt häufig aus leistungsbezogenen Elementen besteht, also neben dem Festgehalt Provisionen oder Prämien gezahlt werden.[3]

Provisionen zählen mit zum Arbeitsverdienst und sind bei der Berechnung des Urlaubsentgelts zu berücksichtigen.[4] Dabei spielt es keine Rolle, ob der Betreffende in den letzten Wochen gerade eine besonders hohe Provision verdient hat. Nach Auffassung des BAG hat der Gesetzgeber die Möglichkeit eines solchen überdurchschnittlichen Einkommens während dieses Zeitraums durchaus gesehen, die damit verbundenen eventuellen Nachteile zu Lasten des Arbeitgebers aber bewusst in Kauf genommen.[5] Die gleichen Grundsätze gelten auch bei einem Prämiensystem.[6] Für die **Berechnung** des bei Urlaubsentgelt zugrunde zu legenden **Verdienstes** sind alle Provisionsleistungen und Prämien zu berücksichtigen, die der Außendienstmitarbeiter für die Vermittlung oder den Abschluss von Geschäften vertragsgemäß erhält. Ist vereinbart, dass der Arbeitgeber auf die erwarteten Provisionen **monatliche**

2 LAG Schleswig-Holstein vom 9.2.1988 – 1 Sa 814/87.
3 Im Einzelnen Heilmann, BUrlG, § 11 Rn. 6.
4 BAG vom 11.4.2000 – 9 AZR 266/99, NZA 2001, 153.
5 BAG vom 9.12.1965, AP Nr. 2 zu § 11 BUrlG.
6 BAG vom 6.12.1995, AiB 1996, 503 m. Anm. Mayer.

Vorschüsse leistet und später abrechnet, sind entsprechend der Vereinbarung die in den letzten drei vollen Kalendermonaten vor Urlaubsbeginn nach § 87a Abs. 1 Satz 1 HGB fällig gewordenen Provisionsansprüche zugrunde zu legen.[7]

Lediglich **Bezirks- oder Gebietsprovisionen** nach § 87 Abs. 2 HGB sind aus der Durchschnittsberechnung herauszunehmen. Denn die Bezirksprovision fällt auch für solche Geschäfte an, die ohne Mitwirkung des Bezirks- oder Gebietsverkaufsleiters durch andere Mitarbeiter seines Bezirks abgeschlossen worden sind. Derartige Umsatzbeteiligungen dienen regelmäßig der Honorierung der Gesamtverantwortung eines Arbeitnehmers für den ihm übertragenen Arbeitsbereich. Sie sind zwar abhängig von der Qualität seiner Arbeitsleistung, nicht aber von seiner regelmäßigen tatsächlichen Anwesenheit am Arbeitsplatz.[8]

In der Versicherungsbranche treten Berechnungsprobleme bei der Urlaubsvergütung (und bei der Krankheitsvergütung) auf, wenn zusätzlich zu dem garantierten Mindesteinkommen eine **Reisekostenpauschale** gezahlt wird. Beide Vergütungsbestandteile müssen »ins Verdienen gebracht werden«. Trotzdem wird Außendienstmitarbeitern, deren Einkommen weit über den Mindestgrenzen aus Garantieeinkommen plus Reisekostenpauschale liegt, in manchen Unternehmen der Branche bei der Berechnung der Urlaubsvergütung die Reisekostenpauschale abgezogen.

Beispiel:
Ein Außendienstmitarbeiter hat aufgrund tatsächlicher Provisionen aus Eigengeschäften ein Jahreseinkommen von 25 000 € erzielt. Das garantierte Mindesteinkommen beträgt 14 000 €, die Reisekostenpauschale 1500 €, insgesamt also 15 500 €. Dennoch werden ihm für Urlaub und Krankheit die Bezüge um $\frac{1}{22}$ der Fahrtkostenpauschale gekürzt, obwohl er seine Reisekosten »ins Verdienen« brachte. Er klagt auf Erstattung der gekürzten Anteile.

Das **LAG Köln** hat dem Außendienstmitarbeiter Recht gegeben.[9] Der rechtliche Streit geht im Wesentlichen darum, ob es sich bei der Reisekostenpauschale um Aufwendungsersatz handelt oder um Arbeitsentgelt. Nach Auffassung des LAG ist dabei zu differenzieren: Immer dann, wenn ein Außendienstmitarbeiter mit seinem Provisionsgeschäft unterhalb des Garantieeinkommens bleibe, ist dieses Garantiegehalt alleinige Berechnungsgrundlage für das Urlaubsentgelt, die Reisekostenpauschale ist nicht zu berücksichtigen, da sie bei dieser

7 BAG vom 11.4.2000, AP Nr. 48 zu § 11 BUrlG.
8 Ebenda.
9 LAG Köln vom 20.4.1989 – 4 Sa 128/89.

Fallkonstellation als Spesenpauschale und Fahrtkostenersatz diene und nicht angefallene Aufwendungen nicht zu ersetzen seien.

Anders sieht es jedoch aus, wenn die Außendienstmitarbeiter durch ihre Provisionsgeschäfte einen Jahresverdienst oberhalb des Garantieeinkommens und der Fahrtkostenpauschale erzielen wie im obigen Fall. Hier werden ihnen letztendlich nur noch Provisionsbeträge ausgezahlt, die Fahrtkostenpauschale ist also »**ins Verdienen**« gebracht worden. Deshalb ist es auch gerechtfertigt, das gesamte im Referenzzeitraum bezogene Provisionseinkommen bei der Berechnung der Urlaubsvergütung zugrunde zu legen und nicht von diesem Einkommen einen prozentualen Anteil der Reisekostenpauschale abzuziehen.[10]

Vom Urlaubsentgelt zu unterscheiden ist das sog. zusätzliche **Urlaubsgeld**, das heute nach den meisten Tarifverträgen gezahlt wird, wenn auch in sehr unterschiedlicher Höhe. Darauf haben wiederum nur die tarifgebundenen Arbeitnehmer einen Anspruch. Bei den nicht organisierten Arbeitnehmern handelt es sich um eine freiwillige Zusatzleistung des Arbeitgebers.

8.3 Übertragung von Urlaubsansprüchen

Urlaub dient zur Regeneration der Arbeitskraft. Dieser Urlaubszweck liegt nicht nur im Interesse der Arbeitsvertragsparteien, sondern hat auch eine gesamtgesellschaftliche Bedeutung. Das erklärt, warum der Urlaubsanspruch dem Arbeitnehmer nicht abgekauft werden darf (**Vergütungsverbot**). Urlaub muss genommen werden, sonst verfällt er. Eine finanzielle Abgeltung des Urlaubsanspruchs ist nur in Ausnahmefällen zulässig.

Nach § 7 Abs. 3 Satz 2 und 3 des BUrlG muss der Urlaub im laufenden Kalenderjahr genommen werden. Eine Übertragung des Urlaubs auf das nächste Kalenderjahr ist nur statthaft, wenn dringende betriebliche oder in der Person des Arbeitnehmers liegende Gründe dies rechtfertigen. In diesem Falle muss der **Urlaub bis zum 31. März** des Folgejahres genommen werden. Das tritt automatisch ein, wenn noch Resturlaub vorhanden ist, und muss vom Außendienstangestellten nicht ausdrücklich verlangt werden.[11] Nach Ablauf dieses

---

10 Ebenso ArbG Essen vom 20.8.1991 – 6(3) Ca 1613/91; a.A. LAG Düsseldorf vom 29.1.1991 – 9 Sa 1133/91.

11 BAG vom 25.8.1987, DB 1988, 447.

Zeitraums verfällt der Urlaub, wenn nicht der Arbeitsvertrag bzw. die Tarifverträge längere Fristen vorsehen.

Der einzige Fall, in dem der **Urlaub abgegolten** werden kann und muss, betrifft den Fall des **Ausscheidens** aus dem Unternehmen, wenn der Urlaub vorher nicht genommen worden ist (§ 7 Abs. 4 BUrlG).

Beispiele:[12]

1. Ein Außendienstmitarbeiter beendet sein Arbeitsverhältnis zum 30. September und beginnt das neue Arbeitsverhältnis am 1. Oktober; er hat für das laufende Jahr noch keinen Urlaub erhalten. In diesem Fall hat er gegenüber dem alten Arbeitgeber einen Abgeltungsanspruch (§ 7 Abs. 4 BUrlG). Bei dem neuen Arbeitgeber erwirbt er einen Teilurlaubsanspruch von $^{3}/_{12}$ (§ 5 Abs. 1 BUrlG).
2. Endet das alte Arbeitsverhältnis zum 30. Juni und fängt das neue am 1. Juli an, dann erfüllt der Außendienstmitarbeiter noch im gleichen Jahr die Wartezeit von sechs Monaten bei dem neuen Arbeitgeber und erlangt somit den vollen Urlaubsanspruch. Hat der Außendienstmitarbeiter in seinem früheren Arbeitsverhältnis noch keinen Urlaub erhalten und wird dieser entsprechend § 7 Abs. 4 BUrlG abgegolten, dann findet keine Anrechnung auf den Urlaubsanspruch des nachfolgenden Arbeitsverhältnisses statt. Denn eine Urlaubsabgeltung führt zu keiner Minderung des nachfolgenden Urlaubsanspruchs (§ 6 Abs. 1 BUrlG).

Um solchen Abgeltungsansprüchen zu entgehen, verpflichten die Arbeitgeber ausscheidende Arbeitnehmer häufig, vor Ende des Arbeitsverhältnisses den Resturlaub zu nehmen. Dies ist nach der Rechtsprechung auch zulässig.[13]

Bei **krankheitsbedingter Arbeitsunfähigkeit** erlischt der Urlaubsabgeltungsanspruch nicht mehr, wenn der Urlaubsanspruch aufgrund der krankheitsbedingten Arbeitsunfähigkeit des Arbeitnehmers bis zum Ende des Übertragungszeitraums nicht erfüllt werden konnte. Aufgrund einer entsprechenden Entscheidung des EuGH[14] hat das BAG seine Rechtsprechung geändert. Ein Untergang von Urlaubsansprüchen aufgrund längerer Arbeitsunfähigkeit gibt es danach nicht mehr.[15] Ein Anspruch auf ein tarifliches Urlaubsgeld für diese Zeit, besteht dann, wenn die Sonderzahlung sich akzessorisch zur Urlaubsvergütung und zum Urlaubsabgeltungsanspruch verhält.[16] Die Tarifvertragsparteien können allerdings bestimmen, dass der über den gesetzlichen Mindesturlaub hinaus gehende tarifliche Urlaubsabgeltungsanspruch erlischt, wenn der

12 Nach Heilmann, BUrlG, § 6 Rn. 4.
13 BAG vom 18. 12. 1986, DB 1987, 1259.
14 EuGH vom 20. 1. 2009 – Rs. C-350/06 und C-520/06.
15 BAG vom 24. 3. 2009 – 9 AZR 983/07.
16 BAG vom 19. 5. 2009 – 9 AZR 477/07.

Urlaubsanspruch wegen der Krankheit des Arbeitnehmers nicht erfüllt werden kann.[17]

8.4 Urlaubszeitpunkt/Mitbestimmung des Betriebsrats

Außendienstmitarbeiter haben zwar Anspruch auf Urlaubsgewährung, jedoch keinen Anspruch auf die Gewährung von Urlaub zu bestimmten Zeiten. Zwar bestimmt § 7 Abs. 1 BUrlG: »Bei der zeitlichen Festlegung des Urlaubs sind die **Urlaubswünsche** des Arbeitnehmers zu berücksichtigen«, macht allerdings sofort die Einschränkung, dass keine dringenden **betrieblichen Belange** oder Urlaubswünsche anderer Arbeitnehmer, die unter sozialen Gesichtspunkten den Vorrang verdienen, dem entgegenstehen. Der Arbeitgeber kann sich danach über konkrete Urlaubswünsche von Arbeitnehmern hinwegsetzen, wenn er diese aus den genannten Gründen für unzweckmäßig hält.

Beispiel:
Ein Arbeitgeber vertrieb im Parfümerie-Fach-Einzelhandel über sog. Depositäre hochwertige Kosmetikprodukte des französischen Herstellers »O«. Er beschäftigte insgesamt 17 Verkaufsassistentinnen, die bei den Depositären Produktschulungen und Verkaufseinsätze durchführten. Es bestand kein Betriebsrat. Wegen dreiwöchiger Betriebsferien beim französischen Hersteller verfügte der Arbeitgeber für die gleiche Zeit Betriebsferien für sein Betriebspersonal. Dies kann er einseitig kraft des ihm obliegenden Direktionsrechts einführen und damit dringende betriebliche Belange konkretisieren, die den Urlaubswünschen des Arbeitnehmers vorgehen.[18]

Nach § 87 Abs. 1 Nr. 5 BetrVG hat der Betriebsrat ein Mitbestimmungsrecht bei der Aufstellung allgemeiner Urlaubsgrundsätze und des Urlaubsplans sowie bei der Festsetzung der zeitlichen Lage des Urlaubs für einzelne Arbeitnehmer, wenn zwischen dem Arbeitgeber und den beteiligten Arbeitnehmern kein Einverständnis erzielt wird.

Unter dieses Mitbestimmungsrecht fällt etwa die Vereinbarung von **Betriebsferien**, die nur unter Berücksichtigung der Mitbestimmung des Betriebsrats festgelegt werden können.[19] Allgemeine Urlaubsgrundsätze sind Richt-

17 BAG vom 23.3.2010 – 9 AZR 128/09.

18 LAG Düsseldorf vom 20.6.2002, BB 2003, 156.

19 BAG vom 31.5.1988, AP Nr. 57 zu § 1 Feiertagslohnzahlungsgesetz; LAG Rheinland-Pfalz vom 19.2.2009 – 11 TaBV 29/08.

linien, die festlegen, nach welchen Kriterien im Einzelfall Urlaub zu gewähren ist. Sie können z.B. ein **Splitting** vorsehen, um einen Sommer- und Winterurlaub zu ermöglichen. Insofern können veränderte Urlaubsgewohnheiten berücksichtigt werden. Denn das Bundesurlaubsgesetz sieht noch vor, dass der Urlaub zusammenhängend zu gewähren sei, lässt davon allerdings Ausnahmen aus betrieblichen oder in der Person des Arbeitnehmers liegenden Gründen zu (§ 7 Abs. 2 BUrlG). Entstehen **Interessenkollisionen** bei der Gewährung von Urlaub, etwa zwischen Arbeitnehmern mit und ohne schulpflichtigen Kindern, dann hat der Betriebsrat auch in einem solchen Einzelfall ein Mitbestimmungsrecht (§ 87 Abs. 1 Nr. 5 BetrVG).[20]

8.5 Sonderurlaub

Für bestimmte Fälle ist in den meisten Tarifverträgen die Gewährung von Sonderurlaub unter Fortzahlung der Bezüge vorgesehen (Familienereignisse, Jubiläen usw.).[21] Bei Außendienstmitarbeitern, die nicht gewerkschaftlich organisiert sind und damit keine tarifrechtlichen Ansprüche haben, steht es im Ermessen des Arbeitgebers, ob er in Anlehnung an den Tarifvertrag Sonderurlaub bewilligt.

8.6 Bildungsurlaub

Eine Sonderform des Urlaubs stellt der sog. Bildungsurlaub dar, der gesetzlich allerdings nicht auf Bundes-, sondern auf **Länderebene** geregelt ist. Entsprechende Gesetze bestehen in den Ländern Berlin, Bremen, Hamburg, Hessen, Niedersachsen und Nordrhein-Westfalen, wobei im Detail Unterschiede bestehen. Gemeinsam ist all diesen Gesetzen jedoch, dass sie einen Anspruch auf Bildungsurlaub für alle Arbeitnehmer gewähren.

In der Regel beträgt der Bildungsurlaub **eine Woche pro Jahr**. Er kann nur für anerkannte Bildungsveranstaltungen wahrgenommen werden. Solche Veranstaltungen werden auf sehr breiter inhaltlicher und räumlicher Basis ange-

20 Kittner/Zwanziger-Litzig, Handbuch Arbeitsrecht, § 49 Rn. 188.

21 Z.B. § 14 MTV Versicherungsgewerbe.

boten (z. B. Sprachreisen im Ausland).[22] Allerdings macht nur ein Bruchteil der Anspruchsberechtigten von dieser Möglichkeit einer zusätzlichen Urlaubswoche Gebrauch, nicht zuletzt weil die Arbeitgeber diese Art von Urlaub nicht gerade fördern.[23]

22 Welche Bildungsveranstaltungen der Arbeitnehmer wahrnehmen darf, ist im Einzelfall sehr umstritten, vgl. etwa BAG vom 15. 6. 1993, BB 1993, 2159 (Italienisch-Kurs für Krankenschwester zulässig) und vom 15. 3. 2005 – 9 AZR 104/04 (Sprachkurs Schwedisch zulässig).

23 Eine Verfassungsbeschwerde gegen das entsprechende Arbeitnehmerweiterbildungsgesetz von NRW hatte vor dem Bundesverfassungsgericht keinen Erfolg: BVerfG vom 15. 12. 1987, DB 1988, 709.

9. Gebietsänderung/Versetzung

Außendienstangestellte haben i. d. R. einen festen Kundenbezirk zu betreuen. Entweder ist dabei ein bestimmter Bezirk vertraglich vereinbart oder dem Außendienstangestellten vom Arbeitgeber zugewiesen worden.

Veränderungen in der Gebietszuweisung durch den Arbeitgeber werfen einmal die Frage auf, ob der Arbeitgeber dazu einseitig befugt ist. Es stellt sich zum anderen die Frage, ob es sich dabei um eine mitbestimmungspflichtige Versetzung nach §§ 95, 99 BetrVG handelt.

9.1 Arbeitsvertragliche Aspekte

Gebietsänderung

Im Arbeitsvertrag sind häufig Klauseln enthalten, die dem Arbeitgeber eine jederzeitige Zuweisung anderer Betreuungsgebiete an den Außendienstler einräumen.

Beispiel:[1]

1. Das Unternehmen überträgt ab ... dem Angestellten als Werkreisenden den Verkauf von Serienerzeugnissen.
2. Der Verkauf erstreckt sich auf die in der Anlage 1 aufgeführten Artikel. Das Unternehmen behält sich vor, Artikel aus dem Verkaufsprogramm herauszunehmen oder einzufügen, ohne dass dadurch eine Minderung der Umsatzprämie eintritt.
3. Der Verkaufsbezirk umfasst die Stadt- und Landkreise gemäß Anlage 2.
4. Der Verkaufsbezirk kann aus betrieblichen Gründen geändert werden, ohne dass dadurch der Gesamtvertrag gekündigt wird. Der Angestellte erklärt sich bereit, je nach Erfordernissen vorübergehend im kaufmännischen Innendienst eingesetzt zu werden.

---

1 Das Beispiel entspricht dem Sachverhalt in der Entscheidung des BAG vom 7. 10. 1982, AP Nr. 5 zu § 620 BGB Teilkündigung.

In dem oben genannten Beispielsfall hatte ein Außendienstmitarbeiter als Verkaufsgebiet ganz Bayern mit Ausnahme von Unterfranken zu betreuen. Dann wurden die **Verkaufsgebiete verkleinert** und auf mehr Außendienstmitarbeiter aufgeteilt. Dadurch sollte eine intensivere Betreuungsarbeit herbeigeführt und eine größere Akquisition von Aufträgen erzielt werden, um die Produktionskapazitäten stärker auszulasten. Infolge dieser Umorganisation wurden dem Außendienstmitarbeiter lediglich die Gebiete Schwaben, Oberschwaben und Niederbayern zugeteilt. Obwohl der Außendienstmitarbeiter in der Folge keine Einkommenseinbußen erlitt, sondern ein gleich bleibendes Bruttoeinkommen erzielte, hat er sich gegen diese neue Gebietseinteilung gewandt mit der Begründung, der Arbeitgeber habe die Grenzen seines Direktionsrechts überschritten und hätte eine Änderungskündigung aussprechen müssen.

Vertraglich vorgesehene Gebietsänderungsvorbehalte sind in der Praxis fast immer einseitig vom Unternehmer vorformulierte Vertragsbestimmungen, die zur Verwendung in mehreren Verträgen gedacht sind. Deshalb unterliegen solche Klauseln der **AGB-Kontrolle** nach §§ 305, 307 BGB.

Die Rechtsprechung hat für Gebietsänderungsvorbehalte bestimmte, sehr enge Wirksamkeitsvoraussetzungen entwickelt.

Die Verträge der **freien Handelsvertreter** fielen bereits seit Anfang der 1970er Jahre unter die AGB-Kontrolle. Für angestellte Außendienstmitarbeiter erfolgte das erst mit der Schuldrechtsmodernisierung 2002. Die Leitlinie des BGH für freie Handelsvertreter lautete: Änderungsvorbehalte sind als Allgemeine Geschäftsbedingungen nur dann wirksam, wenn schwerwiegende Änderungsgründe in der Klausel selbst nachvollziehbar und transparent genannt sind und die Interessen des Vertragspartners erkennbar in angemessener Form berücksichtigt werden, insbesondere in Form einer angemessenen Ankündigungsfrist und eines angemessenen Ausgleichs für eine negative Änderung.[2] Fehlte es an diesen Voraussetzungen, wurden die Formulierungen als unwirksam angesehen. Eine einseitige Gebietsänderung gegenüber Handelsvertretern oder Vertragshändlern war nicht möglich, ohne den Gesamtvertrag zu kündigen.

Diese Grundsätze sind nach der Ausweitung der AGB-Kontrolle auf das Arbeitsrecht nun entsprechend auch auf den **angestellten Außendienst** zu übertragen. Nach § 307 BGB ist bei der Inhaltskontrolle zu prüfen, ob eine entsprechende Klausel den Außendienstmitarbeiter unangemessen benachteiligt.

2 BGH vom 21.12.1983, BB 1984, 233.

Das BAG hatte den obigen Fall und andere Fälle mit Gebietsänderungsklauseln vor Einführung der AGB-Kontrolle im Arbeitsrecht (2002) mit allgemeinen Billigkeitserwägungen gelöst. Ein **Vorbehalt von Gebietsänderungen** wie unter Nr. 4 im obigen Beispielsfall wurde grundsätzlich als **zulässig** angesehen.[3] Solche Klauseln seien nur dann unzulässig, wenn sie zur Umgehung des zwingenden Kündigungsschutzes führten. Dies sei dann der Fall, wenn wesentliche Elemente des Arbeitsvertrages einer einseitigen Änderung unterliegen sollen, durch die das Gleichgewicht zwischen Leistung und Gegenleistung grundlegend gestört würde.[4] In einem solchen Fall würde der zwingende Kündigungsschutz umgangen, denn eine solche grundlegende Veränderung in den Leistungsbeziehungen könne der Arbeitgeber nur durch eine Änderungskündigung herbeiführen, die der Arbeitnehmer wiederum durch eine Kündigungsschutzklage auf ihre soziale Angemessenheit überprüfen lassen könne. Das BAG hat in der **Größe des Verkaufsbezirks** für das Arbeitsverhältnis eines Außendienstmitarbeiters dann keine wesentliche Bedeutung gesehen, wenn in der Folge das **Einkommen nicht berührt** werde.

Allerdings konnte ein betroffener Außendienstmitarbeiter bereits vor Einführung der AGB-Kontrolle (2002) die Zuweisung eines anderen Gebiets auch unter dem Gesichtspunkt mangelnder **Interessenabwägung** gerichtlich überprüfen lassen (nach § 315 BGB, jetzt auch § 106 GewO).[5] Diese Möglichkeit spielte vor allem dann eine Rolle, wenn mit der Zuweisung eines anderen Gebietes gleichzeitig ein Wohnortwechsel verbunden ist.

Hierbei war etwa zu berücksichtigen, wie lange der Außendienstmitarbeiter das Gebiet betreut hatte, wie stark er seine familiäre Lebensplanung darauf abgestellt hatte und inwieweit er auf eine weitere Betreuung dieses Gebiets vertrauen durfte. Ferner spielte eine Rolle, ob die Veränderung der Gebietszuweisung eine finanzielle Einbuße nach sich zog. Insgesamt hatte also eine Interessenabwägung zwischen den Belangen des Arbeitgebers und des Außendienstlers nach »**Billigkeitsgesichtspunkten**« stattzufinden, selbst wenn in Vertragsklauseln eine solche Versetzungsmöglichkeit eingeräumt worden war.

Ein **Gebietsänderungsvorbehalt** ist nun im Rahmen der **AGB-Kontrolle** am Maßstab der §§ 308 Nr. 4 bzw. 307 BGB zu überprüfen. Es ist dabei zu untersuchen, ob der Arbeitgeber mit einer solchen Klausel den Außendienstmit-

3 BAG vom 9. 6. 1965, AP Nr. 10 zu § 315 BGB; vom 16. 10. 1965, AP Nr. 20 zu § 611 BGB Direktionsrecht.

4 BAG vom 7. 10. 1982, AP Nr. 5 zu § 620 BGB Teilkündigung.

5 BAG vom 19. 5. 1971, DB 1971, 1824; vom 15. 6. 1993, BB 1994, 1078.

arbeiter unangemessen benachteiligt; das wird i.d.R. dann angenommen, wenn die Gebietsänderung nicht an bestimmte Sachgründe gebunden ist und keine angemessene Vorankündigungsfrist gesetzt wird.[6] Eine arbeitsvertragliche Zuweisungsklausel, die im Gegensatz zur gesetzlichen Regelung das Direktionsrecht des Arbeitgebers nicht unter den Vorbehalt stellt, die Interessen des Arbeitnehmers zu beachten, benachteiligt den Arbeitnehmer unangemessen und ist daher nach § 307 Abs. 1 Satz 1 BGB unwirksam.[7]

Versetzung

Eine Gebietsänderung kann schließlich mit der Notwendigkeit eines Wohnortwechsels einhergehen und damit einer **Versetzung** gleichkommen. Versetzungsklauseln sind sehr weit verbreitet. Im Zuge der **AGB-Kontrolle** hat sich die Rechtsprechung verschiedentlich mit solchen Versetzungsklauseln befasst. Dabei macht das BAG folgende Unterscheidung: Bewegt sich die **Versetzungsklausel im Rahmen des Weisungsrechts**, konkretisiert sie also lediglich das Direktionsrecht nach § 106 GewO, dann liegt kein Verstoß gegen § 307 BGB vor.[8] Versetzungsklauseln dürfen im Rahmen des arbeitsvertraglichen Pflichtenprogramms spezifischen Anpassungs- und Flexibilisierungsbedürfnissen Rechnung tragen.

Sie dürfen aber den Arbeitgeber nicht ermächtigen, ihm eine Änderung der vertraglichen Tätigkeit als solche vorzubehalten. **Erweitert** der Arbeitgeber durch eine pauschale **Versetzungsklausel** sein **Direktionsrecht** in dieser Weise, benachteiligt er entgegen den Geboten von Treu und Glauben den Arbeitnehmer unangemessen.[9] Das könnte z.B. der Vorbehalt sein, einen Mitarbeiter im Außendienst jederzeit in den Innendienst zu versetzen.

Auch die mit einer Änderung des Aufgabengebiets verbundenen Konsequenzen, seien sie finanzieller Art oder mit einer Einschränkung der beruflichen Entwicklung verbunden, dürfen nicht einseitig zu Lasten der Arbeitnehmer gehen.[10]

Fehlt eine generelle Versetzungsklausel im Arbeitsvertrag, dann sind einer einseitigen Zuweisung anderer Gebiete durch den Arbeitgeber noch engere

6 Vgl. allgemein BAG vom 25.4.2007 – 5 AZR 627/06, NZA 2007, 853.
7 LAG Baden-Württemberg vom 15.4.2009 – 16 Sa 102/08.
8 BAG vom 11.4.2006 – 9 AZR 557/05, NZA 2006, 1149.
9 BAG vom 9.5.2006 – 9 AZR 424/05, NZA 2007, 145.
10 Schuster, AiB 2002, 274.

Grenzen gezogen. Der Arbeitgeber kann gestützt auf sein Weisungs- und Direktionsrecht nur Veränderungen in dem bisherigen Gebiet anordnen, also etwa eine Verkleinerung oder bestimmte Grenzkorrekturen, die das bisherige Tätigkeitsfeld und die bisherige Einkommenssituation nicht erheblich verändern. Der betroffene Arbeitnehmer kann auch hier nach § 106 GewO, § 315 BGB eine **gerichtliche Billigkeitskontrolle** einleiten und überprüfen lassen, ob die beiderseitigen Interessen genügend abgewogen worden sind, oder ob der Arbeitgeber sein Ermessen missbraucht hat.

Die **Zuweisung eines anderen Kundenbezirks** stellt zweifellos eine so erhebliche Veränderung des bisherigen Arbeitsgebiets dar, dass dies nur einvernehmlich erfolgen kann. Anderenfalls muss der Arbeitgeber eine Änderungskündigung aussprechen (Einzelheiten unter 15.8). Ist der Arbeitnehmer mit einer entsprechenden Veränderung nicht einverstanden, kann er gegen die Kündigung Klage erheben unter Einhaltung der im Kündigungsverfahren allgemein gültigen Dreiwochenfrist (§ 4 KSchG). Im Kündigungsprozess wird dann geprüft, ob die Veränderung sachlich gerechtfertigt war oder nicht.

9.2 Betriebsverfassungsrechtliche Fragen

Die Zuweisung eines anderen Kundengebiets kann gleichzeitig eine **»Versetzung«** im Sinne des BetrVG darstellen und damit die **Mitbestimmungsrechte** des Betriebsrats nach **§§ 95 Abs. 3, 99 BetrVG** auslösen.

Der **Begriff »Versetzung«** ist in § 95 Abs. 3 BetrVG definiert. Danach ist Versetzung die Zuweisung eines anderen Arbeitsbereichs, die entweder die **Dauer von einem Monat** voraussichtlich **überschreitet** oder aber – unabhängig von der Dauer – mit einer **erheblichen Änderung der Arbeitsbedingungen** verbunden ist.

Keine Versetzung im betriebsverfassungsrechtlichen Sinne ist es, wenn Arbeitnehmer nach der Eigenart ihres Arbeitsverhältnisses üblicherweise nicht ständig an einem bestimmten Arbeitsplatz beschäftigt sind. Der **Wechsel des Einsatzortes** ist nun gerade für den **Außendienst typisch.** Hier besteht die Arbeitsaufgabe gerade darin, täglich verschiedene Kunden an verschiedenen Orten zu besuchen. Eine Versetzung im betriebsverfassungsrechtlichen Sinne mit der Konsequenz von Mitbestimmungsrechten des Betriebsrats kann also nur vorliegen, wenn der Arbeitsbereich des Außendienstmitarbeiters für einen längeren Zeitraum verändert werden soll oder sich seine Arbeitsbedingungen erheblich ändern.

Unter **Arbeitsbereich** sind der Arbeitsplatz und seine Beziehung zur betrieblichen Umgebung in räumlicher, technischer und organisatorischer Hinsicht anzusehen. Im Außendienst bedeutet Arbeitsbereich im Wesentlichen das Betreuungsgebiet, der Wohnort und die Entfernung zum Firmensitz. Unter **Arbeitsbedingungen** sind alle Umstände zu verstehen, unter denen die Arbeit zu verrichten ist, d. h. die Art der Tätigkeit, der Ort der Arbeitsleistung oder die Einordnung in die betriebliche Organisation. Für das Vorliegen einer Versetzung kommt es also darauf an, ob sich die Tätigkeiten des Arbeitnehmers vor und nach der Zuweisung eines anderen Arbeitsbereichs so voneinander unterscheiden, dass die neue Tätigkeit in den Augen eines mit den betrieblichen Verhältnissen vertrauten Beobachters als eine andere angesehen werden kann.[11]

Für die Praxis des Außendienstes spielt die Versetzungsproblematik vor allen Dingen bei Veränderungen der Betreuungsgebiete wie bei der Veränderung in der Aufgabenstruktur eine Rolle. Dabei ist die Rechtsprechung alles andere als einheitlich.

So hat z. B. das BAG in einer bloßen **Gebietseinschränkung ohne einschneidende Auswirkungen im Einkommensbereich** keine mitbestimmungspflichtige Versetzung gesehen.[12] Anders hat die Rechtsprechung jedoch den Fall beurteilt, wenn dem Außendienstler dabei die **gesamte Betreuung des Altkundenstamms** entzogen wird.[13]

Weist aber der Arbeitgeber dem Arbeitnehmer ein **völlig neues Verkaufsgebiet** zu, so ist dies auch bei Außendienstlern eine Versetzung. Die Zuweisung eines neuen Verkaufsgebiets stellt eine so erhebliche Veränderung des Arbeitsortes dar, dass dies gleichzeitig als Zuweisung eines anderen Arbeitsbereiches anzusehen ist. Denn in einem völlig neuen oder anders strukturierten oder flächenmäßig neu geschnittenen Gebiet wird i. d. R. eine völlig neue Kundschaft zu bearbeiten sein. Dadurch gehen die bisherigen Kontakte verloren, neue müssen geknüpft werden und die Umstellung auf einen neuen Kundenkreis kann zunächst mit Einkommensminderungen einhergehen.[14] Als **weitere Kriterien**, die für eine **erhebliche Veränderung des Arbeitsbereichs** sprechen können, kommen hinzu:[15]

- Veränderung der Produktpalette,
- Fahrtwege,

11 BAG vom 26. 5. 1988, DB 1988, 2158.
12 BAG vom 7. 10. 1982, AP Nr. 5 zu § 620 BGB Teilkündigung.
13 LAG Frankfurt vom 22. 2. 1983, DB 1983, 2144.
14 LAG Köln vom 24. 10. 1989, LAGE § 95 BetrVG Nr. 9.
15 Ebenda.

- effektive Verkaufs- bzw. Akquisitionszeit,
- Art der Kundschaft,
- Verdienstmöglichkeiten, insbesondere Höhe des Provisionsanteils.

Umgekehrt gibt es auch Fälle, bei denen das bisherige **Betreuungsgebiet verkleinert** wird, etwa mit der Maßgabe, sich auf bestimmte Bereiche zu konzentrieren, in denen die Umsatzerfolge bisher niedrig waren. Bleibt das Einkommen unverändert, so liegt keine »Versetzung« vor.[16] Geht damit aber der Verlust von Bereichen mit hohem Umsatz verloren, so läuft das im Ergebnis auf eine Verschlechterung der Einkommensmöglichkeiten hinaus und damit auf eine »erhebliche« Änderung der bisherigen Tätigkeit (§ 95 Abs. 3 BetrVG).

Es empfiehlt sich deshalb im Zusammenhang mit Gebietsveränderungen per **Betriebsvereinbarung** die **Grenzwerte** festzulegen, ab denen von einer »erheblichen Änderung« der bisherigen Arbeitsumstände auszugehen ist (z. B. bei einer Änderung von mehr als 20 % bezogen auf die bisherige Flächenausdehnung). Damit hätte auch der einzelne Außendienstmitarbeiter eine verlässliche Orientierung, was er noch hinzunehmen hat und ab welcher Grenze der Rubikon einer unzulässigen Gebietsänderung überschritten ist.

Die vorstehend genannten Beispiele bezogen sich auf Veränderungen bei bestehenden Gebieten und die Möglichkeit, über den »Versetzungshebel« Korrekturen zu erreichen. Dies ist für den Betriebsrat auch die einzige erzwingbare Chance, da das BAG ein generelles Mitbestimmungsrecht bei Einteilung der Verkaufsgebiete abgelehnt hat.[17]

Beispiel:
Die Geschäftsleitung eines Automobilkonzerns teilte dem Betriebsrat mit, dass die Verkaufsgebiete für den Außendienst neu geordnet werden sollten. Sie fügte eine vorläufige Gebietskarte mit bei, aus der die Neuaufteilung ersichtlich war. Der Betriebsrat verlangte ein Mitbestimmungsrecht bei der Gebietsaufteilung.

Das BAG sieht in der **Zuteilung von Verkaufs- oder Bearbeitungsgebieten** wie im obigen Fall eine Bestimmung der Tätigkeit des Außendienstlers.[18] Diese Bestimmung stehe im **Alleinentscheidungsrecht** des Arbeitgebers.

Anders liegt jedoch der Fall, wenn die Einteilung Konsequenzen für die Verdienstmöglichkeiten der Außendienstmitarbeiter hat. Hier hat der Betriebsrat

16 BAG vom 7. 10. 1982, AP Nr. 5 zu § 620 BGB Teilkündigung.
17 BAG vom 16. 7. 1991, AP Nr. 49 zu § 87 BetrVG Lohngestaltung, Der Betriebsrat 1992, 68 = DB 1991, 2677.
18 Ebenda.

wieder ein Mitbestimmungsrecht und kann darauf drängen, dass über eine **gerechte Verteilung des Provisionsschlüssels** eine ungleiche Verteilung von Verkaufsgebieten aufgehoben wird (§ 87 Abs. 1 Nr. 10 und 11 BetrVG). Dieses Recht wird ihm vom BAG auch ausdrücklich zugebilligt.[19]

Auswirkungen auf die Arbeitsbedingungen im Außendienst kann schließlich die **Änderung** der zugewiesenen **Kunden** oder die Veränderung der zugewiesenen Aufgaben haben. Das ist z. B. der Fall, wenn dem Außendienstmitarbeiter statt der Betreuung von Großkunden die Betreuung von Kleinkunden zugewiesen wird oder bestimmte Kunden aus seinem Gebiet herausgenommen und dem Key Account Manager zugeordnet werden.

Beispiel:
Ein Pharmaberater hatte bisher die niedergelassenen Ärzte im Gebiet A zu besuchen. Künftig soll er die Klinikeinrichtungen in den Gebieten A und B besuchen.

Eine mitbestimmungspflichtige Versetzung liegt in solchen Fällen wohl nur dann vor, wenn durch diese Änderung das Einkommen des Außendienstmitarbeiters erheblich verändert wird. Bleibt durch den Wechsel in der Kundenbetreuung das Einkommen im Wesentlichen unverändert, so liegt keine Versetzung vor.

Die Auswirkung auf die Vergütung ist auch beim **Teilentzug von Aufgaben** für das BAG das entscheidende Kriterium für die Annahme einer Versetzung.

Beispiel:
Einem Autoverkäufer war vom Arbeitgeber ein Teilbereich seines bisherigen Arbeitsplatzes entzogen worden. Statt ca. 25 % seiner Tätigkeit als Verkäufer im Ladengeschäft des Arbeitgebers zu erbringen, sollte er nur noch 2 % seiner Tätigkeit dort leisten. Im Übrigen wurde er im Außendienst eingesetzt.

Nach Auffassung des BAG ist zwar nicht jede **Veränderung des Arbeitsbereichs** eine Versetzung. Die Veränderung muss vielmehr so **erheblich** sein, dass sich das Gesamtbild der Tätigkeit eines Arbeitnehmers ändert.[20] Dabei werden quantitative Schwellenwerte diskutiert, die bei 20 % angesiedelt werden.[21] Im vorliegenden Fall hatte der Mitarbeiter bisher elf halbtägige Einsätze im Ladendienst, die praktisch auf Null reduziert worden sind. Damit ist dem Mitarbeiter z. B. die Möglichkeit genommen worden, während des Ladendienstes Kundenkontakte zu knüpfen und damit seine Abschlusschancen während sei-

19 BAG vom 17. 10. 1989, BB 1990, 853.
20 BAG vom 2. 4. 1996, BB 1996, 1940; vom 27. 6. 2006 – 1 ABR 35/05.
21 DKKW, BetrVG, § 99 Rn. 98.

ner Außendiensttätigkeit zu verbessern. Deshalb hat das BAG im obigen Fall eine mitbestimmungspflichtige Versetzung gesehen.

Ein **Wechsel** zwischen **Außendienst** und **Innendienst** und umgekehrt wird also in der Regel als Änderung des Arbeitsbereichs und damit als eine mitbestimmungspflichtige Versetzung angesehen.[22] Dies gilt vor allem bei einem auf Dauer angelegten Wechsel, nicht jedoch bei einem vorübergehenden Einsatz in dem einen oder anderen Bereich.

Beispiel:
Ein Mitarbeiter war aufgrund seines Arbeitsvertrags üblicherweise auf Großbaustellen im Außendienst beschäftigt. Für die Zeit zwischen zwei Baustelleneinsätzen wurde er vorübergehend im Innendienst verwendet. Nach Auffassung des LAG Hamm lag hier keine mitbestimmungspflichtige Versetzung vor.[23]

Liegt eine **mitbestimmungspflichtige Versetzung** vor und holt der Arbeitgeber keine Zustimmung des Betriebsrats ein, dann braucht der Arbeitnehmer der Aufforderung des Arbeitgebers auch nicht nachzukommen. Der Arbeitgeber kann ihn z. B. nicht wegen Arbeitsverweigerung kündigen. Denn der Arbeitnehmer war zu der Arbeitsleistung bei einer nicht vom Betriebsrat akzeptierten Versetzung nicht verpflichtet, folglich liegt dann auch **keine Arbeitsverweigerung** vor.[24]

22 BAG vom 19. 2. 1991, AP Nr. 25 zu § 95 BetrVG; vom 29. 2. 2000 – 1 ABR 5/99.
23 LAG Hamm vom 18. 8. 1978, DG 1979, 2042; zum Ganzen vgl. auch Furier, AiB 1997, 83.
24 ArbG Regensburg vom 26. 11. 2009 – 5 Ca 2335/09; LAG Düsseldorf 21. 1. 2009 – 12 Sa 1590/08.

10. Wettbewerbsfragen

10.1 Wettbewerbsverbot während des Arbeitsverhältnisses

Während eines Anstellungsverhältnisses darf ein Außendienstangestellter nach § 60 HGB ohne Einwilligung des Arbeitgebers weder eigene Geschäfte der gleichen Branche betreiben noch für ein Konkurrenzunternehmen tätig werden. Will jedoch ein Außendienstangestellter den Betrieb wechseln oder sich selbständig machen, so ergeben sich aus § 60 HGB Fragen, was er ab welchem Zeitpunkt darf und was nicht.

Nach der Rechtsprechung sind dem Außendienstangestellten zwar **Vorbereitungshandlungen** bereits während des alten Arbeitsverhältnisses **gestattet,** nicht aber schon ein aktives Tätigwerden. Hier kann es in der Praxis erhebliche Abgrenzungsprobleme geben.

So darf ein Außendienstangestellter noch während seines bestehenden Arbeitsverhältnisses mit dem alten Arbeitgeber seinen Übertritt zu einem im Aufbau befindlichen Konkurrenzunternehmen vorbereiten.[1] Dabei soll es jedoch unzulässig sein, bei den alten Kunden vorzufühlen, ob sie auch künftig nach einem Wechsel zu einem anderen Unternehmen mit ihm Geschäftsabschlüsse tätigen würden. Mit einem solchen Vorfühlen ist nach Meinung der Rechtsprechung die Grenze zur unzulässigen Wettbewerbshandlung nach § 60 HGB überschritten.[2]

Das BAG will den Arbeitnehmer sogar dann noch auf Einhaltung des Wettbewerbsverbots festlegen, wenn ihm vom **Arbeitgeber fristlos gekündigt** und die Berechtigung der Kündigung noch nicht gerichtlich festgestellt worden ist.[3] Vom Arbeitnehmer wird »Enthaltsamkeit« verlangt, solange der Streit um die

---

1 BAG vom 30.1.1963, AP Nr. 3 zu § 60 HGB.
2 BAG vom 16.1.1975, AP Nr. 8 zu § 60 HGB.
3 BAG vom 25.4.1991, NZA 1992, 212.

Berechtigung der Kündigung noch läuft. Hält er sich nicht daran, sondern macht in dieser Zeit ein Konkurrenzunternehmen auf, dann kann dies ein erneuter Kündigungsgrund sein.

10.2 Wettbewerbsverbote nach dem Ausscheiden und Karenzentschädigung

Pflicht zur Enthaltung von Wettbewerb nur bei angemessener Entschädigung

Anders als der Selbständige unterliegt der angestellte Außendienstmitarbeiter nach seinem Ausscheiden nicht automatisch einer Wettbewerbsbeschränkung gegenüber dem bisherigen Arbeitgeber. Solche Wettbewerbsbeschränkungen können allerdings vertraglich vereinbart werden. Eine Wettbewerbsabrede muss dann die in §§ 74f. HGB zum Teil zwingend ausgestalteten Vorschriften beachten.

Nach einer Kienbaum-Studie für den Außendienst hatten 54 % der Führungskräfte und 30 % der Fachkräfte des Außendienstes eine Wettbewerbsklausel in ihren Dienstverträgen.[4]

Eine Vertragsklausel, wonach sich ein Arbeitgeber lediglich vorbehält, beim Ausscheiden des Arbeitnehmers ein Wettbewerbsverbot auszusprechen, ist für den Arbeitnehmer unverbindlich.

Beispiel einer unzulässigen Vertragsklausel:
Aus Gründen des Wettbewerbs kann das Unternehmen den Mitarbeiter bei Austritt verpflichten, für die Dauer von zwei Jahren nach Beendigung des Arbeitsverhältnisses in der BRD nicht für ein Konkurrenzunternehmen tätig zu werden sowie weder mittelbar noch unmittelbar an der Gründung oder im Betrieb eines solchen Unternehmens mitzuwirken.

Eine solche Klausel macht das Entstehen der Karenzentschädigung allein abhängig vom einseitigen Verlangen des Arbeitgebers nach Wettbewerbsverbot. Dies ist nach Auffassung des BAG unzulässig, eine entsprechende Klausel unbeachtlich.[5] Zum Entstehen des Anspruchs auf Karenzentschädigung genügt es, wenn der Arbeitnehmer die Wettbewerbsenthaltung tatsächlich befolgt.

---

4 Kienbaum, Führungs- und Fachkräfte im Außendienst, www.kienbaum.de.

5 BAG vom 22.5.1990, AP Nr. 60 zu § 74 HGB.

Ohne ausdrückliches vertragliches Wettbewerbsverbot kann der Außendienstangestellte nach seinem Ausscheiden also im gleichen Kundenkreis für einen anderen Arbeitgeber tätig werden. Eine »**nachvertragliche Treuepflicht**« gegenüber dem früheren Arbeitgeber auf Unterlassen eines späteren Wettbewerbs besteht nicht.[6]

Ein **Wettbewerbsverbot** muss schriftlich vereinbart werden (§ 74 Abs. 1 HGB) und darf sich **höchstens** auf einen Zeitraum von **zwei Jahren** nach dem Ausscheiden erstrecken (§ 74a Abs. 1 Satz 3 HGB). Im **Pharmabereich** kann nach dem *MTV für akademisch gebildete Angestellte in der chemischen Industrie* die Sperrzeit um den Zeitraum verlängert werden, den der Pharmaberater vertragswidrig das Arbeitsverhältnis aufgekündigt hat (§ 6 MTV). Voraussetzung ist eine entsprechende Tarifbindung.

Der Arbeitgeber muss dem ausscheidenden Außendienstmitarbeiter für dessen Verzicht, in der gleichen Branche für einen anderen Arbeitgeber tätig zu werden, eine **Karenzentschädigung** zahlen. Diese Entschädigung muss mindestens die Hälfte der von dem Angestellten zuletzt bezogenen vertragsmäßigen Leistungen erreichen (§ 74 Abs. 2 HGB). Dabei sind u.a. Provisionen mitzuberechnen sowie auch freiwillige außertarifliche Zulagen, die ein Angestellter neben seinem Tarifgehalt bekommen hat.[7]

Wettbewerbsverbot nur zum Schutz berechtigter Interessen des Arbeitgebers

Nach § 74 a Abs. 1 Satz 1, 2 HGB ist ein nachvertragliches Wettbewerbsverbot dann unverbindlich, wenn es nicht zum **Schutz eines berechtigten geschäftlichen Interesses** des Arbeitgebers dient und wenn es »unter Berücksichtigung der gewährten Entschädigung nach Ort, Zeit oder Gegenstand eine unbillige Erschwerung des Fortkommens (des Außendienstmitarbeiters) enthält«.

Nach der Rechtsprechung des BAG ist ein berechtigtes geschäftliches Interesse des Arbeitgebers anzuerkennen, wenn das Wettbewerbsverbot entweder dem Schutz von Betriebsgeheimnissen dient oder den Einbruch in den Kunden- oder Lieferantenkreis verhindern soll. Das **bloße Interesse, Kon-**

6 BAG vom 15.6.1993, BB 1994, 1078.

7 OLG Köln vom 6.2.2009 – 19 U 108/07; LAG Baden-Württemberg vom 14.1.2009 – 2 Sa 17/08.

kurrenz einzuschränken, genügt nicht.[8] Es muss durch den Arbeitsplatzwechsel die Gefahr der Weitergabe von Betriebs- und Geschäftsgeheimnissen bestehen.[9]

Beispiel:
A war bei der Fa. Tür & Fenster tätig, die Fenster und Türen herstellt und ihre Produkte ausschließlich an den Fachhandel vertreibt. A war als Marketingleiter tätig. Nach dem vereinbarten Wettbewerbsverbot war A verpflichtet, nicht für ein Unternehmen tätig zu werden, welches mit der Fa. Tür & Fenster in Konkurrenz steht. Als Konkurrenzunternehmen galt danach auch ein Unternehmen, das mit dem Vertrieb von Fenstern und Türen befasst ist. A arbeitete nach seinem Ausscheiden als selbständiger Handelsvertreter für einen Fachhändler und vertrieb Fenster und Türen an den Endverbraucher. Seine alte Firma verweigerte die Zahlung der vereinbarten Karenzentschädigung.

Zu Unrecht. Das Verbot, Fenster und Türen direkt an den Endverbraucher zu vertreiben, diente nicht mehr dem Schutz eines berechtigten geschäftlichen Interesses des Arbeitgebers und war insoweit unverbindlich.[10]

Unbillige Erschwerung des Fortkommens

Das berechtigte geschäftliche Interesse des Arbeitgebers an der Einhaltung des Wettbewerbsverbots darf nicht zu einer unbilligen Erschwerung des Fortkommens des Außendienstmitarbeiters führen (§ 74a HGB). Besonders strenge Anforderungen sind dabei an ein **spartenübergreifendes Wettbewerbsverbot** zu stellen. Wechselt ein Arbeitnehmer zu einer Firma, die nur auf einem Teilgebiet mit seiner alten Firma konkurriert, und wird er in dieser neuen Firma gerade nicht auf dem konkurrierenden Teilgebiet tätig, dann wird der Arbeitnehmer in seinem beruflichen Fortkommen unbillig behindert.[11]

Beispiel für ein übermäßiges Wettbewerbsverbot:
Ein gelernter Koch war in der Präsentation und Beratung für Heißluft-Dämpfer tätig, die insbesondere in Großküchen eingesetzt werden. Er wechselte zu einer anderen Firma, für die er den gesamten Verkaufsbereich Großküchen übernahm. Seine alte Firma verlangte Unterlassung unter Berufung auf das Wettbewerbsverbot. Das BAG sah hier ein Wettbewerbsverbot als

8 BAG vom 1.8.1995 – 9 AZR 884/93.
9 BAG vom 1.8.1995 – 9 AZR 884/93.
10 BAG vom 21.4.2010 – 10 AZR 288/09.
11 Z.B. kein Wettbewerb zwischen einer Kfz-Handlung und einer Kfz-Reinigung: BAG vom 21.1.1997, DB 1997, 279.

unbillige Erschwerung des beruflichen Fortkommens an, da die neue Firma nur auf einem Teilgebiet mit der alten konkurrierte, der Arbeitnehmer aber auf dem konkurrierenden Teilgebiet gerade nicht tätig wurde.[12]

Die Frage, ob ein **Wettbewerbsverbot als übermäßig** anzusehen ist, hängt von den Umständen des Einzelfalles ab. So kann ein Wettbewerbsverbot für das gesamte Bundesgebiet in einer eng begrenzten und bundesweit zentralisierten Branche zulässig sein, in einer breit gefächerten Branche mit regionalen Besonderheiten jedoch nicht. In den wiedervereinigungsbedingten Turbulenzen nach 1990 wurde sogar ein auf das Gebiet der alten BRD beschränktes Wettbewerbsverbot im Wege der ergänzenden Vertragsauslegung auch auf die neuen Bundesländer erstreckt, im konkreten Fall auf Potsdam.[13]

10.3 Höhe der Karenzentschädigung

Die Höhe der Karenzentschädigung muss für jedes Jahr des Verbots mindestens die **Hälfte der zuletzt bezogenen** vertragsmäßigen **Leistung** betragen (§ 74 Abs. 2 HGB). Liegt die Summe darunter, ist die Wettbewerbsvereinbarung unverbindlich. Die Summe ist am Schluss jeden Kalendermonats auszuzahlen (S 74b Abs. 1 HGB). Zu den vertragsmäßigen Leistungen zählen nicht nur das Gehalt, sondern alle Leistungen, die der Arbeitgeber dem Arbeitnehmer zuletzt, d.h. vor dem Ausscheiden gewährt hat. Dazu gehören z.B. Provisionen, Prämien, aber auch Sonderzuwendungen, Tantiemen, Gewinn und Umsatzbeteiligungen sowie geldwerte Vorteile beispielsweise durch Überlassung eines Firmenwagens.[14]

Bei der **Berechnung von Provisionen** ist der Durchschnitt der letzten drei Jahre in Ansatz zu bringen (§ 74b Abs. 2 HGB). Hat das Arbeitsverhältnis noch nicht so lange bestanden, wird der Durchschnitt aus dem Zeitraum ermittelt, für den die Bestimmung in Kraft war (§ 74b Abs. 2 HGB). Auf die rechtliche Grundlage für die Gewährung dieser Leistungen kommt es nicht an (z.B. bei freiwilligen Sonderzuwendungen mit Widerrufsvorbehalt wie dem Weihnachtsgeld). Die tatsächliche Auszahlung genügt.

12 BAG vom 1.8.1995, DB 1996, 481.
13 LAG Berlin vom 23.6.1991, NZA 1991, 674.
14 Erfurter Kommentar-Schaub, § 74 HGB Rn. 31.

Durch die Karenzentschädigung soll der Arbeitnehmer einen **finanziellen Ausgleich** dafür erhalten, dass er sich im Interesse des Arbeitgebers der Wettbewerbshandlung enthält.[15]

Liegt die zugesagte **Karenzentschädigung unterhalb** der gesetzlich vorgeschrieben 50 %-Regelung, dann ist das Wettbewerbsverbot **unverbindlich.** In diesem Fall hat der Arbeitnehmer ein Wahlrecht: Er kann die Entschädigungssumme akzeptieren, dann wird aber auch das Wettbewerbsverbot wirksam, oder darauf verzichten, dann ist er vom Wettbewerbsverbot frei. Dieses Wahlrecht muss er bei Beginn der Karenzzeit ausüben. Er kann jedoch die Ausübung des Wahlrechts bis zur gerichtlichen Entscheidung über die Wirksamkeit des Wettbewerbsverbots hinausschieben.[16]

Das Gleiche gilt, wenn der Arbeitnehmer **während** einer **Kündigungsschutzklage keine Wettbewerbshandlungen** vornimmt und eine Entscheidung erst nach Beendigung des Kündigungsrechtsstreits trifft.[17] Wenn er sich dann vom Wettbewerbsverbot löst, hat er bis dahin Anspruch auf Karenzentschädigung. Entscheidet sich der Arbeitnehmer für die Einhaltung des Wettbewerbsverbots, dann hat er einen Anspruch auf die Karenzentschädigung nur in der Höhe, in der sie zugesagt wurde, selbst dann, wenn sie unterhalb des gesetzlichen Mindestsolls bleibt.[18]

10.4 Anrechnung von Einkommen

Nach § 74 c Abs. 1 Satz 1 HGB sind auf die fällige Karenzentschädigung die **neuen Einkünfte** des ausgeschiedenen Arbeitnehmers **anzurechnen**, welche 110 % der zuletzt bei dem früheren Arbeitgeber bezogenen vertragsmäßigen Leistungen übersteigen.

Nach § 74c Abs. 1 Satz 2 HGB wird der **anrechnungsfreie Gesamtbetrag** auf 125 % erhöht, wenn durch das vertraglich vereinbarte Wettbewerbsverbot ein **Wohnsitzwechsel** erzwungen wird.

Beispiel:
Ein Arbeitnehmer ist durch sein Wettbewerbsverbot gehindert, in der Telekommunikationsbranche im Großraum Hamburg eine neue Stellung anzunehmen. Er sucht deshalb eine

15 Vgl. von Hoyningen-Huene, § 74 HGB Rn. 41.
16 BAG vom 24. 4. 1980, AP Nr. 37 zu § 74 HGB.
17 BAG vom 16. 12. 1986, AP Nr. 53 zu § 74 HGB.
18 BAG vom 19. 12. 1959, AP Nr. 10 zu § 74 HGB.

Stellung in einer anderen Branche. Bei Unternehmen der Tele-Branche fragt er nicht an. Schließlich findet er bei einem branchenfremden Unternehmen in Bremerhaven eine Stellung und verlegt seinen Wohnsitz dorthin.

Nach Auffassung des BAG dürfen hinsichtlich der Zwangslage zum Wohnungswechsel keine übertriebenen Anforderungen gestellt werden. Zum Beispiel ist der Betroffene nicht gehalten, auch in der Branche nach einer Stellung zu suchen, die ihm gerade durch das Wettbewerbsverbot versperrt ist.[19]

Vereinbaren die Parteien der Wettbewerbsvereinbarung, dass die **Entschädigung** für die ganze Zeit des Wettbewerbsverbots **in einem Betrag im Voraus** zu zahlen ist, dann muss infolge fehlender gegenteiliger Abrede angenommen werden, dass der Außendienstmitarbeiter die Entschädigung ohne Rücksicht auf etwaige sonstige anrechenbare Einnahmen nach § 74c HGB erhalten soll.[20]

Die Rechtsprechung hat als »**anderweitige Verwertung der Arbeitskraft**« im Rahmen von § 74c HGB auch den Bezug von **Arbeitslosengeld** angesehen.[21] Dem Arbeitslosengeld wird eine Lohnersatzfunktion zugesprochen, weshalb es im Rahmen des § 74c HGB anderweitigem Einkommen gleichgestellt werden müsse. Andernfalls könne es passieren, dass sich ein Arbeitnehmer arbeitslos meldet, um neben seinem Arbeitslosengeld Karenzentschädigung zu beziehen und damit seine Einnahmen gegenüber denen aus dem fortbestehenden Arbeitsverhältnis zu erhöhen. Dies ist meines Erachtens nur bei selbst verursachter Arbeitslosigkeit konsequent, nicht jedoch, wenn die Arbeitslosigkeit Folge einer Entlassung ist. Das BAG macht diesen Unterschied jedoch nicht.

Allerdings kann bei einem Anspruch auf Karenzentschädigung und gleichzeitiger Arbeitslosigkeit die Entschädigung **auf den Bezug von Arbeitslosengeld angerechnet werden**, wenn das Arbeitsverhältnis ohne Einhaltung von Kündigungsfristen beendet worden ist (§ 143a SGB III).

Dagegen wird das sog. **Übergangsgeld** nicht auf die Karenzentschädigung angerechnet.[22] Das Übergangsgeld wird Versicherten gewährt, die arbeitsunfähig sind oder infolge Teilnahme an einer Rehabilitationsmaßnahme keiner ganztägigen Erwerbstätigkeit nachgehen können (§ 17 Satz 1 AVG). Seine Zahlung ist von einer gesundheitlichen Beeinträchtigung des Versicherten abhängig und kann vom Versicherten nicht allein durch Aufgabe der bisherigen Tätigkeit herbeigeführt werden. Deshalb besteht kein Grund, den Arbeitgeber wegen der Rehabilitationsleistungen von seiner Gegenleistungspflicht teil-

19 BAG vom 8.11.1994, AiB 1995, 539.
20 LAG Hamm vom 19.2.1992, DB 1992, 1784.
21 BAG vom 25.6.1985, NZA 1986, 194.
22 BAG vom 7.11.1989, NZA 1990, 397.

weise zu befreien. Allenfalls kann bei dem Sozialversicherungsträger eine Anrechnung der Karenzentschädigung in Betracht kommen, soweit in deren Höhe ein Unterhaltsbedarf nicht besteht.

Steuerlich wird die Karenzentschädigung als eine Entschädigung nach § 24 Nr. 1b i.V.m. § 22 Nr. 3 EStG bewertet. Als Folge kann der ermäßigte Steuersatz nach § 34 Abs. 1 und 2 EStG geltend gemacht werden.[23]

10.5 Karenzentschädigung bei Kündigung

Die Pflicht zur Einhaltung des Wettbewerbsverbots und zur Zahlung einer Karenzentschädigung hängt wesentlich davon ab, wie und von wem das Arbeitsverhältnis beendet wurde. Einzelheiten regelt § 75 HGB. Insbesondere bei einer Kündigung, sei es durch den Arbeitgeber oder den Außendienstmitarbeiter selbst, stellt sich die Frage, ob die vertragliche Wettbewerbsabrede dadurch gegebenenfalls hinfällig wird.

Lossagungsrecht des Arbeitgebers

Kündigt der Arbeitgeber dem Außendienstmitarbeiter **fristlos** wegen **»vertragswidrigen Verhaltens«**, dann hat der Arbeitgeber ein **Wahlrecht**: Er kann innerhalb eines Monats nach der fristlosen Kündigung schriftlich erklären, dass er sich an das Wettbewerbsverbot nicht mehr gebunden halte. Von der Pflicht zur Zahlung einer Karenzentschädigung wird er dadurch frei. Allerdings muss er auch seinen Unterlassungsanspruch dafür opfern. Ist ihm jedoch an der Einhaltung des Wettbewerbsverbots mehr gelegen, dann muss er auch die Karenzentschädigung zahlen. Auf keinen Fall kann der Arbeitgeber mit einer fristlosen Kündigung eine doppelte Sanktion auslösen: den Arbeitnehmer entlassen und ihn gleichzeitig an das vereinbarte Wettbewerbsverbot ketten, ohne dafür eine Karenzentschädigung zu zahlen. Dies würde den Arbeitnehmer in seiner beruflichen Perspektive erheblich und unzumutbar einschränken. Die ursprünglich anders lautende Vorschrift des § 75 Abs. 3 HGB wurde vom BAG aufgehoben.[24]

23 BFH vom 12.6.1996, AP Nr. 69 zu § 74 HGB.
24 BAG vom 23.2.1977, AP Nr. 6 zu § 75 HGB.

Das **Lossagungsrecht des Arbeitgebers** besteht auch bei einer ordentlichen Kündigung aus verhaltensbedingten Gründen, wenn für den Arbeitnehmer erkennbar ist, dass sie als ein milderes Mittel gegenüber der außerordentlichen Kündigung gewählt worden ist.

Lossagungsrecht des Arbeitnehmers

Kündigt der Arbeitgeber **aus anderen »wichtigen« Gründen**, fristlos, dann kann sich der **Außendienstmitarbeiter ebenfalls** von der Wettbewerbsabrede **lossagen**, was den Entschädigungsanspruch hinfällig macht; anderenfalls bleibt die Wettbewerbsabrede bestehen und damit auch seine Karenzentschädigung.

Die gleichen Folgen treten ein, wenn der **Außendienstmitarbeiter** den Vertrag **kündigt**. Im Falle einer fristlosen Kündigung wegen vertragswidrigen Verhaltens des Arbeitgebers kann sich nur der Außendienstmitarbeiter selbst von der Wettbewerbsabrede lossagen. Dem Arbeitgeber steht diese Möglichkeit nicht zu, um ihn daran zu hindern, sich auf diesem Wege auch seiner Entschädigungspflicht zu begeben.

Nur wenn die fristlose Kündigung aus anderen wichtigen Gründen erfolgt, kann sich auch der Arbeitgeber von der Wettbewerbsabrede lossagen und damit einer Karenzzahlungspflicht entgehen. Die gleichen Alternativen bestehen auch bei einer ordentlichen Kündigung.

Ein vereinbartes Wettbewerbsverbot kommt nicht zum Tragen, wenn das **Arbeitsverhältnis** bereits vor **Beginn** der Beschäftigung des Arbeitnehmers vom Arbeitgeber **gekündigt** worden ist, der Arbeitnehmer für die Dauer der Kündigungsfrist von der Arbeit freigestellt wurde und der Arbeitnehmer deshalb zu keiner Zeit die Arbeit aufgenommen hat. Der Arbeitnehmer kann in einem solchen Fall unbeschadet Wettbewerbstätigkeit ausführen und hat keinen Anspruch auf Karenzentschädigung.[25]

Einvernehmliche Auflösung des Arbeitsverhältnisses

Der Anspruch auf **Karenzentschädigung** bei vereinbartem Wettbewerbsverbot **bleibt** hingegen **erhalten**, wenn das Arbeitsverhältnis einvernehmlich aufgelöst wird und hinsichtlich des Wettbewerbsverbots keine besonderen Regelungen

25 BAG vom 26.5.1992, NZA 1992, 976.

getroffen werden. Aus der einvernehmlichen Auflösung eines Arbeitsverhältnisses im Rahmen eines Aufhebungsvertrags folgt nicht ohne weiteres auch die Aufhebung eines **vereinbarten nachvertraglichen Wettbewerbsverbots** i. S. d. § 74 HGB. Dazu bedarf es vielmehr einer ausdrücklichen Erklärung.[26]

Auch die **Aufnahme eines Studiums** nach Beendigung des Arbeitsverhältnisses lässt die Karenzentschädigung in Verbindung mit einem Wettbewerbsverbot bestehen. Das gilt jedenfalls dann, wenn der Arbeitnehmer keine zumutbare andere Arbeit finden konnte.[27]

10.6 Karenzentschädigung im Ruhestand

Tritt ein Außendienstler während der Zeit, in der das Wettbewerbsverbot besteht, in den Ruhestand – vorläufig oder endgültig –, dann hat dies nicht etwa zur Folge, dass die für den Zeitraum des Wettbewerbsverbots vereinbarte Karenzentschädigungspflicht des Arbeitgebers damit endet. Sie ist vielmehr für den **ganzen Zeitraum** zu bezahlen, für den ein **Wettbewerbsverbot vereinbart** worden ist, und zwar unabhängig davon, ob der Arbeitnehmer in dieser Zeit seine persönliche Lebensplanung verändert hat.[28]

Dies gilt auch dann, wenn der Arbeitgeber dem ausscheidenden Arbeitnehmer ein **Angebot auf Weiterbeschäftigung** macht und der Arbeitnehmer dieses Angebot ablehnt. Eine solche Situation kann etwa eintreten, wenn der Arbeitnehmer bereits mit 63 Jahren in den **vorzeitigen Ruhestand** tritt. Mit der Beendigung des Arbeitsverhältnisses entsteht der Anspruch auf Karenzentschädigung, wenn der Arbeitnehmer sich an das Wettbewerbsverbot hält und Wettbewerb unterlässt. Es würde dem Sinn und Zweck des Wettbewerbsverbots einschließlich der Verpflichtung zur Zahlung einer Karenzentschädigung widersprechen, wenn der Arbeitgeber durch das Angebot der Weiterbeschäftigung den Entschädigungsanspruch beseitigen oder mindern könnte. Auf diese Weise könnte der Arbeitgeber nämlich die Vorteile des Wettbewerbsverbotes annehmen, ohne eine Entschädigung dafür zu zahlen.[29]

Besteht jedoch nach Beendigung des Arbeitsverhältnisses wegen vorzeitiger Pensionierung des Außendienstmitarbeiters kein Wettbewerbsverbot, dann ist

26 LAG Baden-Württemberg vom 22. 9. 1995, DB 1996, 434; dazu Weuster, AiB 1996, 177.
27 BAG vom 13. 2. 1996, BB 1996, 1720, 434.
28 BAG vom 26. 2. 1985, BB 1985, 1467.
29 BAG vom 3. 7. 1990, AiB 1992, 212.

der Arbeitnehmer in der Verwertung seiner beruflichen Kenntnisse und seines Erfahrungswissens grundsätzlich frei.[30] Daran ändert sich auch dann nichts, wenn der Betreffende erhebliche **betriebliche Pensionsleistungen** erhält.

Umgekehrt beinhaltet nicht jede **Abfindungsregelung** in einem Aufhebungsvertrag ohne weiteres ein Konkurrenzverbot. Ist das gewollt, dann muss das auch in einer klaren schriftlichen Regelung **ausdrücklich** festgehalten werden. Die Regelung muss die Einschränkung der Konkurrenztätigkeit in zeitlicher, räumlicher und fachlicher Hinsicht und die hierfür zu zahlende Karenzentschädigung festlegen.[31]

Versorgungsleistungen aus einer **betrieblichen Altersversorgung** können nicht gleichzeitig in eine Karenzentschädigung umdeklariert werden und ein Wettbewerbsverbot begründen. Sie können deshalb auch nicht gestrichen werden, wenn der ausgeschiedene Arbeitnehmer eine Konkurrenztätigkeit aufnimmt.[32]

10.7 Unterlassung, Vertragsstrafe

Bei Streit um die Einhaltung der Wettbewerbsvereinbarung hat der Arbeitgeber einen **Auskunftsanspruch** gegenüber dem Arbeitnehmer auf Nennung des neuen Arbeitgebers, seines Geschäftsbereichs und der Art und des Umfangs der dortigen Tätigkeit.[33] Bei einem begründeten Verdacht einer Verletzung des Wettbewerbsverbots kann der Arbeitgeber auch eine **vorbeugende Unterlassungsklage** erheben (§§ 823, 1004 BGB).[34]

Verstößt der Arbeitnehmer **gegen das Wettbewerbsverbot**, dann wird der Arbeitgeber von seiner Verpflichtung zur Zahlung einer Karenzentschädigung frei (Einrede des nicht erfüllten Vertrags, § 325 BGB). Hält der Arbeitnehmer das Wettbewerbsverbot dann wieder ein, so kann er auch wieder Karenzentschädigung verlangen. In diesem Fall kann jedoch der Arbeitgeber sich von der weiteren Zahlungsverpflichtung befreien und auf das Wettbewerbsverbot verzichten, wenn er an der Einhaltung dieses Verbots kein Inte-

30 BAG vom 15. 6. 1993, BB 1994, 1078.
31 BAG vom 3. 5. 1994, DB 1995, 50.
32 BAG vom 15. 6. 1993, DB 1994, 887.
33 BAG vom 22. 4. 1967, AP Nr. 12 zu § 242 BGB Auskunftspflicht.
34 LAG Baden-Württemberg vom 28. 2. 1986, NZA 1986, 641; LAG Berlin vom 17. 4. 1986 – 6 Sa 4/98.

resse mehr hat.[35] Ferner kann sich der Arbeitnehmer **schadensersatzpflichtig** machen, wenn er schuldhaft gegen das Wettbewerbsverbot verstößt. Die Schadensersatzpflicht folgt aus den Grundsätzen der positiven Vertragsverletzung, die jetzt in § 280 Abs. 1 BGB gesetzlich geregelt ist.

In Wettbewerbsvereinbarungen kann ferner eine **Vertragsstrafe** für den Fall von Verstößen gegen das Wettbewerbsverbot aufgenommen werden (§ 75c HGB). Greift der Arbeitgeber bei Verstößen gegen das Wettbewerbsverbot auf diese Vertragsstrafe zurück, dann entfällt gleichzeitig sein Unterlassungsanspruch für die Zukunft. An der **Zulässigkeit von Vertragsstrafen** bei Verletzungen des nachvertraglichen Wettbewerbsverbots hat sich auch nach der Schuldrechtsreform nichts geändert. Das Vertragsstrafenverbot nach § 309 Nr. 6 BGB gilt gerade nicht bei Verstößen gegen nachvertragliche Wettbewerbsverbote.[36]

Die **zulässige Höhe** der Vertragsstrafe hängt von den Umständen des Einzelfalls ab. Nach der Rechtsprechung zur **AGB-Kontrolle** sind allerdings die Voraussetzungen für eine Vertragsstrafe klar zu benennen; ferner muss die Höhe der Vertragsstrafe in einem angemessenen Verhältnis zum Anlass stehen.[37]

Sofern der Arbeitnehmer eine »**unangemessene Benachteiligung**« durch eine vorformulierte Vertragsbedingung behauptet, hat der Arbeitgeber schlüssig zu beweisen, warum eine solche unangemessene Benachteiligung in dem konkreten Fall nicht gegeben ist. Kommt der Arbeitgeber seiner Darlegungspflicht nicht nach oder sind seine Argumente nicht überzeugend, dann kann die Klausel für unwirksam erklärt werden.[38]

35 BAG vom 10.9.1985, AP Nr. 49 zu § 74 HGB.
36 BAG vom 21.4.2004 – 8 AZR 425/04.
37 BAG vom 18.8.2005 – 8 AZR 65/05, NZA 2006, 34.
38 BAG vom 4.3.2004, NZA 2004, 728; vom 18.12.2008 – 8 AZR 81/08.

11. Kontrolle im Außendienst

Vertrauen ist gut – Kontrolle ist besser! Im gesamten Arbeitsleben hat dieser Ausruf schon die Qualität eines Glaubenssatzes für die Arbeitgeber. Dahinter steht ein grundsätzliches **Misstrauen der Arbeitgeber**, dass Arbeitnehmer ihre vertraglich versprochene Leistungskraft dem Arbeitgeber nicht voll zukommen lassen. Im **Innendienst** ist ein vielfältiges System innerbetrieblicher Leistungskontrollen entwickelt worden, deren Durchführung bei einer Vielzahl von Personen vor Ort erfolgt. Im **Außendienst** ist eine solche persönliche Kontrolle wesentlich schwerer durchzuführen, da die Mitarbeiter im Außendienst nicht an einem festen Ort tätig sind, sondern ortsungebunden durch die Lande reisen und man ihnen schlecht ständig einen Kontrolleur zur Seite stellen kann. Deshalb sind im Außendienst bestimmte persönliche Kontrollmaßnahmen entwickelt worden, auf die in Kapitel 11.1 und 11.2 näher eingegangen wird. Eine gewisse Verbesserung gegenüber Kontrollmaßnahmen, die als willkürlich empfunden werden, hat die **Novellierung des BDSG 2009** gebracht. Danach werden auch das Erheben, Speichern und Verwerten von nicht automatisierten Daten erfasst (§ 3 BDSG). Arbeitnehmerdaten dürfen grundsätzlich nur erhoben und genutzt werden, sofern der Arbeitgeber nachweisen kann, dass dies zur Wahrung seiner berechtigten Interessen **erforderlich** ist (§§ 28, 32 BDSG).

Durch die Einführung von **EDV-Techniken** haben sich auch im Außendienst ganz neue Kontrollmöglichkeiten ergeben, sei es durch die Einführung von Mobilen Datenerfassungsgeräten (MDE) oder durch Laptops (tragbare Personalcomputer). Dazu mehr unter 11.3 und 11.4.

11.1 Allgemeine Kontrollmethoden

Im Außendienst haben sich zur Kontrolle des allgemeinen Leistungsverhaltens bestimmte Formen herausgebildet, die von Tätigkeitsberichten über Kontrolltouren hin zu allgemeinen Grundsätzen der Leistungsbeurteilung reichen.

11.1.1 Tätigkeitsberichte

Das wohl am meisten verbreitete Kontrollinstrument zur Erfassung der Arbeitsleistung im Außendienst ist das Abfassen von **Tätigkeitsberichten.** Darin soll in der Regel für jeden Tag angegeben werden, welche Kunden wo besucht werden, die Zeit der Ankunft und Abfahrt bei jedem Kunden, der Grund des Besuchs (Betreuung, Geschäftsanbahnung oder -abschluss). Dabei wird meistens ein einheitliches Berichtsformular vorgegeben.[1]

Die **Einführung** solcher Tätigkeitsberichte ist **mitbestimmungsfrei,** soweit sie nur das Arbeitsverhalten einzelner Arbeitnehmer erfassen soll. Genauso wie Anweisungen zur Erbringung der konkreten Arbeitsleistung mitbestimmungsfrei sind (Direktionsrecht), so ist auch das Verlangen nach einem Nachweis über die Arbeitsleistung des einzelnen Arbeitnehmers mitbestimmungsfrei.

Anders sieht es jedoch aus, wenn ein **einheitliches Berichtsformular** für den gesamten Außendienst verwandt werden soll. Denn dadurch wird gleichzeitig das **Ordnungsverhalten** der Außendienstmitarbeiter geregelt, d. h. die Art und Weise ihres Zusammenwirkens. Anhand solcher Berichtsformulare lässt sich z. B. die Besuchsdauer bei Kunden vergleichen, das Pausenverhalten untersuchen und damit persönliche Vorlieben oder Angewohnheiten herausfinden. Es wird deshalb zu Recht ein **Mitbestimmungsrecht** des Betriebsrats bei der Aufstellung solcher Tätigkeitsformulare angenommen, soweit mit ihnen ein **einheitliches Verhalten** der Außendienstmitarbeiter beim **Nachweis ihrer Tätigkeit** verlangt wird.[2]

Mitbestimmungspflichtig ist ferner die **Aufstellung von Zielvorgaben** für den Außendienst, sei es durch die Festlegung einer bestimmten Kundenfrequenzzahl, sei es durch die Festlegung von Umsatzzielen, deren Erreichen für den Einzelnen oder die Gruppe mit bestimmten finanziellen Vorteilen verknüpft wird (Prämien). Es handelt sich zwar eher um eine indirekte Form der Kontrolle, die meist Ausdruck eines kooperativen Führungsstils ist, gleichwohl können dadurch jedoch einerseits das Verhalten der Außendienstmitarbeiter und zum anderen ihr Vergütungsgefüge erheblich beeinflusst werden.[3]

---

1 Mandelke, Mitbestimmungsrechte des Betriebsrats bei Leistungskontrollen im Außendienst, in Rieder (Hrsg.), Rechtsfragen im Angestelltenaußendienst, S. 108.

2 Klebe/Ratayczak/Heilmann/Spoo, BetrVG, § 87 Rn. 11; a. A. Bopp/Molkenbur, Mitbestimmung bei Leistungskontrollen der Angestellten im Außendienst, BB 1995, 514.

3 Däubler, NZA 2005, 793.

Kriterien für Zielvorgaben[4]
- Bisherige Bestandsgröße (je nach Branche: z. B. Kundenanzahl, Beitragseinnahmen, Stück- oder Vertragsanzahl, Schadensquoten, Storno-Zahlen, Umsatz)
- Größe des Geschäftsgebiets (je nach Branche: Kaufkraft, Kundenverbindung, Einwohnerzahl, Stadt/Land-Struktur)
- Anzahl der Mitarbeiter

Bei Erreichen dieser Ziele werden Prämien oder ein Bonus gezahlt. Zu den Prämiensystemen in Verbindung mit Zielvorgaben siehe auch die Beispiele in Kapitel 6.4. Solche **Zielvorgaben**, die mit einem finanziellen Anreizsystem verbunden werden, beeinflussen das Einkommen der Mitarbeiter im Außendienst und gehören deshalb zu den Entlohnungsgrundsätzen nach § 87 Abs. 1 Nr. 10 BetrVG.[5] Sowohl die Kriterien für die Zielvorgaben wie auch die Höhe der Prämiensätze sind dabei **mitbestimmungspflichtig**, da beides zusammen sich auf das Gesamteinkommen auswirkt.

Da Zielvorgaben gleichzeitig auch ein Kontrollinstrument darstellen, gehört zu dem Regelungskomplex auch die Festlegung von **Konsequenzen bei Nicht-Erreichen** dieser Vorgaben. Im Rahmen eines mitbestimmten Zielvorgaben-Systems schließen sich Konsequenzen wie Kündigungen von selbst aus. Diese Folge wird von der Rechtsprechung aber auch bei nicht mitbestimmten, einseitig vom Arbeitgeber festgelegten Vorgaben als unzulässig angesehen (Einzelheiten unter 6.3).[6] Der Betriebsrat sollte in einer solchen Vereinbarung eine Verfahrensregelung aushandeln. Dazu gehören sowohl die Art der Besprechung von Ergebnissen der Mitarbeiter wie auch eine jährliche Überprüfungspflicht der Zielvorgaben.

11.1.2 Kontrolltouren

Die eher indirekte Kontrolle der Arbeitsleistung durch Tätigkeitsberichte oder Zielvorgaben wird zum Teil durch die direkte Kontrolle in Form von **Kontroll-/Inspektions-/Checktouren** ergänzt, die von den jeweiligen Vorgesetzen der Außendienstmitarbeiter durchgeführt werden.

---

4 Vgl. Tondorf, AiB 1998, 322; Breisig, Entlohnen und Führen mit Zielvereinbarungen, 2000.

5 Annuß, NZA 2007, 290; zum Informationsrecht nach § 80 BetrVG vgl. BAG vom 21. 10. 2003, NZA 2004, 936.

6 LAG Düsseldorf vom 17. 12. 1989, AiB 1990, 85.

Dabei wird von dem Disziplinarvorgesetzten die Tour des Außendienstmitarbeiters anhand des ihm vorgegebenen oder von ihm eingereichten **Tourenplans** nachgefahren. Welche inhaltlichen Kontrollen vorgenommen werden, hängt von der jeweiligen Außendiensttätigkeit ab. So ist z. B. die Durchführung der dem Außendienstmitarbeiter obliegenden Regalpflege leichter zu kontrollieren als die Art und Weise der Gesprächsführung mit den Kunden. Auch das wird jedoch nachrecherchiert, vor allem bei Anfängern oder bei nachlassenden Auftragseingängen.

Für die Durchführung solcher Kontrollen gibt es keine gesetzlichen Vorgaben. Die Kontrollbefugnis wird als **Teil des Direktionsrechts** betrachtet, das der Arbeitgeber allein ausübt. Kontrollen dieser Art sind nicht mitbestimmungspflichtig, da **individuelles Arbeitsverhalten** und nicht sog. Ordnungsverhalten überprüft wird[7] und dabei auch keine technischen Kontrollinstrumente eingesetzt werden.

Wird diese Form von Kontrolle praktiziert, sollte sie für die betroffenen Arbeitnehmer zumindest **transparent** sein. Es ist für eine gedeihliche Arbeitsatmosphäre unabdingbar, dass die Außendienstmitarbeiter die Abläufe bei Kontrolltouren kennen. Der Arbeitgeber muss sich allerdings überlegen, wie solche Kontrolltouren auf Kunden wirken. Unter Umständen schaden sie dem Unternehmen mehr als dass sie ihm nutzen.

11.1.3 Leistungsbeurteilung

Fließen die Ergebnisse der verschiedenen Kontrollmethoden in eine **Leistungsbeurteilung** mit ein, dann muss diese Beurteilung der Leistungen und der beruflichen Perspektive mit dem Außendienstmitarbeiter erörtert werden (§ 82 Abs. 2 BetrVG). Darauf besteht ein **Rechtsanspruch.** Dieses **Erörterungsrecht** gehört zu den wenigen Individualrechten nach dem Betriebsverfassungsgesetz. Mitbestimmungsrechte bei der Leistungsbeurteilung können zwar durch Tarifvertrag eingeführt werden,[8] sind in der Praxis aber wohl selten. Ansonsten kommen nur freiwillige Betriebsvereinbarungen in Betracht. Auf jeden Fall kann der Arbeitnehmer zu dem Erörterungsgespräch ein Betriebsratsmitglied hinzuziehen.[9]

7 Ständ. Rspr., BAG vom 14. 1. 1986, AP Nr. 10 zu § 87 BetrVG Ordnung des Betriebs.
8 LAG Hamm vom 21. 10. 1977, DB 1978, 1452.
9 BAG vom 24. 4. 1979, AP Nr. 1 zu § 82 BetrVG; vgl. Breisig, Personalbeurteilung, Mitarbeitergespräch, Zielvereinbarungen, 2. Aufl. 2002.

Wird die Leistungsbeurteilung allerdings mit Hilfe **allgemeiner Beurteilungskriterien** vorgenommen, die einheitliche Kriterien für die Beurteilung von Leistung und Verhalten der Arbeitnehmer festlegen, dann sind solche Kriterien **mitbestimmungspflichtig** (**§ 94 Abs. 2 BetrVG**).[10] Solche Grundsätze werden häufig aufgestellt für die Durchführung der Jahresgespräche im Rahmen der Mitarbeiterführung. Sie sollen zu einer Objektivierung der Gesprächsführung beitragen und gleiche Grundsätze und Leistungsmaßstäbe bei der Beurteilung sicherstellen.

Neben der Festlegung einzelner Kriterien sind dabei vor allem auch Verfahrensfragen wichtig, etwa die gemeinsame Beratung der Ergebnisse mit dem Betriebsrat, die Festlegung von Durchschnittswerten, die Möglichkeit zur Stellungnahme für die Betroffenen etc. Ferner stellt sich die Frage, **wer beurteilen darf.** Zunächst kommt hier der direkte Vorgesetzte in Betracht, wobei sich als nächste Frage stellt, inwieweit er auf eine kompetente Handhabung der Beurteilungskriterien vorbereitet wird. Bei allen Bemühungen um eine Objektivierung des Beurteilungswesens darf der subjektive Faktor nicht unterschätzt werden. Deshalb ist es sinnvoll, die Beurteilung nicht von einer einzigen Person vornehmen zu lassen.

Betriebsvereinbarung über Beurteilungskriterien im Außendienst:

I. Beurteilungskriterien

1. Kenntnisse

Fachkenntnisse meint den Umfang des Wissens für die Tätigkeits- und Verantwortungsbereiche.

Kenntnisse der betrieblichen Zusammenhänge meint die Kenntnisse über andere betriebliche Einheiten und Abläufe, die für das eigene Aufgabengebiet notwendig sind.

2. Arbeitsproduktivität

Arbeitstempo bezieht sich auf die Arbeitsleistung im Verhältnis zur aufgewendeten Zeit.

Arbeitsgüte ist die Qualität der Arbeitsleistung, fehlerfrei, vollständig und den Zielsetzungen entsprechend.

Planung und Organisation ist die Fähigkeit, die eigene Arbeit systematisch unter Berücksichtigung von Prioritäten, Terminen und Zeitaufwand zu planen und die Arbeitsausführung und den Ablauf so zu organisieren, dass die Ziele erreicht werden.

Kostenbewusstsein ist die Fähigkeit, beeinflussbare Kosten unter regelmäßiger Kontrolle in einem angemessenen/vorgegebenen Rahmen zu halten.

10 BAG vom 23.10.1984, AP Nr. 8 zu S 87 BetrVG; vom 18.4.2000, DB 2000, 2227.

3. Arbeitsverhalten

Entscheidungs- und Verantwortungsbereitschaft ist die Fähigkeit, im Kompetenzrahmen notwendige und sachgerechte Entscheidungen zu treffen und für diese geradezustehen.

Gesprächsführung- und Verhandlungsgeschick ist die Fähigkeit, Gesprächs-/Verhandlungsziele durch sachliche Gesprächsführung zu erreichen.

Auffassungsgabe ist die Fähigkeit, schnell und sicher Sachverhalte, Zusammenhänge und Situationen zu erfassen.

Initiative ist die Fähigkeit, Probleme aufzugreifen und deren Lösung voranzutreiben, ggf. mit Hilfe neuer Ideen/Verbesserungen.

Lern- und Weiterbildungsbereitschaft ist das Bemühen nach Erweiterung und Erneuerung der für den Aufgabenbereich notwendigen Anforderungen.

Flexibilität ist die Fähigkeit, sich auf Veränderungen des Stammarbeitsplatzes/Aufgabenbereiches schnell und sicher einzustellen sowie die Bereitschaft und die Fähigkeit, zum Einsatz in anderen (fachverwandten) Tätigkeitsbereichen.

Teamfähigkeit ist die Fähigkeit, sich in ein Arbeitsteam einzuordnen, mit anderen zusammenzuarbeiten und zu kommunizieren.

4. Führungskompetenz

Mitarbeiterinformation ist die Fähigkeit, rechtzeitig und verständlich Informationen an die Mitarbeiter weiterzugeben und zu begründen sowie die Fähigkeit, betriebliche und überbetriebliche Zusammenhänge zu erläutern.

Zielsetzungsfähigkeit/Delegation ist die Fähigkeit, gemeinsam mit den Mitarbeitern klare Ziele zu vereinbaren sowie Aufgaben und Kompetenzen an die Mitarbeiter zu übertragen unter Berücksichtigung ihrer Eignung und Fähigkeit.

Kontrollverhalten ist die Vorgehensweise bei der Überprüfung der Aufgabenerfüllung und Zielerreichung.

Anerkennung und Kritik ist die Fähigkeit, in angemessenem Umfang sowohl gute Leistungen anzuerkennen als auch Kritik in sachlich/strukturierter Form zu äußern.

Mitarbeiterförderung ist das Ermitteln und Veranlassen notwendiger Qualifizierungs- und Weiterbildungsmaßnahmen für die Mitarbeiter und ggf. das Veranlassen einer zielgerichteten Weiterentwicklung.

Fürsorge ist das Einsetzen für die Sicherheit und Gesundheit der Mitarbeiter am Arbeitsplatz.

II. Beurteilungsstufen der Kriterien

Erwartungen werden nicht immer erfüllt (1 Punkt).

Die Leistung des Mitarbeiters hinsichtlich des Kriteriums entspricht nicht den Erwartungen/Anforderungen (»Es muss etwas passieren.«).

Erwartungen werden erfüllt (3 Punkte)

Die Erwartungen/ Anforderungen werden erfüllt (»Es ist bereits etwas passiert.«).

Erwartungen werden angemessen erfüllt (5 Punkte).

Die Leistung in diesem Kriterium ist in Ordnung. Es ist aber noch möglich, Verbesserungen zu erzielen (»In Ordnung mit Chancen zur Verbesserung.«).

Erwartungen werden besonders gut erfüllt (7 Punkte).
Der Stelleninhaber erfüllt die Anforderungen/Erwartungen in diesem Kriterium in uneingeschränkter Form. Die Leistung ist tadellos (»So soll es bleiben.«).

Erwartungen werden bei weitem übertroffen (9 Punkte).
Der Stelleninhaber erfüllt die Anforderungen/Erwartungen des Kriteriums in uneingeschränkter Form. Die erbrachte Leistung liegt bei weitem über der auf der Position geforderten. (»Welche Möglichkeiten gibt es, diese Stärken zu nutzen bzw. zu fördern?«)

11.2 Überwachung durch Detektive

Neben der Verhaltens- und Leistungskontrolle durch Vorgesetzte ist im Außendienst die Einschaltung einer Detektei zur Überwachung der Außendienstmitarbeiter, insbesondere hinsichtlich ihrer Spesenabrechnung, nicht unüblich. Die **Einschaltung einer Detektei** als generelles Mittel der Verhaltenskontrolle im Außendienst ist **umstritten.** Zum Teil wird sie als unzulässig verworfen.[11] Die Rechtsprechung lässt sie beim Verdacht arbeitsvertraglicher Pflichtverletzungen zu.[12]

Bei der Einschaltung von Detektiven handelt es sich i. d. R. um einen schwerwiegenden **Eingriff in die Persönlichkeitsrechte der Beschäftigten,** wozu als Rechtfertigung ein Gesetz erforderlich wäre. Das BDSG erfasst nach seiner Novellierung 2009 zwar auch nicht automatisierte personenbezogene Daten. Es macht ihre Erhebung und Nutzung allerdings allein am Kriterium der Erforderlichkeit aus Sicht des Arbeitgebers fest (§§ 32, 28 BDSG). Dagegen können zwar »schutzwürdige Interessen« der betroffenen Arbeitnehmer ins Feld geführt werden. Damit kann aber lediglich eine nachträgliche Überprüfung eines Detekteieinsatzes angestrengt werden. Mangelt es am Kriterium der Erforderlichkeit, dann können die Informationen einem **Beweisverwertungsverbot** unterliegen.[13]

Anders sieht es aus, wenn der Außendienstmitarbeiter im Verdacht steht, strafbare Handlungen gegenüber dem Arbeitgeber begangen zu haben. Dazu

---

11 Im Einzelnen Kempen, AuR 1982, 382.

12 LAG Rheinland-Pfalz vom 15.6.1999, BB 2000, 155; BAG vom 17.9.1998, DB 1998, 2473.

13 LAG Köln vom 30.8.1996, BB 1997, 476 bei heimlicher Videoüberwachung; BAG vom 23.4.2009 – 6 AZR 189/08 bei Mithören eines Telefongesprächs.

gehören vor allem Betrugsdelikte, etwa falsche Spesenabrechnungen im Zusammenhang mit Außendiensttätigkeiten, die entweder gar nicht oder nicht in der geltend gemachten Form verrichtet worden sind. Hier wird die Zulässigkeit der Einschaltung von Privatdetekteien bejaht, wenn ein begründeter **Anfangsverdacht** vorliegt.[14]

Der Arbeitgeber ist grundsätzlich berechtigt, das korrekte Erbringen der arbeitsvertraglichen Leistung zu überwachen. Im Innendienst gibt es dazu ein ausgefeiltes System entsprechender Kontrollmechanismen. Allerdings wird hier niemand auf die Idee kommen, Detektive von außen einzuschalten, um diese Kontrolle vorzunehmen. Nur bei **begründetem Verdacht auf strafbare Handlungen** werden hier außerbetriebliche Stellen eingeschaltet.

Anders darf es auch gegenüber den Mitarbeitern im Außendienst nicht sein. In der Praxis ist es üblich, die korrekte Tourenabwicklung durch sog. **Nachfahren** zu kontrollieren. Dies ist i. d. R. eine Aufgabe des Gebietsleiters. Die Einschaltung von Detektiven für diese Überwachungstätigkeit ist erst dann zulässig, wenn die normalen Kontrollfahrten zwar einen Verdacht ergeben, dieser aber mit den innerbetrieblichen Kontrollmöglichkeiten nicht aufgeklärt werden kann.

Ergeben die Recherchen solcher Detekteien ein konkretes betrügerisches Fehlverhalten, dann wird das i. d. R. nicht nur eine Kündigung rechtfertigen, sondern kann u. U. auch zu Schadenersatzforderungen in Höhe der **Detekteikosten** führen. Diese Kosten sind nach Auffassung der Rechtsprechung nicht in vollem Umfang abwälzbar, sondern nur in einem »adäquaten« Verhältnis.

Detekteikosten entstehen im Zusammenhang mit Aufwendungen, die eine vernünftige, wirtschaftlich denkende Person nach den Umständen des Falls zur Beseitigung der Störung bzw. zur Schadensverhütung ergreifen muss.[15] Nach Auffassung des BAG ist deshalb nur **ein Teil der Kosten als Schadensersatz** zu verlangen.[16] Im Gegensatz zur Auffassung des BAG sind jedoch die Kosten einer solchen Risikoabsicherung vom Arbeitgeber allein zu tragen. Niemand käme auf die Idee, bei Überwachungseinrichtungen im Innendienst von den Innendienstmitarbeitern bei arbeitsvertraglichen Verstößen eine Kostenbeteiligung zu verlangen.

Eine auch nur teilweise **Kostenabwälzung** ist deshalb **abzulehnen.** Die Kontrolle des Betriebsablaufs und der Arbeitseinsätze gehört zum unternehmeri-

14 BAG vom 17. 9. 1998, DB 1998, 2473.
15 BAG vom 17. 9. 1998, a. a. O.
16 LAG Nürnberg vom 24. 8. 1992, NZA 1993, 413; LAG Hamm vom 7. 11. 1995, DB 1996, 278.

schen Betriebsrisiko. Die Kosten einer Risikoabsicherung sind vom Arbeitgeber stets allein zu tragen.

Bei der Einschaltung von Detektiven zur Überwachung von Außendienstangestellten handelt es sich um eine schwierige Gratwanderung, wann dies zulässig ist und wann nicht. Deshalb wäre die **Einschaltung** des **Betriebsrats** vor Erteilung eines Überwachungsauftrages wünschenswert, um die Gefahren für die Betroffenen im Vorwege genauer abschätzen zu können. Der Betriebsrat könnte dabei ausdrücklich auf seine **Geheimhaltungspflicht** nach § 79 BetrVG verwiesen werden, um die Beratung nicht zur Farce werden zu lassen.

Das **BAG** hat jedoch ein **Mitbestimmungsrecht** des Betriebsrats beim Einsatz von Privatdetektiven zur Überwachung des Arbeitsverhaltens von Arbeitnehmern **abgelehnt**.[17] Die Überwachung des Arbeitnehmers, gleichgültig ob durch Detektive oder Vorgesetzte, habe keinen Bezug zum sog. Ordnungsverhalten der Arbeitnehmer, sondern betreffe ausschließlich ihr Arbeitsverhalten. Zweck des Einsatzes von Detektiven wie jeder Überwachung sei es lediglich festzustellen, ob die Arbeitnehmer sich bei ihrer Arbeitsleistung so verhalten, wie sie aufgrund ihres Arbeitsvertrags ohnehin verpflichtet sind. Eine Überwachung der Arbeitnehmer bei ihrer Arbeitsleistung ist nur dann mitbestimmungspflichtig, wenn sie mit Hilfe technischer Einrichtungen erfolgt.[18] Diese Auffassung wird in der Literatur zu Recht abgelehnt.[19]

11.3 Kontrolle durch EDV-Einsatz und Datenschutz

Auch im Außendienst sind durch den Einsatz von EDV-Geräten wie GPS oder durch andere technische Mittel (z. B. Handy-Ortung) die Möglichkeiten der Kontrolle entpersonalisiert und auf technische Geräte übertragen worden. Effekt dieser Technisierung ist eine erheblich größere Kontrollmöglichkeit, die durch die bestehenden Regelungen des Bundesdatenschutzgesetzes nur zum Teil eingegrenzt worden sind.

---

17 BAG vom 26. 3. 1991 – 1 ABR 26/90, DB 1991, 1834.

18 BAG vom 23. 10. 1984, DB 1985, 495; vgl. auch Lingemann/Göpfert, Der Einsatz von Detektiven im Arbeitsrecht, DB 1997, 374.

19 DKKW, BetrVG, § 87 Rn. 51; FESTL, BetrVG, § 87 Rn. 74.

Der Außendienstler hat als Arbeitnehmer einen Anspruch auf Respektierung seiner Persönlichkeitsrechte durch den Arbeitgeber. Zum Kernbestandteil dieses Persönlichkeitsrechts gehört das sog. »**informationelle Selbstbestimmungsrecht**«, d.h. die Bestimmung darüber, inwieweit einem anderen Einblick gewährt wird in bestimmte Daten, die seine Persönlichkeit formen. Ein solches Recht auf Selbstbestimmung hat das Bundesverfassungsgericht ausdrücklich anerkannt.[20] Das **Bundesdatenschutzgesetz** (BDSG) ist letztlich eine Konkretisierung dieses Rechts auf informationelle Selbstbestimmung. Die Bestimmungen über die Datenerhebung, -Verarbeitung und -Übermittlung müssen entsprechend eng ausgelegt werden.

Der Datenschutz kann im Arbeitsverhältnis zwar eingeschränkt werden durch die sog. Zwecke des Arbeitsverhältnisses (§ 32 BDSG). Was darunter zu verstehen ist, wird im Gesetz allerdings nicht näher bestimmt. Der Arbeitgeber kann nun nicht etwa allein bestimmen, welche Daten er für das Arbeitsverhältnis für erforderlich hält. Sein Informationsinteresse muss vielmehr eng mit den **vertraglichen Leistungsverpflichtungen** zusammenhängen und darf in den Persönlichkeitsbereich des Arbeitnehmers nur in engen Grenzen eingreifen.[21]

Grundsätzlich ist eine **Speicherung** von persönlichen Arbeitnehmerdaten durch den Arbeitgeber im Rahmen des § 32 BDSG nur dann zulässig, wenn dem Arbeitnehmer vor jeder Speicherung Tatsache, Umfang, Zweck und Verarbeitungsmöglichkeiten der Speicherung bekannt gegeben werden.

Die **Zulässigkeit** der Erhebung und Speicherung von Daten hängt davon ab, ob sie von der **Zweckbestimmung des Arbeitsvertrages** zwischen den Arbeitsvertragsparteien erfasst werden. Dies ist nur dann der Fall, wenn die Daten in einem engen Zusammenhang mit dem Vertragsverhältnis stehen, es fördern oder ihm unmittelbar dienen.[22] In jedem Einzelfall sind das Interesse des Arbeitgebers zu der Information und die Grenzen des Schutzbereichs des betroffenen Arbeitnehmers gegeneinander abzuwägen.[23] Ein Verarbeitungsrecht des Arbeitgebers kann nur dann angenommen werden, wenn die gewonnenen Daten für ihn **unverzichtbar** sind. Die Datensammlung muss sich auf das zur Erreichung des angegebenen Zwecks erforderliche Minimum beschränken. So wird in der Rspr. z.B. die Speicherung der Daten über die Konfession als nicht notwendig (weil bereits im Personalstammverfassungsprotokoll ein eigener

20 BVerfG vom 15.12.1983 – 1 BuR 209/83, NJW 1984, 419.
21 Einzelheiten bei Däubler, Gläserne Belegschaften?
22 Erfurter Kommentar-Wank, § 32 BDSG Rn. 5.
23 Zur Abwägung der Interessen vgl. BAG vom 6.6.1984, DB 1984, 2626.

Kirchensteuerschlüssel enthalten ist) und die Ableistung des Wehrdienstes als von der Zweckbestimmung des Vertrags nicht gedeckt angesehen.[24]

11.4 EDV-Einsatz und Mitbestimmung des Betriebsrats

Am umstrittensten sind freilich alle **Daten**, die **Auskunft über das Leistungsverhalten** des Arbeitnehmers geben. Die EDV-Technologie macht es möglich, dass eine Vielzahl von Daten erhoben wird, die isoliert betrachtet neutral und wenig aussagekräftig erscheinen. Sie können jedoch zusammen mit anderen Angaben dazu verwandt werden, ein Persönlichkeitsprofil des Arbeitnehmers zu erstellen, das genaue Rückschlüsse über sein Leistungsverhalten ermöglicht. Jedes Datum kann in seinem konkreten Verwendungszusammenhang das Persönlichkeitsrecht beeinträchtigen.[25] Für den Einzelnen ist es jedoch häufig schwierig, diese Dimension äußerlich »harmloser« Daten zu erkennen. Deshalb kommt den Betriebsräten in diesem Bereich eine zentrale Kontrollfunktion zu.

Das BAG hat bereits früh ein **Mitbestimmungsrecht des Betriebsrats** nach § 87 Abs. 1 Nr. 6 BetrVG im Zusammenhang mit der Einführung von Personalcomputern und Betriebsdatenerfassungssystemen bejaht. Im Außendienst am meisten im Einsatz sind die sog. Mobilen Datenerfassungsgeräte und neuerdings Laptops.

Das BAG hat das **Mitbestimmungsrecht des Betriebsrats** nach § 87 Abs. 1 Nr. 6 BetrVG bei der Einführung solcher technischer Geräte in die Arbeitsorganisation damit begründet, dass auch die bloße Auswertung von Verhaltens- und Leistungsdaten mittels einer technischen Einrichtung geeignet sei, die freie Entfaltung der Persönlichkeit eines Arbeitnehmers zu behindern und in sein **Persönlichkeitsrecht** einzugreifen.[26] Es könnten Einsichten in Leistung und Verhalten von Arbeitnehmern möglich sein, die bei herkömmlicher Überwachung nicht gegeben sind und einer persönlichen individualisierten Beurteilung entbehren, was den Arbeitnehmer zu einem bloßen Beurteilungsobjekt macht. Das Wissen um eine derartige Verarbeitung von Verhaltens- und Leis-

24 LAG Baden-Württemberg vom 11.7.1985, DB 1985, 2567; Erfurter Kommentar-Wank, § 32 BDSG Rn. 10.

25 Zu Krankheitsdaten vgl. z.B. BAG vom 11.3.1986, AP Nr. 14 zu § 87 BetrVG Überwachung.

26 BAG vom 14.9.1984, DB 1985, 193.

tungsdaten erzeuge einen Anpassungsdruck, der zu erhöhter Abhängigkeit des Arbeitnehmers führe und damit die freie Entfaltung seiner Persönlichkeit hindere.[27]

Im Außendienst sind alle Informationstechnologien im Einsatz wie **Laptops, Blackberries und iPods** – um nur die zurzeit aktuellsten Geräte zu nennen. Im Außendienst werden diese Geräte dabei i. d. R. benutzt, um Auftragsbestellungen, Besuchsdaten, Marktdaten und Daten für die Spesenabrechnung einzugeben bzw. abzurufen. Sie können über einen Akustikkoppler per Telefon an den zentralen Firmenrechner weitergegeben werden. Über ein Mail-Box-System können aus dem Zentralrechner wiederum Daten bezogen werden. Von der Technik stellen diese Geräte somit ein schnelles, effizientes, **kundenorientiertes Kommunikationssystem** dar.

Gleichgültig, welche Geräte im Einsatz sind, sie werden immer nur von einer Person benutzt, so dass die im Gerät gespeicherten **Sachdaten** gleichzeitig auch **personenbezogene Daten** des Benutzers sind.[28] Es ist sicherlich unbedenklich, wenn solche Daten in einen zentralen Rechner übertragen und dort ausschließlich für das Bestellwesen oder die Lagerbuchführung verwandt werden.

Die Versuchung ist aber natürlich vor allem für die Personalleiter groß, die **Daten** auch zu **Zwecken** der Personalbemessung, Personaldisposition und zur **Personalkontrolle** zu verwenden. Denn je nach Ausgestaltung lassen sich über solche Sachdaten auch Rückschlüsse über das Verhalten und die Leistung der Außendienstmitarbeiter erzielen.[29]

Denn viele Systeme, die in den Geräten zur Anwendung kommen, protokollieren jede Aktivität des Benutzers mit Angabe von Datum und Uhrzeit. Damit kann der Zeitbedarf des einzelnen Außendienstlers lückenlos erfasst und Zeitreserven ermittelt werden. Anhand der Kundenberichte, des Auftragsvolumens und dieses »Zeitprofils« kann das **Leistungsverhalten** ständig **überwacht** werden. Es kann gleichzeitig sofort mit dem Profil anderer Außendienstler verglichen werden und dem Personalleiter oder Dienstvorgesetzten das aktuelle Ranking des einzelnen Außendienstmitarbeiters vergegenwärtigen. Ein permanenter interner Leistungswettlauf wäre die konkrete Folge.

Das Mitbestimmungsrecht des Betriebsrats nach § 87 Abs. 1 Nr. 6 BetrVG ist bei allen technischen Einrichtungen gegeben, die zur Überwachung lediglich objektiv geeignet sind, ohne dass subjektiv die Absicht besteht, sie auch

27 Zur Rspr. des BAG zusammenfassend Kittner/Zwanziger-Bantle, Handbuch Arbeitsrecht, § 92 Rn. 29f.

28 Ganz, Betriebsvereinbarung Laptops im Außendienst, AiB 1992, 189.

29 Wettmann, Laptop – ein neues Mittel zur Arbeitskontrolle?, AiB 1991, 232.

entsprechend zu nutzen. Dazu gehört auch der jederzeit mögliche Einblick in die **Terminierungspraxis** der Außendienstmitarbeiter mit Hilfe des **Outlook.** Dies ermöglicht Einschätzungen über deren Verhalten und Leistung. Es lässt sich durch die Anzahl, Breite und Platzierung der blauen Balken, auch ohne den konkreten Inhalt der Termine zu kennen, im Verlauf zahlreicher Monate ein Verabredungsprofil erstellen.[30]

Der Betriebsrat sollte in einer **Betriebsvereinbarung** die Zweckbestimmung für die Erfassung und Verwendung personenbezogener Arbeitnehmer-Daten im Außendienst detailliert festlegen. Dabei dürfen **keine Zeitangaben** bei den Besuchsdaten oder bei der Auftragserfassung enthalten sein.[31] Die Hinzuziehung eines **EDV-Sachverständigen** ist zu empfehlen, um die Möglichkeiten einer Verhaltens- und Leistungskontrolle der Programme abschätzen zu lassen. Dies wird i. d. R. auch erforderlich sein, da beim Betriebsrat keine speziellen EDV-Kenntnisse vorausgesetzt werden können. Nach § 80 Abs. 3 BetrVG bedarf dies allerdings einer Vereinbarung mit dem Arbeitgeber.[32]

Betriebsvereinbarung zur Leistungs- und Verhaltenskontrolle bei Nutzung von Informations- und Kommunikationstechnologien

1. Auswertungen

Ohne vorherige Übereinkunft mit dem Betriebsrat bzw. einem entsprechenden Spruch der Einigungsstelle werden die in den Systemen der Informations- und Kommunikationstechnologie elektronisch gespeicherten Daten nicht zum Zweck der Leistungs- und Verhaltenskontrolle ausgewertet; aufgrund einer dennoch vorgenommenen Auswertung dürfen keine Personalentscheidungen (z. B. Abmahnungen, Kündigungen) getroffen werden.

Es besteht Einigkeit zwischen den Parteien, dass eine **Auswertung** arbeitgeberseitig **zu folgenden Zwecken** durchgeführt werden darf:

- Im Rahmen der Durchführung und Erfüllung gesetzlicher Vorschriften (z. B. Personalabrechnung) sowie von Tarifverträgen und Betriebsvereinbarungen.
- Errechnung von Umsatz- und Profitergebnissen pro Arbeitnehmer, externen Vertriebsmitarbeitern, Kunde, Produkt, Produktbereich, Vertriebskanal, Vertriebsbereich und Gesamtunternehmen zum Zweck der Provisions- und Prämienberechnung, der Vertriebssteuerung und des Vertriebs-Controlling.
- Kostenkontrolle, Kostenerstattung.

30 VG Berlin vom 31. 7. 2009 – 71 K 1/09.

31 Einzelheiten bei Ganz, a. a. O.

32 Recht einengend BAG vom 4. 6. 1987, AP Nr. 30 zu § 80 BetrVG; vom 26. 2. 1992, AP Nr. 48 zu § 80 BetrVG, wenn der Betriebsrat sich bereits anderweitig in EDV-Angelegenheiten schulen ließ.

Dabei ist der Schutz personenbezogener Daten des Arbeitnehmers zu gewährleisten und das Kriterium der Erforderlichkeit nach § 32 BDSG eng auszulegen.
Der Arbeitnehmer hat einen Informationsanspruch über die über ihn gespeicherten Daten und ihre Verwendung.

2. Verwertung
Eine Verwertung der Daten zur **Begründung von Personalentscheidungen** darf **ausschließlich in folgenden Fällen** erfolgen:

- Bei dringendem **Verdacht** nicht unerheblicher **strafbarer Handlungen** ist der Betriebsrat zu informieren, bevor in derartigen Fällen zur weiteren Sachverhaltsaufklärung die ermittelnden staatlichen Stellen eingeschaltet werden. Eventuelle Mitbestimmungsrechte des Betriebsrats bleiben unberührt.
- Bei **Verdacht auf sonstiges Fehlverhalten,** insbesondere Verstöße gegen gesetzliche, tarifliche oder betriebliche Regelungen, ist der Betriebsrat unverzüglich zu informieren. Mit seiner Zustimmung kann der Sachverhalt dann weiter aufgeklärt werden. Vor Ausspruch einer personellen Maßnahme ist der Arbeitnehmer zu hören. Er hat das Recht, ein Betriebsratsmitglied seiner Wahl hinzuzuziehen.

3. Verbleib
Die ausgewerteten und ggf. verwerteten Daten werden aus den Systemen der Informations- und Kommunikationstechnologie gelöscht bzw. so überschrieben, dass Rückschlüsse auf Einzelne nicht mehr möglich sind, sobald der Zweck ihrer Speicherung entfallen ist. Etwas anderes gilt nur dann, wenn gesetzliche Vorschriften dem entgegenstehen.
Legitimer Zweck einer Speicherung ist bei vertrieblichen Daten auch die Vergleichbarkeit mit früheren Perioden und damit die Sicherung der Historie. Solche Daten dürfen jedoch nicht zur Begründung personeller Maßnahmen herangezogen werden.

11.5 Veröffentlichung so genannter Rennlisten

Im Außendienstbereich ist es eine weit verbreitete Praxis, die **Verkaufserfolge** und damit den Leistungsstand der einzelnen Mitarbeiter in Listen zu führen und in Abständen zu veröffentlichen. Neben den Namen werden dabei die Umsatzzahlen in einem bestimmten Zeitraum oder sonstige Verkaufs- oder Beratungsergebnisse festgehalten. Dadurch soll allen im Außendienst die Möglichkeit gegeben werden, ihren Leistungsstand mit dem der anderen Mitarbeiter zu vergleichen.[33]

Der **Zweck** solcher **Rennlisten** ist ein doppelter: Einmal sollen sie die schwächeren Mitarbeiter anspornen, ihren Listenplatz zu verbessern; zum anderen

33 Einzelheiten bei Küstner, Verstoßen »Rennlisten« gegen datenschutzrechtliche Bestimmungen?, BB 1984, 1906f.

dienen sie auch der Neugierde der Mitarbeiter, zu wissen, wo sie in der Erfolgsskala stehen.

Unter datenschutzrechtlichen Gesichtspunkten ist die **Veröffentlichung** solcher Rennlisten **nur zulässig,** wenn die **Betroffenen damit einverstanden sind.** Denn die Übermittlung von Daten an Dritte ist nach dem BDSG (§ 32) nur zulässig, wenn dies durch den Zweck des Arbeitsverhältnisses gerechtfertigt ist. Die anderen Außendienstmitarbeiter stellen insoweit »Dritte« im Sinne des BDSG dar. Die Vertragsbeziehungen zwischen Außendienstlern und Arbeitgeber rechtfertigen es nicht, ihre Leistungsergebnisse zu veröffentlichen und damit anderen Mitarbeitern zur Kenntnis zu bringen. Dies ist vielmehr nur dann zulässig, wenn die Betroffenen einverstanden sind.[34] Datenschutzbeauftragte der Länder haben ausdrücklich moniert, dass damit auf weniger gut Platzierte ein enormer Leistungsdruck ausgeübt wird und dabei die Erfolgsdaten weitgehend unabhängig von den Begleitumständen genannt werden. Deshalb müssten die **Veröffentlichungen** entsprechend § 3a Satz 2 BDSG auf jeden Fall **anonymisiert** werden, so dass der Einzelne nicht angeprangert werde.[35]

Dieses allgemeine Veröffentlichungsverbot etwa in Form eines Aushangs am Schwarzen Brett oder in einer Firmenzeitung bezieht sich auf die Weitergabe von Daten an die allgemeine Öffentlichkeit des Unternehmens. Anders sieht es aus, wenn im Rahmen eines Wettbewerbs oder sonstiger Promotioneinsätze die Außendienstmitarbeiter einem Team angehören und die Teammitglieder untereinander über ihre jeweiligen Ergebnisse informiert werden. Dann ist eine solche Information aus dem Zweck des Arbeitsverhältnisses gerechtfertigt, da das Ergebnis des Team-Wettbewerbs für alle Mitglieder der Gruppe relevant ist, i. d. R. wegen entsprechender finanzieller Zuwendungen. Grundsätzlich dürfen also Leistungs-Daten nur dem **Personenkreis** zugänglich gemacht werden, der damit in einem **unmittelbaren arbeitsvertraglichen Zusammenhang** steht.

In der Praxis besteht häufig das Problem, dass die starken Außendienstmitarbeiter keine Einwände gegen die Veröffentlichung ihrer Leistungsbilanz haben, die schwächeren Außendienstler dagegen zu Recht befürchten, dass dies ihrer beruflichen Situation schadet. Deshalb kommt dem **Betriebsrat** bei der Erstellung und Verwendung von Rennlisten eine große Verantwortung zu.

34 So auch Küstner, a. a. O.

35 So z. B. der holsteinische Datenschutzbeauftragte in seinem Bericht für das Jahr 2000, zitiert bei Däubler, Gläserne Belegschaften?, S. 221.

Der Betriebsrat ist nach § 80 Abs. 1 Nr. 1 BetrVG gehalten, bei geplanten Rennlisten den Nachweis des Einverständnisses aller Außendienstmitarbeiter zu verlangen. Er hat ein **Mitbestimmungsrecht** nach § 87 Abs. 1 Nr. 10 BetrVG bei der Veröffentlichung, wenn an die **Platzierung** auf der Rennliste **geldwerte Vorteile** vor allem im Form von Prämien geknüpft werden.[36] Dann handelt es sich um eine Form des Wettbewerbs zur Erlangung von Prämien, wobei dem Betriebsrat grundsätzlich ein Mitbestimmungsrecht eingeräumt wird.[37]

Werden die **Daten mit Hilfe von EDV-Systemen** gewonnen, dann kann der Betriebsrat im Rahmen seines **Mitbestimmungsrechts bei der Einführung** solcher Systeme (vgl. 11.4) darauf bestehen, dass die allgemeine Veröffentlichung solcher Rennlisten unterbleibt. Im Rahmen einer solchen Regelung ist ferner genau festzulegen, welcher Personenkreis über die Leistungsdaten eines Außendienstlers informiert werden darf und welcher nicht.

11.6 Einschaltung von Branchenauskunftsdiensten

Zuweilen werden Daten über angestellte Außendienstmitarbeiter einer zentralen Auskunftsstelle übermittelt, um den Unternehmen, die Außendienstmitarbeiter einstellen wollen, eine Vorabinformation über die Bewerber zu geben.

Die **Übermittlung von Daten** angestellter Außendienstmitarbeiter an eine solche **Auskunftsstelle** ist grundsätzlich **unzulässig**, wenn der Betreffende sein Einverständnis nicht erteilt hat (§ 35 BDSG). Denn notwendig für die Zulässigkeit der Weitergabe solcher Informationen wäre, dass dies im Rahmen der Zweckbestimmung des Arbeitsverhältnisses geschieht. Hier geht es aber ja gerade darum, den Abschluss künftiger Arbeitsverhältnisse zu beeinflussen. Insofern stellt dies einen erheblichen Eingriff in die Persönlichkeitssphäre der Arbeitnehmer dar, der in keinem Verhältnis zu dem eher geringen Informationsvorteil für die Unternehmer steht, die sich ein Bild über die Bewerber auch anders beschaffen können.[38]

---

36 Mandelke, Mitbestimmungsrecht des Betriebsrats bei Leistungskontrollen im Außendienst, in Rieder (Hrsg.), Rechtsfragen im angestellten Außendienst, 1993, 120

37 BAG vom 30.3.1982, BB 1982, 1300.

38 LAG Berlin vom 13.2.1979, DB 1979, 2187.

12. Nebentätigkeit

12.1 Verbotsklauseln

Eine Nebentätigkeit von Arbeitnehmern wird von den Arbeitgebern i. d. R. mit großen Vorbehalten betrachtet. Häufig finden sich deshalb in Arbeitsverträgen **Klauseln** wie: »Eine Nebentätigkeit bedarf der vorherigen schriftlichen Zustimmung des Arbeitgebers.«

Die Rechtsprechung lässt es zwar zu, dass in Arbeitsverträgen die vorherige Ankündigung einer Nebentätigkeit verlangt wird. Allerdings sind Formulierungen unwirksam, wonach jegliche Nebentätigkeit verboten ist.

Beispiel für eine unzulässige Nebentätigkeitsklausel:
Während der Dauer des Vertrages darf der Verkaufsrepräsentant ohne vorherige schriftliche Zustimmung der Firma F keine unmittelbare oder mittelbare rechtliche oder wirtschaftliche Beteiligung an einem Unternehmen derselben Branche erwerben, **keine sonstige entgeltliche Tätigkeit aufnehmen,** kein Handelsgewerbe oder sonstiges Geschäft für eigene oder fremde Rechnung betreiben **oder durch die mit ihm in häuslicher Gemeinschaft lebenden Angehörigen betreiben lassen** und keine Vergünstigungen für sich oder seine Angehörigen von Firmen oder Personen annehmen, die mit Firma F in Geschäftsverkehr stehen.

Das BAG hat ausgeführt, dass **absolute Nebenbeschäftigungsverbote** in Arbeitsverträgen **nicht** mit dem Grundsatz der Berufsfreiheit nach Art. 12 GG **vereinbar** sind.[1] Enthält ein Arbeitsvertrag ein solches allgemeines Verbot, dann muss dies entsprechend verfassungskonform ausgelegt werden. Zum Beispiel darf sich ein solches Verbot nur auf Fälle erstrecken, in denen die Nebentätigkeit die vertraglich geschuldete Leistung beeinträchtigen würde. Der Arbeitgeber ist dann darlegungs- und beweispflichtig, dass eine solche Beeinträchtigung durch die Nebentätigkeit gegeben ist. Die Beeinträchtigung betrieblicher Interessen muss konkret sein und kann nicht als allgemeine Behaup-

1 BAG vom 11.12.2001 – 9 AZR 464/00; LAG Rheinland-Pfalz vom 29.4.2005 – 8 Sa 69/05.

tung verwandt werden. Eine Erstreckung des Nebenbeschäftigungsverbots auf Familienangehörige – wie im obigen Beispiel – geht i. d. R. zu weit.

Der Anspruch auf ungehinderte Ausübung seiner **Nebentätigkeit** findet seine **Grenzen** also nur darin, dass die vertraglichen Verpflichtungen gegenüber dem Arbeitgeber darunter nicht leiden dürfen etwa durch übermäßige Beanspruchung durch solche Nebentätigkeiten.[2] Dies kann etwa der Fall sein, wenn die Arbeitszeiten von Haupt- und Nebenjob zusammen die Grenzwerte des ArbZG übersteigen und zwar regelmäßig. § 2 ArbZG bestimmt ausdrücklich, dass Arbeitszeiten bei mehreren Arbeitgebern zusammenzuzählen sind. Diese Grenzwerte (Wochenarbeitszeit von 48 Stunden, für eine begrenzte Zeit bis zu 60 Stunden; regelmäßige Pausen und Ruhezeiten) sind auch für die Arbeitnehmer verbindlich.

Von diesen Bereichen abgesehen ist der Arbeitnehmer in der **Wahl seiner Nebentätigkeit** grundsätzlich **frei**. Fehlt eine vertragliche Vereinbarung über die Nebentätigkeit, dann hat der Arbeitnehmer diese dem Arbeitgeber grundsätzlich auch nicht anzuzeigen.

Enthält der **Arbeitsvertrag** eine entsprechende **Pflicht zur Anzeige** von Nebentätigkeiten und kommt der Arbeitnehmer dieser Pflicht nicht nach, so handelt es sich lediglich um eine Obliegenheitsverletzung, die allein keine Kündigung rechtfertigen kann.

Beispiel für eine ausgewogene Nebenbeschäftigungsklausel:[3]

1. Der Angestellte kann sich außerdienstlich betätigen. Er kann sich insbesondere auf seinem Fachgebiet an öffentlichen Preisausschreiben und Wettbewerben beteiligen, Gutachten erstellen, Referate und Vorträge halten und sich schriftstellerisch betätigen.
2. Soweit diese Nebentätigkeit oder die für sie erforderlichen Vorarbeiten die betriebliche Tätigkeit oder die beruflichen Leistungen des Angestellten erheblich beeinträchtigen, die Arbeitsgebiete des Unternehmens maßgeblich berühren, betriebliche Einrichtungen des Unternehmens beanspruchen oder besondere betriebliche Erfahrungen verwerten, ist der Angestellte verpflichtet, die vorherige Zustimmung der Betriebsleitung einzuholen.

Bei einer solchen Klausel wird dem Arbeitnehmer freigestellt, in welchem Rahmen er bereits angetretene Nebentätigkeiten mit dem Arbeitgeber abstimmen muss. Er hat nur dann eine **Offenbarungspflicht**, wenn seine Arbeitsleistung beeinträchtigt wird. Dabei trägt er zwar das Risiko, selbst beurteilen zu müssen, ob eine Nebentätigkeit zu einer solchen Beeinträchtigung führt. Die Klausel entlastet aber die Personalabteilung von überflüssigen Zustimmungs-

2 BAG vom 18.9.2008 – 2 AZR 827/06.

3 MTV für akademisch gebildete Angestellte in der Chemieindustrie, § 10.

verfahren, bei denen ganz offensichtlich eine Beeinträchtigung von Arbeitgeberinteressen durch die Nebenbeschäftigung nicht in Betracht kommt.[4] Dies gilt erst recht bei Teilzeitbeschäftigten.

12.2 Wettbewerbsprobleme

Der Anspruch auf Ausübung einer Nebentätigkeit ist schließlich insofern beschränkt, als dadurch nicht Wettbewerbsinteressen des Arbeitgebers berührt werden dürfen, z. B. wenn die Nebentätigkeit für ein **Konkurrenzunternehmen** ausgeübt werden soll.

Ausdrücklich ist ein solches **Konkurrenzverbot**, das auch für Nebentätigkeiten gilt, für Außendienstmitarbeiter in **§ 60 HGB** enthalten. Die Rechtsprechung hat allerdings dieses generelle Verbot als zu weitgehend angesehen und im Hinblick auf die Berufsfreiheit nach Art. 12 GG modifiziert. Das BAG legt diese Vorschrift verfassungskonform dahingehend aus, dass einem Außendienstmitarbeiter nicht schlechthin der Betrieb eines Handelsgewerbes untersagt werden darf, sondern nur der Betrieb eines einschlägigen und daher mit den arbeitsvertraglichen Pflichten unvereinbaren Handelsgewerbes.[5] Arbeitnehmern ist zwar jede Konkurrenztätigkeit zum Nachteil des Arbeitgebers verboten. Eine Tätigkeit für ein Konkurrenzunternehmen ist aber nur bei unmittelbarer Wettbewerbstätigkeit untersagt.[6]

Beispiele für wettbewerbsneutrale Nebentätigkeiten:
Ein Pharmavertreter unterrichtet an einem privaten Weiterbildungsinstitut für Gesundheitsmanagement. Eine solche Unterrichtstätigkeit neben der Beschäftigung in einem gewerblichen Unternehmen ist grundsätzlich unbedenklich.[7]
Eine teilzeitbeschäftigte Außendienstmitarbeiterin in der Kosmetikbranche ist gleichzeitig Geschäftsführerin in einer Weinvertriebsfirma, die von ihrem Mann gegründet worden war.[8] Auch hier besteht keine Wettbewerbssituation.

Beeinträchtigt die Nebenbeschäftigung allerdings durch echte Konkurrenz die Arbeitsleistung, dann hat der Arbeitgeber gegebenenfalls ein Recht zur **Kündigung**, je nach den Umständen allerdings nur nach vorheriger Abmah-

4 Preis, Arbeitsvertrag, S. 994.
5 BAG vom 25. 5. 1970, AP Nr. 4 zu § 60 HGB.
6 BAG vom 24. 3. 2010 – 10 AZR 66/09.
7 BAG vom 3. 12. 1970, AP Nr. 60 zu § 626 BGB.
8 Nach BAG vom 26. 8. 1976, AP Nr. 68 zu § 626 BGB.

nung.[9] Der Arbeitgeber kann auch die Offenlegung der Nebeneinkünfte verlangen, wozu der Arbeitnehmer aufgrund seiner vertraglichen Pflicht zur Rücksichtnahme verpflichtet ist.[10]

12.3 Nebentätigkeit im Urlaub und bei Krankschreibung

Während eines Urlaubs ist die Ausübung einer bezahlten Nebentätigkeit grundsätzlich nicht unzulässig. § 8 BUrlG bestimmt ausdrücklich: Während des Urlaubs darf der Arbeitnehmer keine dem Urlaubszweck widersprechende Erwerbstätigkeit leisten. Aus dieser Formulierung wird bereits deutlich, dass nicht jegliche Erwerbstätigkeit während des Urlaubs ausgeschlossen ist. Untersagt sind vielmehr nur solche Erwerbstätigkeiten, die dem Urlaubszweck widersprechen. Der **Urlaubszweck** soll darin bestehen, dass dem Arbeitnehmer Gelegenheit gegeben wird, seine Arbeitskraft zu regenerieren.

Mit dem Urlaubszweck nicht zu vereinbaren sind dementsprechend nur Erwerbstätigkeiten, die diesen vereiteln können. Was darunter fällt, hängt letztlich von Art und Umfang der Erwerbstätigkeit ab, wobei es nicht auf die Selbständigkeit oder Unselbständigkeit der Tätigkeit ankommt. Zum Beispiel dürfte in der Regel eine **leichte** und **kurzfristige Erwerbstätigkeit** während des Urlaubs keine Kollision mit dem Urlaubszweck verursachen. Die Rechtsprechung hat dies etwa im Falle eines kaufmännischen Angestellten angenommen, der während seines Urlaubs auf einem Bauernhof arbeitete. Dies wurde für die körperliche und seelische Regenerierung als dienlich angesehen.[11] Für Außendienstmitarbeiter dürfte hier nichts anderes gelten.

Wer eine erlaubte regelmäßige Nebentätigkeit ausübt, muss diese während des Urlaubs im Hauptarbeitsverhältnis nicht unterbrechen.[12]

Übt jemand eine **Nebentätigkeit trotz Krankschreibung im Hauptarbeitsverhältnis** aus, so kann dies, muss aber nicht zwangsläufig zur Kündigung führen.[13] Die Arbeitsunfähigkeitsbescheinigung bezieht sich immer darauf, ob der Arbeitnehmer seine ihm vertragsmäßig obliegende Arbeit weiter verrichten

9 BAG vom 11.12.2001, NZA 2002, 965; vom 19.4.2007 – 2 AZR 180/06.
10 LAG Hessen vom 12.4.2007 – 11 Sa 404/06.
11 ArbG Wilhelmshaven vom 31.10.1968, AuR 1970, 28.
12 ArbG Kassel vom 19.1.1980, DB 1980, 599.
13 BAG vom 26.8.1993, NZA 1994, 63.

kann oder nicht. Daraus lässt sich rein theoretisch die Möglichkeit ableiten, dass ein Arbeitnehmer zwar arbeitsunfähig krank ist, weil er seine Hauptarbeitspflicht nicht erfüllen kann, gleichzeitig aber in der Lage ist, den Nebenjob zu erfüllen. Im Außendienst kann eine Fußverletzung u. U. jede Reisetätigkeit ausschließen, nicht jedoch das nebenberufliche Unterrichten an einem privaten Bildungsinstitut.[14]

Generell ist jedoch bei einer Arbeitsunfähigkeit das berechtigte Interesse des Arbeitgebers besonders groß, dass der Arbeitnehmer jegliche Tätigkeit unterlässt, die den Genesungsprozess beeinträchtigen könnte.[15] Darauf stellt auch das BAG ab. Danach ist eine fristlose **Kündigung** nur gerechtfertigt, wenn durch die Nebenbeschäftigung der Heilungsverlauf verzögert und die Krankheitsdauer verlängert wird. Ist jedoch erwiesen, dass die Genesung durch die Nebentätigkeit nicht beeinträchtigt wurde, kann der Arbeitgeber nicht ohne weiteres kündigen.[16] Allerdings hat der Arbeitnehmer konkret darzulegen, weshalb er gesundheitlich nicht in der Lage gewesen sein soll, in seinem Hauptjob zu arbeiten, obwohl er der Nebenbeschäftigung nachgehen konnte.

---

14 Oder Aushilfe in einer Taxizentrale, LAG Schleswig-Holstein vom 19. 12. 2006, NZA-RR 2007, 240.

15 BAG vom 2. 3. 2006, NZA-RR 2006, 636.

16 BAG vom 26. 8. 1993, DB 1993,1824; LAG Rheinland-Pfalz vom 12. 2. 2010 – 9 Sa 275/09; LAG Thüringen vom 11. 11. 2008 – 7 Sa 4/08.

13. Besondere Arbeitsvertragsformen

Die typische Vertragsgestaltung im Außendienst ist das unbefristete Vollzeitarbeitsverhältnis. Daneben gibt es seit alters her die Möglichkeit, für den Außendienst selbständige Handelsvertreter zu engagieren. Insoweit ist der **Außendienst** traditionell durch ein hohes Maß an **Flexibilität bei der Personalplanung** und -politik gekennzeichnet. Hat sich ein Unternehmen für Angestellte im Außendienst entschieden, dann bedeutet das zwar im Regelfall auch eine Entscheidung für Vollzeitkräfte. In Ergänzung dieser Stammkräfte werden jedoch zunehmend auch Außendienstmitarbeiter auf anderer vertraglicher Gestaltung herangezogen, insbesondere mit befristeten und Teilzeitverträgen. Vor allem befristete Verträge erhöhen noch einmal die Flexibilität bei der Personalpolitik im Außendienst. Teilzeitverträge wiederum sind interessant für bestimmte Branchen, in denen vor allem Frauen beschäftigt sind.

13.1 Befristete Verträge im Außendienstbereich

Befristete Arbeitsverträge werden durch das Teilzeit- und Befristungsgesetz (TzBfG) geregelt. Der **Umfang an befristeten Arbeitsverhältnissen** hat in den letzten Jahren kontinuierlich zugenommen. 2008 betrug die Zahl der befristet Beschäftigten 2,73 Mio. Personen; die größte Gruppe bilden dabei junge Arbeitnehmer zwischen 15–25 Jahren. In dieser Altersgruppe waren 30,5 % befristet beschäftigt.[1] Vor allem bei Neueinstellungen wird verstärkt vom Mittel der sachgrundlosen Befristung Gebrauch gemacht, was eine längere Erprobungsphase möglich macht.

1 Stat. Bundesamt (Hrsg.), Niedrigeinkommen und Erwerbstätigkeit, 2009, abzurufen unter www.destatis.de.

Das Befristungsrecht enthält nebeneinander die Möglichkeit, **befristete Verträge mit sachlichen Gründen** abzuschließen und zwar sowohl von der Dauer als auch von der Anzahl unbegrenzt (§ 14 Abs. 1 TzBfG). Daneben besteht die Möglichkeit, einen befristeten Vertrag auch **ohne Sachgrund** abzuschließen (§ 14 Abs. 2 TzBfG). Diese Variante besteht allerdings nur für einen maximalen Zeitraum von **zwei Jahren** und insgesamt nur einmal für einen Betrieb mit demselben Arbeitnehmer. Die **Tarifparteien** können dies **abweichend** regeln. Im **MTV der IG BCE** ist in § 11 II.3. ein Zeitraum von 48 Monaten für eine sachgrundlose Befristung möglich, wenn dazu eine (freiwillige) Betriebsvereinbarung vorliegt; andernfalls ist die Zustimmung des Betriebsrats erforderlich. Solche Betriebsvereinbarungen bestehen nicht; eine längere sachgrundlose Befristung wird vielmehr als Einzelfallentscheidung behandelt und ist damit der Zustimmung der Betriebsräte unterworfen.

Sachgrundbefristung

Die **Sachgründe**, die einen befristeten Vertrag rechtfertigen, sind in § 14 Abs. 1 TzBfG im Einzelnen aufgelistet. Die Auflistung ist nicht abschließend, gibt aber den derzeitigen Stand der Rechtsprechung wieder. Fristverträge müssen **schriftlich** abgeschlossen werden (§ 14 Abs. 4 TzBfG). Allerdings muss der Sachgrund nicht schriftlich festgehalten werden.

Ein **sachlicher Grund** liegt danach insgesamt vor, wenn

1. der betriebliche Bedarf an der Arbeitsleistung nur vorübergehend besteht,
2. die Befristung im Anschluss an eine Ausbildung oder ein Studium erfolgt, um den Übergang des Arbeitnehmers in eine Anschlussbeschäftigung zu erleichtern,
3. der Arbeitnehmer zur Vertretung eines anderen Arbeitnehmers beschäftigt wird,
4. die Eigenart der Arbeitsleistung die Befristung rechtfertigt,
5. die Befristung zur Erprobung erfolgt,
6. in der Person des Arbeitnehmers liegende Gründe die Befristung rechtfertigen,
7. der Arbeitnehmer aus Haushaltsmitteln vergütet wird, die haushaltsrechtlich für eine befristete Beschäftigung bestimmt sind, und er entsprechend beschäftigt wird, oder
8. die Befristung auf einem gerichtlichen Vergleich beruht.

Die **Sachgründe** können im Einzelnen auf ihre sachliche Richtigkeit **gerichtlich überprüft** werden (**Entfristungsklage**, § 16 TzBfG). Liegen bereits mehrere

Sachbefristungen vor, dann wird nur die letzte Befristung überprüft.[2] Hält das Gericht den Sachgrund für nicht zutreffend, dann wird das befristete Arbeitsverhältnis in ein unbefristetes umgewandelt (§ 17 TzBfG).

Befristung ohne Sachgrund

Neben der Befristung mit einem sachlichen Grund ist für einen begrenzten Zeitraum von **zwei Jahren** auch eine **Befristung ohne sachliche Begründung** zulässig (§ 14 Abs. 2 TzBfG):

- Allerdings darf **zuvor** noch **kein Arbeitsverhältnis** zum Arbeitgeber bestanden haben und zwar weder ein unbefristetes noch ein befristetes Arbeitsverhältnis (§ 14 Abs. 2 Satz 2 TzBfG). Andernfalls wird ein unbefristetes Arbeitsverhältnis begründet (§ 14 Abs. 3 Satz 2 TzBfG).
- Der **Zweijahreszeitraum** kann auch **in Raten** ausgeschöpft werden und zwar in maximal vier Raten, die allerdings **nahtlos** aufeinander folgen müssen. Liegt auch nur ein Tag dazwischen, verwandelt sich das befristete Arbeitsverhältnis in ein unbefristetes.[3]
- Eine Sonderregelung besteht für **ältere Arbeitnehmer.** Mit Arbeitnehmern ab dem **52. Lebensjahr** kann eine sachgrundlose Befristung für max. fünf Jahre vereinbart werden (§ 14 Abs. 3 TzBfG). Voraussetzung ist eine Arbeitslosigkeit von mindestens vier Monaten unmittelbar vor Abschluss des Fristvertrags. Der Zeitraum von fünf Jahren kann in beliebig viele Zeitabschnitte aufgespalten werden.

Auch bei sachgrundlosen Fristverträgen kann eine **Entfristungsklage** angestrengt werden (§§ 16, 17 TzBfG). Hier hängen die Erfolgsabsichten davon ab, ob **formale Fehler** gemacht worden sind, z. B. gegen das Nahtlosigkeitsgebot verstoßen[4] oder beim Verlängerungsvertrag eine inhaltliche Veränderung vorgenommen worden ist, was nach der Rechtsprechung des BAG unzulässig ist.[5]

---

2 Ständ. Rspr., BAG vom 24.10.2001, NZA 2002, 1336.
3 BAG vom 25.10.2000, BB 2001, 526.
4 BAG vom 25.10.2000, a.a.O.
5 BAG vom 16.1.2008 – 7 AZR 603/06.

13.2 Teilzeitarbeit

Teilzeitarbeitsverträge haben im Außendienst nicht das Ausmaß erlangt wie bei Innendiensttätigkeiten. Insgesamt ist der **Umfang** jedoch steigend und folgt damit dem generellen Trend bei der Teilzeitbeschäftigung. Die absolute Zahl der sozialversicherten Teilzeitbeschäftigten lag 2008 bei knapp 5 Mio. Personen, das waren ca. 18 % von allen abhängig Beschäftigten.[6] Zwar sind nach wie vor überwiegend Frauen in Teilzeit beschäftigt, der Anteil der Männer nimmt allerdings überproportional zu.

Diskriminierungsverbot

Teilzeitarbeitsverhältnisse stehen unter einem grundsätzlichen **Diskriminierungsverbot** (§ 4 TzBfG) gegenüber Vollzeitverhältnissen. Dies bedeutet, dass Teilzeitkräfte nicht allein wegen ihres Teilzeitverhältnisses gegenüber Vollzeitkräften benachteiligt werden dürfen.[7]

Die **Vergütung** von Teilzeitkräften muss entsprechend der für Vollzeitkräfte geltenden Kriterien berechnet werden. Einen Abschlag wegen Teilzeittätigkeit darf es also nicht geben. Dies gilt sowohl für das Festgehalt und dabei auftretende Eingruppierungsfragen (bei Tarifbindung) wie bei der **Berechnung von Provisionen.** Eine unterschiedliche Bewertung der von Teilzeitkräften abgeschlossenen Geschäfte im Vergleich zu den von Vollzeitkräften abgeschlossenen Geschäften wäre ein Verstoß gegen den Gleichbehandlungsgrundsatz.

Werden in einem Unternehmen **betriebliche Zusatzrenten** gezahlt, dann dürfen Teilzeitkräfte von diesem System der betrieblichen Altersversorgung nicht ausgeschlossen werden. Dies ist vom BAG im Anschluss an eine Entscheidung des Europäischen Gerichtshofs in mehreren Fällen bekräftigt worden.[8]

Auch betriebliche Zuwendungen wie **Gratifikationen, Treueprämien** usw. dürfen Teilzeitkräften nicht vorenthalten und etwa ausschließlich an Vollzeitkräfte ausgeschüttet werden.[9] Der Gleichbehandlungsgrundsatz gegenüber Teilzeitkräften verlangt vielmehr eine Gleichstellung, wobei die Beträge prozentual zum Umfang des Teilzeitarbeitsverhältnisses gestaffelt sein dürfen.

---

6 Stat. Bundesamt (Hrsg.), Stat. Jahrbuch 2009, S. 90.

7 Rspr.-Übersicht bei Goergens, AiB 1993, 215; dies., AiB 1994, 220.

8 BAG vom 14. 3. 1989, NZA 1990, 25 f.

9 Das gilt auch für geringfügig Beschäftigte, vgl. LAG Hessen vom 14. 3. 1995, NZA 1995, 1162.

Ferner ist Teilzeitkräften im gleichen Maße wie Vollzeitkräften die Möglichkeit anzubieten, an Seminaren, Schulungs- und **Fortbildungsmaßnahmen** teilzunehmen, die von dem Betrieb durchgeführt werden.

Teilzeitanspruch

Nach § 8 TzBfG wird ein Rechtsanspruch auf einen Teilzeitarbeitsplatz gewährt. Das Gesetz strebt die **Förderung von Teilzeitarbeit auf allen Ebenen** an. Deshalb ist in § 6 TzBfG ausdrücklich vorgesehen, dass der Arbeitgeber Teilzeitarbeit auch in leitenden Positionen ermöglichen soll. Die Arbeitgeber sollen also dafür sorgen, dass **Teilzeitarbeit** als Arbeitsform insbesondere **im Bereich qualifizierter Tätigkeiten** attraktiver wird. Empirische Zahlen belegen, dass eine solche Attraktivität im Führungsbereich bisher noch in weiter Ferne liegt. Nach wie vor dominiert in den Unternehmen die Meinung, dass die Arbeit einer Führungskraft nicht in Teilzeit zu bewältigen sei. Argumente sind im Außendienst weit verbreitet.

Der Anspruch ist auf **Betriebe** mit in der Regel **mehr als 15 Arbeitnehmern** beschränkt (§ 8 Abs. 7 TzBfG).

Das **Verlangen** nach Verringerung der Arbeitszeit und **nach Arbeit auf Teilzeitbasis** muss drei Monate vor deren Beginn geltend gemacht werden (§ 8 Abs. 2 TzBfG). Mit dem Verlangen auf Verringerung der Arbeitszeit muss der Arbeitnehmer gleichzeitig erklären, wie die Arbeitszeit dann verteilt werden soll (§ 8 Abs. 2 Satz 2 TzBfG). Ist eine bestimmte **Arbeitszeit nicht festgelegt** (Beispiel: Versicherungsbranche Werbeaußendienst), dann kann eine Verringerung der Arbeitszeit auch durch eine **Verringerung des Aufgabenumfangs** bewirkt werden, z. B. durch die Reduzierung des Umfangs des zu betreuenden Gebiets oder durch Reduzierung der zu betreuenden Kunden.[10]

Die **Entscheidung** über diesen Wunsch hat der **Arbeitgeber** dem Arbeitnehmer spätestens vier Wochen vor dem Beginn der Verringerung **schriftlich mitzuteilen** (§ 8 Abs. 5 Satz 2 TzBfG). Trifft er diese Entscheidung nicht, so ist die Arbeitszeit entsprechend dem Wunsch des Arbeitnehmers zu verringern (§ 8 Abs. 5 Satz 2 TzBfG).

Die vereinbarte oder gewünschte **Verteilung der Arbeitszeit** kann vom Arbeitgeber geändert werden, wenn das betriebliche Interesse daran das Interesse des Arbeitnehmers an der Beibehaltung erheblich übersteigt (§ 8 Abs. 5

10 LAG Hamburg vom 6. 6. 2002 – 2 Sa 75/01, AiB 2004, 382.

Satz 3 TzBfG), wobei der Betriebsrat entsprechend § 87 BetrVG zu beteiligen ist. Dieser ausdrückliche Hinweis auf die Mitbestimmungsrechte des Betriebsrats bezieht sich nur auf die neue Verteilung der gewünschten Arbeitszeit, nicht jedoch auf den Umfang, was der gegenwärtigen Rechtsprechung des BAG entspricht.[11]

Der Arbeitgeber kann den **Anspruch** auf Verringerung der Arbeitszeit nur **ablehnen,** wenn er **betriebliche Gründe** geltend macht und diese binnen vier Wochen schriftlich formuliert (§ 8 Abs. 4 TzBfG). Nach der Intention des Gesetzgebers sind die **Anforderungen an betriebliche Gründe** hoch anzusetzen. Sie können z.B. vorliegen, »wenn die Verkürzung der Arbeitszeit die Organisation, Planung oder Sicherheit im Betrieb wesentlich beeinträchtigt oder unverhältnismäßige Kosten verursacht«.[12] Dem Arbeitgeber wird damit auferlegt, **zumutbare organisatorische Veränderungen** vorzunehmen, um den Teilzeitanspruch des Arbeitnehmers zu erfüllen. Der Einwand des Arbeitgebers, keine geeignete zusätzliche Arbeitskraft zu finden, ist nur beachtlich, wenn er nachweist, dass eine dem Berufsbild des (reduzierenden) Arbeitnehmers entsprechende zusätzliche Arbeitskraft auf dem für ihn maßgeblichen Arbeitsmarkt nicht zur Verfügung steht.[13]

Beispiel:
Der Kläger war Pharmareferent (8145,47 €/Monat) bei der Beklagten mit 380 Außendienstmitarbeitern. Die Außendienstmitarbeiter hatten die Aufgabe, Kunden hinsichtlich der Arzneimittel zu beraten. 2001 stellte der Kläger Antrag auf Verringerung seiner Arbeitszeit auf 30 Wochenstunden, auf drei Tage verteilt. Die Beklagte war mit einer Verkürzung auf 32 Stunden verteilt auf vier Tage einverstanden, der Kläger jedoch nicht. Die Angelegenheit ruhte. Ein Jahr später teilte der Betriebsrat der Beklagten mit, der Kläger wolle Teilzeitbeschäftigung haben. Der Kläger stellte am 3.12.2002 erneut einen Antrag auf Reduzierung auf 30 Stunden, verteilt auf drei Tage. Die Beklagte lehnte ab mit der Begründung, es sei eine Ersatzkraft nötig, eine Umverteilung auf andere Außendienstmitarbeiter sei nicht möglich. Es entstünden unverhältnismäßig hohe Kosten bei der Einstellung durch einmalige Ausbildungs-, Einarbeitungs- und Personalbeschaffungskosten in Höhe von ca. 70000 €, außerdem jährliche Weiterbildungsmaßnahmen mit Kosten in Höhe von ca. 33000 €. Der Kläger bot an, er könne seine Arbeit verdichten und für Kunden auch außerhalb der Arbeitszeit zur Verfügung stehen. Die Klage war in allen Instanzen erfolglos.

11 Vgl. BAG vom 13.7.1987, AP Nr. 24 zu § 87 BetrVG 1972 Arbeitszeit.
12 Vgl. Begründung in der BT-Drs. 14/4374.
13 Vgl. BT-Drs. 14/4374; vgl. zur bisherigen Praxis der Gerichte Mayer, AiB 2002, 502; Feldhoff, AiB 2003, 84.

Das BAG verlangt für die Ablehnung des Teilzeitanspruchs ein **schlüssiges Organisationskonzept**. Als solches werden u.a. anerkannt Kundenbetreuungskonzepte (»Beratung, Verkauf und Service aus einer Hand«).[14]

Zum Ablehnungsgrund »**unverhältnismäßige Kosten**« ist geklärt, dass ein einmaliger Einarbeitungsaufwand oder auch laufende höhere Personal- oder Verwaltungskosten den Verringerungswunsch noch nicht scheitern lassen.[15] Unverhältnismäßige Kosten können sich aber daraus ergeben, dass die aus der verbleibenden Arbeitszeit resultierende Wertschöpfung in keinem wirtschaftlichen Verhältnismehr zu den Personalkosten steht. Das ist insbesondere der Fall, wenn Mitarbeiter mit einem nicht unbeträchtlichen zeitlichen und finanziellen Aufwand kontinuierlich informiert oder sonst qualifiziert werden müssen.[16] Unerheblich ist, ob die unverhältnismäßigen Kosten aus der verbleibenden Arbeitszeit des änderungswilligen Arbeitnehmers oder aus der erforderlichen Einstellung einer Teilzeitergänzungskraft herrühren.

Mit diesem Argument hat das BAG den **Teilzeitanspruch des Pharmareferenten abgelehnt**.[17] Neben dem häufig vorgebrachten Einwand, eine qualifizierte Teilzeitergänzungskraft ließe sich nicht finden, kommt nun das Kostenargument hinzu: unzumutbares Verhältnis zwischen den laufenden Personalzusatzkosten und der mit dem noch verbleibenden Arbeitsvolumen erreichbaren Wertschöpfung. Arbeitnehmer, die fortlaufend auf Kosten ihres Arbeitgebers geschult werden oder regelmäßig an anderen Personalveranstaltungen teilnehmen müssen, sollten bedenken: Je geringer die Arbeitszeitverkürzung ausfallen soll, desto größer ist die Gefahr, dass sie abgelehnt werden kann.

Aus Teilzeit in Vollzeit

Im Gegensatz zu einem Anspruch auf Verringerung der Arbeitszeit hat der Arbeitnehmer keinen Anspruch auf Verlängerung seiner vertraglich vereinbarten Arbeitszeit. Hat der Außendienstmitarbeiter mit dem Arbeitgeber ein neues Arbeitszeit-Arrangement getroffen, dann gibt es keine Rückkehrgarantie zu dem vorherigen Vollzeitvertrag. Der Arbeitgeber hat jedoch einen **Wunsch**

14 BAG vom 30.9.2003, NZA 2004, 382.
15 BAG vom 23.11.2004, NZA 2005, 769.
16 LAG Düsseldorf vom 19.4.2002 – 9 (12) Sa 11/02.
17 BAG vom 21.6.2005, NZA 2006, 316.

nach Rückkehr in Vollzeitarbeit bei der Besetzung eines entsprechenden freien Arbeitsplatzes **bevorzugt zu berücksichtigen** (§ 9 TzBfG). Dieser Wunsch kann lediglich unter Verweis auf dringende betriebliche Gründe abgelehnt werden.

Beispiel:[18]
Der Kläger war bei einem beklagten Automobilklub als Disponent in der Pannenhilfe mit 20 Stunden/Woche beschäftigt. Die Parteien hatten im Arbeitsvertrag die Anwendung der jeweiligen Tarifverträge des Kraftfahrzeuggewerbes Bayern vereinbart. Nach dem maßgeblichen Manteltarifvertrag beträgt die regelmäßige wöchentliche Arbeitszeit eines vollzeitbeschäftigten Arbeitnehmers 36 Stunden und kann mit seiner Zustimmung auf 40 Stunden verlängert werden. Im August 2005 schrieb der Beklagte vier neu zu besetzende Disponentenstellen in Vollzeit aus. Der Kläger verlangte vom Beklagten daraufhin die Zustimmung zur Verlängerung seiner regelmäßigen vertraglichen Arbeitszeit auf 36 Stunden, hilfsweise 40 Stunden wöchentlich. Das lehnte der Beklagte ab.

Zu Unrecht: Nach Auffassung des BAG verpflichtet § 9 TzBfG den Arbeitgeber, einen teilzeitbeschäftigten Arbeitnehmer, der ihm den Wunsch nach einer Verlängerung seiner vertraglichen Arbeitszeit angezeigt hat, bei der Besetzung eines entsprechenden freien Arbeitsplatzes bei gleicher Eignung **bevorzugt zu berücksichtigen.** Dem Wunsch dürfen allerdings nicht dringende betriebliche Gründe oder Arbeitszeitwünsche anderer teilzeitbeschäftigter Arbeitnehmer entgegenstehen. § 9 TzBfG begründet einen **einklagbaren Rechtsanspruch.**

13.3 Geringfügig Beschäftigte

Sog. geringfügige Beschäftigungsverhältnisse werden im Außendienst für bestimmte **Servicetätigkeiten** eingesetzt. Der Umfang mag hier nicht das Ausmaß angenommen haben, wie es in anderen Bereichen feststellbar ist (2009 lag die Gesamtzahl bei 7,1 Mio. Personen; dabei übten ca. 2 Mio. von ihnen dies als Nebenjob aus; ca. 5 Mio. waren ausschließlich in einem geringfügigen Beschäftigungsverhältnis tätig[19]). Bekannt sind diese Beschäftigungsverhältnisse jedoch z. B. für die Regaleinrichtung zur Unterstützung des verkäuferischen Außendienstes. Die Aufgabe sog. Ceaquere im Kosmetikbereich besteht darin, Paletten anzuliefern und sie in Regale einzuräumen.

18 BAG vom 8. 5. 2007 – 9 AZR 874/06.
19 Stat. Bundesamt, Stat. Jahrbuch 2009.

Die Attraktivität dieser Beschäftigungsform liegt für Arbeitnehmer in der Befreiung von Sozialversicherung und Lohnsteuer. Hier gilt tatsächlich einmal brutto gleich netto. Die **Arbeitgeber** haben dagegen eine **30 %ige Pauschale** abzuführen. Im Einzelnen:

- Die **Einkommensgrenze** für geringfügige Beschäftigungsverhältnisse liegt bei **400 €**; eine wöchentliche Stundenbegrenzung besteht nicht (§ 8 SGB IV).
- Der Arbeitgeber zahlt eine **Pauschale von 30 %** an eine zentrale Einzugsstelle in Cottbus (Verwaltungsstelle der Bundesknappschaft) – also brutto 520 € (bei Ausschöpfung des vollen Rahmens). Diese errechnet sich aus 13 % an die Krankenversicherung, 15 % an die Rentenversicherung und 2 % an die Steuer bei Verzicht auf Vorlage der Lohnsteuerkarte. Eine Freistellungsbescheinigung durch das Finanzamt gibt es nicht.
- Der Arbeitnehmer kann **zusätzliche Beiträge zur Rentenversicherung** zahlen kann, und zwar in Höhe des Unterschiedsbetrags zwischen der Arbeitgeberpauschale und dem vollen Rentenversicherungsbeitrag: 2010 belief sich die Differenz auf 4,9 %. Damit erhält der Arbeitnehmer zwar nur einen geringfügig höheren Rentenanspruch, erwirbt aber sowohl einen Anspruch auf Erwerbsunfähigkeitsrente als auch auf vorgezogenes Altersruhegeld sowie Ansprüche auf Rehabilitationsmaßnahmen. Der Beitrag zur Krankenversicherung ist allerdings nur zu entrichten, wenn der Arbeitnehmer bereits krankenversichert ist (über Familienversicherung, studentische Krankenversicherung etc.).
- Wird eine geringfügige Beschäftigung als **Nebenjob neben** einem voll sozialversicherungspflichtigen **Hauptjob** ausgeübt, dann werden diese beiden Beschäftigungsverhältnisse **nicht zusammengerechnet**. Auf eine geringfügige Beschäftigung im Nebenjob ist vielmehr ebenfalls lediglich die Arbeitgeberpauschale von 30 % zu entrichten. Der Arbeitnehmer enthält sein Arbeitsentgelt im Nebenjob ohne Abzüge. Allerdings ist diese Privilegierung auf **einen** Nebenjob beschränkt. Liegen mehrere geringfügige Nebenbeschäftigungsverhältnisse neben einem Hauptjob vor, dann bleibt es bei der Zusammenrechnung.
- Liegt das Einkommen innerhalb der sog. **Gleitzone** zwischen 400,01 und 800 €, dann hat zwar der Arbeitgeber seinen Beitrag zur Sozialversicherung in voller Höhe zu entrichten; der Arbeitnehmeranteil soll jedoch nur gleitend ansteigen (§ 20 Abs. 2 SGB IV). Mit Hilfe einer Formel wird das Arbeitnehmereinkommen für die Berechnung der Beiträge künstlich reduziert mit der Folge einer gleitend ansteigenden Beitragslast (von 4 % auf den vollen Satz). Lediglich die Individualbesteuerung der Arbeitnehmer setzt sofort nach Überschreiten der 400 €-Grenze ein und zwar wie üblich auf das Bruttoeinkommen.

13.4 Einsatz von Service-Firmen und Leiharbeitskräften

Bisher wurden Beschäftigungsformen im Außendienst behandelt, bei denen die Beschäftigten in das Unternehmen selbst integriert waren. Daneben wird in bestimmten Bereichen der Außendienstorganisation jedoch auch eine Beschäftigungsform praktiziert, bei denen die Betroffenen arbeitsvertraglich nicht mit dem Unternehmen verbunden sind. Dies kann einmal geschehen durch Einschaltung von **Servicekräften,** die als »freie Mitarbeiter« zur Auffüllung der Regale und Auszeichnung der Preise angeheuert werden. Bei Lichte betrachtet handelt es sich hier jedoch i.d.R. um abhängige Arbeitnehmer,[20] zieht man die in Kapitel 1 im Einzelnen dargestellten Abgrenzungskriterien heran. Dies gilt insbesondere bei den sog. **Solo-Selbständigen** (own-account workers), die regelmäßig keine Mitarbeiter beschäftigen.[21]

Zum anderen können solche Servicekräfte aber auch über entsprechende **Service-Firmen** angeheuert werden. Sie erfreuen sich insbesondere bei der Regalpflege, Regaleinrichtung oder beim Auffüllen von Automaten einer zunehmenden Beliebtheit.

Beispiel für einen Geschäftsbesorgungsvertrag:

1. Die Firma XL sorgt für eine marktgerechte Präsentation der Vertragsprodukte des Herstellers Q bei den Vertragskunden.
   Die marktgerechte Präsentation durch XL umfasst folgende Leistungen:
   - Entwicklung, Umsetzung und kontinuierliche Fortschreibung eines auf maximaler Umsatzausschöpfung ausgerichteten Konzepts der Betreuung des Betriebs von Vertragsprodukten über Vertragskunden;
   - regelmäßiger betreuender Besuch eines jeden Vertragskunden durch Disponenten von XL in einem kundenbezogenen adäquaten Rhythmus und einer durchschnittlichen Zeitdauer von 1,5 bis 2 Stunden.
2. Die Firma XL garantiert, 120 Stunden pro Woche aufzuwenden und hierfür maximal sieben Arbeitnehmer einzusetzen.
3. Durchsetzung einer optimalen Platzierung der Vertragsprodukte in den Geschäftsräumen der Kunden:
   - Marktanalysen und Berichte;
   - Information und Schulung des Verkaufspersonals.
4. Die Verkaufsstellen sind im Schnitt alle vier Wochen zu besuchen.
5. Für die Leistungen der XL wird eine monatliche Pauschale in Höhe von 15 000 € gezahlt.

---

20 So auch Bösche/Grimberg, Rechtsfragen der Außendiensttätigkeit, Festschrift A. Gnade, 1993, S. 377 Fn. 5.

21 Waltermann, Abschied vom Normalarbeitsverhältnis? Gutachten B zum 68. Deutschen Juristentag 2010, S. 101.

Für Außendienstmitarbeiter ist beim Einsatz solcher Fremdfirmenkräfte z. B. für die Regalpflege von Interesse, inwieweit sie sich auf deren Aufgabenerfüllung verlassen können. Denn anders als bei eigenen Regalkräften obliegen die Überwachung und der Arbeitseinsatz den Servicefirmen selbst. Belassen diese Service-Firmen den Arbeitseinsatz und die Überwachung aber bei den Außendienstmitarbeitern, dann liegt eine gewisse Vermutung dafür vor, dass es sich nicht um Werkverträge, sondern um **Arbeitnehmerüberlassung** handelt.

Das BAG stellt zur **Abgrenzung** zwischen (freiem) Dienstvertrag und Überlassungsvertrag entscheidend darauf ab, wer den Arbeitseinsatz kontrolliert und steuert.[22] Bleibt dies den Außendienstmitarbeitern überlassen, dann liegt Arbeitnehmerüberlassung vor. In diesem Fall hätten die Service-Firmen jedoch eine Erlaubnis vom Arbeitsamt (§ 1 AÜG) benötigt, an der es i. d. R. fehlen wird. Die Folge ist: Sie werden Arbeitnehmer im Unternehmen des Außendienstmitarbeiters, das sie engagiert hat (§ 10 AÜG).

Die **Betriebsräte** sollten auf den Einsatz solcher Service-Firmen ein wachsames Auge haben und sich nicht nur die Service-Verträge zeigen lassen – worauf sie einen Anspruch haben,[23] sondern auch den tatsächlichen Einsatz der Servicekräfte verfolgen. Liegt nach Meinung der Betriebsräte Arbeitnehmerüberlassung vor, haben sie ein Widerspruchsrecht gegen ihre Beschäftigung im Rahmen von § 14 AÜG, § 99 BetrVG.

Im Zuge der Liberalisierung der **Leiharbeit** (d. h. der Rücknahme bestehender Beschränkungen durch die sog. Hartz-Gesetze 2003) hat sich eine weitere personalpolitische Variante herausgebildet, die theoretisch auch für den Außendienst verwendbar ist: der Einsatz von Leiharbeitskräften über sog. **Personaldienstleistungsgesellschaften**. Diese haben eine Verleiherlaubnis. Sie schließen Arbeitsverträge mit Leiharbeitskräften ab auf der Basis von Tarifverträgen mit der Leiharbeitsbranche, die i. d. R. deutlich niedriger sind als die Branchen-Tarifverträge der Entleihbetriebe, in denen die Leiharbeitskräfte dann zum Einsatz kommen.[24] Die speziellen Anforderungen im Vertrieb mögen dieser Beschäftigungsform für den werbenden Außendienst allerdings immanente Grenzen setzen; es ist allerdings durchaus im Trend, über spezielle Anbieter (contract sales organisation) auch einen **Leihaußendienst** vorzuhalten (Beispiel Pharmabranche, siehe unter 4.3).

---

22 Vgl. etwa BAG vom 30. 1. 1991, NZA 1992, 19 f. und AiB 1992, 358 f. mit Anm. Mayer.
23 BAG vom 9. 7. 1991, AiB 1992, 356.
24 Vgl. Däubler, AiB 2003, 524.

14. Betriebsverfassungsrechtliche Fragen

Für große Teile der Außendienstmitarbeiter fehlt der tägliche Kontakt mit anderen Beschäftigten des Betriebs, die tägliche Aussprache über betriebliche Belange, Sorgen und Konflikte. Die Mitarbeiter im Außendienst müssen den allergrößten Teil der Probleme, die in ihrem Außendienstalltag auftauchen, mit sich selbst abmachen, da ihnen eine **betriebliche Kommunikationsebene fehlt**, wie sie für Mitarbeiter im Innendienst das gemeinsame Büro, die Arbeitsstätte oder die Kantine ist.

Von daher kann für den Außendienstler der **Betriebsrat** als Vertreter aller Beschäftigten, ob im Innen- oder Außendienst die Rolle einer solchen **Kommunikationsinstanz** wahrnehmen. Im Folgenden sollen einige Fragen behandelt werden, die sich nicht nur mit der Rolle des Betriebsrats als ständigem Ansprechpartner für die Außendienstmitarbeiter ergeben, es sollen vielmehr auch typische Konfliktsituationen zusammengestellt werden, in denen der Betriebsrat vermittelnd bzw. schützend eingreifen kann.

14.1 Wahlrecht bei Betriebsratswahlen

Die Wahlberechtigung bei Betriebsratswahlen ist ausschließlich und allein an die **Arbeitnehmereigenschaft** der Betriebsangehörigen geknüpft (§ 7 BetrVG). Hier kann es in der Praxis durchaus zu Auseinandersetzungen kommen, wenn im Außendienst nicht nur Angestellte beschäftigt werden, sondern auch selbständige Handelsvertreter, mit deren Selbständigkeit es aber bei Lichte betrachtet nicht weit her ist.

Nach welchen Kriterien die Selbständigkeit von Handelsvertretern überprüft wird, ist oben unter dem Stichwort »Abgrenzung Angestellter/Selbständige« näher ausgeleuchtet worden (Kapitel 1.2).

Der **Wahlvorstand** kann dabei alle Vertreter und Vertreterinnen, die nach seiner Auffassung wahlberechtigte Arbeitnehmer sind, in die **Wählerlisten** aufnehmen. Der **Arbeitgeber** hat hiergegen kein **Widerspruchsrecht.** Allerdings kann er nach durchgeführter Wahl das Ergebnis anfechten, wenn seiner Meinung nach dieser Personenkreis nicht wahlberechtigt war. Solche Anfechtungen sind in der Praxis jedoch eher selten, da Arbeitgeber in Zweifelsfällen eine gerichtliche Auseinandersetzung scheuen, um weitergehende Verfahren (etwa der betroffenen Scheinselbständigen selbst) zu vermeiden.[1]

Außendienstangestellte sind nicht nur aktiv, sondern auch **passiv** zum Betriebsrat **wahlberechtigt.** Hierzu müssen sie allerdings mindestens sechs Monate im Betrieb beschäftigt gewesen sein. Sind sie Mitglied einer Gewerkschaft, wird ihre Kandidatur i. d. R. über **gemeinsame Listen** abgewickelt, die **von den betrieblichen Vertrauensleuten aufgestellt** werden. Anderenfalls genügt die Unterstützung eines relativ kleinen Teils der Belegschaft für ihre Wahlbewerbung (in Kleinbetrieben bis zu 20 Arbeitnehmern genügt die Unterstützung von zwei, sonst die von 1/20 der wahlberechtigten Personen, § 14 Abs. 6 BetrVG).

Außerdem können sie als **Mitglieder des Wahlvorstandes** bestellt werden, der die Durchführung der Wahlen organisiert. Außendienstmitarbeiter, die eine stärkere Repräsentanz ihrer Interessen im Betriebsrat wünschen, haben gerade bei einer Funktion im Wahlvorstand die Möglichkeit, auf eine Mobilisierung der anderen Außendienstmitarbeiter zu den Betriebsratswahlen hinzuwirken.

14.2 Teilnahme an Betriebsversammlungen

Ein wichtiges Forum der Aussprache zwischen den Arbeitnehmern eines Betriebs und dem gewählten Betriebsrat sind die **Betriebsversammlungen.** Sie müssen **einmal in jedem Quartal** vom Betriebsrat einberufen werden (§ 43 BetrVG). Hier erstattet der Betriebsrat der Belegschaft über seine Tätigkeit Bericht, hier besteht die Möglichkeit für die Belegschaft, zur Arbeit des Betriebsrats Stellung zu nehmen, ihn zu kritisieren, ihm Anregungen zu geben oder über spezielle Ereignisse im Betrieb zu diskutieren. Zumindest einmal im Jahr hat auch der Arbeitgeber auf einer Betriebsversammlung Bericht zu erstatten über das Personal- und Sozialwesen sowie über die Entwicklung des Betriebs.

1 Vgl. z. B. einen Fall aus dem Versicherungsaußendienst: ArbG Lübeck vom 29. 6. 1989, AiB 1989, 349.

Betriebsversammlungen sind also wichtige Informationsbörsen, und zwar besonders für die Außendienstmitarbeiter, denen die täglichen Informationskanäle im Betrieb aufgrund ihrer ständigen Abwesenheit nicht zur Verfügung stehen.

Spezielle Probleme des Außendienstes werden auf Betriebsversammlungen nur dann hinreichend erörtert werden können, wenn der **Außendienst** in einem **eigenen Betrieb** entweder auf regionaler oder auf nationaler Ebene organisiert ist. Diese Organisationsform dürfte aber eher die Ausnahme als die Regel sein. Sie findet sich etwa in der Zigarettenindustrie und vereinzelt in der Nahrungsindustrie (z. B. Nadler Feinkost).[2]

Hat ein Unternehmen seinen Außendienst nicht als eigenständigen Betriebsteil zusammengefasst, sondern sind die Außendienstmitarbeiter verschiedenen Betrieben zugeordnet, dann empfiehlt sich die Durchführung von **Abteilungsversammlungen** (§ 42 Abs. 2 BetrVG). Denn Außendienstmitarbeiter werden i. d. R. räumlich und organisatorisch einen eigenen Betriebsteil bilden. Hinsichtlich der Häufigkeit und der Kostentragung sind sie nicht anders zu behandeln als Betriebsversammlungen.

Die Teilnahme an Betriebsversammlungen einschließlich der zusätzlichen Wegezeiten ist den Arbeitnehmern **wie Arbeitszeit zu vergüten.** Ferner sind ihre **Fahrtkosten** zu erstatten, die ihnen durch die Teilnahme an diesen Versammlungen entstehen (§ 44 BetrVG).

Außendienstmitarbeiter haben also nicht nur einen Anspruch auf Teilnahme an solchen Betriebsversammlungen wie alle anderen Beschäftigten des Betriebs auch. Sie haben vielmehr auch einen Anspruch auf **Erstattung** ihrer zum Teil nicht unerheblichen **Kosten**, die ihnen bei einer solchen Teilnahme entstehen. Dazu gehören vor allem die u. U. langen Anfahrtswege, wenn die Außendienstmitarbeiter weit verstreut vom Tagungsort der Betriebsversammlung wohnen. Gegebenenfalls können sogar Übernachtungs- und Verpflegungskosten entstehen, wenn ohne vorherige Übernachtung eine Teilnahme an der Betriebsversammlung gar nicht möglich ist.[3]

Zwar enthält das Betriebsverfassungsgesetz nur eine ausdrückliche Kostenregelung hinsichtlich des Verdienstausfalls und der Fahrtkosten (§ 44 Abs. 1 Satz 3 BetrVG). Beim Verdienstausfall ist auf die jeweilige Kostenstruktur im

2 Einzelheiten bei Bösche/Grimberg, Rechtsfragen der Außendiensttätigkeit, FS A. Gnade, 1992, S. 377f.

3 So auch Viets, Zur Teilnahme von Außendienstmitarbeitern an Betriebsversammlungen, RdA 1979, 272.

Außendienst abzustellen, wobei auch entgangene **Provisionszahlungen mit zu berücksichtigen** sind. Bei Fahrtkosten sind die tatsächlichen Kosten zu erstatten, evtl. in Anlehnung an eine bestehende betriebliche Regelung für Dienstreisen.

Aber auch **Übernachtungskosten** müssen hierbei erstattet werden, wenn eine Übernachtung die unabdingbare Voraussetzung für die Teilnahme an einer Betriebsversammlung darstellt. Denn jeder Arbeitnehmer hat ein Recht zur Teilnahme an solchen Versammlungen, wobei die dabei anfallenden notwendigen Kosten vom Arbeitgeber zu tragen sind.

In der Praxis werden diese Kostenfragen von den Unternehmen großzügig behandelt. Häufig werden Betriebs- bzw. Abteilungsversammlungen für den Außendienst verbunden mit jährlichen **Zusammenkünften des Unternehmens,** auf denen neue Produkte vorgestellt oder veränderte Verkaufsstrategien erläutert, also unternehmensinterne Zwecke verfolgt werden.

14.3 Organisation der Betriebsratsarbeit

14.3.1 Sprechstunden des Betriebsrats

Wollen Außendienstmitarbeiter in einer betrieblichen Angelegenheit den **Rat des Betriebsrats** einholen, dann können sie diesen **während seiner Sprechstunden** aufsuchen. In der Regel greifen sie jedoch zunächst zum Telefon und holen sich fernmündlichen Rat.

Die Effizienz der Beratung hängt stark davon ab, **wie** die **interne Betriebsratsarbeit** im Hinblick auf den Außendienst **organisiert** ist. Die stärkste Betreuungsintensität dürfte dabei zu erzielen sein, wenn der Außendienst in einem eigenen Betrieb organisiert ist, der Betriebsrat also nur aus Außendienstmitarbeitern besteht. Diese Organisationsform kann der Betriebsrat jedoch nicht allein festlegen. Sie hängt vielmehr entscheidend davon ab, ob der Arbeitgeber eine solche Organisationsform für zweckmäßig hält.

Die Betreuungsarbeit kann auch in der Weise optimiert werden, dass ein **Außendienstmitarbeiter** selbst **Mitglied im Betriebsrat** wird. Dies wiederum hängt davon ab, ob bei der Erstellung der Kandidatenlisten der Außendienst entsprechend berücksichtigt worden ist. Ist jedoch kein Außendienstmitarbeiter im Betriebsrat, dann sollte im Rahmen der Ressortverteilung ein Betriebsratsmitglied für die Belange des Außendienstes abgestellt werden.

Reicht dem Außendienstmitarbeiter die telefonische Auskunft nicht aus und will er deshalb den Betriebsrat persönlich aufsuchen, dann können u. U. längere Anfahrtszeiten nötig sein.

Beispiel für Kosten der Arbeitnehmer:
Ein Außendienstmitarbeiter mit Wohnsitz in München soll versetzt werden. Sitz des Unternehmens ist Hamburg, wo sich auch der Betriebsrat befindet. Der Betriebsrat bittet den Arbeitnehmer zur Vorbereitung seiner Stellungnahme nach Hamburg. Der Arbeitnehmer fährt um 17.23 Uhr in München ab und kommt um 23.06 Uhr in Hamburg an, wo er übernachtet. Nach dem Gespräch mit dem Betriebsrat am nächsten Morgen fährt er um 12.53 Uhr zurück und ist um 18.38 Uhr in München.

Die **Anfahrtszeiten** gelten als **Arbeitszeit,** wenn die Reisetätigkeit i. d. R. von der Wohnung der Außendienstmitarbeiter gestartet wird (siehe Arbeitszeit). Sie ist ihrem Arbeitszeitkonto gutzuschreiben. Eine Minderung des Arbeitsentgelts für die Zeit, die zum Besuch der Sprechstunden oder durch sonstige Inanspruchnahme des Betriebsrats erforderlich ist, ist nach dem Betriebsverfassungsgesetz (§ 39 Abs. 3 BetrVG) ausdrücklich untersagt.[4]

Nicht ausdrücklich geregelt ist aber die Erstattung von **Fahrt- und Übernachtungskosten,** wie sie im obigen Beispiel anfallen. Besteht keine betriebliche Reisekostenrechnung, dann sind diese Aufwendungen jedoch als erforderliche Kosten anzusehen, die in entsprechender Anwendung von § 39 Abs. 3 BetrVG zu erstatten sind.[5]

14.3.2 Entgeltsicherung bei Betriebsratstätigkeit eines Außendienstmitarbeiters

Provisions- und Prämienberechnung

Betriebsräte haben grundsätzlich einen Anspruch auf **Fortzahlung** ihrer **Vergütung** für die Zeit, in der sie ihrer **Betriebsratstätigkeit** nachgehen (§ 37 Abs. 2 BetrVG). Ihr Arbeitsentgelt darf nicht geringer bemessen werden als das Arbeitsentgelt vergleichbarer Arbeitnehmer (§ 37 Abs. 4 BetrVG). Dadurch soll gewährleistet werden, dass während der Zeit der Amtsausübung keine finanzielle Schlechterstellung erfolgt.

4 Weitere Einzelheiten bei Bösche/Grimberg, Rechtsfragen der Außendiensttätigkeit, FS A. Gnade, 1992, S. 377f.

5 Bopp, Probleme bei der Wahrnehmung von Betriebsratsaufgaben im Außendienst, in Rieder (Hrsg.), Rechtsfragen im angestellten Außendienst, 1993, S. 206.

Beispiel:
Ein Pharmaberater im Außendienst und gleichzeitiges Betriebsratsmitglied war in einem Jahr an 34 Tagen für Betriebsratsarbeit tätig. Außer der monatlichen Grundvergütung zahlt der Arbeitgeber bei Überschreiten von festgelegten Umsatzvorgaben eine zusätzliche Jahresprämie. Entsprechend seiner Zielerreichung wird ihm eine Prämie ausgezahlt. Er meint, dass ihm ein höherer Prämienbetrag zusteht, da der Ausfall der umsatzwirksamen Arbeitszeit auf Grund der Betriebsratstätigkeit keine Berücksichtigung bei der Berechnung der Prämie fand.

Das LAG Berlin hat dem Betriebsrat Recht gegeben.[6] Ein Betriebsratsmitglied müsse grundsätzlich das Gleiche verdienen, was er verdient hätte, wenn er das Amt nicht übernommen hätte. Maßstab ist das Entgelt vergleichbarer Arbeitnehmer, hier also das der anderen Pharmaberater.

In einem zweiten Schritt müssen alle **Faktoren**, die das **Entgelt** und insbesondere die Jahresprämie **beeinflussen**, mit einbezogen werden. Dabei müssen alle die **Prämie** bestimmenden Faktoren berücksichtigt werden. Zu diesen Faktoren gehört aber auch die Arbeitszeit, die im Außendienst den Umsatz maßgeblich mitbestimmt.

Unter Berücksichtigung dieses hypothetischen Kausalverlaufs zwischen **Arbeitszeit** und **Umsatzentwicklung** ist auf der Basis der ursprünglichen Umsatzvorgaben sowie dem Umfang der Ausfallzeiten ein **Kürzungsfaktor** zu ermitteln, der zur Festsetzung von neuen **(niedrigeren) Umsatzvorgaben** führt. Auf Grund dieser neuen (gekürzten) Vorgaben ist die Prämie zu berechnen,[7] die im obigen Fall zu einem Nachzahlungsanspruch von seinerzeit 1710 DM brutto führte. Das gleiche Berechnungsverfahren ist **auch auf Provisionszahlungen** anzuwenden.

Privatnutzung eines Dienstwagens

Hat ein Außendienstmitarbeiter ein Firmenfahrzeug zur privaten Nutzung überlassen bekommen, dann kann der Arbeitgeber dieses **nicht zurückfordern** für den Fall, dass der Mitarbeiter **in den Betriebsrat gewählt** worden ist.

Beispiel:
In dem Nutzungsvertrag war bestimmt, dass die Gebrauchsüberlassung im Falle der Freistellung von der Dienstpflicht entschädigungslos endet. Nachdem der Mitarbeiter als Betriebsratsmitglied vollständig von der beruflichen Tätigkeit freigestellt worden war, gab er den Dienst-

6 LAG Berlin vom 28.6.1996, AiB 1997, 228 m. Anm. Roos.
7 Einen konkreten Berechnungsvorschlag macht Roos, a.a.O.

wagen nach Aufforderung des Arbeitgebers zurück. Er klagte auf die erneute Überlassung eines Pkw zur privaten Nutzung sowie Schadensersatz wegen der vorübergehend entgangenen Nutzungsmöglichkeit und bekam vor dem BAG Recht.[8]

Nach § 37 Abs. 2 BetrVG sind Mitglieder des Betriebsrats ohne Minderung des Arbeitsentgelts von ihrer beruflichen Tätigkeit zu befreien, wenn und soweit dies zur ordnungsgemäßen Durchführung der Betriebsratstätigkeit erforderlich ist. Deshalb hat ein von der beruflichen Tätigkeit vollständig **freigestelltes Betriebsratsmitglied Anspruch** auf die **weitere private Nutzung eines Dienstwagens**, wenn ihm vor der Freistellung zur Durchführung seiner arbeitsvertraglich geschuldeten Tätigkeit ein Dienstwagen überlassen worden war und er das Fahrzeug auch privat nutzen durfte. Die Überlassung eines Dienstwagens zur privaten Nutzung ist als **Sachbezug Teil des Vergütungsanspruchs**, der dem Arbeitnehmer wegen der Freistellung als Betriebsratsmitglied nicht entzogen werden darf.

Die steuerrechtliche 46-Tage-Regelung

Mit der sog. 46-Tage-Regelung (vgl. im Einzelnen 7.1.3) wird für die steuerrechtliche Behandlung der Privatnutzung von Firmenfahrzeugen auf die **regelmäßige Arbeitsstätte** abgestellt. Wer häufiger als 46 Tage im Jahr eine Betriebsstätte aufsucht, muss zusätzlich zur 1 %-Regelung (bezogen auf den Bruttoanschaffungspreis des Pkw, § 8 Abs. 2 Satz 3 EStG) für die Fahrten zwischen Wohnung und Betriebsstätte 0,03 % des Brutto-Pkw-Werts je Entfernungskilometer und Monat versteuern (§ 6 Abs. 1 Nr. 4 Satz 2 EStG). Bei Betriebsräten kann nun die Frage aufkommen, ob dies auch für den Fall gilt, dass Betriebsräte mit der Unternehmensleitung regelmäßig am **Sitz des Unternehmens Besprechungen** durchführen, der nicht identisch ist mit der Arbeitsstätte, an der sich der Betriebsrat normalerweise aufhält (Home Office oder anderer Betrieb).

Es ist zunächst fraglich, ob auf diese Fallkonstellation die 46-Tage-Regelung überhaupt anwendbar ist. Die Steuerrichtlinien kennen den Begriff der **befristeten Abordnung** (LStR 9.4 Abs. 3 Satz 5). Dies ist dann der Fall, wenn die Tätigkeit (hier als Betriebsrat am Sitz der Unternehmensleitung) nur vorübergehend ist (hier: für den Zeitraum als gewähltes Betriebsratsmitglied). In diesem Fall wird keine regelmäßige Arbeitsstätte begründet und die 46-Tage-Regel nicht überschritten. Es spricht sehr viel dafür, dass bei einer Betriebsratstätigkeit in der beschriebenen Art diese Ausnahme greift.

8 BAG vom 23.6.2004, NZA 2004, 1287.

Schließlich ist die Betriebsratstätigkeit ein Ehrenamt. Bei regelmäßigen Treffen am Unternehmenssitz aus Anlass der Betriebsratstätigkeit wird keine Arbeit im arbeitsvertraglichen Sinne erbracht. Die Lohnsteuerrichtlinie knüpft jedoch an Verpflichtungen aus dem Arbeitsvertrag an, die betriebliche Einrichtung des Arbeitgebers aufzusuchen. Bei Betriebsräten ist der Grund jedoch ein anderer: die Wahrnehmung ihrer **Verpflichtungen aus einem Wahlamt.**

Letztlich greift allerdings auch hier der Grundgedanke des § 37 Abs. 2 BetrVG: Evtl. Mehrkosten, die aus der Betriebsratstätigkeit erwachsen, müssen nach § 40 Abs. 1 BetrVG durch den Arbeitgeber erstattet werden.

Kinderbetreuungskosten eines alleinerziehenden Betriebsratsmitglieds

Der Arbeitgeber muss im erforderlichen Umfang die Kosten erstatten, die einem allein erziehenden Betriebsratsmitglied während einer mehrtägigen auswärtigen Betriebsratstätigkeit durch die **Fremdbetreuung** seiner **minderjährigen Kinder** entstehen.

Nach § 40 Abs. 1 BetrVG trägt der Arbeitgeber die durch die Tätigkeit des Betriebsrats entstehenden Kosten. Dazu gehören auch die **Aufwendungen,** die einzelne Betriebsratsmitglieder zur Erfüllung ihrer **Betriebsratsaufgaben** für erforderlich halten dürfen, nicht aber sämtliche Kosten, die nur irgendwie durch die Betriebsratstätigkeit veranlasst sind. Grundsätzlich nicht erstattungsfähig sind insbesondere Aufwendungen, die der persönlichen Lebensführung zuzuordnen sind. Vom Arbeitgeber zu tragen sind aber Kosten, die einem Betriebsratsmitglied dadurch entstehen, dass es die **Betreuung** seiner minderjährigen **Kinder** für Zeiten sicherstellen muss, in denen es außerhalb seiner persönlichen Arbeitszeit **Betriebsratsaufgaben wahrzunehmen hat.** Das ergibt die verfassungskonforme Auslegung des § 40 Abs. 1 BetrVG. Das Betriebsratsmitglied befindet sich in einem solchen Fall in einer Pflichtenkollision zwischen seinen betriebsverfassungsrechtlichen Aufgaben und der Pflicht zur elterlichen Personensorge. Nach Art. 6 Abs. 2 GG sind Pflege und Erziehung der Kinder nicht nur »das natürliche Recht der Eltern«, sondern auch »die zuvörderst ihnen obliegende Pflicht«. Dementsprechend darf dem Betriebsratsmitglied durch die gleichzeitige Erfüllung beider Pflichten kein Vermögensopfer entstehen.

> Das **BAG** hat dem Antrag einer **alleinerziehenden Mutter** entsprochen, die von ihrem Arbeitgeber die Erstattung der Kosten verlangte, die ihr dadurch entstanden waren, dass sie als **Betriebsratsmitglied** zur Teilnahme an zwei Sitzungen des Gesamtbetriebsrats und an

einer Betriebsräteversammlung insgesamt zehn Tage ortsabwesend war und während dieser Zeit für die **Betreuung** ihrer 11 und 12 Jahre alten **Kinder fremde Hilfe** in Anspruch nehmen musste. Dem Anspruch stand nicht entgegen, dass in dem Haushalt des Betriebsratsmitglieds noch eine volljährige berufstätige Tochter lebte, welche die Betreuung ihrer jüngeren Geschwister abgelehnt hatte. Die Antragstellerin durfte die entstandenen Betreuungskosten von insgesamt 600 € auch der Höhe nach für erforderlich halten.[9]

14.4 Unterrichtungsanspruch der Außendienstmitarbeiter

Die Außendienstmitarbeiter sind über ihre Aufgaben und die jeweiligen Veränderungen in ihrem Tätigkeitsbereich rechtzeitig zu unterrichten (§ 81 BetrVG). Das Gleiche gilt für Unfall- und Gesundheitsgefahren, die mit ihrer Tätigkeit verbunden sind. Ändert sich ihr Arbeitsumfeld infolge der **Einführung technischer Anlagen,** so sind sie ebenfalls über deren Auswirkungen auf ihren Arbeitsplatz zu unterrichten (§ 81 Abs. 3 BetrVG). Verlangen diese Veränderungen eine bestimmte Qualifikation der Arbeitnehmer, so hat der Arbeitgeber mit ihnen zu beraten, in welcher Weise sie diese Qualifikation erwerben können. Unterbleibt eine solche Beratung, dann ist u. U. eine anschließende Kündigung nicht gerechtfertigt. Bei all diesen Erörterungen kann der Arbeitnehmer den Betriebsrat hinzuziehen.

Außendienstmitarbeiter können ferner in die über sie geführten **Personalakten Einsicht** nehmen (§ 83 Abs. 1 BetrVG). Auch dazu kann ein Betriebsratsmitglied hinzugezogen werden, was sich empfiehlt, wenn Bedenken über die Richtigkeit bestimmter Angaben auftauchen.

Arbeitnehmer können zwar verlangen, dass Erklärungen, die sie zum Inhalt ihrer Personalakte abgeben, dieser hinzugefügt werden (§ 83 Abs. 3 BetrVG). Damit ist eine ihrer Meinung nach falsche Eintragung natürlich nicht aus der Welt geschafft. In einem solchen Fall bleibt den Außendienstmitarbeitern nichts anderes übrig, als auf **Entfernung** solcher **unrichtigen Angaben** aus der Personalakte zu klagen. Die Rechtsprechung bejaht ein solches Recht des Arbeitnehmers auf korrekte Personalakten aus seinem Persönlichkeitsrecht.[10]

9 BAG vom 23. 6. 2010 – 7 ABR 103/08.
10 BAG vom 27. 11. 1985, DB 1986, 489.

Insbesondere bei **Abmahnungen** ist dies von großer praktischer Bedeutung, da eine Abmahnung der erste Schritt zur Kündigung sein kann. Wird die Abmahnung auf Fakten gestützt, die nach Meinung des Arbeitnehmers nicht zutreffen, kann er auf ihre **Entfernung** klagen.[11]

14.5 Beschwerderecht der Außendienstmitarbeiter

Allgemeines Beschwerdeverfahren

Fühlen sich Außendienstmitarbeiter vom Arbeitgeber oder anderen Arbeitnehmern des Betriebs benachteiligt bzw. ungerecht behandelt oder in sonstiger Weise beeinträchtigt, dann können sie sich **bei den zuständigen Stellen im Betrieb beschweren.** Dabei können sie den Betriebsrat zur Unterstützung bzw. Vermittlung hinzuziehen.

Sie können sich aber auch gleich an den **Betriebsrat** mit ihrer Beschwerde wenden, der dann allerdings nur **tätig** wird, wenn er die **Beschwerde für berechtigt hält** (§ 85 Abs. 1 BetrVG). In diesem Fall wird sich der Betriebsrat dafür einsetzen, dass der Beschwerde abgeholfen wird. Wegen der Beschwerde dürfen dem Arbeitnehmer keine Nachteile erwachsen (§ 84 Abs. 3 BetrVG); eine deshalb ausgesprochene Abmahnung bzw. Kündigung oder veranlasste Versetzung wäre **unwirksam.**[12]

Bezieht sich die Beschwerde des Arbeitnehmers auf **Rechtsansprüche**, die ihm angeblich vorenthalten werden, will der Arbeitgeber diese aber trotz der Beschwerde nicht erfüllen, dann bleibt dem Arbeitnehmer nichts anderes übrig, als sie **gerichtlich klären** zu lassen. Insoweit gibt es kein innerbetriebliches Schlichtungsverfahren, sondern nur den gerichtlichen Weg.[13]

---

11 BAG vom 22.2.1978, AP Nr. 84 zu § 611 BGB Fürsorgepflicht.

12 Mache, Kündigungsschutz durch § 84 Abs. 3 BetrVG, AiB 1985, 60f.

13 Vgl. etwa BAG vom 28.6.1984, AP Nr. 1 zu § 85 BetrVG.

Beschwerdestelle bei Diskriminierung

Nach § 13 Abs. 1 Satz 1 AGG haben die Beschäftigten das Recht, sich bei den zuständigen Stellen des Betriebs oder Unternehmens zu beschweren, wenn sie sich aus einem der im AGG benannten Gründen – z.B. wegen ihres Geschlechts, ihrer Religion oder ihres Alters – benachteiligt fühlen. Nach § 12 Abs. 5 AGG muss der **Arbeitgeber** die hierfür **zuständige Stelle im Betrieb bekannt machen**. Die Beachtung eines bestimmten Verfahrens, um sich zu beschweren, ist nicht vorgesehen.

Die **Einführung** und Ausgestaltung der zuständigen Stelle unterfällt nach § 87 Abs. 1 Nr. 1 BetrVG der **Mitbestimmung** des Betriebsrats. Er kann zu diesem Zweck auch selbst initiativ werden und über die Einigungsstelle durchsetzen.[14]

Der Betriebsrat hat allerdings **kein Mitbestimmungsrecht** bei der Frage, **wo** der Arbeitgeber die Beschwerdestelle errichtet und wie er diese **personell besetzt.** Hierbei handelt es sich um mitbestimmungsfreie organisatorische Entscheidungen. Errichtet der Arbeitgeber z. B. eine überbetriebliche Beschwerdestelle, steht das Mitbestimmungsrecht nicht dem örtlichen Betriebsrat sondern dem Gesamtbetriebsrat zu.[15]

14.6 Mitbestimmungswidrige Anordnungen – Unterlassungsanspruch des Betriebsrats

Der Betriebsrat hat bei zahlreichen Anordnungen des Arbeitgebers gegenüber Außendienstlern ein Mitbestimmungsrecht. Hat der Arbeitgeber in einer solchen **mitbestimmungspflichtigen Angelegenheit** Weisungen und Anordnungen **unter Umgehung des Betriebsrats** getroffen, dann sind diese **unwirksam.** Die Außendienstmitarbeiter müssen sie nicht befolgen, da sie in solchen Fällen ein **Leistungsverweigerungsrecht** haben.[16] Der Arbeitgeber wird sich dabei allerdings häufig darauf berufen, dass seine Anordnungen durch den Arbeitsvertrag gerechtfertigt seien, etwa bei der Zuweisung anderer Aufgaben, was unter

14 BAG vom 21.7.2009 – 1 ABR 42/08, NZA 2009, 1049.

15 BAG vom 21.7.2009, a.a.O.

16 Ebenso Däubler, Das Arbeitsrecht, Bd. 1, S. 467f.; Dietz-Richardi, Kommentar zum BetrVG, § 87 Rn. 40.

bestimmten Voraussetzungen eine mitbestimmungspflichtige Versetzung ist; oder er wird die Anordnung als Einzelmaßnahme deklarieren, etwa bei Überstunden oder bei der Einteilung zu Sonderveranstaltungen, was bei kollektivem Bezug mitbestimmungspflichtig wäre.

Der Betriebsrat hat bei mitbestimmungswidrigen Anordnungen einen **Unterlassungsanspruch**, den er im einstweiligen Rechtsschutzverfahren geltend machen kann. Es war in der Rechtsprechung lange Zeit umstritten, ob der Betriebsrat per **einstweiliger Verfügung** eine mitbestimmungswidrige Anordnung stoppen kann.[17] Das **BAG** hat aber ein solches Rechtsschutzverfahren des Betriebsrats zumindest bei Mitbestimmungstatbeständen nach § 87 BetrVG ausdrücklich **bejaht.**[18] Dies ermöglicht es dem Betriebsrat, schnell auf mitbestimmungswidrige Anordnungen des Arbeitgebers zu reagieren und die Durchführung einer entsprechenden Maßnahme rechtzeitig zu stoppen. Der Betriebsrat hat zwar grundsätzlich auch nach § 23 Abs. 3 BetrVG die Möglichkeit, vom Arbeitgeber die Unterlassung des Vollzugs mitbestimmungswidriger Anordnungen zu verlangen. Das setzt aber grobe und wiederholte Verstöße des Arbeitgebers gegen seine Mitwirkungspflicht voraus. Mit dem allgemeinen Unterlassungsanspruch kann der Betriebsrat auch bei erstmaligen Verstößen des Arbeitgebers sofort reagieren.

14.7 Mitbestimmungswidrige Anordnungen – Folgen für Außendienstmitarbeiter

Verweigern Außendienstler eine mitbestimmungswidrig angeordnete Maßnahme, dann darf ihnen **deshalb nicht gekündigt** werden. Allerdings werden sie häufig gar nicht wissen, ob eine bestimmte Anordnung mitbestimmungspflichtig ist. In solchen Fällen empfiehlt sich eine vorherige Rücksprache mit dem Betriebsrat, der möglicherweise selbst erst durch die Informationen der Außendienstler auf einen mitbestimmungswidrigen Tatbestand hingewiesen wird. Im Folgenden einige Einzelfälle, die für den Außendienstbereich typisch sind:

Bei **Versetzungen** hat der Betriebsrat ein Informations- und Mitbestimmungsrecht (§ 99 BetrVG). Er kann ihnen unter bestimmten Voraussetzungen

17 Ablehnend noch BAG vom 22.2.1983, AP Nr. 2 zu § 23 BetrVG 1972.
18 BAG vom 3.5.1994, DB 1994, 2450 = Der Betriebsrat 1995, 7.

widersprechen, u. a. wenn dadurch für den betroffenen Arbeitnehmer Nachteile entstehen, ohne dass dies aus betrieblichen oder persönlichen Gründen gerechtfertigt ist. Im Einzelnen sind die Widerspruchsgründe in § 99 Abs. 2 Nr. 1 bis 6 BetrVG aufgelistet. Für Außendienstler ist bei einer Veränderung der Betreuungsgebiete oft strittig, ob es sich hier um eine Versetzung handelt, da im Außendienst häufig eine feste Betriebsstätte fehlt. Wird der bisherige **Gebietsschwerpunkt** jedoch erheblich **verändert**, dann liegt nach der Rechtsprechung auch bei Außendienstlern eine Versetzung vor[19] (Einzelheiten unter Stichwort Gebietsänderung).

Selbst wenn der Einzelarbeitsvertrag dem Arbeitgeber oft weitgehende Dispositionsmöglichkeiten bei der **Zuweisung des Arbeitsortes** einräumt, besagt dies nicht, dass das Mitbestimmungsrecht des Betriebsrats dadurch ausgeschaltet wäre. Im Gegenteil: Der Betriebsrat kann u. U. einer Versetzung widersprechen, die nach dem Arbeitsvertrag eigentlich möglich wäre, wenn **kollektive Interessen des Betriebs** oder besondere Interessen des Arbeitnehmers dies rechtfertigen. Die kollektiven Interessen des Betriebs können auch dann einen Widerspruch rechtfertigen, wenn der Arbeitnehmer der Versetzung zugestimmt hat, möglicherweise aber nicht ganz freiwillig.[20] Dann kann der Arbeitgeber diese Versetzung nicht durchführen, bevor er nicht den Streit durch das Arbeitsgericht geklärt hat (§ 100 BetrVG). Bis dahin muss der Arbeitnehmer der Versetzungsanordnung nicht nachkommen.[21]

Der Betriebsrat hat bei der **Festlegung von Beginn und Ende der täglichen Arbeitszeit** einschließlich Pausen und der Verteilung der Arbeitszeit auf die einzelnen Wochentage sowie bei vorübergehender Verkürzung bzw. Verlängerung der betriebsüblichen Arbeitszeit grundsätzlich nach § 87 Abs. 1 Nr. 2 und 3 BetrVG ein Mitbestimmungsrecht. Dieses Mitbestimmungsrecht gilt auch für die Arbeitszeit im Außendienst. Das Mitbestimmungsrecht des Betriebsrats wird auch nicht dadurch eingeschränkt, dass entsprechende Vereinbarungen in den unternehmerisch-wirtschaftlichen Bereich eingreifen.[22] Ebenso spielt es für das Mitbestimmungsrecht i. d. R. keine Rolle, ob beispielsweise Überstunden nur von einzelnen Arbeitnehmern geleistet werden

19 Vgl. etwa BAG vom 13. 10. 1987, AP Nr. 24 zu § 87 BetrVG 1972 Arbeitszeit.
20 BAG vom 20. 9. 1990, BB 1991, 1263.
21 ArbG Regensburg vom 26. 11. 2009 – 5 Ca 2355/09; LAG Düsseldorf vom 21. 1. 2009 – 12 Sa 1590/08.
22 LAG Köln vom 24. 10. 1989, LAGE § 95 BetrVG Nr. 9; BAG vom 17. 10. 1989, BB 1990, 853.

sollen. Wichtiger sind hier Häufigkeit und Gründe für die Überstundenanordnung.[23]

Welche Regelungen im Rahmen des Mitbestimmungsrechts vereinbart werden, muss im Einzelfall entschieden werden. Jedenfalls gehört auch das Festlegen von **Zeitspannen**, in denen im Außendienst Kundenbesuche bzw. Verwaltungstätigkeiten vorgenommen werden (Gleitzeitregelungen) mit zu den mitbestimmungspflichtigen Vereinbarungen.

Bei der Verpflichtung zur **Teilnahme an Fortbildungsmaßnahmen außerhalb der üblichen Arbeitszeit** im Außendienst wird häufig argumentiert, es handele sich hier um eine mitbestimmungsfreie Anordnung im Einzelfall. Ein sog. kollektiver Bezug, der Voraussetzung für das Mitbestimmungsrecht des Betriebsrats ist, liegt jedoch immer vor, wenn es sich um eine **generelle Regelung der Überstunden** handelt.[24] Auf die Anzahl der im Einzelfall betroffenen Arbeitnehmer kommt es dagegen nicht an. I. d. R. lässt sich bei solchen Veranstaltungen annehmen, dass auf Seiten des Arbeitgebers eine Planung besteht hinsichtlich der Zeitpunkte und hinsichtlich der Dauer der durchzuführenden Fortbildungsveranstaltungen. Außerdem wird der Arbeitgeber im Einzelnen bestimmen, wer welche Fortbildungsveranstaltungen vorbereiten und durchführen soll.

Dabei entfällt das Mitbestimmungsrecht des Betriebsrats auch nicht deswegen, weil bereits **einzelvertragliche Vereinbarungen** vorliegen. Eine solche einzelvertragliche Regelung geht dem Mitbestimmungsrecht des Betriebsrats immer nur dann vor, wenn sie individuellen Besonderheiten Rechnung tragen will. Wird aber im Gewande einer einzelvertraglichen Abrede einem betrieblichen Regelungsbedürfnis Rechnung getragen, dann bleibt das Mitbestimmungsrecht des Betriebsrats bestehen.[25]

Will der Arbeitnehmer an einer solchen mitbestimmungswidrig angeordneten Veranstaltung nicht teilnehmen, dann dürfen ihm daraus **keine Nachteile erwachsen**, insbesondere darf ihm keine Kündigung angedroht werden.[26] Erst wenn der Arbeitgeber mit dem Betriebsrat eine Regelung herbeigeführt hat, ist sie für den Arbeitnehmer verbindlich.

---

23 BAG vom 18. 11. 1980, AP Nr. 3 zu § 87 BetrVG 1972 Arbeitszeit.

24 BAG vom 18. 11. 1980, a. a. O.

25 Dies ist bei gesetz- und tariflichen Überstunden unbestritten, vgl. LAG Düsseldorf vom 21. 1. 1964, DB 1964, 628; LAG Baden-Württemberg vom 16. 3. 1967, BB 1967, 1294. Mitbestimmungswidrige Anordnungen sind jedoch ein Verstoß gegen ein Gesetz – das BetrVG.

26 ArbG Regensburg vom 26. 11. 2009 – 5 Ca 2335/09.

Im Außendienstbereich werden häufig Produktschulungen durchgeführt, bei denen sich die Frage stellt, ob der Betriebsrat hier **ein Mitbestimmungsrecht hat, das ihm bei Maßnahmen der beruflichen Bildung** zusteht (§§ 96f. BetrVG). Dies ist insofern von Bedeutung, weil der Betriebsrat dabei sowohl auf die Ausstattung dieser Maßnahmen Einfluss nehmen kann als auch insbesondere ein Mitbestimmungsrecht hat hinsichtlich der Teilnehmer und Teilnehmerinnen.

Was genau **Berufsfortbildungsmaßnahmen** sind, ist im Betriebsverfassungsgesetz nicht definiert. Es wird insoweit die gesetzliche Definition von § 1 Berufsbildungsgesetz vorausgesetzt, wonach die Ausbildung, Fortbildung und Umschulung zur Berufsbildung gehören. Die berufliche Fortbildung nach dem Betriebsverfassungsgesetz umfasst danach auch kurzfristige Bildungsmaßnahmen, betriebliche Lehrgänge und Seminare, Bildungsprogramme und Ähnliches, d.h. alle Maßnahmen, die sich auf die künftige **Qualifikation** und Leistungsfähigkeit der Belegschaft beziehen.[27] Der Betriebsrat kann solche Bildungsmaßnahmen dann erzwingen, wenn der Arbeitgeber organisatorische Veränderungen mit Auswirkungen auf die Aufgabenfelder der Außendienstmitarbeiter durchführt (§ 96 Abs. 2 BetrVG). Bei der Durchführung von Bildungsmaßnahmen ist der Betriebsrat immer mitbestimmungsberechtigt (§ 98 BetrVG).

Bei internen **Produktschulungen** kommt es darauf an, wie diese im Einzelnen aussehen und was dort vermittelt wird. Wenn lediglich über die zu vertreibenden Produkte unterrichtet wird, dann handelt es sich nicht um eine mitbestimmungspflichtige Bildungsmaßnahme. Wird aber auch über Verkaufsmethoden, Strategien oder Ähnliches informiert oder findet ein Erfahrungsaustausch statt und wird eine Motivation der Außendienstmitarbeiter betrieben, sind diese Veranstaltungen als betriebliche Berufsbildungsmaßnahmen anzusehen. Bei Abgrenzungsstreitigkeiten entscheidet die Einigungsstelle (§ 98 Abs. 4 BetrVG).

Die **Teilnahme** von Außendienstmitarbeitern an **Kongressen und Messen** bedeutet häufig eine erhebliche Veränderung ihrer sonstigen Arbeitszeit. Unabhängig davon, ob eine solche Teilnahme zu dem typischen Berufsbild des Außendienstlers gehört oder sogar arbeitsvertraglich geregelt ist, stellt eine solche Teilnahme einen **mitbestimmungspflichtigen** Vorgang dar.[28] Denn sie verändert den Beginn und das Ende der täglichen Arbeitszeit bzw. die Vertei-

27 BAG vom 5.11.1985, AP Nr. 2 zu § 98 BetrVG 1972.

28 Vgl. z.B. BAG vom 10.6.1986, AP Nr. 18 zu § 87 BetrVG 1972 Arbeitszeit.

lung der Arbeitszeit auf die Wochentage erheblich, insbesondere wenn solche Veranstaltungen an Sonn- und Feiertagen stattfinden. Dabei gilt das Mitbestimmungsrecht unabhängig davon, ob nach öffentlich-rechtlichen Bestimmungen solche Veranstaltungen vom Sonn- und Feiertagsverbot ausgenommen sind.

Ohne eine entsprechende Regelung mit dem Betriebsrat ist eine solche Teilnahme für Außendienstmitarbeiter nicht verpflichtend, selbst wenn sie eine entsprechende Klausel in ihrem Vertrag haben.

Anders sieht es aus, wenn ein innerbetriebliches **Provisions- und Prämiensystem** ohne Absprache mit dem Betriebsrat festgelegt worden ist. Der Betriebsrat hat auf diesem Gebiet ein grundsätzliches Mitbestimmungsrecht nach § 87 Abs. 1 Nr. 10 BetrVG. Wird der Betriebsrat bei den Verteilungsgrundsätzen für **finanzielle Zuwendungen** des Unternehmens nicht beteiligt, dann folgt daraus allerdings **kein Zahlungsanspruch** der betroffenen Mitarbeiter, wenn dieser vorher auch nicht bestanden hat.[29] Das bedeutet nun aber nicht, dass der Arbeitgeber willkürlich bei der Verteilung von Prämien vorgehen könnte. Denn zumindest hat er den Gleichbehandlungsgrundsatz zu beachten, von dem nur unter engen Voraussetzungen abgewichen werden darf.[30]

29 BAG vom 20.8.1991, AP Nr. 50 zu § 87 BetrVG 1972 Lohngestaltung.
30 BAG vom 11.9.1985, AP Nr. 76 zu § 242 BGB Gleichbehandlung.

15. Arbeits- und Gesundheitsschutz

15.1 Gefährdungsbeurteilung

Außendienstmitarbeiter sind aufgrund ihrer besonderen Arbeitsbedingungen – ständig auf Fahrt – spezifischen Gefährdungen und Belastungen ausgesetzt. Sie sind häufiger in Verkehrsunfälle mit schweren Folgen verwickelt als Innendienstmitarbeiter. Auch für die Arbeitsplätze von Außendienstmitarbeitern gilt nach dem Arbeitsschutzgesetz uneingeschränkt die **Verpflichtung des Arbeitgebers** dafür zu sorgen, dass von der Gestaltung des Arbeitsplatzes und der **Durchführung der Arbeit keine gesundheitliche Gefährdung** ausgeht (§ 3 ArbSchG). Dabei sind spezielle Gefahren für besonders schutzbedürftige Beschäftigtengruppen zu berücksichtigen, wie sie im Außendienst durch das Führen eines Fahrzeugs im Straßenverkehr auftreten (§ 4 ArbSchG). Der Arbeitgeber muss deshalb Gefährdungen und Belastungen im Außendienst ermitteln und beurteilen (**Gefährdungsbeurteilung**, §§ 5, 6 ArbSchG). Werden Gesundheitsgefahren ermittelt, müssen geeignete Maßnahmen festgelegt werden, die sie vermeiden oder einschränken.

Die Außendiensttätigkeit kann auch mit hohen **psychischen Belastungen** verbunden sein. Arbeitsabläufe und Arbeitsanforderungen sind dann so zu gestalten, dass es nicht zu psychischen Fehlbelastungen kommt. Auch hier ist Ausgangspunkt eine Gefährdungsbeurteilung, die diese Gefährdungen in den Fokus nimmt und adäquate Schutzmaßnahmen vorschreibt.

Die **Gefährdungsbeurteilung** muss sich auf die spezifischen **Arbeitsbereiche** im Außendienst beziehen, also auf

- die Benutzung von Verkehrsmittel, insbes. des Autos,
- den Besuch beim Kunden,
- die Teilnahme an Veranstaltungen und Messen,
- den häuslichen Arbeitsbereicht (Home Office, Lagerung von Waren).

Fahrzeug

Die Außendiensttätigkeit ist i. d. R. geprägt von häufigen und langen Autofahrten. Durch organisatorische Maßnahmen lassen sich die **Belastungen durch** »Vielfahrerei« minimieren. Entscheidend dafür ist es etwa Verkaufsgebiete so festzulegen, dass die Strecken in kurzer Zeit überwindbar sind. Weitere Ressourcen zur Reduzierung der Belastung sind die Terminplanung oder die rechtzeitige Einplanung von Übernachtungen.

Unter dem Gesichtspunkt des Arbeits- und Gesundheitsschutzes steht allerdings die Ausstattung des Fahrzeugs im Mittelpunkt. Bei der Auswahl des Fahrzeugtyps, der **Ausstattung** und der **Ausrüstung** müssen folgende **Gefährdungsbereiche** berücksichtigt werden:[1]

- Verletzung beim Unfall an Teilen im Fahrgastraum bzw. an Teilen, die durch die Verformung in den Fahrgastraum eindringen
- Teile, die beim Unfall durch den Fahrgastraum fliegen
- Probleme bei der Beherrschbarkeit des Fahrzeugs in Grenzsituationen
- schlechte Sicht und schlechte eigene Sichtbarkeit
- ergonomische Mängel
- mangelhafte Ausrüstung für den Not- und Pannenfall.

Kriterien für das Ergreifen von **Maßnahmen zur Vermeidung dieser Gefährdungen** sind:[2]

- günstiges Abschneiden im Crashtest bezüglich der Insassengefährdung (soweit diese Ergebnisse öffentlich verfügbar sind, z. B. in Fachzeitschriften)
- Maßnahmen zur Gestaltung des Fahrzeuginneren, mit denen Verletzungsgefahren reduziert werden können
- gute Rundumsicht
- gute Erkennbarkeit der Anzeigenistrumente ohne Beeinträchtigung durch Spiegelung
- gute Erreichbarkeit und Bedienbarkeit der Bedienelemente.

Bei der **Auswahl und Ausstattung des Fahrzeugs** ist auf folgende Merkmale zu achten:[3]

- ausreichend höherverstellbare Sicherheitsgurte und ausreichend einstellbare Kopfstützen für Fahrer und Beifahrer
- Airbags für Fahrer und Beifahrer, möglichst mit Seiten-Airbag

1 Berufsgenossenschaft der chemischen Industrie, Merkblatt A 020 1/2005 Außendienst.
2 Ebenda, S. 19.
3 Ebenda, S. 20.

- Antiblockiersystem (ABS)
- heizbare Heckscheiben
- rechts und links Außenspiegel ohne toten Winkel
- Nebelscheinwerfer und Nebelschlussleuchte
- dritte Bremsleuchte
- Sitze mit genügend Unterstützung und Seitenhalt für Oberkörper und Beine sowie ausreichender Verstellbarkeit (insbesondere Fahrersitz)
- Höhenverstellbarkeit der Lenksäule; Servolenkung
- Lüftungsanlage mit Umluftschaltung
- Radio mit automatischem Suchlauf für Verkehrssender
- Freisprecheinrichtung für Funktelefon (Handy) evtl. mit Radio-Telefonkoppelung (Nutzung der Radiolautsprecher für das Gespräch)

Zusätzliche Ausrüstung des Fahrzeugs[4]:

- Verbandskasten nach DIN 13 164-B, Warnweste, Warndreieck
- für den Kofferraum Antirutschmatten, Verzurrgurte, Trenngitter bei Kombis
- vier zusätzliche Winterreifen

Kundenbesuche

Für die Gefährdungsbeurteilung nach §§ 5, 6 ArbSchG müssen Informationen bei **Kunden** eingeholt werden. Diese sind **verpflichtet**, den Arbeitgeber bei der **Gefährdungsbeurteilung zu unterstützen.**[5] Dabei sollten folgende Punkte vereinbart werden:

- Übermittlung von Informationen über Gefährdungen und Belastungen, die von der Arbeitsumgebung im Kundenbereich ausgehen können
- Herstellung sicherer Zustände, bevor der Außendienstmitarbeiter mit der Arbeit beginnt
- Möglichkeit der Weigerung des Außendienstmitarbeiters, seine Arbeit durchzuführen, wenn unzumutbare Gefährdungen und Belastungen vorliegen.

Bei entsprechenden Gefährdungsbereichen muss der Außendienstmitarbeiter für seine Tätigkeit beim Kunden mit Erste-Hilfe-Material und Augenspülflaschen sowie mit den erforderlichen persönlichen Schutzausrüstungen ausgestattet werden.

4 Ebenda, S. 21.

5 § 6 Unfallverhütungsvorschrift BGV A 1 Grundsätze der Prävention.

Sofern der Außendienstmitarbeiter beim Kunden mit **Gefahrstoffen** zu tun hat, müssen für ihn Betriebsanweisungen nach § 14 Abs. 1 GefahrstoffVO erstellt und ihm ausgehändigt werden. Ferner hat eine Unterweisung im Umgang mit den Gefahrstoffen zu erfolgen, die dokumentiert werden muss.

Veranstaltungen und Messen

Bei **Messen** sind folgende Gefährdungszonen zu identifizieren und Gefahrenelemente auszuloten:
- Heben und Tragen von Lasten (Organisation des Transportes von großen und/oder schweren Gegenständen sowie von größeren Mengen an Informationsmaterial); Beauftragung von Fachunternehmen bis an den Stellplatz des Stands;
- Unterweisung der Außendienstmitarbeiter in der richtigen Ladetechnik und in Art und Notwendigkeit der Ladesicherheit;
- Gefährdung bei Standaufbau (z. B. Benutzung von Leitern, Schutzhandschuhen);
- Gefährdung durch defekte oder ungeeignete Elektrogeräte (z. B. Prüfung der Elektrogeräte unter Berücksichtigung von § 3 Abs. 3 und § 10 BetriebssicherheitsVO);
- Unfallgefahren (z. B. Feuerlöscher und Erste-Hilfe-Materialien für den Stand bereit stellen).

Home Office

Bei der **Arbeit an Bildschirmgeräten** liegen mittlerweile gesicherte arbeitswissenschaftliche Erkenntnisse über folgende **Gefahren** vor: Verspannungen im Schulter-Wirbelsäulen-Bereich; Einschränkungen der Sehfähigkeit; Kopfweh und Augenbrennen.

Zur **Einschränkung dieser Gefahren** ist folgender Maßnahmenkatalog entwickelt worden:
- ergonomische Anforderungen an Arbeitsfläche, Sehabstand zum Bildschirm, Platz vor der Tastatur, Beinraum
- ergonomische Anforderungen an den Arbeitsstuhl
- ergonomisch gestaltete Benutzeroberfläche
- Information des Außendienstmitarbeiters über die richtige Aufstellung des Bildschirms (Vermeidung von Spiegelung) und der Arbeitsmöbel

- Schulung zum Umgang mit der Software
- augenärztliche Untersuchung anbieten (§ 6 BildschirmarbeitsVO).

Müssen Waren oder Muster im häuslichen Bereich **gelagert** werden, können für bestimmte Gefährdungsbereiche folgende Maßnahmen ergriffen werden:

- Gefährdung im Zusammenhang mit der Lagerung von Arbeitsmaterial: geeignete Lagerregale und Aufstiegshilfen zur Verfügung stellen;
- Gefährdung durch Gefahrstoffe: Transportsicherheit herstellen durch geeignete Verpackung; Betriebsanweisungen nach § 14 GefahrstoffVO zur Verfügung stellen;
- Gefährdungen durch Medikamenten-Muster: Maßnahmen zum Schutz vor unbefugtem Zugriff (Pflicht nach dem ArzneimittelG); Entsorgung der Medikamente.

15.2 Mitbestimmungsrechte des Betriebsrats

Der Betriebsrat hat ein **Mitbestimmungsrecht** bei Regelungen über die Verhütung von Arbeitsunfällen und bei Regelungen des Gesundheitsschutzes im Rahmen der gesetzlichen Vorschriften oder der Unfallverhütungsvorschriften (§ 87 Abs. 1 Nr. 7 BetrVG).

Das BAG hat dieses Mitbestimmungsrecht (nach langer Zurückhaltung) mittlerweile recht weit gefasst.[6] Da die gesetzlichen Vorschriften bzw. die Unfallverhütungsvorschriften häufig sehr allgemein gefasst sind und ein **weites Gestaltungsermessen** eröffnen, soll der **Betriebsrat** mit seinen Vorschlägen diesen **Gestaltungsprozess mit beeinflussen** können.

Der Betriebsrat ist zunächst bei der **Gefährdungsbeurteilung** nach § 6 ArbSchG zu beteiligen.[7] Sind die Gefahrenzonen identifiziert, dann kann er eigene Vorschläge entwickeln, welche **Maßnahmen** er für die Arbeitsorganisation im Rahmen der allgemeinen **Gefahrenabwehr** nach § 4 ArbSchG für erforderlich hält. Hierbei sind die Empfehlungen der Berufsgenossenschaften als gesicherte arbeitswissenschaftliche Erkenntnisse i. S. v. § 4 Nr. 3 ArbSchG anzusehen.

6 BAG vom 15. 1. 2002 – 1 ABR 13/01.
7 LAG Hamburg vom 21. 8. 2000, NZA-RR 2001, 190.

16. Kündigung und Kündigungsschutz

Das Arbeitsverhältnis eines Außendienstmitarbeiters kann – wie jedes Vertragsverhältnis – sowohl vom Arbeitgeber als auch vom Arbeitnehmer gekündigt werden, wobei allerdings bestimmte Anforderungen zu beachten sind. Relativ unproblematisch sowohl in tatsächlicher wie in arbeitsrechtlicher Hinsicht ist die Beendigung eines Beschäftigungsverhältnisses mittels **Kündigung durch** die **Außendienstmitarbeiter** selbst. Sie können unter Einhaltung der gesetzlichen bzw. tariflichen Kündigungsfristen ohne weitere Begründung jederzeit kündigen. Wollen sie allerdings noch innerhalb ihrer Kündigungsfrist zu einem neuen Arbeitgeber wechseln, dann sind sie auf den guten Willen ihres alten Arbeitgebers angewiesen, sie vorzeitig aus dem Arbeitsverhältnis zu entlassen. Probleme können sich ferner ergeben, wenn die Mitarbeiter eine **Ausbildung** genossen haben und nun die **Kosten zurückerstatten** sollen (dazu unter 16.9).

Eine **Kündigung durch den Arbeitgeber** bedeutet i. d. R. einen zentralen Einschnitt in das Arbeitsleben jeden Arbeitnehmers, gewissermaßen den Super-Gau. Deshalb verlangt das KSchG eine Begründung, die der Arbeitnehmer durch Einreichung einer Kündigungsschutzklage (Dreiwochenfrist!) vom Arbeitsgericht überprüfen lassen kann. Im Folgenden soll erläutert werden, welche Anforderungen die Rechtsprechung an die Begründung einer Kündigung durch den Arbeitgeber stellt und wie sich die betroffenen Arbeitnehmer gegen eine solche Kündigung zur Wehr setzen können. Dabei werden typische Fallkonstellationen im Außendienst besonders berücksichtigt.

Das gesamte Kündigungsgeschehen steht unter dem obersten **Grundsatz der Verhältnismäßigkeit.** Der Arbeitgeber darf danach eine Kündigung erst als letztes Mittel einsetzen. Zuvor muss er mit **milderen Mitteln** versuchen, eine Leistungs- oder Verhaltensschwäche des Arbeitnehmers zu korrigieren, z.B. bei Verhaltensstörungen in Form einer **Abmahnung.** Ferner muss die Möglichkeit einer anderweitigen Beschäftigung geprüft werden. Entschließt sich der Arbeitgeber dennoch zur Kündigung, muss er eine **Abwägung** zwischen seinen Interessen und denjenigen des Arbeitnehmers vornehmen.

Eine Auflösung des Arbeitsverhältnisses mit anderen Mitteln stellt der Aufhebungsvertrag dar. Er wirft eine Reihe von Fragen auf hinsichtlich seiner Zulässigkeit, aber auch der Folgen, vor allem was die Zahlung von Arbeitslosengeld angeht (dazu unter 16.8).

16.1 Kündigungsfristen

Bei jeder **ordentlichen** Kündigung sind bestimmte Kündigungsfristen einzuhalten, bei der außerordentlichen oder fristlosen Kündigung dagegen nicht. Die Kündigungsfristen sind seit 1993 für Arbeiter und Angestellte einheitlich in § 622 BGB geregelt. Enthalten Tarifverträge andere Regelungen, so gehen diese vor (§ 622 Abs. 4 BGB).

Es gilt eine gemeinsame **Grundkündigungsfrist** für Arbeiter und Angestellte von **vier Wochen** zum 15. oder zum Monatsende. Während einer vereinbarten Probezeit kann mit einer Frist von zwei Wochen gekündigt werden. Die Kündigungsfristen verlängern sich mit der Dauer der Beschäftigung. Bei der Berechnung der Beschäftigungsdauer kommt es nicht auf das Lebensalter an. Auch Beschäftigungszeiten **vor dem 25. Lebensjahr** müssen berücksichtigt werden. Der frühere Ausschluss von Beschäftigungszeiten vor diesem Alter ist wegen Verstoßes gegen das Alters-Diskriminierungsverbot vom EuGH **aufgehoben** worden.[1]:

Gesetzliche Kündigungsfristen

Beschäftigungsdauer	**Frist**
bis 2 Jahre	4 Wochen zum 15. (bzw. Monatsende)
mind. 2 Jahre	1 Monat zum Monatsende
mind. 5 Jahre	2 Monate
mind. 8 Jahre	3 Monate
mind. 10 Jahre	4 Monate
mind. 12 Jahre	5 Monate
mind. 15 Jahre	6 Monate
mind. 20 Jahre	7 Monate

1 EuGH vom 19.1.2010, NZA 2010, 85 (Kükcükdeveci); LAG Düsseldorf vom 17.2.2010, NZA-RR 2010, 240.

Neben diesen gesetzlichen Kündigungsfristen bleiben die tarifvertraglichen Kündigungsfristen bestehen, die teils kürzere (bei kurzer Beschäftigungszeit), teils erheblich längere Fristen bei steigender Beschäftigungsdauer enthalten.

Tarifliche Kündigungsfristen:
MTV der chemischen Industrie, § 11
Maßgebend ist die Summe aus Lebens- und Unternehmenszugehörigkeit (Messzahl) und Beschäftigungsdauer.

Messzahl/ Beschäftigungsdauer	**Frist**
Bis 2 Jahre	2 Wochen
ab 2 Jahre	2 Wochen zum Monatsende
ab 2 Jahre	1 Monat zum Monatsende
35, ab 3 Jahre	6 Wochen zum Monatsende
40, ab 5 Jahre	2 Monate zum Monatsende
45, ab 5 Jahre	3 Monate zum Quartalsende
60	4 Monate zum Quartalsende
70	5 Monate zum Quartalsende
75	6 Monate zum Quartalsende

Die **längeren gesetzlichen Kündigungsfristen** nach § 622 Abs. 2 BGB gelten nur für den **Arbeitgeber.** Für den **Arbeitnehmer** gilt lediglich eine Kündigungsfrist von **vier Wochen** (§ 622 Abs. 1 BGB). Allerdings soll **per Vereinbarung** auch eine **längere Kündigungsfrist für den Arbeitnehmer** vereinbart werden können (§ 622 Abs. 5 Satz 3 BGB).[2] Die Kündigungsfrist für den Arbeitnehmer kann z. B. an die Fristen für den Arbeitgeber nach § 622 Abs. 2 BGB angepasst werden, darf jedoch nicht darüber hinausgehen (§ 622 Abs. 6 BGB). Der Arbeitnehmer soll vor einer Schlechterstellung gegenüber dem Arbeitgeber geschützt werden; eine Gleichstellung mit dem Arbeitgeber ist jedoch nicht untersagt. Eine verlängerte Kündigungsfrist für Arbeitnehmer kann auch nicht als überraschende Klausel im Wege der AGB-Kontrolle angefochten werden.[3]

16.2 Kündigungsschutzverfahren

Eine Kündigung durch den Arbeitgeber ist durch das Kündigungsschutzgesetz und durch das BetrVG mit bestimmten Auflagen versehen, so dass nicht jede Kündigung durch den Arbeitgeber Bestand hat. Nach dem Kündigungsschutzgesetz muss der Arbeitgeber vielmehr jede Kündigung **begründen.** Sie muss so-

2 BAG vom 29. 8. 2001 – 4 AZR 337/00, NZA 2002, 1346.
3 BAG vom 28. 5. 2009 – 8 AZR 896/07.

zial gerechtfertigt sein (§ 1 KSchG) und einen der drei gesetzlichen Kündigungsgründe (verhaltens-, personen-, betriebsbedingte Gründe) abdecken und rechtfertigen. Ob diese Gründe stichhaltig sind, können die Betroffenen durch das Arbeitsgericht überprüfen lassen.

Das Kündigungsschutzgesetz gilt jedoch erst nach **sechsmonatiger Beschäftigung.** Ferner muss der Betrieb seit dem 1.1.2004 mindestens **10,25 Arbeitnehmer** beschäftigen. Teilzeitkräfte werden nach dem Volumen ihrer Arbeitszeit mit einem Faktor von 0,5 (unter 20 Stunden) bzw. 0,75 (unter 30 Stunden) gezählt (§ 23 KSchG). Daraus ergibt sich ein Durchschnittswert von 10,25 Arbeitnehmern. Für Altfälle (bereits vor dem 1.1.2004 beschäftigte Arbeitnehmer) gilt noch der frühere Schwellenwert von 5,25 Arbeitnehmern – allerdings nur so lange, wie diese Gruppe stabil diesen Schwellenwert hält.

Werden diese **Zahlenwerte nicht erreicht**, dann trifft den Arbeitgeber bei einer Kündigung auch keine Begründungspflicht. Zwar können die Betroffenen auch dann Klage gegen eine Kündigung erheben; die **Überprüfungskriterien** sind aber wesentlich **schwächer.** Da der Arbeitgeber keiner Begründungspflicht unterliegt, sind nur Klagen erfolgreich, wenn die Kündigung »gegen die guten Sitten« verstößt (§ 138 BGB) oder gegen ein gesetzliches Verbot (§ 134 BGB).

Eine **»sittenwidrige« Kündigung** lässt sich meist nur bei Extremsituationen nachweisen.

Beispiel:
Aufforderung durch den Arbeitgeber zum Bestechen von Behörden, um an bestimmte Kunden zu gelangen. Die Arbeitnehmer lehnen das ab und werden daraufhin entlassen.[4]

Gesetzliche Verbote sind ebenfalls die Ausnahme. Unzulässig ist z.B. eine Kündigung während der Schwangerschaft (§ 9 MuSchG),[5] unabhängig davon, wie lange die Beschäftigung bereits gedauert hat.

Allerdings ist auch in Betrieben mit einer geringeren Beschäftigtenzahl sowie bei Arbeitnehmern in der **Probezeit** eine **Kündigung** so zu **begründen,** dass die Kündigung **plausibel** ist und **rational nachvollzogen** werden kann. Das BVerfG hat eine inhaltliche Überprüfung der Kündigungsgründe auch in solchen Fällen als geboten angesehen, um dem Grundrecht auf Berufsfreiheit und den darin enthaltenen Schutz der Arbeitnehmer vor Entlassungen angemessen

4 Vgl. ArbG Göttingen vom 9.3.1961, DB 1961, 1296.
5 BAG vom 27.11.1956, DB 1957, 360.

zu berücksichtigen.[6] Die Intensität der Überprüfung darf dabei allerdings geringer sein als nach dem Kündigungsschutzgesetz.[7]

Die Überprüfung der Kündigung auf ihre soziale Rechtfertigung aus sozialen, personellen oder betriebsbedingten Gründen nach dem **Kündigungsschutzgesetz** erfolgt schließlich **nur** bei einer **ordentlichen** Kündigung.

Kündigt der Arbeitgeber **fristlos** aus wichtigem Grund (außerordentliche Kündigung), dann kann der Arbeitnehmer zwar ebenfalls gegen die Kündigung vorgehen. Die Kündigung wird aber hier am Maßstab des § 626 BGB gemessen, d.h., es muss ein »**wichtiger Grund**« vorliegen. Was als wichtiger Grund akzeptiert wird, hat die Rechtsprechung in einer umfangreichen Einzelfalljudikatur entwickelt.[8] Dabei sind die Grenzen zur verhaltensbedingten ordentlichen Kündigung oft fließend (siehe dazu unter 16.3.2).

Die Klage gegen eine ordentliche Kündigung muss innerhalb von **drei Wochen** nach Zugang der Kündigung vor dem Arbeitsgericht erhoben werden (§ 4 KSchG). Versäumt der Arbeitnehmer diese Frist, kann die Klage u.U. **nachträglich zugelassen** werden (§ 5 KSchG).[9] Gewinnt der Arbeitnehmer den Kündigungsschutzprozess, besteht sein Arbeitsverhältnis unverändert fort. Verliert er den Prozess, so endet das Arbeitsverhältnis mit Ablauf der Kündigungsfrist.

Die gleichen Fristen sind auch bei einer **fristlosen Kündigung** einzuhalten (§ 13 KSchG), natürlich nur, wenn die formalen Voraussetzungen für die Anwendung des Kündigungsschutzgesetzes gegeben sind (sechsmonatige Beschäftigung, 10,25 Arbeitnehmer). Andernfalls sind Arbeitnehmer an diese Frist nicht gebunden. Warten sie in einem solchen Fall mit einer Klage allerdings zu lange nach Ausspruch der Kündigung, kann ihr Klagerecht u.U. verwirkt sein. Der Arbeitgeber seinerseits kann eine fristlose Kündigung im Übrigen nur innerhalb einer **Ausschlussfrist** von **zwei Wochen** aussprechen, seitdem er von dem Grund, auf den er die Kündigung stützen will, Kenntnis erlangt hat (§ 626 Abs. 2 BGB).[10]

---

6 BVerfG vom 27.1.1998, NZA 1998, 470.

7 BAG vom 21.2.2001, NZA 2001, 833.

8 Vgl. etwa die Zusammenstellung bei Backmeister/Trittin/Mayer, KSchG, § 626 BGB Rn. 88f.

9 Voraussetzung ist allerdings fehlendes Verschulden, Einzelheiten bei Kittner/Däubler/Zwanziger, Kündigungsschutzrecht, § 5.

10 Beim selbständigen Handelsvertreter gilt diese Frist übrigens nicht: BGH vom 3.7.1986, NJW 1987, 57f.

16.3 Kündigungsgründe – Überblick

Im Kündigungsverfahren muss der Arbeitgeber beweisen, dass die von ihm angegebenen Gründe für die Kündigung tatsächlich vorlagen (Beweislast) und einen der vom Kündigungsschutzgesetz vorgesehenen Gründe abdecken. Das Kündigungsschutzgesetz enthält personen-, Verhaltens- und betriebsbedingte Kündigungsgründe (§ 1 KSchG), die eine **ordentliche Kündigung** rechtfertigen können. Diese **gesetzlichen Kündigungsgründe** sind so **vage** gehalten, dass sie unmittelbar keinen Anhaltspunkt dafür geben, wie eine Kündigung zu beurteilen ist. Die **Rechtsprechung** hat deshalb **Kriterien** entwickelt, wie dieser weite Kündigungsrahmen auszufüllen ist. Anhand von Fallgruppen wurde ein Raster aufgestellt, an dem in der Praxis die jeweiligen Kündigungsfälle gemessen werden. Im Konfliktfall ist dabei ein Blick in die umfangreiche Kommentarliteratur unerlässlich.[11]

16.3.1 Personenbedingte Kündigung

Hierzu werden Fälle gerechnet, bei denen die Kündigung wegen angeblicher Mängel in den persönlichen Eigenschaften und Fähigkeiten des Arbeitnehmers ausgesprochen wird.[12] Ein Verschulden wird hier nicht vorausgesetzt, deshalb ist eine Abmahnung ausgeschlossen.

Minderleistung – Low performance

Ein **Leistungsabfall** von Mitarbeitern kann sowohl auf physischem Verschleiß beruhen (Krankheiten, Alter) wie auch durch zunehmende Stressfaktoren im Außendienst bedingt sein. Andere Ursachen können aber auch eine schlechte Organisation und Betreuung der Außendienstmitarbeiter durch Gebiets- oder Bezirksleiter sein. Eine Kündigung, die auf **Leistungsabfall** der Außendienstmitarbeiter gestützt wird, kann deshalb erst am Ende einer sorgfältigen Ursachenforschung stehen. Dabei ist insbesondere zu prüfen, ob durch eine andere Organisation des Außendienstes der Leistungsabfall gestoppt werden kann. Weiter kann eine Stärken- und Schwächen-Analyse des Außendienstmitarbei-

11 Z.B. Kittner/Däubler/Zwanziger, Kündigungsschutzrecht; Hueck/v. Hoyningen-Huene, KSchG; Backmeister/Trittin/Mayer, KSchG.

12 Backmeister/Trittin/Mayer, § 1 KSchG Rn. 108f.

ters unter Umständen dazu führen, dass eine geeignetere Verwendung für ihn gefunden wird.

Bei **altersbedingter Leistungsminderung** ist es eine Aufgabe der Personalleitungen, im Rahmen der Personalentwicklungsplanung über alternative Einsatzmöglichkeiten der Außendienstmitarbeiter nachzudenken. Hier kommen verschiedene Möglichkeiten in Betracht, um das Erfahrungswissen der betroffenen Mitarbeiter weiterhin für das Unternehmen zu nutzen und gleichzeitig dem Mitarbeiter eine leistungsgerechte Weiterbeschäftigung zu ermöglichen.

Personalentwicklungsmaßnahmen bei Leistungsminderung statt Kündigung:
Dazu können gehören
- eine schrittweise Reduzierung der Außendiensttätigkeit und ein verstärkter Einsatz im Innendienst;
- ein Einsatz als Verkaufstrainer oder Projektmanager;
- die Schaffung von Organisationsstrukturen für Arbeitsgruppen und Verkaufsteams;
- eine Verwendung im Ausbildungs- und Schulungsbereich.[13]

Wird statt solcher Personalentwicklungsmaßnahmen das Mittel der Kündigung gewählt, dann kann der Vorwurf einer für den Arbeitgeber nicht mehr hinnehmbaren Minderleistung (»Low performance«) auf personen- wie verhaltensbedingte Gründe gestützt werden.[14] Im ersten Fall lautet der Vorwurf: Der Arbeitnehmer kann nicht mehr leisten, obwohl er wollte. Im zweiten Fall: Der Arbeitnehmer will nicht mehr leisten, obwohl er könnte.

Beim Vorwurf der Minderleistung gilt Folgendes: Der **Arbeitnehmer schuldet nur eine Arbeitsleistung von »mittlerer Art und Güte«**. Er muss einerseits unter angemessener Ausschöpfung seiner persönlichen Leistungsfähigkeit arbeiten.[15] Dabei ist andererseits von den Möglichkeiten eines durchschnittlich leistungsfähigen Arbeitnehmers auszugehen.[16] Der Arbeitgeber muss nachweisen, dass der Arbeitnehmer seine Leistungsfähigkeit nicht ausschöpft. Im **Außendienst** spielen dabei häufig die **Soll-Zahlen** der sog. Netto-Werteinheiten eine Rolle.

13 Beispiele nach Hunold, Arbeitsrecht im Außendienst, Rn. 704.
14 BAG vom 11.12.2003, NZA 2004, 784.
15 BAG vom 3.6.2004, BB 2005, 48.
16 BAG vom 17.1.2008 – 2 AZR 536/06.

Beispiel:
Die Parteien stritten sich über die **Entfernung einer Abmahnung aus der Personalakte** des Klägers. Der Kläger war seit 1988 in dem beklagten Versicherungsunternehmen zuletzt als Agenturleiter im Bereich der Vertriebsdirektion S beschäftigt. Er wurde abgemahnt wegen weit unterdurchschnittlicher Arbeitsergebnisse. Ihm wurde vorgehalten, nur 962 netto Werteinheiten (NWE) erzielt zu haben, während im Durchschnitt von den anderen in der Vertriebsdirektion tätigen Verkäufern 2479 NWE erzielt worden waren. Er klagte auf Entfernung der Abmahnung aus seiner Personalakte.

Bei dem Vorwurf einer quantitativen Minderleistung und eines erheblichen **Zurückbleibens hinter den Leistungen vergleichbarer Arbeitnehmer** muss vom Arbeitgeber nachgewiesen werden, dass die **Leistungen** unter etwa **gleichen Bedingungen** erzielt werden konnten. Jeder Arbeitnehmer, der sich am Durchschnitt messen lassen soll, muss in etwa die gleiche Chance haben, durchschnittliche Erfolge zu erzielen. Gegen die Aussagefähigkeit von Durchschnittswerten kann sprechen, dass der Höchstwert und der niedrigste Wert weit auseinander klaffen und Leistungsunterschiede dies nicht erklären können.[17] Wegen mangelnder Substantiierung musste die Abmahnung im obigen Fall zurückgenommen werden.

Krankheit

Den Hauptkomplex personenbedingter Kündigungen machen die **krankheitsbedingten Kündigungen** aus. Die Rechtsprechung hat dazu folgende Linie entwickelt: Kündigung schützt nicht vor Krankheit, aber nicht jede Krankheit rechtfertigt eine Kündigung.[18]

Bei **Kündigungen wegen Krankheit** unterscheidet man zwischen häufigen Kurzerkrankungen und lange andauernden Erkrankungen. Eine Krankheit wird dann als Kündigungsgrund anerkannt, wenn sie die betrieblichen Belange in unzumutbarer Weise beeinträchtigt. Dabei hat sich die Rechtsprechung bisher geweigert, eine zeitliche Grenze der Fehlzeiten festzulegen, ab der eine solche Störung der vertraglichen Austauschbeziehungen vorliegen soll. I. d. R. müssen die **Fehlzeiten über der Sechswochengrenze** liegen, für die das Gehalt nach dem Entgeltfortzahlungsgesetz weiter zu zahlen ist. Wann sie dann jedoch als erheblich anzusehen sind, wird von den Umständen des Einzelfalles abhängig gemacht.[19]

17 BAG vom 27.11.2008 – 2 AZR 675/07, NZA 2009, 842.
18 Vgl. BAG vom 7.11.1985, DB 1986, 863; insgesamt dazu Kohte, AiB 1990, 125.
19 BAG vom 16.2.1989, NZA 1989, 923.

- Bei **häufigen Kurzerkrankungen** kommt es nicht nur auf die Dauer der Fehlzeiten an, sondern der Arbeitgeber muss eine **Prognose** stellen, ob auch in Zukunft mit häufigen Fehlzeiten zu rechnen ist.[20] Hatte allerdings der Arbeitnehmer in der Vergangenheit erhebliche Fehlzeiten, dann begründet dies eine Vermutung für entsprechende Ausfälle in der Zukunft. Der Arbeitnehmer hat nun selbst darzulegen, weshalb mit einer baldigen und endgültigen Genesung zu rechnen ist. Gegebenenfalls hat er die behandelnden Ärzte von der Schweigepflicht zu entbinden.[21]
- Schließlich ist im Wege einer **Interessenabwägung** zu prüfen, ob die Beeinträchtigung des betrieblichen Ablaufs für den Arbeitgeber hinnehmbar ist, etwa in Form zumutbarer Überbrückungsmaßnahmen. Dabei wird den Arbeitgebern jedoch ein weiter Spielraum eingeräumt.[22]
- Auch bei **lang anhaltenden Erkrankungen** ist nicht allein die Anzahl der Fehltage maßgeblich, sondern ebenfalls eine Prognose über das voraussichtliche Ende der Erkrankung erforderlich. Nur wenn sowohl die Anzahl der Fehltage erheblich über dem Durchschnitt der betrieblichen Fehlzeiten liegt als auch die Prognose über die künftige Gesundheitsentwicklung des Arbeitnehmers negativ ausfällt, soll der Arbeitgeber ein Recht zur Kündigung haben.[23]
- Bei der **Interessenabwägung** der betrieblichen Belange mit den Schutzinteressen des Arbeitnehmers muss auch berücksichtigt werden, inwieweit die Krankheit ihre Ursache in der Tätigkeit des Arbeitnehmers hat.[24] Bei Außendienstmitarbeitern ist dabei vor allem an Erkrankungen der Wirbelsäule wegen der häufigen Autofahrten zu denken. Liegt eine solche Erkrankung etwa der Bandscheiben vor, dann muss dies bei der Interessenabwägung zugunsten des Arbeitnehmers berücksichtigt und z. B. eine Versetzung in den Innendienst in Erwägung gezogen werden.
- Dabei muss der Arbeitgeber nachweisen, dass er ein **Eingliederungsmanagement** nach § 84 Abs. 2 SGB IX versucht hat, wonach er alternative Einsatzmöglichkeiten vor Ausspruch einer Kündigung prüfen muss.[25] Wird dies versäumt, so soll damit zwar kein formeller Kündigungsverstoß mit der Folge der Unwirksamkeit der Kündigung vorliegen. Es kann jedoch Folgen

20 BAG vom 4. 11. 1981, AP Nr. 4 zu § 1 KSchG 1969 Verhaltensbedingte Kündigung.
21 BAG vom 16. 2. 1989, DB 1989, 2075; vom 5. 7. 1990, DB 1990, 2176.
22 BAG vom 29. 7. 1993, DB 1993, 2439.
23 BAG vom 30. 1. 1986, NZA 1987, 555.
24 BAG vom 7. 11. 1985, AP Nr. 17 zu § 1 KSchG Krankheit.
25 BAG vom 12. 7. 2007, NZA 2008, 173.

haben für die Darlegungs- und Beweislast. Der Arbeitgeber kann sich dann nicht darauf berufen, ihm seien keine Alternativen bekannt, wie der Rückkehrer unter Berücksichtigung seiner gesundheitlichen Einschränkungen eingesetzt werden könnte.[26]

16.3.2 Verhaltensbedingte Kündigung

Zentraler Ansatzpunkt der verhaltensbedingten Kündigung ist die Behauptung vertragswidrigen Verhaltens der Arbeitnehmer im Leistungsbereich. Die Rechtsprechung neigt zwar dazu, auch **außerdienstliches Verhalten** als Kündigungsgrund zuzulassen. Dabei ist aber ein strenger Maßstab anzulegen.[27] Nur wenn nebenvertragliche Verhaltenspflichten gleichzeitig mit verletzt sind, kann der außerdienstliche Bereich Berücksichtigung finden. Besonders umstritten ist hier der Umfang der Meinungsfreiheit und der politischen Betätigung.

Ein vertragliches Fehlverhalten ist nicht ohne weiteres auch gleichzeitig ein Kündigungsgrund. Vielmehr müssen die **Interessen** des **Arbeitgebers** mit denen des **Arbeitnehmers abgewogen werden.** Dabei spielt es eine Rolle, ob es sich um ein einmaliges Fehlverhalten handelt und in welchem Verhältnis der Schaden des Arbeitgebers zu den durch die Kündigung für den Arbeitnehmer entstehenden Folgen steht.[28]

Die verhaltensbedingte Kündigung darf vom Arbeitgeber nicht als Strafaktion eingesetzt werden, sondern nur als letztes Mittel, wenn anderweitige Versuche, den Arbeitnehmer zu einem vertragsgetreuen Verhalten zu veranlassen, nichts gefruchtet haben. Deshalb wird von der Rechtsprechung verlangt, dass vor einer verhaltensbedingten Kündigung im Leistungsbereich eine Abmahnung erfolgt sein muss.[29] Dies ist zwar gesetzlich nicht ausdrücklich angeordnet, beim Fehlen einer solchen **Abmahnung bei Leistungsdefiziten** wird von der Rechtsprechung jedoch eine **Kündigung** i. d. R. als **unverhältnismäßig** und sozial nicht gerechtfertigt angesehen.[30]

---

26 BAG vom 10.12.2009 – 2 AZR 400/08, AuR 2010, 224.
27 Vgl. etwa BAG vom 28.9.1972, NJW 1973, 77f.
28 Vgl. im Einzelnen Backmeister/Trittin/Mayer, § 1 KSchG Rn. 184f.
29 Vgl. BAG vom 18.5.1994, NZA 1995, 65; vom 24.6.2004, NZA 2005, 159.
30 Vgl. z.B. BAG vom 9.8.1984, DB 1984, 2703; vom 16.9.2004, NZA 2005, 459.

Lediglich bei erheblichem Fehlverhalten und einer schwer wiegenden Störung des Arbeitsverhältnisses soll eine Abmahnung entbehrlich sein.[31]

Eine vorherige Abmahnung hat im Übrigen grundsätzlich auch bei einer **fristlosen Kündigung wegen Leistungsmängel** zu erfolgen (§ 314 BGB).[32] Auch hier darf eine Kündigung nur als letztes Mittel gebraucht werden; zuvor muss zumindest versucht werden, den Arbeitnehmer zu einer Leistungskorrektur zu bewegen. Nur wenn sein Verhalten die Vertrauensgrundlage so stark erschüttert hat, dass dem Arbeitgeber eine weitere Zusammenarbeit nicht zugemutet werden kann, ist eine Abmahnung auch hier entbehrlich.[33]

16.3.3 Betriebsbedingte Kündigung und Sozialauswahl

Eine betriebsbedingte Kündigung setzt voraus, dass durch inner- oder außerbetriebliche Umstände der Arbeitskräftebedarf sinkt. Dabei ist es zunächst unerheblich, ob dieser Rückgang des Personalbedarfs vom Arbeitgeber selbst verursacht worden ist, etwa durch Rationalisierungsmaßnahmen oder durch sinkende Aufträge infolge eines Konjunktureinbruchs.

Die Rechtsprechung überprüft die vom Arbeitgeber angegebenen Gründe deshalb auch nicht auf ihre Zweckmäßigkeit, sondern nur auf ihre Angemessenheit, wobei sie mehr oder minder lediglich eine Willkürkontrolle vornimmt.[34] Allerdings verlangt sie vom Arbeitgeber hieb- und stichfeste Argumente, lässt Schlagworte nicht genügen, sondern fordert nachprüfbare Fakten, damit der Arbeitnehmer diese gegebenenfalls durch Gegenargumente entkräften kann.[35]

Beispiel:
Das Unternehmen A strukturiert die Verkaufsbezirke für den Außendienst aus Gründen der Kostenersparnis um. Kleinere Verkaufsbezirke werden aufgelöst. Die Betreuung des bisherigen Kundenstamms soll künftig durch lokale selbständige Handelsvertreter wahrgenommen werden. Den angestellten Außendienstmitarbeitern in diesen Verkaufsbezirken wird gekündigt.

31 BAG vom 4.6.1997, NZA 1997, 1281.
32 LAG Düsseldorf vom 11.5.2005, NZA-RR 2005, 584.
33 BAG vom 12.1.2006, NZA 2006, 980.
34 Vgl. etwa BAG vom 16.1.1987, BB 1987, 2302; vom 18.9.2008 – 2 AZR 560/07.
35 BAG vom 17.6.1999, NZA 1999, 1095.

Die **Umstrukturierung von Verkaufsgebieten** liegt im freien unternehmerischen Ermessen und ist daher mitbestimmungsfrei.[36] Dazu gehört auch die Umstellung von einem angestellten Außendienst auf selbständige Handelsvertreter, wenn der ehemalige Arbeitgeber gegenüber den neuen »freien« Handelsvertretern kein Direktionsrecht mehr ausübt.[37] Das Unternehmen muss jedoch sein Kostenkonzept **schlüssig** und für Dritte **nachvollziehbar** darstellen. Es muss ferner nachweisen, dass die Neustrukturierung tatsächlich durchgeführt wird und nicht nur dem Zweck dient, einige unliebsame Mitarbeiter loszuwerden.[38]

Beispiel:
Ein auf Bergbautechnologie spezialisiertes Unternehmen beschäftigte Mitarbeiter im **Vertriebsaußendienst** zur Durchführung von Temperatur- und Serviceleistungen bei werktechnischen Problemen. Das **Unternehmen** wollte den **Außendienst verkleinern** und kündigte einem Außendienstmitarbeiter. Bei einer Neugliederung des Außendienstes, welche in einer Vergrößerung der betreuten Verkaufsbezirke und einer entsprechend geringeren Anzahl von Vertretern besteht, muss **das geänderte Konzept im Einzelnen dargestellt** werden, insbesondere mit der Angabe, wie das vorhandene Arbeitszeitvolumen an die verringerte Personalkapazität angepasst werden soll – so etwa durch eine **geringere Häufigkeit von Kundenbesuchen** oder die Entscheidung, **nur umsatzstarke Kunden persönlich aufzusuchen**, Kleinkunden entgegen nur noch telefonisch zu bedienen. Auch sobald eine »**Arbeitsverdichtung**« angestrebt wird, ist dies **nur nachzuvollziehen**, wenn der künftig zu vermeidende »**Leerlauf**« **bezeichnet wird**, so bei einer unternehmenseinheitlichen Vorgabe in Form eines Handbuchs für den Außendienst mit Anweisungen für zielgerichtete Verkaufsgespräche mit zeitlichen Vorgaben.[39]

Der Arbeitgeber muss stets eine **Interessenabwägung** vornehmen, ob seine unternehmerischen Ziele auch ohne eine Kündigung der betreffenden Mitarbeiter erreicht werden kann, etwa durch ihre Umsetzung in ein anderes Verkaufsgebiet oder u. U. in den Innendienst.

Beispiel:
Dies hat aber Grenzen. Einem Verkaufsstellenleiter muss nicht im Außendienst eine Beschäftigung angeboten werden, wenn sich dort die Verdienstmöglichkeiten um 1500 € verringern.[40]

---

36 BAG vom 16. 7. 1991, BB 1992, 564.

37 BAG vom 9. 5. 1996, NZA 1996, 145; vom 13. 3. 2008, NZA 2008, 878.

38 Berkowsky, Außendienst und Kündigung, in Rieder (Hrsg.), Rechtsfragen im angestellten Außendienst, S. 155.

39 LAG Hamm vom 7. 9. 2000 – 8 Sa 57/00.

40 LAG Köln vom 7. 11. 1997 – 11 a 1110/96.

Besonders **bei innerbetrieblichen Umstrukturierungen** und der Behauptung außerbetrieblicher Negativeinflüsse sind die Arbeitnehmer häufig überfordert, die Argumente des Arbeitgebers zu erschüttern. Erschwerend kommt hinzu, dass bei **Konzernbetrieben** nicht etwa der gesamte Konzern betrachtet wird, sondern immer nur der einzelne Betrieb.[41] Einen Anspruch auf eine anderweitige Beschäftigungsmöglichkeit etwa in einem Tochterunternehmen lässt das BAG nur dann zu, wenn der Arbeitnehmer konkret aufzeigen kann, wie eine dortige Beschäftigung aussehen kann (z. B. durch Nachweis eines offenen Arbeitsplatzes).[42] Sind mehrere Betriebe unter einer einheitlichen Arbeitsorganisation und Leitungsmacht zusammengefasst, dann sollen Versetzungsmöglichkeiten zwischen den Betrieben vom Arbeitgeber selbst geprüft werden müssen.[43]

Ausdrücklich wird bei einer betriebsbedingten Kündigung verlangt, dass zwischen den betroffenen Arbeitnehmern eine Auswahl nach sozialen Gesichtspunkten getroffen wird (§ 1 Abs. 3 KSchG). Wird eine solche Auswahl nicht vorgenommen oder werden soziale Gesichtspunkte ungenügend berücksichtigt, dann ist die Kündigung unwirksam.

Bei einer korrekten **Sozialauswahl** sind gesetzlich zwingend folgende Umstände zu berücksichtigen:

- Dauer der Betriebszugehörigkeit,
- Lebensalter,
- Unterhaltspflichten des Arbeitnehmers,
- Vorliegen einer Schwerbehinderung.

Weitere soziale Umstände können sein:

- Berufskrankheiten oder Arbeitsunfall,
- schlechte Arbeitsmarktchancen.[44]

Allerdings kann der Arbeitgeber unter bestimmten Umständen von einer Sozialauswahl absehen, wenn betriebstechnische, wirtschaftliche oder sonstige berechtigte betriebliche Bedürfnisse die Weiterbeschäftigung eines oder mehrerer bestimmter Arbeitnehmer bedingen oder ihre Weiterbeschäftigung zur Sicherung einer ausgewogenen Personalstruktur erforderlich ist.[45] Für das Vorliegen solcher Umstände ist der Arbeitgeber jedoch in vollem Umfang beweispflichtig.

---

41 BAG vom 22. 5. 1986, AP Nr. 4 zu § 1 KSchG Konzern; vom 23. 3. 2006, NZA 2007, 30.
42 BAG vom 20. 1. 1994, DB 1994, 1627; vom 23. 3. 2006, NZA 2007, 30.
43 BAG vom 13. 6. 1985, AP Nr. 10 zu § 1 KSchG.
44 Ausdrücklich erwähnt in der BT-Drs. 14/45, 35.
45 BAG vom 23. 11. 2000, NZA 2001, 60.

Die Gewichtung der Sozialdaten ist nicht unumstritten. Deshalb wird häufig versucht, durch ein **Punktesystem** die Auswahl zu versachlichen, was aber nur in einem begrenzten Maße zulässig ist.[46] Die Aufstellung solcher Punktesysteme ist nach § 95 BetrVG **mitbestimmungspflichtig**, selbst wenn sie nur einmalig zur Anwendung kommen sollen.[47] Allerdings macht ein **Verstoß** gegen das Mitbestimmungsrecht die **Kündigungen nicht unwirksam.**[48]

Der Einwand, man sei falsch bepunktet worden, macht eine Kündigung nicht unbedingt unwirksam. Dieser Einwand wird nur berücksichtigt, wenn sich der **Auswahlfehler** direkt auf das kündigungsrelevante Ranking auswirkt.[49]

Bei einer Kündigung von Außendienstmitarbeitern kann im Rahmen der Sozialauswahl von Bedeutung sein, ob die Vergleichsgruppe nur aus den im Außendienst beschäftigten Arbeitnehmern besteht oder auch der Innendienst mit herangezogen wird. Je größer die **Vergleichsgruppe** desto größer ist die Chance von langjährigen Mitarbeitern, bei der Auswahl nicht auf der Strecke zu bleiben. Ob auch der Innendienst mit in diesen Vergleich einzubeziehen ist, hängt von der Vertragsgestaltung der Außendienstmitarbeiter ab. Sind sie arbeitsvertraglich nur für den Außendienst eingestellt worden, kann der Vergleich auch nur auf diesen Personenkreis beschränkt werden. Sind sie allgemein als kaufmännische Angestellte eingestellt worden, so ist die Sozialauswahl auch auf vergleichbare Innendienstmitarbeiter auszudehnen.[50]

Nach § 1a KSchG besteht bei betriebsbedingter Kündigung ein **Abfindungsanspruch** (0,5 Monatsverdienste für jedes Beschäftigungsjahr), wenn der Arbeitgeber in die Kündigungserklärung den Hinweis aufnimmt, dass die Kündigung auf dringende betriebliche Erfordernisse gestützt ist und der Arbeitnehmer bei Verstreichenlassen der Klagefrist die Abfindung beanspruchen kann.

---

46 BAG vom 24.3.1983, AP Nr. 12 zu § 1 KSchG Betriebsbedingte Kündigung.

47 BAG vom 26.7.2005, DB 2005, 2530.

48 BAG vom 26.7.2005, a.a.O.

49 BAG vom 9.11.2006, NZA 2007, 549.

50 Berkowsky, Außendienst und Kündigung, in Rieder (Hrsg.), Rechtsfragen im angestellten Außendienst, 1993, S. 157.

16.4 Relevante Kündigungsgründe im Außendienst

Im Folgenden sollen einige Kündigungsgründe aufgeführt werden, die mit der spezifischen Situation von Außendienstangestellten zu tun haben.

- **Abwerbung:** Arbeitnehmer sind grundsätzlich berechtigt, noch während des Arbeitsverhältnisses mit dem bisherigen Arbeitgeber Vorbereitungen für eine spätere Konkurrenztätigkeit zu treffen (siehe Wettbewerbsverbot). Es kann ihnen aber verwehrt sein, dem bisherigen Arbeitgeber für die spätere Konkurrenztätigkeit Arbeitnehmer abzuwerben. Bereits eine versuchte Abwerbung, insbesondere von Spezialkräften, ist als Grund für eine außerordentliche Kündigung angesehen worden.[51] Teilweise wird pauschal jede Abwerbung als Kündigungsgrund qualifiziert.[52] Richtigerweise wird differenzierend danach gefragt, ob die Einwirkung auf die Arbeitskollegen mit einer gewissen Ernstlich- und Beharrlichkeit erfolgt und dabei die gebotene Zurückhaltung verletzt worden ist.[53]
- **Angaben, falsche** über:
  - **Arbeitszeit:** Wegen der weitgehenden Abwesenheit von festen Betriebsstätten ist naturgemäß eine Kontrolle über die Arbeitszeit eines Außendienstangestellten kaum möglich. Eine genaue und zutreffende Buchführung durch Außendienstler ist ratsam, da falsche Angaben über den Umfang der Arbeitszeit einen Kündigungsgrund darstellen.[54] Das Gleiche gilt für jede Form der Arbeitszeitmanipulation.[55]
  - **Spesenabrechnungen:** Unkorrekte Spesenabrechnungen können eine Kündigung rechtfertigen, da sie die Vertrauensbasis zwischen Außendienstmitarbeitern und Arbeitgeber untergraben.[56] Das gilt auch bei betrügerischen Prämienabrechnungen (z. B. Umwandlung von Altverträgen in prämienbegünstigte Neuverträge).[57] Im Rahmen der Interessenabwägung kann sich die fristlose Kündigung jedoch als unverhältnismäßig herausstellen, wenn ein Arbeitnehmer jahrelang beanstandungsfrei gearbeitet, den Spesenbetrug zugegeben und wieder gutgemacht hat und sein

---

51 Vgl. LAG Berlin vom 6. 12. 1962, DB 1963, 871.
52 LAG Saarbrücken vom 20. 1. 1965, BB 1965, 457.
53 LAG Baden-Württemberg vom 30. 9. 1970, DB 1970, 2325.
54 LAG Berlin vom 4. 2. 1974, DB 1974, 975.
55 BAG vom 24. 11. 2005, NZA 2006, 484.
56 BAG vom 6. 9. 2007 – 2 AZR 264/06.
57 LAG Düsseldorf vom 13. 9. 1992 – 12 Sa 783/92.

gesamtes Verhalten die Annahme rechtfertigt, dass eine weitere Verfolgung nicht wieder vorkommt.[58]

- **Besuchsberichte:** Fertigen Außendienstmitarbeiter Berichte über Kundenbesuche an, die sie gar nicht durchgeführt haben, dann täuschen sie den Arbeitgeber über ihre wahren Aktivitäten und begehen einen groben Vertrauensbruch, der u. U. zur außerordentlichen Kündigung berechtigt.[59]
- **Falsche Angaben gegenüber Kunden:** Falsche Angaben durch Außendienstmitarbeiter über bestimmte Eigenschaften der von ihnen vermittelten Geschäfte berechtigen den Kunden grundsätzlich zur Anfechtung des Geschäftsabschlusses. Dadurch wird gleichzeitig das Renommee der vertretenen Firma beeinträchtigt, was dem Arbeitgeber i. d. R. einen Grund zur fristlosen Kündigung bieten kann.

◆ **Alkohol:** Grundsätzlich stellt der Genuss von Alkohol allein noch keinen Kündigungsgrund dar, soweit damit nicht Folgen verbunden sind, die dem Außendienstmitarbeiter eine weitere vertragsgemäße Tätigkeit nicht möglich macht, z. B. bei Führerscheinentzug.[60] Beim **erstmaligen Vorfall** muss zunächst eine **Abmahnung** erfolgen.[61] Kommt es allerdings in besonderer Weise auf die Leistungsfähigkeit an und kann durch den Alkoholkonsum eine **Gefährdung anderer Personen** eintreten, dann ist Alkoholgenuss bereits an sich geeignet, eine Kündigung zu rechtfertigen.[62] Bei einer Alkoholabhängigkeit (Sucht) gelten im Übrigen die Grundsätze der krankheitsbedingten Kündigung.[63]

◆ **Beleidigung des Arbeitgebers**: Grobe Beleidigungen des Arbeitgebers, die nach Form und Inhalt eine erhebliche Ehrverletzung für den Betroffenen darstellen, können eine außerordentliche fristlose Kündigung rechtfertigen. Entsprechendes gilt für bewusst wahrheitswidrig aufgestellte Tatsachenbehauptungen, etwa wenn sie den Tatbestand der üblen Nachrede erfüllen. Allerdings sind dabei die Umstände zu berücksichtigen, unter denen die betreffenden Äußerungen gefallen sind. Geschah dies in **vertraulichen Gesprächen zwischen Arbeitskollegen**, vermögen sie eine Kündigung des Arbeitsverhältnisses nicht ohne Weiteres begründen. Vertrauliche Äußerungen unterfallen dem Schutzbereich des allgemeinen Persönlichkeitsrechts. Die vertrauliche

58 LAG Hamm vom 13. 10. 2006 – 10 Sa 1044/06.
59 ArbG Düsseldorf vom 10. 2. 1961, BB 1961, 863.
60 BAG vom 30. 5. 1978, AP Nr. 70 zu § 626 BGB.
61 LAG Baden-Württemberg vom 9. 10. 1993, NZA 1994, 175.
62 LAG Nürnberg vom 17. 12. 2002, NZA-RR 2003, 301.
63 BAG vom 9. 4. 1987, DB 1987, 2156.

Kommunikation in der Privatsphäre ist Ausdruck der Persönlichkeit und grundrechtlich gewährleistet. Der Arbeitnehmer darf in diesem Fall regelmäßig darauf vertrauen, seine Äußerungen würden nicht nach außen getragen. Hebt der Gesprächspartner (Petzer!) später die Vertraulichkeit auf, geht dies rechtlich nicht zu Lasten des Arbeitnehmers.[64]

- **Beschwerden der Kundschaft über Verhalten von Außendienstmitarbeitern:** Sie reichen allein nicht als Kündigungsgrund aus, sondern allenfalls dann, wenn die Beschwerden sich auf ein vertragswidriges Verhalten der Außendienstler beziehen.[65] Als nebenvertragliche Sorgfaltspflicht im Außendienst kann z. B. angesehen werden ein Minimum an Höflichkeit gegenüber den Kunden. So dürfte ein burschikoser Umgangston allein noch nicht diese Grenzen überschreiten. Anders sieht es aus, wenn Außendienstler ihrer Enttäuschung über fehlgeschlagene Geschäfte regelmäßig durch Beschimpfung der Kunden Ausdruck verleihen. Als Kündigungsgrund wurde ferner angesehen, wenn ein Außendienstmitarbeiter der Sekretärin eines Kundenunternehmens ausländerfeindliche Schriften zur Information überreicht.[66]
- **Fehlbestände oder Mankobeträge bei den Abrechnungen** allein sind noch kein Grund für eine Kündigung, wenn dies nur vereinzelt vorkommt. Hier werden Arbeitnehmer zunächst durch eine Abmahnung anzuhalten sein, künftig eine ordnungsgemäße Abrechnung vorzulegen. Anders sieht es aus, wenn die Unregelmäßigkeiten bei der Abrechnung auf Täuschungen oder sonstige widerrechtliche Handlungen der Arbeitnehmer zurückzuführen sind.[67] Dann kann u. U. auch eine fristlose Kündigung in Betracht kommen. Wurde eine unkorrekte Abrechnungspraxis jedoch vom Arbeitgeber lange stillschweigend geduldet, dann muss er vorher abmahnen.[68]
- **Führerscheinentzug:** Er beeinträchtigt grundsätzlich die Fähigkeit der Außendienstmitarbeiter, ihre vertraglichen Verpflichtungen zu erfüllen. Deshalb kann der Entzug des Führerscheins einen Kündigungsgrund darstellen, wenn Außendienstmitarbeiter nicht auf andere Weise bewerkstelligen, dass ihre Reisetätigkeit sichergestellt ist.[69] Dies ist i. d. R. nur zu erreichen, wenn

64 BAG vom 10. 12. 2009 – 2 AZR 534/08.
65 BGH vom 16. 3. 1972, VersR 1972, 534.
66 ArbG Hannover vom 22. 4. 1993, BB 1993, 1218.
67 ArbG Hagen vom 2. 3. 1967, BB 1967, 922.
68 LAG Frankfurt vom 5. 7. 1988, LAGE § 1 KSchG Verhaltensbedingte Kündigung Nr. 23.
69 LAG Niedersachsen vom 9. 9. 2003 – 13 Sa 699/03; BAG vom 5. 6. 2008 – 2 AZR 984/06.

sie jemanden finden, der sie zu ihren Kunden fährt. Können Außendienstmitarbeiter eine solche Ersatzkraft, für deren Kosten sie selbstverständlich selbst aufkommen müssen, sicherstellen, dann dürfte der Entzug des Führerscheins allein noch kein Kündigungsgrund sein.[70] Außerdem ist stets zu prüfen, ob nicht zumutbare anderweitige Beschäftigungsmöglichkeiten vorhanden sind.[71] Das heißt: Der Arbeitgeber muss vor einer Kündigung prüfen, ob er den Arbeitnehmer bis zum Ablauf der Kündigungsfrist, bis zur Neuerteilung des Führerscheins oder dauernd auf einen anderen Arbeitsplatz **versetzen** kann. So ist z. B. die Versetzung aus einem Landbezirk in einen Stadtbezirk, in welchem der Arbeitnehmer mit öffentlichen Verkehrsmitteln oder mittels Mofa oder Fahrrad seine Aufgaben erledigen kann, zumutbar.[72] Anders sieht es aus, wenn die Umstände des Führerscheinentzugs so gravierend sind, dass auch das Vertragsverhältnis in erheblicher Weise gestört ist.[73]

- **Firmenfahrzeug, unerlaubte Privatnutzung:** Eine verhaltensbedingte Kündigung ohne vorherige Abmahnung wegen unerlaubter Privatnutzung eines Firmenfahrzeugs kommt nicht in Betracht, wenn der Arbeitgeber zuvor die Privatnutzung mehrfach unbeanstandet geduldet hat.[74]
- **Krankheit, vorgetäuscht:** Droht ein Außendienstmitarbeiter, der nicht krank ist und sich auch aufgrund bestimmter Beschwerden noch nicht krank fühlen konnte, seine Erkrankung für den Fall an, dass ihm Urlaub nicht gewährt oder der gewährte Urlaub nicht verlängert wird, so kann dies eine (außerordentliche) Kündigung rechtfertigen ohne Rücksicht darauf, ob der Betreffende tatsächlich erkrankte.[75]
- **Lohnpfändungen** können keinen Kündigungsgrund darstellen, selbst wenn dadurch die Personalabteilung des Arbeitgebers zusätzlich belastet wird. Nach Auffassung des BAG ist eine Kündigung jedoch dann sozial gerechtfertigt, wenn die Lohnpfändungen ein unzumutbares Ausmaß erreichen. Dies wurde etwa bei über 20 Lohnpfändungen angenommen.[76] Allerdings

---

70 LAG Niedersachsen vom 9. 9. 2003 – 13 Sa 699/03.

71 BAG vom 5. 6. 2008 – 2 AZR 984/06.

72 LAG Hamburg vom 27. 6. 1986 – 16 Sa 112/86.

73 Z.B. Führerscheinentzug wegen Verkehrsunfallflucht: LAG Schleswig-Holstein vom 16. 6. 1986, NZA 1987, 669.

74 LAG Köln vom 2. 11. 2009 – 5 Sa 625/09.

75 BAG vom 17. 6. 2003, NZA 2004, 564.

76 BAG vom 22. 11. 1973, AP Nr. 67 zu § 626 BGB; vom 29. 8. 1980 – 7 AZR 726/77 (38 Lohnpfändungen in zwei Jahren).

ist auch hier eine Interessenabwägung im Einzelfall erforderlich. Dabei wird stets zuvor eine Abmahnung erforderlich sein.

- **Nebentätigkeiten:** Die **Ausübung** einer Nebentätigkeit allein ist **kein Kündigungsgrund**, auch nicht, wenn der Arbeitgeber diese von einer vorherigen Genehmigung abhängig macht und der Arbeitnehmer keinen entsprechenden vorherigen Antrag gestellt hat. Aus dem Grundsatz der Berufsfreiheit hat das BAG ein Recht auf Ausübung einer Nebentätigkeit abgeleitet.[77] Zumindest müsste vorher abgemahnt werden.[78] Anders sieht es aus, wenn die Nebentätigkeit Wettbewerbsinteressen des Arbeitgebers verletzt, wie die Vermittlung von Geschäften für andere Firmen ohne Einwilligung des Arbeitgebers.[79] Während der Dauer einer **Arbeitsunfähigkeit** hat der Außendienstmitarbeiter allerdings alle Nebenbeschäftigungen zu unterlassen, die den Heilungsprozess verzögern könnten.[80] Wird die Nebentätigkeit auch noch mit besonderer Intensität ausgeübt, dann soll dies den Verdacht nahelegen können, die Arbeitsunfähigkeit sei nur vorgetäuscht.[81]
- **Schmiergelder:** Zahlt ein Außendienstler Schmiergelder, um einen Kunden zum Abschluss von Geschäften zu bewegen, stellt dies ein vertragswidriges Verhalten dar, das den Arbeitgeber zur Kündigung berechtigt.[82] Dies gilt aber nur, wenn dem Arbeitgeber dadurch ein Schaden entstanden ist.[83] Hat der Außendienstmitarbeiter selbst Schmiergelder angenommen, ist dies regelmäßig eine vertragliche Pflichtverletzung, die zur Kündigung berechtigt.
- **Schwarzfahrt:** Bekommen Außendienstmitarbeiter ein Dienstfahrzeug für ihre Reisetätigkeit zur Verfügung gestellt und ist nach ihrem Arbeitsvertrag die Benutzung dieses Fahrzeugs zu privaten Zwecken untersagt, dann stellt das Fahren zu privaten Zwecken ein vertragswidriges Verhalten dar. Grundsätzlich wird der Arbeitnehmer zunächst abzumahnen sein, einen solchen privaten Gebrauch künftig zu unterlassen. Erst im Wiederholungsfall wird Schwarzfahren eine Kündigung rechtfertigen können.[84]

---

77 BAG vom 22.2.2001, NZA 2002, 965.
78 BAG vom 26.8.1976, AP Nr. 68 zu § 626 BGB.
79 LAG Sachsen vom 25.6.1996, NZA 1997, 319.
80 LAG Schleswig-Holstein vom 19.12.2006 – 5 Sa 288/06.
81 BAG vom 3.4.2008 – 2 AZR 965/06.
82 BAG vom 21.6.2001, NZA 2002, 232.
83 BAG vom 24.9.1987, AP Nr. 19 zu § 1 KSchG 1969 Verhaltensbedingte Kündigung.
84 BAG vom 9.3.1961, AP Nr. 96 zu § 123 GewO.

- **Straftaten:** Diebstähle oder Unterschlagungen des Arbeitnehmers sollen i. d. R. ohne vorherige **Abmahnung** eine Kündigung rechtfertigen.[85] Dies hat die Rechtsprechung auch bei geringwertigen Gegenständen angenommen (sog. **Bagatelldelikte**),[86] was abzulehnen ist. Kündigungen müssen grundsätzlich den Grundsatz der Verhältnismäßigkeit beachten. Hier dürfte i. d. R. eine Abmahnung ausreichend sein, um den Arbeitnehmer von künftigem ähnlichem Fehlverhalten abzuhalten.[87] Das BAG will nun zumindest bei der Interessenabwägung stärker die bisherige Betriebsbiografie des Arbeitnehmers berücksichtigen.[88] Auch Verkehrsübertretungen, die infolge der häufigen Reisetätigkeit des Außendienstlers ein typisches Risiko darstellen, können nur bei schwer wiegenden Verstößen gegen die Straßenverkehrsordnung eine Kündigung rechtfertigen.[89]
- **Umsatzrückgang:** Er kann die Folge mangelnder oder nachlassender Leistungsfähigkeit des Arbeitnehmers sein. Er kann aber auch genauso gut auf Umständen beruhen, die im Organisationsbereich des Arbeitgebers liegen. Häufig werden die Ursachen jedoch allein bei den Außendienstmitarbeitern gesucht. Diese haben jedoch bei Organisationsverschulden des Arbeitgebers nur wenige Möglichkeiten darauf hinzuwirken, dass die Organisationsmängel abgestellt werden. Das Nichterreichen bestimmter Umsatzvorgaben ist deshalb kein Kündigungsgrund.[90] Es rechtfertigt noch nicht einmal eine Abmahnung.[91]
- **Verdachtskündigung:** Der dringende Verdacht einer Straftat soll nach Auffassung des BAG einem Arbeitsverhältnis die Vertrauensgrundlage entziehen und eine außerordentliche Kündigung rechtfertigen, wenn es gerade der Verdacht ist, der das Arbeitsverhältnis in unzumutbarer Weise belastet.[92] Die Zulässigkeit einer Verdachtskündigung ist umstritten und wird in der Literatur zum Teil abgelehnt.[93] Die Anforderungen werden von der Rechtsprechung allerdings sehr hoch angesetzt: Es müssen Tatsachen vorliegen,

85 BAG vom 13. 12. 2007, NZA 2008, 1088.
86 BAG vom 11. 12. 2003, NZA 2004, 486.
87 Backmeister/Trittin/Mayer, § 1 KSchG Rn. 139.
88 Fall »Emily«: BAG vom 10. 6. 2010 – 2 AZR 541/09.
89 LAG Frankfurt vom 13. 8. 1971, BB 1972, 880.
90 LAG Düsseldorf vom 17. 2. 1989 – 9 Sa 1553/88, unveröffentlicht.
91 LAG Düsseldorf vom 19. 12. 1990, BB 1991, 911; BAG vom 27. 11. 2008, NZA 2009, 842.
92 BAG vom 12. 8. 2000, NZA 2000, 421; vom 8. 6. 2000, NZA 2001, 91.
93 Vgl. Ascheid/Preis/Schmitt-Dörner, GK KSchG, § 626 BGB Rn. 374.

die einen dringenden Verdacht objektiv begründen und die eine Fortsetzung des Arbeitsverhältnisses unzumutbar machen.[94] Der Arbeitgeber muss alle ihm zumutbaren Anstrengungen zur Aufklärung des Sachverhalts unternehmen. Unterlässt er dies, ist die Kündigung unwirksam.[95] Der Arbeitnehmer muss ferner zu den Vorwürfen gehört werden.

- **Verschwiegenheitspflicht:** Arbeitnehmer sind grundsätzlich zur Verschwiegenheit über betriebliche Angelegenheiten gegenüber Dritten, insbesondere Konkurrenten, verpflichtet. Dies ist eine nebenvertragliche Sorgfaltspflicht. Verletzen Außendienstler ihre Verschwiegenheitspflicht, indem sie etwa Konkurrenz- und Marketing-Strategien des Arbeitgebers an ein Konkurrenzunternehmen weitergeben, kann dies eine Kündigung rechtfertigen.[96] Etwas anderes gilt bei Klauseln im Arbeitsvertrag, die den Außendienstmitarbeiter zu **Stillschweigen über** seine **Vergütung** verpflichten. Eine Klausel, wonach der Arbeitnehmer verpflichtet ist, die Höhe der Bezüge vertraulich zu behandeln und auch gegenüber anderen Firmenangehörigen Stillschweigen darüber zu bewahren, ist unwirksam; ein Verstoß gegen dieses »Schweigegelübde« rechtfertigt **keine Abmahnung.** Eine solche Klausel stellt eine unangemessene Benachteiligung des Arbeitnehmers entgegen den Geboten von Treu und Glauben i. S. v § 307 BGB dar.[97] Nach der ständigen Rechtsprechung des BAG[98] ist der Arbeitgeber auch bei der Lohngestaltung dem Gleichbehandlungsgrundsatz verpflichtet. Die einzige Möglichkeit für den Arbeitnehmer festzustellen, ob er Ansprüche aus dem Gleichbehandlungsgrundsatz hinsichtlich seiner Lohnhöhe hat, ist das Gespräch mit Arbeitskollegen. Ein solches Gespräch ist nur erfolgreich, wenn der Arbeitnehmer selbst auch bereit ist, über seine eigene Lohngestaltung Auskunft zu geben. Könnte man ihm derartige Gespräche wirksam verbieten, hätte der Arbeitnehmer kein erfolgversprechendes Mittel, Ansprüche wegen Verletzung des Gleichbehandlungsgrundsatzes im Rahmen der Lohngestaltung gerichtlich geltend zu machen.
- **Vollmachtsmissbrauch:** Außendienstmitarbeiter sind verpflichtet, die Grenzen ihrer Vollmacht nicht zu überschreiten. Sie haben die im Innenverhältnis auferlegten Beschränkungen ihrer Vertretungsmacht einzuhalten. Einmalige

94 BAG vom 1.2.2007, NZA 2007, 744.
95 LAG Köln vom 7.10.2009 – 3 Sa 662/09.
96 LAG Baden-Württemberg vom 16.11.1967, DB 1968, 359.
97 LAG Mecklenburg-Vorpommern vom 21.10.2009 – 2 Sa 237/09.
98 BAG vom 15.7.2009 – 5 AZR 486/08.

und geringfügige Vollmachtsüberschreitungen können eine Kündigung in der Regel nicht rechtfertigen.[99]

- **Wettbewerbsverbot:** Außendienstmitarbeiter unterliegen einem Wettbewerbsverbot nach § 60 HGB. Werden sie gleichzeitig für ein Konkurrenzunternehmen oder für eigene Zwecke (im Rahmen eines eigenen Handelsgewerbes) tätig, so verletzt dies i. d. R. Wettbewerbsinteressen des Arbeitgebers und gibt diesem einen Grund zur Kündigung.[100]
  Das Wettbewerbsverbot untersagt nicht die **Vorbereitung eines eigenen Konkurrenzgeschäfts** und schon gar nicht die Vorbereitung einer nicht konkurrierenden Anschlusstätigkeit.[101] Allerdings dürfen die Kundenbeziehungen des alten Arbeitgebers dabei nicht beeinträchtigt werden.[102] Selbst nach einer fristlosen Kündigung durch den Arbeitgeber sollen Arbeitnehmer, die sich dagegen gerichtlich zur Wehr setzen, bis zum Ausgang des Kündigungsverfahrens einem Wettbewerbsverbot unterliegen.[103]

16.5 Vorläufige Weiterbeschäftigung während des Kündigungsprozesses/ Wiedereinstellungsanspruch

Arbeitnehmer können gegen eine als ungerechtfertigt empfundene Kündigung zwar Kündigungsschutzklage einlegen; i. d. R. ist aber das Kündigungsverfahren vor Ablauf der Kündigungsfrist noch nicht beendet, so dass ein endgültiges Urteil oft erst lange danach ausgesprochen wird. Für Arbeitnehmer in **Betrieben ohne Betriebsrat** stellt sich deshalb die existenzielle Frage, ob sie in der **Zwischenzeit weiterarbeiten** können, bis das Arbeitsgericht ein Urteil gesprochen hat, oder ob sie nach Ablauf der Kündigungsfrist ihre Zelte beim Arbeitgeber abbrechen müssen.

Auch hierzu fehlt eine gesetzliche Regelung, und die Rechtsprechung hat nach vielem Hin und Her in dieser Frage eine wenig befriedigende Antwort gegeben.

---

99 BAG vom 26. 11. 1964, AP Nr. 53 zu § 626 BGB; vom 20. 8. 1964, AP Nr. 7 zu § 70 HGB.
100 BAG vom 24. 4. 1970, AP Nr. 4 zu § 60 HGB.
101 BAG vom 7. 9. 1972, AP Nr. 7 zu § 60 HGB; vom 15. 6. 1993, DB 1994, 887.
102 BAG vom 30. 5. 1978, AP Nr. 9 zu § 60 HGB; LAG Köln vom 24. 11. 1993, LAGE § 626 BGB Nr. 75.
103 BAG vom 25. 4. 1991, NZA 1992, 212.

Danach sollen Arbeitnehmer zwar grundsätzlich einen **Anspruch** auf vorläufige Weiterbeschäftigung haben, da das Arbeitsverhältnis allein durch die Kündigungserklärung noch nicht aufgelöst ist, sondern sich in einem Schwebezustand befindet. Dieser Anspruch soll aber nur dann einlösbar sein, wenn die **Kündigung** ganz **offensichtlich willkürlich** oder aus anderen Gründen offensichtlich unzulässig ist.[104] Lässt sich hingegen nicht auf den ersten Blick eine solche Einschätzung geben, dann sollen Arbeitnehmer keinen Anspruch auf Weiterbeschäftigung während des Kündigungsprozesses haben. Dies bedeutet eine Gradwanderung für die Arbeitnehmer, da ja nicht ihr subjektives Empfinden maßgeblich dafür ist, ob eine offensichtliche Unwirksamkeit der Kündigung vorliegt, sondern die Gerichte dies mit bloßen Augen sehen können müssen.

Immerhin können die Arbeitnehmer jedoch versuchen, einen solchen Weiterbeschäftigungsanspruch im Wege einer **einstweiligen Verfügung** durchzusetzen.[105] Es empfiehlt sich daher, eine Kündigungsschutzklage mit einem solchen einstweiligen Verfügungsantrag zu koppeln, da das Prozessrisiko nicht übermäßig hoch ist. Haben sie mit dem Antrag Erfolg, ist zumindest für die Dauer der ersten Instanz eine Weiterbeschäftigung sichergestellt.

Ein aus betriebsbedingten Gründen gekündigter Außendienstmitarbeiter kann unter bestimmten Voraussetzungen einen **Wiedereinstellungsanspruch** haben. Verändern sich während der Laufzeit der Kündigungsfrist die Umstände, die den Arbeitgeber zu der Kündigung veranlasst haben, dann kann der gekündigte Arbeitnehmer seine Wiedereinstellung verlangen.

Beispiel:
Einem Außendienstmitarbeiter wird wegen der beabsichtigten Stilllegung des Betriebs gekündigt. Nachdem das Insolvenzverfahren bereits eröffnet wurde, findet sich doch noch ein Erwerber mit der Folge, dass während der Kündigungsfrist der Betrieb veräußert und die Produktion ohne Unterbrechung fortgesetzt wird. Hier kann der gekündigte Außendienstmitarbeiter seine Wiedereinstellung verlangen.[106]

104 BAG GS vom 27.2.1985, DB 1985, 2197.
105 LAG Niedersachsen vom 18.11.1994, LAGE § 611 BGB Beschäftigungspflicht Nr. 40.
106 BAG vom 27.2.1997, DB 1997, 1414.

16.6 Kündigungsschutz durch den Betriebsrat

Besteht ein Betriebsrat, dann kommen gekündigte Außendienstler bei Kündigungen in den Genuss eines weitergehenden Schutzes. Zwar hat der Betriebsrat kein Vetorecht bei Kündigungen; er kann dem gekündigten Arbeitnehmer auch die Last nicht abnehmen, selbst Klage gegen die Kündigung einzulegen. Der Betriebsrat kann aber als **Vermittler** tätig werden und u. U. den Arbeitgeber bewegen, seine Kündigungsabsicht nicht umzusetzen, sondern es etwa bei einer Abmahnung zu belassen oder den Betroffenen anderweitig im Betrieb unterzubringen.[107]

Sind jedoch die Fronten verhärtet und will der Arbeitgeber unbedingt seine Kündigungsabsicht durchsetzen, dann kann der Betriebsrat durch Erklärung eines **Widerspruchs** zumindest den Vollzug der Kündigung aufhalten, bis das Kündigungsverfahren rechtskräftig abgeschlossen ist. Das Betriebsverfassungsgesetz hat dabei ausdrücklich geregelt, in welcher Lage sich der Arbeitnehmer während des Zeitraums zwischen Ablauf der Kündigungsfrist und dem Urteil des Arbeitsgerichts befindet: Hat der Betriebsrat der Kündigung ordnungsgemäß widersprochen, dann ist der Arbeitnehmer während dieser Zeit weiter zu beschäftigen (§ 102 Abs. 5 BetrVG).

Zunächst ist der Betriebsrat **vor jeder Kündigung**, also sowohl der ordentlichen wie der außerordentlichen, **anzuhören** (§ 102 Abs. 1 BetrVG).[108] Sinn dieses Anhörungsverfahrens ist es, dem Betriebsrat Gelegenheit zu geben, aus seiner Warte die Umstände zu kommentieren, die den Arbeitgeber zur Kündigungsabsicht gebracht haben. Dem Betriebsrat soll also die Möglichkeit eingeräumt werden, als »Anwalt der Arbeitnehmer« aufzutreten und das Pro und Contra der Kündigung mit dem Arbeitgeber abzuwägen.

Findet eine **vorherige Anhörung nicht** statt, dann ist die **Kündigung unwirksam.** Kann der Arbeitnehmer in seiner Klage nachweisen, dass der Betriebsrat nicht gehört worden ist, dann hat er den Prozess bereits gewonnen.[109]

In einem solchen Fall würden Arbeitnehmer ohne weiteres einen Antrag auf vorläufige Weiterbeschäftigung bis zum Prozessende durchbekommen.

107 Im Einzelnen Backmeister/Trittin/Mayer, § 102 BetrVG Rn. 5f.

108 BAG vom 23.6.2005, NZA 2005, 1233.

109 Das ist vor allem beim Nachschieben von Gründen im Kündigungsverfahren von Bedeutung, da solche Gründe (wenn sie zum Zeitpunkt der Kündigung schon bekannt waren) wegen mangelnder Anhörung des Betriebsrats im Prozess nicht mehr verwertet werden können: BAG vom 4.6.1977, AP Nr. 5 zu § 626 BGB Nachschieben von Kündigungsgründen.

Denn eine Kündigung ohne Anhörung ist offensichtlich unzulässig, was Voraussetzung für einen generellen Weiterbeschäftigungsanspruch ist (siehe unter 16.5).

Die **bloße Mitteilung** des Arbeitgebers, dass er einem Arbeitnehmer kündigen will, genügt den Anforderungen einer Anhörung **nicht**. Es kommt vielmehr entscheidend darauf an, dass dem Betriebsrat Gelegenheit geboten wird, auf den Willensbildungsprozess des Arbeitgebers Einfluss zu nehmen. Wird ihm der Kündigungsentschluss nur noch zur Kenntnis- und evtl. Stellungnahme vorgelegt, besteht diese Einflussmöglichkeit nicht mehr. Deshalb sieht die Rechtsprechung hierin kein ordnungsgemäßes Anhörungsverfahren mehr.[110]

Kann der Betriebsrat den Arbeitgeber nicht in seiner Kündigungsabsicht umstimmen, dann bleibt ihm das Recht zum Widerspruch bei einer **ordentlichen Kündigung.** Mit diesem Widerspruch löst er als **Rechtsfolge** die **vorläufige Weiterbeschäftigung** des gekündigten Arbeitnehmers bis zum Ende des Kündigungsverfahrens aus, vorausgesetzt der Arbeitnehmer legt Kündigungsschutzklage ein. Bei einer außerordentlichen Kündigung besteht die Möglichkeit des Widerspruchs mit der Folge einer vorläufigen Weiterbeschäftigung nicht.

Der Betriebsrat muss bei seinem Widerspruch jedoch ein **bestimmtes Begründungsraster** befolgen, das ihm vom Gesetz vorgegeben ist (§ 102 Abs. 3 BetrVG).

Widerspruchsrecht bei Kündigungen

Der Betriebsrat kann einer Kündigung widersprechen, wenn

(1) der Arbeitgeber bei der **Auswahl** des zu kündigenden Arbeitnehmers soziale Gesichtspunkte nicht oder nicht ausreichend berücksichtigt hat;

(2) die Kündigung gegen eine sog. **Auswahlrichtlinie** verstößt, die in Betrieben mit mehr als 1000 Arbeitnehmern vom Betriebsrat verlangt werden kann; besteht eine solche Richtlinie über Einstellungen, Versetzungen, Umgruppierungen und Kündigungen nicht, dann entfällt natürlich auch dieser Widerspruchsgrund;

(3) die Weiterbeschäftigung des Arbeitnehmers nach **zumutbaren Umschulungs- oder Fortbildungsmaßnahmen** möglich ist oder

(4) eine Weiterbeschäftigung des Arbeitnehmers unter **geänderten Vertragsbedingungen** möglich ist, und der Arbeitnehmer sein Einverständnis hiermit erklärt hat (§ 102 Abs. 3 BetrVG).

110 BAG vom 15.11.1995, NZA 1996, 419.

Um diese Widerspruchsgründe mit Fakten zu untermauern,[111] ist eine detaillierte Kenntnis der betrieblichen Gegebenheiten erforderlich. Insoweit ist gerade bei einer Kündigung im Außendienstbereich ein enges Zusammenwirken des Betriebsrats mit den dort eingesetzten Arbeitnehmern erforderlich, um eventuelle organisatorische Gegenvorschläge entwickeln zu können.

Bei einer geplanten **Verkleinerung** oder einer organisatorischen Umstrukturierung des Außendienstes kann z. B. statt einer Entlassung der Außendienstler eine Umsetzung in den Innendienst in Betracht kommen.

Der Betriebsrat kann den Arbeitgeber zwar nicht daran hindern, bestimmte organisatorische Entscheidungen zu treffen, in deren Folge ein Personalabbau mit eingeplant ist. Er kann jedoch darauf dringen, dass die betroffenen Arbeitnehmer anderweitig im Betrieb bzw. Unternehmen untergebracht werden.[112]

Können entsprechende **Umsetzungsmöglichkeiten** vom Betriebsrat belegt werden, so spielt das im anschließenden Kündigungsprozess eine erhebliche Rolle.[113] Hier kann vor allem von Bedeutung sein, ob der Betriebsrat bereits von seinem Vorschlagsrecht zur Beschäftigungssicherung nach § 92a BetrVG Gebrauch gemacht und Alternativen zu einem Beschäftigungsabbau vorgelegt hat. Nach dem Kündigungsschutzgesetz ist im Falle einer nachgewiesenen anderen Verwendungsmöglichkeit des gekündigten Arbeitnehmers im Betrieb oder Unternehmen die Kündigung unwirksam (§ 1 Abs. 2 KSchG).

Hat der Betriebsrat der Kündigung von Außendienstlern widersprochen, will der **Arbeitgeber** diese aber trotzdem nicht weiter beschäftigen, so muss der Arbeitgeber vor Gericht gehen und beantragen, dass er von dieser Pflicht zur **Weiterbeschäftigung entbunden** wird. Damit wird er jedoch nur Erfolg haben, wenn er durch die Weiterbeschäftigung der Arbeitnehmer in unzumutbarer Weise wirtschaftlich belastet würde, oder wenn der gekündigte Arbeitnehmer mit seiner Klage keine hinreichende Aussicht auf Erfolg hat (§ 102 Abs. 5 Satz 2 BetrVG). Es handelt sich hier also um Ausnahmesituationen, wobei der Arbeitgeber vor allem die angeblichen wirtschaftlichen Belastungen detailliert nachweisen muss.[114]

---

111 Eine bloß formelhafte Wiederholung des Gesetzestextes genügt nicht, vgl. BAG vom 22.11.1999 und 11.5.2000, AP Nrn. 12 und 13 zu § 102 BetrVG Weiterbeschäftigung.

112 Dabei muss der freie Arbeitsplatz konkret benannt werden, vgl. LAG Düsseldorf vom 26.6.1980, DB 1980, 2043.

113 Unter Umständen kann das auch in einem anderen Tochterunternehmen sein: BAG vom 20.1.1994, DB 1994, 1627.

114 Allerdings wird nur in Extremsituationen eine Entbindung aus wirtschaftlichen Gründen zugelassen, vgl. z. B. LAG München vom 17.12.2003, NZA-RR 2005, 312.

16.7 Schutz bei Betriebsänderungen

16.7.1 Begriff »Betriebsänderung« (§ 111 BetrVG)

Steht die geplante Entlassung von Außendienstlern im Zusammenhang mit organisatorischen Umstrukturierungsmaßnahmen, dann kann es sich u. U. um eine Betriebsänderung handeln, bei der die betroffenen Arbeitnehmer durch den Betriebsrat in einer besonderen Weise geschützt werden können.

Der **Tatbestand einer Betriebsänderung** wird in § 111 BetrVG zunächst abstrakt definiert als **organisatorische Maßnahme** mit **wesentlichen Nachteilen für die Belegschaft** oder einen **erheblichen Belegschaftsteil.** Welche organisatorischen Maßnahmen als Betriebsänderung angesehen werden, wird dann konkret aufgezählt:

Definition von Betriebsänderungen:
- **Einschränkung und Stilliegung** des ganzen Betriebs oder von wesentlichen Betriebsteilen,
- **Verlegung** des ganzen Betriebs oder von wesentlichen Betriebsteilen,
- **Zusammenschluss** mit anderen Betrieben oder **Spaltung,**
- **grundlegende** Änderungen der Betriebsorganisation, des Betriebszwecks oder der Betriebsanlagen oder
- **Einführung** grundlegend neuer **Arbeitsmethoden** und **Fertigungsverfahren.**

Eine solche Betriebsänderung kann im **Außendienst** etwa darin bestehen, dass der gesamte Außendienst ausgelagert und in andere Trägerschaft übergeben wird, z. B. die Zusammenfassung in einem eigenen Betrieb. Ferner kann es eine Betriebsänderung sein, wenn erhebliche Teile des Außendienstes auf Selbständige übertragen werden.

Beispiel:
Die Gründung gemeinsamer Logistikunternehmen im Pharmabereich, um finanzielle Auswirkungen durch Änderungen im gesetzlichen Gesundheitssystem besser aufzufangen.

Schließlich kann eine Betriebsänderung auch vorliegen, wenn der Außendienstbereich völlig **umstrukturiert**, mit **neuen Informationstechnologien** ausgestattet und dabei **gleichzeitig personell »verdünnt«** wird (also eine Kombination aus Einführung neuer Arbeitsmethoden und Personalabbau).

Die Frage, ob ein **»erheblicher Teil« der Belegschaft** durch die Betriebsänderung betroffen ist, löst die Rechtsprechung unter Heranziehung der **Schwellenwerte in § 17 KSchG.**[115]

115 Ständ. Rspr., vgl. etwa BAG vom 22. 1. 2004, AP Nr. 1 zu § 112 BetrVG Namensliste.

16.7.2 Rechtsfolge 1: Verhandlungspflicht über Interessenausgleich

Entstehen aus solchen organisatorischen Maßnahmen »**wesentliche Nachteile** für die Belegschaft oder erhebliche Teile« von ihr, dann hat der Betriebsrat das Recht, mit dem Arbeitgeber bei der Art der Umsetzung dieser Pläne einen Ausgleich zwischen den Interessen der Beschäftigten und denen des Arbeitgebers zu versuchen (Interessenausgleichsverfahren).[116] Es muss sich bei den geplanten Maßnahmen nicht unbedingt um Entlassungen handeln, sondern auch Versetzungen, Umgruppierungen usw. sind davon mit erfasst. Die einschneidendste und auch häufigste Folge bei Betriebsänderungen sind jedoch Entlassungen.

Der Betriebsrat kann zwar eine bestimmte Form der Umsetzung, die ihm sozialverträglicher erscheint, nicht erzwingen. Der Arbeitgeber ist jedoch verpflichtet, dem Betriebsrat Gelegenheit zur Darstellung seiner Gegenvorschläge einzuräumen.[117]

Diesen Anspruch auf Durchführung eines Interessenausgleichsverfahrens kann er gegebenenfalls im Wege einer **einstweiligen Verfügung** erzwingen.

Beispiel:
Ein Betrieb soll mit einem anderen Betrieb fusioniert werden. Die Fusionspläne werden dem Betriebsrat mitgeteilt. Er wollte daraufhin die betriebsverfassungsrechtlichen Fragen der Fusionierung diskutieren. Darauf wurde ihm mitgeteilt, das störe die Fusionsverhandlungen. Nach Unterzeichnung des Fusionsvertrags durch die Eigentümer sollte die Eintragung ins Handelsregister erfolgen. Ein erneuter Diskussionswunsch des Betriebsrats wurde wegen Urlaub des zuständigen Vorstandsmitglieds auf einen späteren Zeitpunkt vertagt. Der Betriebsrat beantragte eine einstweilige Verfügung auf Unterlassung der Betriebsänderung.

Dem Antrag wurde stattgegeben. Der Betriebsrat hat einen Anspruch auf Unterlassung von Maßnahmen der Betriebsänderung, bis eine Einigung über einen Interessenausgleich endgültig gescheitert ist oder dieser abgeschlossen wurde.[118]

Versäumt der Arbeitgeber die Aufnahme von Verhandlungen über einen Interessenausgleich und spricht z. B. Entlassungen aus, dann können die betrof-

---

116 Dazu gehört z. B. auch ein Initiativrecht des Betriebsrats zur Einführung von Kurzarbeit, BAG vom 4.3.1986, BB 1987, 1882.

117 Zur Sicherung seiner Rechte kann der Betriebsrat u. U. im Wege einer einstweiligen Verfügung Entlassungen unterbinden, bevor der Interessenausgleich nicht zu einem Abschluss gebracht worden ist, so z. B. LAG Hamburg vom 26.6.1997, NZA-RR 1997, 296; LAG Berlin vom 7.9.1995, NZA 1996, 1284.

118 LAG Hamburg vom 27.6.1997, AiB 1998, 48; a. A. LAG Hamm vom 11.4.1997, NZA-RR 1997, 343.

fenen Arbeitnehmer den Arbeitgeber auf Zahlung einer **Abfindung** (sog. Nachteilsausgleich) verklagen (§ 113 BetrVG). Der Arbeitgeber muss ihnen damit praktisch **Schadensersatz** dafür leisten, dass er den Betriebsrat nicht eingeschaltet hat, um zumindest einen Ausgleich der Interessen zu versuchen.

Hat kein Versuch eines Interessenausgleichs stattgefunden, dann stehen dem Arbeitnehmer bis zu **zwölf Monatsverdienste** als **Abfindung** zu (§ 10 KSchG); nach Vollendung des 50. Lebensjahres und 15-jähriger Betriebszugehörigkeit sind es bis zu 15 Monatsverdienste und ab dem 55. Lebensjahr und 20-jähriger Betriebszugehörigkeit sogar bis zu 18 Monatsverdienste. Im Einzelnen wird die Höhe der Abfindung nach der sozialen Lage des Betroffenen, seinen Familienverhältnissen, den Aussichten auf dem Arbeitsmarkt und weiteren auf den Einzelfall bezogenen Aspekten berechnet.[119]

Der Arbeitgeber kann mit dem Betriebsrat die Arbeitnehmer, denen gekündigt werden soll, auch in einer **Namensliste** festhalten. Die erfassten Arbeitnehmer können ihre Kündigung dann nur auf grobe Fehlerhaftigkeit überprüfen lassen (§ 1 Abs. 5 KSchG).[120]

16.7.3 Rechtsfolge 2: Mitbestimmung über Sozialplan

Scheitert der Interessenausgleich, kann der Betriebsrat die Erstellung eines Sozialplans erzwingen. Besteht die Betriebsänderung **nur** in einem **Personalabbau**, dann gelten nicht die Schwellenwerte nach § 17 KSchG, sondern die **höheren Schwellenwerte nach § 112a BetrVG**. Bei Betrieben mit bis zu 60 Arbeitnehmern muss sie mindestens sechs Arbeitnehmer betragen, bei Betrieben bis zu 250 Beschäftigten mindestens 37 Arbeitnehmer, bei Betrieben bis zu 500 Beschäftigten mindestens 60 und bei Betrieben bei einer darüber hinausgehenden Beschäftigtenzahl mindestens 60 Arbeitnehmer.

Bleibt die Zahl der betroffenen Arbeitnehmer unter diesen Richtzahlen, dann kann im Falle der Einschränkung oder Stilllegung kein Sozialplan eingefordert werden. Der Versuch eines Interessenausgleichs muss allerdings auch hier unternommen werden.[121] Damit bleibt jedoch auch die Möglichkeit bestehen, eine Abfindung als Nachteilsausgleich zu verlangen, wenn ein solcher Interessenausgleichsversuch nicht unternommen worden ist. Allerdings sind

---

119 Vgl. z.B. BAG vom 8.11.1988, BB 1989, 773.
120 BAG vom 18.10.2006, DB 2007, 922.
121 BAG vom 8.11.1988, AP Nr. 18 zu § 113 BetrVG.

Fälle des »reinen Personalabbaus« eher selten. I. d. R. enthalten Betriebsänderung mit Personalabbau **auch organisatorische Auswirkungen auf den Prozessablauf im Unternehmen** (§ 111 Nr. 4 und 5 BetrVG); in solchen Fällen greifen dann wieder die niedrigeren Schwellenwerte des § 17 KSchG bei der Berechnung der insgesamt betroffenen Personenzahl.

Die Sozialplanpflicht entfällt bei **neugegründeten Unternehmen** innerhalb der ersten vier Jahre nach ihrer Gründung (§ 112a Abs. 2 BetrVG). Dies kann auch im Außendienst u. a. dann zum Tragen kommen, wenn im Rahmen unternehmerischer Umstrukturierungen der Außendienst als ein selbständiges Tochterunternehmen geführt wird. Die Vierjahresfrist beginnt mit der Mitteilung an das Finanzamt über die Aufnahme der Erwerbstätigkeit nach § 138 Abgabenordnung.[122]

Im Sozialplan wird der Ausgleich von wirtschaftlichen Folgen der betrieblichen Veränderung angestrebt. Der Inhalt des Sozialplans ist von den Umständen des Einzelfalls der Betriebsänderung abhängig.[123] Im Mittelpunkt stehen dabei häufig **Abfindungszahlungen**, wenn die betroffenen Arbeitnehmer ausscheiden. Verstärkt wird jedoch auch versucht, Umsetzungen zu organisieren und mit zusätzlichen Maßnahmen (etwa Fortbildung, Umschulung) zu koppeln.[124] Eine Umstellung der Außendienstorganisation kann dabei vor allem die Frage einer weiteren Verwendung im Innendienst, Fragen des Einkommensverlustes oder der qualifikatorischen Anpassung aufwerfen. Bei Versetzungen kann ferner eine Rolle spielen die Erstattung von Umzugs- oder Trennungskosten, wenn dies durch die Verlagerung des bisherigen Gebietsschwerpunktes erforderlich wird.

Regelungsinhalte von Sozialplänen

- bei Maßnahmen des Personalabbaus Abfindungszahlungen nach Dauer der Betriebszugehörigkeit, Lebensalter gestaffelt;
- statt Personalabbau organisatorische Umstrukturierungen und Verwendung auf anderen Arbeitsplätzen;
- Regelung der Umschulungs- bzw. sonstigen Qualifizierungskosten;
- Sicherung des bisherigen Gehaltsniveaus;
- bei Versetzungen (konzernweit) Erstattung von Umzugs- oder Trennungskosten;
- bei Verlegung des Gebietsschwerpunktes im Außendienst mit Wohnsitzwechsel Umzugsbeihilfen, Investitionszuschuss.

122 FESTL, BetrVG, §§ 112, 112a Rn. 35ff.

123 Zum Inhalt und zur Berechungsformel für finanzielle Ausgleichszahlungen vgl. Bontrup, Interessenausgleich und Sozialplan, WSI-Mitt. 1998, 312.

124 Vgl. z. B. BAG vom 27. 10. 1987, BB 1987, 761.

16.7.4 Auswirkungen des AGG

Seit Inkrafttreten des AGG wurden bestimmte Praktiken bei der Ausgestaltung von Sozialplänen auf ihre Vereinbarung mit dem Verbot der Altersdiskriminierung untersucht. Hier die bisherigen wichtigsten Befunde:

Altersgruppen im Interessenausgleich – Anforderungen

Die Bildung von **Altersgruppen** in einem Interessenausgleich mit Namensliste ist grundsätzlich auch unter Geltung des AGG **zulässig.** Es bedarf auf den Betrieb bezogener Gründe für die Bildung der Altersgruppen. An den Sachvortrag dürfen keine überhöhten Anforderungen gestellt werden.[125]

Ausschluss/Reduzierung von Abfindungen bei Rentennähe

Sozialpläne dürfen eine nach Lebensalter oder Betriebszugehörigkeit **gestaffelte Abfindungsregelung** vorsehen. Sie dürfen für rentenberechtigte Arbeitnehmer Sozialplanleistungen reduzieren oder ganz ausschließen. Die damit verbundene unterschiedliche Behandlung wegen des Alters ist durch § 10 Satz 3 Nr. 6 AGG gedeckt. § 10 Satz 3 Nr. 6 AGG verstößt nicht gegen das gemeinschaftsrechtliche Verbot der Altersdiskriminierung. Es entspricht einem **legitimen sozialpolitischen Interesse**, dass Sozialpläne danach unterscheiden können, welche wirtschaftlichen Nachteile den Arbeitnehmern drohen, die durch eine Betriebsänderung ihren Arbeitsplatz verlieren.[126]

Die Betriebsparteien können in einem Sozialplan auch die **Reduzierung** oder gar den **völligen Ausschluss** von Leistungen bei den Arbeitnehmern vorsehen, die Anspruch auf vorgezogenes Altersruhegeld haben. Diese besteht auch für Arbeitnehmer rentennaher Jahrgänge, die nach einem relativ kurzen, vollständig oder überwiegend durch den Bezug von Arbeitslosengeld überbrückbaren Zeitraum gesetzliche Altersrente beziehen können.[127]

Stichtagsregelung für Höchstbetragsklauseln bei Abfindungen

Bei freiwilligen Leistungen des Arbeitgebers folgt aus dem Gleichbehandlungsgrundsatz, dass die Leistungsvoraussetzungen so abzugrenzen sind, dass Arbeitnehmer des Betriebs nicht aus sachfremden oder willkürlichen Gründen

125 BAG vom 6.11.2008 – 2 AZR 523/01.
126 BAG vom 20.1.2009 – 1 AZR 40/70.
127 BAG vom 26.5.2009 – 1 AZR 198/08.

ausgeschlossen werden. Der Arbeitgeber ist grundsätzlich frei, den Personenkreis abzugrenzen, dem er freiwillige Leistungen zukommen lassen will, also Gruppen zu bilden, wenn diese **Gruppenbildung** nicht willkürlich, sondern **sachlich gerechtfertigt** und rechtlich zulässig ist. Die sachliche Rechtfertigung dieser Gruppenbildung kann nur am Zweck der freiwilligen Leistung des Arbeitgebers gemessen werden.

Die längere Dauer und damit die größere finanzielle Belastung durch das Altersteilzeitarbeitsverhältnis eines bei Beginn der Altersteilzeit 55-jährigen Arbeitnehmers gegenüber einem bei Beginn der Altersteilzeit 56-jährigen Beschäftigten rechtfertigt nicht die Verdoppelung der Abfindung von einem halben auf ein Jahresgehalt zugunsten des 56-Jährigen.

Dem steht nicht entgegen, dass die Differenzierung nach vollendetem Lebensalter wie eine Stichtagsregelung wirkt. **Stichtagsregelungen** sind zwar als »Typisierung in der Zeit« ungeachtet der damit verbundenen Härten zur Abgrenzung des begünstigten Personenkreises **grundsätzlich zulässig.** Erforderlich ist jedoch, dass sich die Wahl des Zeitpunkts am zu regelnden Sachverhalt orientiert und die Interessenlage der Betroffenen angemessen erfasst.[128]

16.8 Änderungskündigung

Veränderungen in der Außendienstorganisation nehmen wohl nur in seltenen Fällen die spektakuläre Form einer Betriebsänderung an. Viel häufiger sind dosierte Umorganisationsmaßnahmen. **Veränderungen der Arbeitsorganisation** können vom Arbeitgeber nur in einem bestimmten Rahmen **einseitig** zu Lasten der Außendienstler vorgenommen werden (siehe dazu unter Kapitel 9 Gebietsänderung/Versetzung), wobei die Grenzziehung fließend ist. Erhebliche Veränderungen kann der Arbeitgeber jedoch gegen den **Widerspruch des Arbeitnehmers nur durchsetzen** im Wege einer **Änderungskündigung.**[129] Damit ist für die Betroffenen die Möglichkeit gegeben, die Entscheidung des Arbeitgebers auf ihre soziale Rechtfertigung gerichtlich überprüfen zu lassen.

Eine Änderungskündigung ist mit dem **Angebot** verbunden, das Arbeitsverhältnis unter **veränderten Bedingungen** fortzusetzen, wenn der Arbeitnehmer damit einverstanden ist.

128 BAG vom 18.9.2007 – 9 AZR 788/06.

129 Vgl. etwa LAG Köln vom 24.10.1989, LAGE § 95 BetrVG Nr. 9.

Das gilt nicht nur bei **räumlichen Veränderungen**, sondern auch dann, wenn die Veränderung zu einer **geringeren Entlohnung** führt. Auch das kann der Arbeitgeber nicht unter Berufung auf sein allgemeines Direktionsrecht einseitig vornehmen, sondern muss zum Mittel der Änderungskündigung greifen.[130]

Nach § 2 KSchG kann der Arbeitnehmer das Angebot des Arbeitgebers unter dem Vorbehalt annehmen, dass die Änderungen der Arbeitsbedingungen nicht sozial ungerechtfertigt sind.[131] Er muss dann innerhalb der Dreiwochenfrist (§ 3 KSchG) Kündigungsschutzklage erheben. Das Gericht wird daraufhin prüfen, ob die Änderung der Arbeitsbedingungen durch Gründe in der Person oder im Verhalten des Arbeitnehmers oder durch dringende betriebliche Erfordernisse gerechtfertigt ist.[132] Im Vordergrund stehen dabei betriebsbedingte Gründe, da es sich i. d. R. um **arbeitsorganisatorische Umstrukturierungen** handelt. Um spätere Beweisschwierigkeiten im Prozess zu vermeiden, sollte der Arbeitnehmer dem Arbeitgeber schriftlich erklären, dass er das Änderungsangebot nur unter Vorbehalt annimmt.

Dabei ist eine Änderungskündigung zur **Gehaltsabsenkung** an sehr **hohe Voraussetzungen** geknüpft. Sie soll allenfalls dann gerechtfertigt sein, wenn bei Aufrechterhaltung der bisherigen Personalkostenstruktur betrieblich nicht mehr auffangbare Verluste entstehen, die eine Schließung des Betriebs nach sich ziehen könnten.[133]

Wie vor jeder Kündigung ist auch vor der Änderungskündigung der Betriebsrat anzuhören. Eine ohne **Anhörung** des Betriebsrats ausgesprochene Änderungskündigung ist unwirksam. Ferner hat der Betriebsrat auch hier die Möglichkeit des Widerspruchs, wie dies im Einzelnen bei der ordentlichen Kündigung dargestellt worden ist.[134]

Eine zum Zwecke der **Versetzung** ausgesprochene Änderungskündigung löst außerdem das **Zustimmungsverfahren** nach § 99 BetrVG aus.[135]

130 BAG vom 23. 6. 2005, NZA 2006, 159.

131 Im Einzelnen Backmeister/Trittin/Mayer, § 2 KSchG Rn. 32.

132 Zur Interessenabwägung bei Änderungskündigungen vgl. BAG vom 10. 9. 2009 – 2 AZR 822/07.

133 BAG vom 10. 9. 2009 – 2 AZR 622/07.

134 Dazu gehört u. a. auch die Mitteilung der Auswahlkriterien: LAG Baden-Württemberg vom 5. 10. 1984, NZA 1985, 126 f.

135 LAG Frankfurt vom 18. 3. 1987, BB 1987, 2453.

16.9 Aufhebungsvertrag

16.9.1 Zulässigkeit

Als eleganter Weg zur Beendigung von Arbeitsverhältnissen wird von Arbeitgebern häufig ein Aufhebungsvertrag mit den betroffenen Arbeitnehmern angestrebt.[136] Damit werden sofort klare Verhältnisse geschaffen und langwierige und u. U. unkalkulierbare Prozesse vermieden. Für die betroffenen Arbeitnehmer können Aufhebungsverträge von Vorteil sein, wenn die betriebliche Situation und das Verhältnis zu den Vorgesetzten so verfahren ist, dass ein weiteres berufliches Fortkommen in dem Betrieb mehr oder minder ausgeschlossen oder zumindest fragwürdig ist. Trotzdem will der Schritt zur Unterzeichnung eines Aufhebungsvertrags gut überlegt sein, denn i. d. R. gibt es davon kein Zurück mehr.

Die Rechtsprechung lässt Aufhebungsverträge grundsätzlich zu und verneint ein allgemeines **Widerrufsrecht** der Arbeitnehmer.[137] Der Arbeitnehmer ist also an einen einmal geschlossenen Aufhebungsvertrag gebunden. Er kann ihn nur dann **anfechten**, wenn ihm für den Fall der Nichtunterzeichnung die Kündigung angedroht wurde, obwohl ein Kündigungsgrund gar nicht gegeben war.[138] Grundsätzlich muss dem Arbeitnehmer Gelegenheit gegeben werden, über den Abschluss eines Aufhebungsvertrags nachzudenken. Eine Überrumpelungsaktion des Arbeitgebers ist unzulässig und kann einen Anfechtungsgrund darstellen.[139]

Ein allgemeines Widerrufsrecht wird auch nach Inkrafttreten des Schuldrechtsmodernisierungsgesetzes abgelehnt; das Widerrufsrecht nach § 312 BGB soll auf Aufhebungsverträge nicht zutreffen.[140]

In einem Aufhebungsvertrag wird nicht nur das Ende des Arbeitsverhältnisses definitiv festgelegt, sondern i. d. R. auch eine Abfindung vereinbart, zuweilen in nicht unbeträchtlicher Höhe. Bietet der Arbeitgeber solche **Aufhebungsverträge** mit entsprechenden Abfindungsregelungen **nur** »jüngeren« **Arbeitnehmern** an (i. d. R. bis zu einem bestimmten Jahrgang), um einen effektiven Personalabbau zu betreiben, dann stellt das zwar eine Benachteiligung »älterer« Arbeitnehmer dar. Das kann jedoch durch einen legitimen beschäftigungspolitischen Zweck gerechtfertigt sein.[141]

136 Zur Ausgestaltung vgl. Hjort, Aufhebungsvertrag und Abfindung, 4. Aufl. 2011.
137 BAG vom 30. 9. 1993, NZA 1994, 209.
138 BAG vom 14. 7. 1960, AP Nr. 13 zu § 123 BGB.
139 BAG vom 30. 9. 1993, NZA 1994, 209.
140 BAG vom 27. 11. 2003, NZA 2004, 598.
141 BAG vom 25. 2. 2010, NZA 2010, 561.

Solche Abfindungen sind **steuerpflichtig;** die früher einmal bestandenen Freigrenzen sind aufgehoben worden. Allerdings kann der Abfindungsbetrag auf fünf Jahre verteilt werden.

Sozialversicherungsbeiträge müssen auf Abfindungen **nicht gezahlt** werden. Im Gegensatz zum Steuerrecht werden Abfindungen nicht zum beitragspflichtigen Arbeitsentgelt gerechnet, sondern als Entschädigung für den Verlust des Arbeitsplatzes gewertet.[142]

16.9.2 Sozialrechtliche Folgen

Abfindungen können auch den **Bezug von Arbeitslosengeld** beeinträchtigen. **Angerechnet** wird die Abfindung dann, wenn Kündigungsfristen nicht eingehalten werden (§ 143a SGB III). Dies trifft insbesondere auf **ältere Arbeitnehmer** zu, die teils lange Kündigungsfristen haben bzw. zum Teil ordentlich gar nicht mehr gekündigt werden können. In diesen Fällen wird den Arbeitnehmern zugemutet, zuerst ihre Abfindung zu verbrauchen bevor sie einen Arbeitslosengeldanspruch einlösen können. Bei den sog. unkündbaren Arbeitnehmern ist der Zeitraum auf ein Jahr begrenzt. Arbeitgeber, die Beschäftigte ab 57 Jahre vorzeitig in den Ruhestand schicken, sollen wieder wie früher für die Mehraufwendung der Sozialversicherungsträger aufkommen (§ 147a SGB III, entsprechend dem früheren § 128 AFG).

Die Annahme einer **Abfindung wegen drohender betriebsbedingter Entlassung** wird nach Inkrafttreten von § 1a KSchG allerdings **nicht mehr** als **Sperrzeittatbestand** angesehen.[143]

16.10 Kündigung durch Außendienstmitarbeiter

Grundsätzlich kann das Arbeitsverhältnis eines Außendienstlers von ihm selbst jederzeit gekündigt werden unter Einhaltung der gesetzlichen oder tariflichen Kündigungsfristen. In manchen **Tarifverträgen** sind dabei für eine Kündigung durch den Arbeitnehmer **kürzere Fristen** vorgesehen.[144]

142 BVerfG vom 12.5.1976, DB 1976, 1678.
143 BSG vom 12.7.2006 – B 11a AL 47/05 R.
144 Vgl. § 11 MTV Chemie.

Bei einer **Eigenkündigung** entstehen erhebliche finanzielle Risiken, wenn sich nicht ein neues Arbeitsverhältnis nahtlos anschließt, sondern Arbeitslosigkeit eintritt. Dieses Verhalten wird mit einer Sperrfrist von zwölf Wochen belegt, in der kein Arbeitslosengeld gezahlt wird (§ 144 SGB III).

Vor allem im Pharmabereich stellt sich bei Kündigungen durch Außendienstler häufig die Frage, ob die Betreffenden die **Kosten für** ihre **Ausbildung** zum Pharma-Referenten dann zurückzahlen müssen. Eine solche Ausbildung zum geprüften Pharma-Referenten dauert i. d. R. ein Jahr und ist mit nicht unerheblichen Kosten verbunden, die von den Pharmaunternehmen getragen werden. Kündigen Referenten in einem bestimmten Zeitraum nach der Ausbildung, dann können sie u. U. zur Rückzahlung der Kosten verpflichtet werden.

Von der Rechtsprechung ist ein **Bindungszeitraum** von maximal drei Jahren nach Abschluss der Ausbildung zugelassen worden.[145] Ist der Ausbildungszeitraum recht kurz (z. B. Erwerb einer Fluglizenz), dann ist nur ein einjähriger Bindungszeitraum zulässig, selbst wenn die Ausbildungskosten hoch sind.[146]

Ein höherer Bindungszeitraum als drei Jahre ist aufgrund der Kürze der Ausbildung im Pharmabereich nicht zulässig. Kündigt der Arbeitnehmer vor dieser Frist, dann können die Ausbildungskosten bis zur Höhe der Gesamtausbildungskosten ratenweise zurückverlangt werden, wobei sich die Rückzahlungspflicht entsprechend dem Zeitraum der Betriebszugehörigkeit verringert.[147]

In dieses starre Rückzahlungsschema ist durch die **AGB-Kontrolle** erhebliche Bewegung gekommen. Das BAG blickt nun nicht mehr nur auf den Zeitraum, sondern misst solche Rückzahlungsklauseln insbesondere daran, ob sie zu einer unangemessenen Benachteiligung des Arbeitnehmers führen und gegen das Transparenzgebot verstoßen (§ 307 BGB). Ein Verstoß gegen das **Transparenzgebot** wird dann angenommen, wenn die Rückzahlungspflicht ohne Rücksicht auf den jeweiligen Grund für die Beendigung des Arbeitsverhältnisses ausgelöst werden soll.[148]

145 BAG vom 29. 6. 1962 und 24. 1. 1963, AP Nrn. 25, 29 zu Art. 12 GG.

146 BAG vom 16. 3. 1994, AiB 1994, 662 mit Anm. U. Mayer.

147 BAG vom 23. 4. 1986, AP Nr. 10 zu § 611 BGB Ausbildungsbeihilfe.

148 BAG vom 23. 1. 2007, NZA 2007, 748; vom 18. 3. 2008, NZA 2008, 1004; LAG Köln vom 2. 9. 2009 – 3 Sa 255/09.

17. Betriebsübergang

17.1 Übernahme eines Betriebs oder Betriebsteils

Wird ein Betrieb von einem Erwerber übernommen, dann stellt sich für die Beschäftigten die Frage, was aus ihren Arbeitsverhältnissen wird, ob sich der Erwerber an die Vereinbarungen zu halten hat, die in ihren Arbeitsverträgen stehen und ob evtl. bestehende Betriebsvereinbarungen und Tarifverträge fortgelten.

§ 613a BGB gibt auf diese Fälle eine klare Antwort: **Die bisherigen Vereinbarungen in den Arbeitsverträgen gelten fort.** Der neue Betriebsinhaber tritt insofern in die Stellung des alten Arbeitgebers ein. Damit bleiben alle einzelvertraglichen und tarifvertraglichen Abreden der Außendienstler bestehen. Dies betrifft z. B. auch Wettbewerbsabreden. Sind Wettbewerbsverbote und die Zahlung einer Karenzentschädigung mit dem alten Arbeitgeber vereinbart worden, so gilt diese Regelung auch für den Erwerber.[1] Deshalb kann nur dringend davon abgeraten werden, bei einem Arbeitgeberwechsel vorschnell einen neuen Arbeitsvertrag zu unterschreiben.

Auch der **Außendienst** eines Unternehmens kann als Betrieb oder als **Betriebsteil** veräußert werden und fällt dann unter den Bestandsschutz bzw. das Kündigungsverbot des § 613a BGB, wenn er ein organisatorisch eigenständiger Betriebsteil ist. Es ist dabei nicht erforderlich, dass der Erwerber in bestehende Verpflichtungen oder Verträge eintritt, wenn die Aufgabe des angestellten Außendienstes allein in der Vermittlung von Verträgen bestand. Dabei ist für einen **Betriebsübergang** auch nicht erforderlich, dass irgendwie geartete sachliche Gegenstände wie Gebäude, Büroeinrichtungen oder Fahrzeugpark veräußert werden. Bei der Übertragung des Außendienstes kommt es vielmehr entscheidend darauf an, dass der Erwerber irgendwo auf dem Gebiet aus-

1 BAG vom 28. 1. 1966, AP Nr. 18 zu § 74 HGB; vom 26. 9. 1963, AP Nr 1 zu § 74a HGB.

schließlich berechtigt ist, Kunden für das vertretene Produkt zu werben und Verträge zu vermitteln (**Gebietsschutz**) und er in der Lage ist, auf einen bestehenden Kundenstamm zurückzugreifen.[2]

Der Annahme eines Betriebsübergangs steht auch nicht entgegen, dass das vom angestellten Außendienst zu betreuende **Gebiet aufgespalten** und auf **mehrere Erwerber** übertragen wird. Es handelt sich in jedem Fall um mehrere Betriebsteilübergänge, jedenfalls so lange, als nicht nur kleinste Gebiete übertragen werden, die nicht mehr als lebensfähige betriebliche Einheiten betrachtet werden können. Dabei genügt der Abschluss eines Handelsvertretervertrages zur Annahme einer rechtsgeschäftlichen Betriebsteilübertragung.[3]

Die Schutzregelungen des § 613a BGB mit ihrer begrenzten Bestandsgarantie für Tarifverträge sowie dem Erhalt des Kündigungsschutzes gelten also auch bei der **Übernahme** von bestimmten **Funktionsbereichen im Dienstleistungssektor.** Dies ist durch eine Entscheidung des EuGH noch einmal klargestellt worden.[4] Danach ist ein Betriebsübergang im Sinne von § 613a BGB auch dann gegeben, wenn lediglich bestimmte betriebliche Funktionen auf einen Dritten übertragen und die wirtschaftliche Einheit als solche erhalten wird, aber nun von einem Dritten fortgeführt wird. Entscheidend ist der **Fortbestand der wirtschaftlichen Einheit,** auf den Übergang von Sachmitteln kommt es nicht an, die gerade im Dienstleistungsbereich eine eher untergeordnete Rolle spielen.[5]

Beispiel:
Zwei Autoverkäufer, die Herren Merckx und Neuhuys, sind bei dem Vertragshändler Y mit Sitz in Brüssel beschäftigt, der die Automarke Ford im Großraum der belgischen Hauptstadt vertritt. Der Vertragshändler Y stellt seine Tätigkeit ein. Als neuer Vertragshändler wird die Firma X gewonnen, die einen Großteil der Autoverkäufer übernimmt, nicht jedoch die Herren Merckx und Neuhuys.
Der EuGH hat einen solchen Fall der Übertragung der Vertriebsberechtigung mit gleichzeitiger Werbung für das neue Unternehmen bei den bisherigen Kunden als Betriebsübergang qualifiziert. Entscheidend ist der Erhalt der bisherigen wirtschaftlichen Einheit, die im Vertrieb der Automarke Ford im Brüsseler Großraum gesehen wurde.[6]

Wirtschaftliche Einheit war hier der »Vertrieb der Automarke Ford durch eine Vertriebsorganisation mit einer bestimmten Zahl von Außendienstmitar-

---

2 BAG vom 25.6.1985, AP Nr. 23 zu § 7 BetrAVG.
3 ArbG Regensburg vom 19.4.1989, BB 1989, 1124.
4 EuGH vom 14.4.1994, DB 1994, 1370.
5 Beispiel Reinigungsgewerbe, vgl. LAG Hamm vom 24.1.1995, DB 1995, 881; EuGH vom 11.3.1997, DB 1997, 628; BAG vom 17.7.1997, BB 1997, 1848.
6 EuGH vom 7.3.1996, NZA 1996, 413.

beitern«. Wird die Leitung dieser Vertriebsorganisation durch einen neuen Vertragshändler übernommen und werden dabei die meisten Außendienstmitarbeiter weiter beschäftigt, dann wird auch die **wirtschaftliche Einheit** fortgeführt und es handelt sich um einen Betriebsübergang.

Wesentlich ist also, ob die Arbeitsorganisation und die Betriebsmethoden fortgeführt und dazu die Arbeitsmittel und/oder das Personal übernommen werden.[7]

Damit ist das sog. »**Outsourcing**«, die Ausgliederung von Dienstleistungsfunktionen, nicht etwa ausgeschlossen worden. Die **bloße Fremdvergabe** einer bisher im eigenen Unternehmen durchgeführten Aufgabe ist jedenfalls dann kein Betriebsübergang, wenn der neue Auftragnehmer weder Arbeitsmittel noch Personal übernimmt.[8] Allerdings greift der Schutzzweck des § 613a BGB auch dann, wenn der Erwerber sich entschließt, den erworbenen Unternehmens- oder Betriebsteil aufzulösen und seine Einzelteile (wie Software-Programme, Patente, Lieferanten- und Kundenlisten, einzelne Arbeitnehmer) **in seine eigene Struktur einzugliedern.**

Beispiel:[9]
Herr Klarenberg war Leiter der Abteilung Netzwerke eines inzwischen insolventen elektrotechnischen Unternehmens, das sich mit industrieller Automatisierung sowie Mess- und Regeltechnik für Hüttenwerke befasste. Der Erwerber hat den übernommenen Produktbereich nicht als eigenständige Abteilung fortgeführt, sondern ihn in ihren bereits vorhandenen Betrieb eingegliedert und die betroffenen Arbeitnehmer in verschiedene Abteilungen eingegliedert. Nach Auffassung des EuGH kann auch eine Änderung der Organisationsstruktur der übertragenen Einheit den Schutz des § 613a BGB auslösen, wenn die funktionelle Verknüpfung zwischen den übertragenen Produktionsfaktoren beibehalten wird.

17.2 Informations- und Widerspruchsrecht

Der bisherige Arbeitgeber oder neue Inhaber hat vor dem Übergang die betroffenen Arbeitnehmer über den Zeitpunkt, den Grund und die sozialen Folgen des Betriebsübergangs sowie die insoweit vorgesehenen Maßnahmen zu **unterrichten** (§ 613a Abs. 5 BGB)

7 Erfurter Kommentar-Preis, § 613a BGB Rn. 37.
8 BAG vom 22.1.1998, NZA 1998, 536.
9 EuGH vom 12.2.2009 – Rs. C-466/07, NZA 2009, 251.

Die Arbeitnehmer können dem Übergang ihrer Arbeitsverhältnisse auf den Erwerber widersprechen.[10] Das BAG hatte ein solches **Widerspruchsrecht beim Betriebsübergang** damit begründet, dass wegen des höchstpersönlichen Charakters der Dienstleistung und des Grundrechts auf freie Arbeitsplatzwahl kein Verkauf der Arbeitnehmer gegen ihren Willen stattfinden könne.[11]

Das Widerspruchsrecht ist mittlerweile in § 613a Abs. 6 BGB **ausdrücklich gesetzlich geregelt**. Nach Unterrichtung über den Betriebsübergang kann innerhalb eines Monats entweder gegenüber dem bisherigen Arbeitgeber oder dem neuen Inhaber der Widerspruch erklärt werden. Diese Frist beginnt allerdings nicht zu laufen, wenn der Arbeitnehmer nur fehlerhaft oder unvollständig unterrichtet wurde.[12]

Bei einem Widerspruch laufen die Arbeitnehmer allerdings **Gefahr**, dass der **alte Arbeitgeber keine Verwendung mehr** für sie hat und deshalb kündigt. In diesem Fall besteht zwar die Möglichkeit einer Kündigungsschutzklage. Diese wird dann nach den Grundsätzen der betriebsbedingten Kündigung behandelt. Ein Erfolg ist in solchen Fällen aber äußerst ungewiss.[13]

17.3 Rechtsfolgen des Betriebsübergangs

Bestandsschutz für Arbeitsbedingungen

Mit dem Betriebsübergang werden die Rechte und Pflichten aus dem Arbeitsverhältnis fortgeführt sowie Betriebsvereinbarungen und Tarifverträge werden **Bestandteil der Arbeitsverträge**. Der Erwerber kann sie erst nach einem Jahr als abdingbare Vertragsklauseln kündigen. Solange können sich die Arbeitnehmer auf Regelungen in diesen Kollektivvereinbarungen berufen. Bei einer eventuellen Kündigung der Vertragsbedingungen handelt es sich um eine Änderungskündigung, die der Arbeitnehmer wiederum voll gerichtlich überprüfen lassen kann.

---

10 Der Streit um dieses Widerspruchsrecht ging bis zum EuGH, der ein solches Recht für zulässig erklärte: EuGH vom 15.12.1992, NZA 1993, 169.

11 BAG vom 6.2.1980, AP Nr. 21 zu § 613a BGB (ständ. Rspr.).

12 BAG vom 2.4.2009 – 8 AZR 220/07; die Frist soll erst dann zu laufen beginnen, wenn der Arbeitnehmer von der Fehlinformation Kenntnis erlangt hat: BAG vom 22.3.2008 – 8 AZR 1022/06, NZA 2008, 1297.

13 BAG vom 7.4.1993, DB 1993, 1877.

Sie werden allerdings auch im Laufe des ersten Jahres gegenstandslos, wenn ein neuer Tarifvertrag bzw. eine neue Betriebsvereinbarung beim Erwerber greifen.[14]

Kündigungsverbot

Bei einem Betriebsübergang können sowohl Veräußerer als auch Erwerber Interesse an einer Verkleinerung der Belegschaft haben. Nach § 613a Abs. 4 BGB ist eine Kündigung aus Anlass des Betriebs unwirksam. Dieses Kündigungsverbot bezieht sich auf alle Arbeitnehmer unabhängig von ihrer Beschäftigungsdauer (also auch bei weniger als sechs Monaten) und der Betriebsgröße (auch bei weniger als sechs Arbeitnehmern). Allerdings gilt dieses Kündigungsverbot nur, wenn die Kündigung vom alten oder neuen Arbeitgeber **wegen des Betriebsübergangs** ausgesprochen worden ist. Eine **Kündigung** aus anderen Gründen bleibt davon grundsätzlich unberührt. Wenn der neue Arbeitgeber nach dem Erwerb den Betrieb umkrempelt und dabei aus betriebsbedingten Gründen kündigen will, so ist das also grundsätzlich möglich; ob es auch zulässig ist, wird dann vor den Gerichten im Kündigungsschutzverfahren geklärt, wenn der Betroffene Klage erhoben hat (siehe Kündigungsschutz).

14 Einzelheiten bei Schiefer, Rechtsfolgen des Betriebsübergangs nach § 613a BGB, NJW 1998, 1817.

18. Zeugnis

18.1 Anspruch auf Zeugniserteilung

Nach dem Ausscheiden aus dem Betrieb hat der Außendienstler einen **Anspruch auf Ausstellung eines Zeugnisses** (§ 630 BGB, § 109 GEWO). Er hat dabei ein Wahlrecht zwischen einem einfachen Zeugnis, das lediglich Art und Dauer der Beschäftigung erfasst, oder einem qualifizierten Zeugnis, das sich auch auf seine Leistungen und sein Verhalten während der Beschäftigung bezieht. Kann der Außendienstler nach den Umständen mit einem guten Zeugnis rechnen, wird er ein qualifiziertes Zeugnis verlangen. Ist Skepsis angebracht, wird er ein einfaches Zeugnis anfordern und kann dann gegebenenfalls noch ein qualifiziertes Zeugnis nachfordern. Allerdings darf er sich nicht allzu lange Zeit lassen, da tarifliche Ausschlussfristen auch hier gelten.[1] Außerdem kann der Zeugnisanspruch verwirkt sein, wenn z. B. ein zu langer Zeitraum zwischen dem ersten Zeugnis und der Forderung nach einem neuen liegt.[2]

Bei qualifizierten Zeugnissen liegt der Teufel im Detail. Zwar hat das BAG als obersten Grundsatz formuliert: **Ein Zeugnis muss wahr sein!**[3] Denn ein Zeugnis soll einerseits dem Arbeitnehmer als Unterlage für eine neue Bewerbung dienen. Seine Belange sind gefährdet, wenn er unterbewertet wird. Andererseits soll das Zeugnis zur Unterrichtung eines Dritten dienen, der die Einstellung des Zeugnisinhabers erwägt. Seine Belange sind gefährdet, wenn der Arbeitnehmer überbewertet wird.[4]

1 BAG vom 23.2.1983, AP Nr. 10 zu § 70 BAT.

2 Dies sah das BAG in einem konkreten Fall nach zehn Monaten als gegeben an: BAG vom 17.2.1988, AP Nr. 17 zu § 630 BGB.

3 BAG vom 23.6.1960, AP Nr. 1 zu § 73 HGB.

4 U. U. macht sich ein Arbeitgeber sogar schadenersatzpflichtig, wenn er bestimmte Zusammenhänge nicht mitteilt, wie z. B. Unterschlagung durch einen Angestellten, vgl. BGH vom 15.5.1979, AP Nr. 13 zu § 630 BGB.

Aber über Wahrheit und Klarheit lässt sich bekanntlich trefflich streiten. So birgt jedes qualifizierte Zeugnis das Risiko, dass auch unbequeme Wahrheiten aufgenommen werden können, wenn sie eben nur wahr sind. Der Arbeitgeber trägt dafür die **Beweislast** und der Arbeitnehmer kann gegen ein Zeugnis, das er für unkorrekt hält, gerichtlich vorgehen.

Ein zutreffendes und wohlwollendes Zeugnis ist für Arbeitnehmer von hoher Bedeutung. In fast allen Berufszweigen sind gute Zeugnisse Basis für die berufliche Fortentwicklung. Darüber hinaus kann ein unrichtiges oder ungerechtes Zeugnis eine erhebliche Kränkung für den Arbeitnehmer bedeuten. Schließlich gibt es ein gewisses Misstrauen wegen der immer wieder diskutierten **»Geheimwissenschaft« der Zeugnissprache** oder der geheimen Codes im Zusammenhang mit den Zeugnissen.

Ist das Zeugnis nach Ansicht des Arbeitnehmers unrichtig, so kann er **Berichtigung** verlangen.[5] Erfüllt der Arbeitgeber den Berichtigungsanspruch nicht, kann er auf Berichtigung des Zeugnisses klagen. Dabei muss der Arbeitnehmer nun selbst neue Formulierungen vortragen. Die Gerichte überprüfen dann diese Berichtigungen und legen u. U. ihrerseits neue Formulierungen fest. Im Fall der Berichtigung hat das Zeugnis grundsätzlich das Ausstellungsdatum des ursprünglich erteilten Zeugnisses zu tragen und zwar unabhängig davon, ob der Arbeitgeber die Berichtigung von sich aus vornimmt oder ob er dazu gerichtlich verurteilt oder durch gerichtlichen oder außergerichtlichen Vergleich angehalten wird.[6]

18.2 Inhalt

Gerade bei der Einschätzung von Leistung und Verhalten können erhebliche Wahrnehmungsunterschiede bei ausscheidenden Arbeitnehmern und dem Zeugnis erteilenden Arbeitgeber auftreten. Die Rechtsprechung billigt hierbei dem Arbeitgeber einen **Beurteilungsspielraum** zu,[7] welche Leistungen und Eigenschaften der Arbeitnehmer er mehr hervorheben oder zurücktreten lassen will. Das Zeugnis muss nur wahr sein und darf auch dort keine Auslassun-

5 Dabei darf die bisherige Verhaltensbeurteilung nicht verschlechtert werden, BAG vom 21.6.2005 – 9 AZR 352/04.

6 LAG Hamm vom 27.2.1997, NZA-RR 1998, 151.

7 BAG vom 20.7.1971, AP Nr. 6 zu § 630 BGB.

gen enthalten, wo Leser eine positive Hervorhebung erwarten (z. B. Verkaufserfolge im Außendienst).

In der Praxis hat sich dabei eine verschlüsselte Zeugnissprache herausgebildet, bei der floskelhafte Sätze verwandt werden, die wohlwollender klingen, als sie gemeint sind.

Tätigkeitsbeschreibung

Bei der **Beschreibung** der ausgeführten Tätigkeiten kann bereits eine Bewertung mitschwingen. Bei den meisten Tätigkeiten gibt es einen Fachkanon, welche einzelnen Schritte üblicherweise bei ihrer Ausführung anfallen. Werden diese Teilelemente nicht angesprochen, dann kommt das einer verdeckten Kritik gleich. Ähnlich fatal wirkt es, wenn Nebensächlichkeiten groß herausgestellt und die eigentlichen Kernaufgaben eher beiläufig und viel zu knapp geschildert werden.

Leistung

Bei der Leistungsbeurteilung ist es zweckmäßig und üblich, die Gesamtleistung zunächst in einzelne **Teilbereiche** aufzuspalten und diese zu beurteilen.

Dazu gehören z. B.:[8]

- die Arbeitsbereitschaft, (das »Wollen«, z. B. Fleiß, Selbständigkeit)
- die Arbeitsbefähigung (das »Können«, z. B. Fachkenntnisse, Qualifikationen)
- die Arbeitsweise (Sorgfalt, Zuverlässigkeit)
- der Arbeitserfolg (Arbeitsergebnis).

Bei der **Beurteilung** steht dem Arbeitgeber zwar ein **Ermessen** zu. Hier können sich aber seine Wohlwollens- und Wahrheitspflicht im Einzelfall durchaus ins Gehege kommen. Leistungsunterschiede werden vor allem in der Zufriedenheitsform zum Ausdruck gebracht. Bei dieser Formel hat sich folgende Sprachpraxis herausgebildet, um eine differenziere Beurteilung zu ermöglichen.[9]

8 Schlossmann, Das Arbeitszeugnis, S. 64; weitere Arbeitshilfen sind Wanzke, Das Arbeitszeugnis; Weuster/Scheer, Arbeitszeugnisse in Textbausteinen; Hesse/Schrader, Praxismappe für das perfekte Arbeitszeugnis.

9 Scholz, Alles über Arbeitszeugnisse, S. 98.

> **Note 1:**
> »A hat die übertragenen Aufgaben stets zu unserer vollsten Zufriedenheit erledigt.«
> »Wir waren stets mit ihren Leistungen außerordentlich zufrieden.«
> »Ihre Leistungen haben immer und in jeder Hinsicht unsere volle Anerkennung gefunden.«

Bei der Leistungsbeurteilung wird der Grad an Zufriedenheit durch zwei Elemente zum Ausdruck gebracht: durch ein **Zeitmoment** (hier: stets, immer) und durch ein qualitatives Moment (**Adjektiv** in Verbindung mit Zufriedenheit, wobei »vollste« nur in der Zeugnissprache, nicht nach dem Duden anerkannt ist). Hier sind die jeweiligen Superlative verwandt worden.

> **Note 2:**
> »B hat die ihm übertragenen Aufgaben stets zu unserer vollen Zufriedenheit erledigt.«
> »Wir waren immer mit seinen Leistungen voll und ganz zufrieden.«

Bei einer guten Leistung wird als Zeitmoment ebenfalls immer oder stets gewählt, bei der Wahl des Adjektivs dagegen nicht der Superlativ, sondern ein Wort der Güteklasse »gut« gewählt.

> **Note 3:**
> »C hat die ihr übertragenen Aufgaben zu unserer vollen Zufriedenheit erledigt.«
> »Ihre Leistungen waren stets zufriedenstellend.«

Eine befriedigende Leistung wird entweder durch Weglassen des Zeitmoments und Wahl eines hochwertigen Adjektivs (erste Variante) oder durch Hinzufügen des Zeitmoments und Wahl eines befriedigenden Adjektivs (zweite Variante) zum Ausdruck gebracht.

> **Note 4:**
> »D hat die ihm übertragenen Aufgaben zu unserer Zufriedenheit erledigt.«
> »Mit seinen Leistungen waren wir zufrieden.«
> »Er hat unseren Erwartungen entsprochen.«

Eine Differenzierung zwischen befriedigender und ausreichender Leistung gehört naturgemäß zu den besonders umstrittenen Zeugnisbereichen. Bei den hier vorgestellten Formulierungen fällt das Fehlen des Zeitmoments auf in

Kombination mit einem fehlenden Adjektiv beim Zufriedenheitsgrad. Eine solche Kombination wird in der Rechtsprechung als nur ausreichende Beurteilung eingestuft.[10]

> **Note 5:**
> »F hat sich stets bemüht, die ihm übertragenen Aufgaben zu unserer Zufriedenheit zu erledigen.«
> »Er führte die ihm übertragenen Aufgaben mit großem Fleiß und Interesse durch.«[11]

Das Wort »bemühen« drückt aus, dass der Betreffende sich zwar Mühe gegeben hat, aber ohne sonderlichen Erfolg. Ansonsten werden das Fehlen des Zeitfaktors und eine Relativierung der Qualität (z. B. im Großen und Ganzen, größtenteils) gewählt, um eine nicht ausreichende Leistung zum Ausdruck zu bringen.

Führung

Beim Führungsverhalten werden in Zeugnissen i. d. R. folgende Ebenen behandelt:

- das Verhalten gegenüber Vorgesetzten (stets korrekt und loyal);
- das Verhalten gegenüber Gleichgeordneten (legt auf Teamarbeit bzw. gute Zusammenarbeit Wert);
- Führung der Mitarbeiter (versteht zu überzeugen, ist voll anerkannt, delegiert Aufgaben).

Bei gutem Führungsverhalten sollten die einzelnen Ebenen in etwa gleichwertig behandelt werden.[12]

> **Gutes Verhalten:**
> »Das Verhalten von Herrn B gegenüber Vorgesetzten und Mitarbeitern war stets einwandfrei.«

10 LAG Düsseldorf vom 20. 11. 1979, DB 1980, 546; LAG Frankfurt vom 10. 9. 1987, DB 1988, 1071; zur Abgrenzung auch BAG vom 12. 8. 1976, AP Nr. 11 zu § 630 BGB.

11 Formulierungen aus BAG vom 24. 3. 1977, AP Nr. 12 zu § 630 BGB.

12 Dachrodt/Engelbert, Zeugnisse lesen und verstehen, 7. Aufl. 2003.

Hier taucht wieder das **Zeitmoment** auf und ein **Adjektiv** der gehobenen Klasse für das Verhalten gegenüber Vorgesetzten und Mitarbeitern. Insgesamt fällt ein eher neutraler Ton auf.

Die **Betonung von Einzelaspekten** enthält dagegen meist verschlüsselte Botschaften, die wie folgt dechiffriert werden:

»Im Umgang mit Kollegen und Vorgesetzten zeigte er durchweg eine erfrischende Offenheit.«
(= arroganter Besserwisser)
»Seine Auffassungen wusste er intensiv zu vertreten.«
(= vorlauter Kollege)
»Er war sehr tüchtig und wusste sich gut zu verkaufen.«
(= unangenehmer Mitarbeiter, Angeber)
»Er ist immer gut mit seinen Vorgesetzten ausgekommen.«
(= Schleimer)
»Bei seinen Kollegen war er als tolerant geschätzt.«
(die Vorgesetztenebene fehlt, hier gab es offensichtlich Probleme)

18.3 Form

Die Form eines Zeugnisses spielt zum Teil eine ebenso große Rolle wie der Inhalt. Die **äußere Form** muss dabei den Gepflogenheiten im Schriftverkehr des Betriebes entsprechen.

Beispiel:
Wird im Schriftverkehr ein offizieller Briefkopf verwandt, dann braucht der Arbeitnehmer kein Zeugnis auf einem weißen Blatt Papier hinzunehmen.[13]

Grundsätzlich muss das Zeugnis vom **Arbeitgeber unterzeichnet** werden.

Beispiel:
Ein Bezirksleiter ist nicht zuständig für das Zeugnis der ihm unterstellten Außendienstmitarbeiter.

Als **Datum** ist grundsätzlich das Ausstellungsdatum anzugeben. Bei Auseinandersetzungen um das Zeugnis und einem etwa gerichtlich durchgesetzten Berichtigungsanspruch ist das neue Zeugnis jedoch auf das ursprüngliche Datum zurückzudatieren.[14]

13 BAG vom 3.3.1993, AP Nr. 20 zu § 630 BGB.
14 BAG vom 9.9.1992, AP Nr. 19 zu § 630 BGB.

Zusammenfassend empfiehlt sich folgende Struktur für ein Zeugnis:[15]

1. **Eingangssatz** (Titel, Vorname, Name, Geburtsdatum, Geburtsort, Tätigkeitsbezeichnung, Dauer des Arbeitsverhältnisses);
2. **Positions- und Aufgabenbeschreibung** (hierarchische Position, Einordnung, Haupt- und Sonderaufgaben, Unternehmen, Branchen, Vollmachten usw.);
3. **Beurteilung der Leistung und des Erfolgs** (Arbeitsbereitschaft, Arbeitsbefähigung, Arbeitsweise, Arbeitserfahrung in Verbindung mit einer Zufriedenheitsformel);
4. **Führungsverhalten** (Verantwortungsbereich, Verhalten gegenüber Vorgesetzten, Verhalten gegenüber Gleichgeordneten, Führung der Mitarbeiter);
5. **Schlussabsatz** (Zukunftswünsche bzw. Bedauernsformel).

---

15 Wendeling-Schröder, Aktuelle Rechtsfragen zum Zeugnis und zur Auskunftserteilung, AiB 1998, 570.

19. Betriebliche Altersversorgung und Altersteilzeit

19.1 Betriebliche Altersversorgung

Um als Rentner ein ausreichendes Alterseinkommen zu erzielen, das etwa bei 80 bis 90 % des letzten verfügbaren Jahreseinkommens liegen sollte, ist neben der gesetzlichen Rente der **Aufbau eines weiteren Alterseinkommens** von vorrangiger Bedeutung.

Ein Ausgleich kann durch eine **betriebliche Altersversorgung** erzielt werden, die schon bisher zu den wichtigsten betrieblichen Sozialleistungen gehört. Die betriebliche Altersversorgung ist eine rein freiwillige Angelegenheit der Arbeitgeber. Allerdings besteht ein Anspruch der Arbeitnehmer auf betriebliche Altersversorgung durch Entgeltumwandlung gegenüber dem Arbeitgeber (§ 1a BetrAVG).

Eine **betriebliche Altersversorgung** ist eine freiwillige Zusatzleistung des Arbeitgebers, auf die kein Anspruch besteht. Der Arbeitgeber ist zwar frei in seiner Entscheidung, ob er überhaupt Leistungen für eine betriebliche Altersversorgung erbringen will. Dabei darf er jedoch nicht bestimmte Gruppen ausgrenzen, zumindest dann nicht, wenn kein unterschiedlicher Versorgungsbedarf einzelner Arbeitnehmergruppen vorliegt. Ein **Ausschluss von Außendienstmitarbeitern** aus einer Versorgungszusage, die alle Innendienstmitarbeiter erfasst, ist **nicht gerechtfertigt.**

Beispiel:
Ein Unternehmen hatte Außendienstmitarbeiter mit dem Hinweis auf ihre höheren laufenden Bezüge von der Versorgungsordnung ausgeschlossen. Es war der Auffassung, dass diese im Gesamtvergleich materiell nicht ungleich behandelt würden.
Das BAG hat dies als Differenzierungsgrund abgelehnt. Wenn die betroffenen Arbeitnehmer keine Möglichkeit haben, zwischen betrieblicher Altersversorgung und höheren laufenden Bezügen zu wählen, sei ein solcher Gesamtvergleich nicht statthaft.[1] Allein der Umstand, dass Au-

1 BAG vom 9. 12. 1997 – 3 AZR 661/96.

ßendienstmitarbeiter ein höheres Einkommen erzielen als Innendienstmitarbeiter, rechtfertigt nicht ihren Ausschluss von einer betrieblichen Altersversorgung.[2]

Hat sich der Arbeitgeber entschlossen, eine Betriebsrente zu gewähren, dann unterliegen die Rahmenbedingungen der betrieblichen Altersversorgung bestimmten Vorgaben nach dem **Betriebsrentengesetz** (BetrAVG), die einen gewissen Bestandsschutz sicherstellen sollen.

Dieser Bestandsschutz besteht in folgenden Rahmenbedingungen:

- Erworbene Betriebsrenten**anwartschaften verfallen nicht** bei einem Betriebswechsel (§ 1 BetrAVG). Sie bestehen, wenn der Arbeitnehmer mindestens das 30. Lebensjahr vollendet hat und die Versorgungszusage mindestens fünf Jahre bestanden hat.
- Laufende Betriebsrenten und unverfallbare Anwartschaften sind gegen **Insolvenzen gesichert** und werden bei Insolvenz des Unternehmens durch den Pensions-Sicherungs-Verein auf Gegenseitigkeit abgewickelt (§ 7 BetrAVG).
- Laufende Betriebsrentenleistungen müssen **dynamisiert**, d. h. an die Preissteigerung angepasst werden (§ 16 BetrAVG). Diese Anpassung kann auf 1 % beschränkt werden. Bei der Festlegung der Bemessungsgrundlage können einzelne Vergütungsbestandteile unberücksichtigt bleiben, z. B. Provisionen.[3]

Unabhängig vom Bestehen einer betrieblichen Altersversorgung durch den Arbeitgeber kann der **Arbeitnehmer** vom Arbeitgeber **verlangen**, dass von seinen künftigen Entgeltansprüchen bis zu 4 % der jeweiligen Beitragsbemessungsgrenze in der Rentenversicherung durch **Entgeltumwandlung** für seine **betriebliche Altersversorgung** verwendet werden (§ 1 a BetrAVG). Damit kann sich der Arbeitnehmer seine eigene Betriebsrente finanzieren. Als Durchführungswege hat der Gesetzgeber die Durchführung über einen Pensionsfonds, eine Pensionskasse oder eine Direktversicherung vorgesehen. Um die Bereitschaft der Arbeitnehmer zur Entgeltumwandlung zu fördern, werden seit 2001 staatliche Zuschüsse oder eine steuerliche Förderung durch den Gesetzgeber erbracht.

Der Arbeitnehmer hat einen **Anspruch** gegenüber dem Arbeitgeber, dass dieser die Voraussetzungen für eine Förderung erfüllt. Damit können die **Rentenabschläge aufgefangen** werden, die zum einen bei einer Inanspruchnahme der Rente vor dem 65. bzw. 67. Lebensjahr vorgenommen werden. Wenn man mit 62 Jahren in Rente geht, wird z. B. die Rente um 10,2 % gekürzt, und zwar für

---

2 BAG vom 20. 7. 1993 – 3 AZR 52/93, AP Nr. 11 zu § 1 BetrAVG; LAG Rheinland-Pfalz vom 17. 2. 1997 – 9 (11) Sa 1370/95.

3 BAG vom 17. 2. 1998, DB 1998, 1239.

ihre gesamte Laufzeit. Dieser Abschlag ist bereits mit dem Rentenreformgesetz von 1992 eingeführt worden.

Das **Nettorentenniveau** (Rentenanspruch nach 45 Jahren Beitragszahlung) wird im Zeitraum von 2015 bis 2030 auf 64 % **abgesenkt.** Deshalb ist der Aufbau einer kapitalgedeckten privaten oder betrieblichen **zusätzlichen Rente** zum Ausgleich für die Kürzungen der gesetzlichen Rente nicht nur ein erklärtes politisches Ziel, sondern auch eine individuelle **Notwendigkeit**, will man einen gewissen Lebensstandard im Alter halten.

In der **Chemiebranche** und damit u. a. für die **Pharmaberater** gilt seit 2008 der TV Lebensarbeitszeit und Demografie. Er enthält u. a. Maßnahmen zur (Eigen-)Vorsorge und Nutzung verschiedener Instrumente für gleitende Übergänge zwischen Bildungs-, Arbeits- und Ruhestandsphasen. Danach stellen die Arbeitgeber ab 2010 einen jährlichen **Demografiebetrag** in Höhe von 300 € pro Tarifarbeitnehmer des jeweiligen Betriebs zur Verfügung (§ 7). Durch freiwillige Betriebsvereinbarung kann der Demografiebetrag auch für die Altersvorsorge verwandt werden (§ 12), wenn der Arbeitnehmer einen Teil seines Entgelts umwandelt für eine Betriebsrente. In diesem Fall gibt es zusätzlich noch eine sog. **Chemietarifförderung** (§ 19 TV über Einmalzahlungen und Altersvorsorge). Die Höhe dieser Chemietarifförderung richtet sich nach der Höhe der jeweiligen Entgeltumwandlung. Wandelt der Berechtigte 478,57 € um, beträgt sie 134,98 €. Wandelt der Berechtigte noch weitere Entgeltbestandteile um, dann erhöht sich die Chemieförderung für jede weiteren vollen 100 € um 13 €.

19.2 Altersteilzeit

Mit dem Altersteilzeitgesetz (ATG) von 1996 soll ein gleitender Übergang in die Altersrente ermöglicht und gleichzeitig der Arbeitsmarkt entlastet werden. Dafür wurden besondere finanzielle Anreize geschaffen, um die Rentenverluste in Grenzen zu halten.

Konzeption

Das ATG formuliert einen Rahmen für **Altersteilzeit-Vereinbarungen.** Nur wenn dieser Rahmen eingehalten wird, können die Arbeitgeber Zuschüsse für ihre Leistungen erhalten, die sie an die Arbeitnehmer zahlen. Allerdings gibt es diese **Zuschüsse nur noch dann**, wenn die **Arbeitszeit vor dem 1.1.2010 vermindert** worden ist (§ 1 Abs. 2 ATG). Die Zuschussregelung durch die Bundesagentur für Arbeit (BA) an den Arbeitgeber gilt damit nur noch für Altverträge. Die BA subventionierte damit einen gleitenden oder früheren Arbeitsausstieg nach Vollendung des **55. Lebensjahres** (§ 1 ATG). Sie zahlte **Zuschüsse an die Arbeitgeber** (§ 4 ATG), wenn

- die Arbeitnehmer ihre **Arbeitszeit auf die Hälfte reduzierten** (bis zu sechs Jahren, § 2 Abs. 1 ATG),
- der **Arbeitgeber das Entgelt** auf 70 % netto und die **Rentenversicherungsbeiträge** auf 90 % **aufstockte** (§ 3 ATG) und
- der Arbeitgeber dafür einen **Arbeitslosen einstellte** oder einen **Ausgebildeten übernahm** (§ 3 Abs. 1 Nr. 2 und § 5 ATG).

Diese Zuschussregelung war von Anfang an bis Ende 2009 befristet (§ 16 ATG); sie ist aufgrund der hohen Kosten für die BA nicht verlängert worden. **Altersteilzeitvereinbarungen** sind aber **weiterhin möglich**, das Altersteilzeitgesetz markiert dafür die Rahmenbedingungen. Teilweise werden durch Tarifverträge andere Eckdaten gesetzt (z. B. TV Lebensarbeitszeit und Demografie der IG BCE).

Über die Altersteilzeit muss eine **Vereinbarung zwischen dem Arbeitgeber und dem Arbeitnehmer** getroffen werden.[4] Eine Vereinbarung über Altersteilzeit kann mit Arbeitnehmern abgeschlossen werden, die das **55. Lebensjahr** vollendet haben (§ 2 ATG). Sie müssen außerdem innerhalb der letzten fünf Jahre vor Beginn der Altersteilzeit mindestens drei Jahre Beiträge zur Arbeitslosenversicherung entrichtet haben und dürfen noch keinen Anspruch auf ungeminderte Rente haben. Die Vereinbarung muss sich bis zum Rentenalter erstrecken.

Der Arbeitgeber darf nicht zu einer Alterszeitvereinbarung gezwungen werden, die bestimmte Grenzwerte übersteigt. Dies gilt vor allem für Tarifverträge. Danach muss ein **Überlastungsvorbehalt** mit aufgenommen werden. Soweit mehr als 5 % der Arbeitnehmer eines Betriebs Altersteilzeit in Anspruch nehmen wollen, muss die freie Entscheidungsmöglichkeit des Arbeitgebers wieder gewährleistet sein (§ 3 Abs. 1 Nr. 3 ATG).

4 Mustervereinbarungen bei Gussone/Voelzke, Altersteilzeitrecht, 2000, Teil D.

Zeitmodelle

Die bisherige **Arbeitszeit** muss auf die **Hälfte** reduziert werden (§ 2 Abs. 1 Nr. 2 ATG). Bei schwankenden Arbeitszeiten wird die durchschnittliche Arbeitszeit der letzten 24 Monate vor Beginn der Alterszeit zugrunde gelegt (§ 6 Abs. 2 ATG).

Die Verteilung der Altersteilzeit kann in einem bestimmten Umfang frei festgelegt werden. Eine Variante ist die **kontinuierliche Verringerung** der wöchentlichen Arbeitszeit für die gesamte Altersteilzeitphase auf die Hälfte (§ 2 Abs. 1 Nr. 2 ATG). Eine andere Variante ist das sog. **Blockmodell.** Danach wird zunächst ohne Verringerung der Arbeitszeit weiter gearbeitet und dann in einer Freizeitphase überhaupt nicht mehr (§ 2 Abs. 2 ATG).

In das **Blockmodell** können auch vor Beginn der Altersteilzeit angesparte Zeitguthaben aufgenommen werden (§ 7 Abs. 1a SGB IV) mit der Folge, dass sich die Freizeitphase weiter verlängert. Einen **Anspruch** auf Altersteilzeit im **Blockmodell** gibt es nur, wenn die Tarifverträge das ausdrücklich vorsehen. In der Regel ist das nicht der Fall.[5]

Die Vereinbarung muss **mindestens** einen **Zeitraum von drei Jahren** (soweit das Blockmodell gewählt wird) und kann höchstens einen Zeitraum von zehn Jahren erfassen. Allerdings ist die **Höchstförderungsdauer** durch die **BA** auf **sechs Jahre** beschränkt (§ 4 Abs. 1 ATG).

Rentenbezug

Im Anschluss an die Altersteilzeit soll sich nahtlos die Altersrente anschließen. Das **Renteneintrittsalter** ist entsprechend gesenkt worden, um diese Nahtlosigkeit zu erreichen. Sie beträgt für Personen mit einer Altersteilzeitvereinbarung **60 Jahre** (§ 237 SGB VI). Allerdings werden bei einem **vorzeitigen Rentenbezug** die **Rentenleistungen gekürzt** (ab Jahrgang 1942 beim Renteneintrittsalter 60 um 0,3 % pro Monat, das sind insgesamt 18 %; bei einem Renteneintrittsalter 63 beträgt die Kürzung 7,2 %).

5 Vgl. LAG Baden-Württemberg vom 12.5.2005 – 19 Sa 82/04; LAG Rheinland-Pfalz vom 22.6.2007 – 9 Sa 920/06.

Kündigungsverbot

Es besteht ein ausdrückliches **Kündigungsverbot wegen der Inanspruchnahme von Altersteilzeit** (§ 8 Abs. 1 ATG). Dies bedeutet jedoch nur, dass nicht wegen der Beantragung von Altersteilzeit eine Kündigung ausgesprochen werden darf. Dabei ist zu unterscheiden: Bei Wahrnehmung des **Blockmodells** kann während der Freistellungsphase nicht gekündigt werden, da der Arbeitnehmer vorgeleistet hat.[6] Beim **kontinuierlichen Modell** hingegen ist die Möglichkeit einer Kündigung grundsätzlich nicht ausgeschlossen. Es gelten dann die allgemeinen Kündigungsschutzbestimmungen.

Leistungen bei Krankheit

Bei **längerer Erkrankung** ergeben sich beim **Blockmodell** Probleme, wenn der Arbeitgeber nach Ablauf der Sechswochenfrist nicht mehr zur Entgeltfortzahlung verpflichtet ist. Dann springt die Krankenkasse mit dem verringerten Tagegeld von 70 % bezogen auf das Teilzeitentgelt ein. Das Einkommen verringert sich dadurch erheblich. Insoweit empfiehlt sich eine abweichende günstigere Vereinbarung zwischen Arbeitgeber und Arbeitnehmer etwa in dem Sinne, dass der Arbeitgeber in solchen Fällen eine höhere Aufstockungszahlung erbringt.[7]

6 Kittner/Zwanziger-Winkelmann, Handbuch Arbeitsrecht, § 111 Rn. 109f.

7 Kittner/Zwanziger-Winkelmann, a. a. O., § 111 Rn. 117.

20. Gerichtsstand und Erfüllungsort

20.1 Gerichtsstand bei Vertragsstreitigkeiten im Außendienst

Der **Erfüllungsort bei Arbeitsverhältnissen** bestimmt nicht nur den Ort, an dem die Arbeitsleistung zu erbringen ist. Er ist gleichzeitig auch wichtig für die Bestimmung des **zuständigen Arbeitsgerichts**, wenn es zu Streitigkeiten aus dem Arbeitsverhältnis kommt, wie auch darüber, welche landesgesetzlichen Regelungen etwa über Feiertage oder Bildungsurlaub zum Tragen kommen.

Der **Erfüllungsort** ergibt sich aus § 269 BGB. Er **kann arbeitsvertraglich festgelegt werden.** Allerdings hat das **für die Bestimmung** der örtlichen Zuständigkeit des **Arbeitsgerichts keine Geltung**, da eine vertragliche Festlegung ausdrücklich ausgeschlossen ist (§ 29 Abs. 2 ZPO).[1] Vielmehr bestimmt sich die örtliche Zuständigkeit des Arbeitsgerichts nach dem **tatsächlichen**, nicht dem vertraglichen **Erfüllungsort.**

Gerade bei Außendienstmitarbeitern stellt sich dabei aber die Frage, welches Arbeitsgericht denn nun zuständig ist, wenn der **Wohnsitz nicht am Geschäftssitz des Arbeitgebers** ist.

Beispiel:
Ein französisches Unternehmen mit Sitz in Lyon vertreibt Schmuckgegenstände. Es gewinnt den Bundesbürger K als Repräsentanten für seine Schmuckgegenstände im Bereich der (damaligen) Postleitzahlgebiete 6, 7 und 8. K wohnt in Mainz. Bald entsteht Streit über die richtige Abrechnung von Provisionszahlungen. Wo kann K Klage einreichen, in Lyon oder in Mainz?

Im obigen Fall mit Auslandsberührung hat das BAG auf den Wohnsitz des Arbeitnehmers als Erfüllungsort abgestellt.[2] Die dabei angestellten Überle-

---

1 Eine Ausnahme gilt nur für Vollkaufleute, was wiederum Selbständigkeit voraussetzt.
2 BAG vom 12. 6. 1986, AP Nr. 1 zu Artikel 5 Brüsseler Abkommen = DB 1987, 1742.

gungen gelten aber auch für den Fall, dass sowohl das Unternehmen als auch der Außendienstmitarbeiter ihren Sitz im Inland haben, jedoch in verschiedenen Städten und Gerichtsbezirken. Dies hat das BAG ausdrücklich bestätigt.[3]

Der **Erfüllungsort** und damit der Anknüpfungspunkt für den Gerichtsstand ist also i. d. R. nach dem **Wohnort** der Außendienstmitarbeiter zu bestimmen, wenn sie ihre Außendiensttätigkeit in flächenmäßig großen Gebieten zu erbringen haben.[4]

Im **ArbGG** ist dies mittlerweile **ausdrücklich verankert** worden: Nach **§ 48 Abs. 1a Satz 2 ArbGG** ist der **Wohnsitz** des Arbeitnehmers **für die Bestimmung des örtlich zuständigen Arbeitsgerichts maßgeblich**, wenn **kein gewöhnlicher Arbeitsort feststellbar** ist.

Bei einem **Außendienstmitarbeiter** ist sein **Wohnort** dann der Ort, an dem er regelmäßig seine Arbeit verrichtet, wenn er dort in gewissem Umfang Arbeitsleitungen erbringt. So genügt es, wenn er in einem **Home Office** seine Geschäftsreisen vor- oder nachbereitet oder Berichte verfasst.[5] Einen bestimmten Mindestumfang müssen die am Wohnort verrichteten Tätigkeiten nicht haben, so jedenfalls das LAG Frankfurt: Unter Berücksichtigung des Umstands, das Außendiensttätigkeiten regelmäßig der Vor- und Nachbereitung bedürften, liege es auf der Hand, dass diese Tätigkeiten am Wohnort verrichtet würden, wenn dem Außendienstmitarbeiter dafür nicht andere Räumlichkeiten zur Verfügung stünden.

20.2 Vertragliche Festlegung des Erfüllungsorts

Anders als beim Gerichtsstand kann der **Erfüllungsort** für andere Bereiche **vertraglich festgelegt** werden. Dies hat dann Auswirkungen auf die Anwendung z. B. der **Feiertagsregelungen**, die von Bundesland zu Bundesland unterschiedlich sind. Fehlt eine vertragliche Bestimmung, dann gilt die Feiertagsregelung des Bundeslandes, in dem der Außendienstmitarbeiter seinen Wohnsitz hat.

---

3 BAG vom 3. 11. 1993, NZA 1994, 479.

4 BAG vom 10. 7. 1995 – 5 AS 127/95.

5 LAG Hessen vom 26. 8. 2008 – 4 Ta 308/08; zum Ganzen Weers-Herrmanns, NZA 2010, 492.

Gleiches gilt für die Frage, welches **Bildungsurlaubsgesetz** für den Außendienstler Anwendung findet. Da auch hier eine von Land zu Land unterschiedliche Regelung besteht, richtet sich die anzuwendende Regelung nach dem Erfüllungsort. Ist er vertraglich nicht festgelegt, ist wiederum die Regelung des Bundeslandes maßgebend, in dem der Außendienstler seinen Wohnsitz hat.

Anhang

1. Handelsgesetzbuch (HGB) – Auszug

vom 10. Mai 1897 (RGBl. 219),
zuletzt geändert durch Gesetz vom 31. Juli 2009 (BGBl. I 2512)

(Auszug)

Sechster Abschnitt – Handlungsgehilfen und Handlungslehrlinge

§ 59 [Handlungsgehilfe] Wer in einem Handelsgewerbe zur Leistung kaufmännischer Dienste gegen Entgelt angestellt ist (Handlungsgehilfe), hat, soweit nicht besondere Vereinbarungen über die Art und den Umfang seiner Dienstleistungen oder über die ihm zukommende Vergütung getroffen sind, die dem Ortsgebrauch entsprechenden Dienste zu leisten sowie die dem Ortsgebrauch entsprechende Vergütung zu beanspruchen. In Ermangelung eines Ortsgebrauchs gelten die den Umständen nach angemessenen Leistungen als vereinbart.

§ 60 [Gesetzliches Wettbewerbsverbot] (1) Der Handlungsgehilfe darf ohne Einwilligung des Prinzipals weder ein Handelsgewerbe betreiben noch in dem Handelszweige des Prinzipals für eigene oder fremde Rechnung Geschäfte machen.

(2) Die Einwilligung zum Betrieb eines Handelsgewerbes gilt als erteilt, wenn dem Prinzipal bei der Anstellung des Gehilfen bekannt ist, daß er das Gewerbe betreibt, und der Prinzipal die Aufgabe des Betriebs nicht ausdrücklich vereinbart.

§ 61 [Verletzung des Wettbewerbsverbots] (1) Verletzt der Handlungsgehilfe die ihm nach § 60 obliegende Verpflichtung, so kann der Prinzipal Schadenersatz fordern; er kann statt dessen verlangen, daß der Handlungsgehilfe die für eigene Rechnung gemachten Geschäfte als für Rechnung des Prinzipals eingegangen gelten lasse und die aus Geschäften für fremde Rechnung bezogene Vergütung herausgebe oder seinen Anspruch auf die Vergütung abtrete.

(2) Die Ansprüche verjähren in drei Monaten von dem Zeitpunkt an, in welchem der Prinzipal Kenntnis von dem Abschluss des Geschäfts erlangt oder ohne grobe Fahrlässigkeit erlangen müsste; sie verjähren ohne Rücksicht auf diese Kenntnis oder grob fahrlässige Unkenntnis in fünf Jahren von dem Abschluss des Geschäfts an.

§ 62 [Gesundheitsschutz und Fürsorgepflicht] (1) Der Prinzipal ist verpflichtet, die Geschäftsräume und die für den Geschäftsbetrieb bestimmten Vorrichtungen und Gerätschaften so einzurichten und zu unterhalten, auch den Geschäftsbetrieb und die Arbeitszeit so zu regeln, daß der Handlungsgehilfe gegen eine Gefährdung seiner Gesundheit, soweit die Natur des Betriebs es gestattet, geschützt und die Aufrechterhaltung der guten Sitten und des Anstandes gesichert ist.

(2) Ist der Handlungsgehilfe in die häusliche Gemeinschaft aufgenommen, so hat der Prinzipal in Ansehung des Wohn- und Schlafraums, der Verpflegung sowie der Arbeits- und Erholungszeit diejenigen Einrichtungen und Anordnungen zu treffen, welche mit Rücksicht auf die Gesundheit, die Sittlichkeit und die Religion des Handlungsgehilfen erforderlich sind.

(3) Erfüllt der Prinzipal die ihm in Ansehung des Lebens und der Gesundheit des Handlungsgehilfen obliegenden Verpflichtungen nicht, so finden auf seine Verpflichtung zum Schadensersatze die für unerlaubte Handlungen geltenden Vorschriften der §§ 842 bis 846 des Bürgerlichen Gesetzbuchs entsprechende Anwendung.

(4) Die dem Prinzipal hiernach obliegenden Verpflichtungen können nicht im voraus durch Vertrag aufgehoben oder beschränkt werden.

§ 63 *(aufgehoben)*

§ 64 [Gehaltszahlung] Die Zahlung des dem Handlungsgehilfen zukommenden Gehalts hat am Schlusse jeden Monats zu erfolgen. Eine Vereinbarung, nach der die Zahlung des Gehalts später erfolgen soll, ist nichtig.

§ 65 [Provision] Ist bedungen, daß der Handlungsgehilfe für Geschäfte, die von ihm geschlossen oder vermittelt werden, Provision erhalten solle, so sind die für den Handelsvertreter geltenden Vorschriften des § 87 Abs. 1 und 3 sowie der §§ 87a und 87c anzuwenden.

§§ 66–73 *(aufgehoben)*

§ 74 [Vertragliches Wettbewerbsverbot, Karenzentschädigung] (1) Eine Vereinbarung[1] zwischen dem Prinzipal und dem Handlungsgehilfen, die den Gehilfen für die Zeit nach Beendigung des Dienstverhältnisses in seiner gewerblichen Tätigkeit beschränkt (Wettbewerbsverbot), bedarf der Schriftform und der Aushändigung einer vom Prinzipal unterzeichneten, die vereinbarten Bestimmungen enthaltenden Urkunde an den Gehilfen.

(2) Das Wettbewerbsverbot ist nur verbindlich, wenn sich der Prinzipal verpflichtet, für die Dauer des Verbots eine Entschädigung zu zahlen, die für jedes Jahr des Verbots mindestens die Hälfte der von dem Handlungsgehilfen zuletzt bezogenen vertragsmäßigen Leistungen erreicht.

§ 74a [Unverbindliches oder nichtiges Wettbewerbsverbot] (1) Das Wettbewerbsverbot ist insoweit unverbindlich, als es nicht zum Schutze eines berechtigten geschäftlichen Interesses des Prinzipals dient. Es ist ferner unverbindlich, soweit es unter Berücksichtigung der gewährten Entschädigung nach Ort, Zeit oder Gegenstand eine unbillige Erschwerung des Fortkommens des Gehilfen enthält. Das Verbot kann nicht auf einen Zeitraum von mehr als zwei Jahren von der Beendigung des Dienstverhältnisses an erstreckt werden.

(2) Das Verbot ist nichtig, wenn der Gehilfe zur Zeit des Abschlusses minderjährig ist oder wenn sich der Prinzipal die Erfüllung auf Ehrenwort oder unter ähnlichen Versicherungen versprechen lässt. Nichtig ist auch die Vereinbarung, durch die ein Dritter an Stelle des Gehilfen die Verpflichtung übernimmt, daß sich der Gehilfe nach der Beendigung des Dienstverhältnisses in seiner gewerblichen Tätigkeit beschränken werde.

(3) Unberührt bleiben die Vorschriften § 138 des Bürgerlichen Gesetzbuchs über die Nichtigkeit von Rechtsgeschäften, die gegen die guten Sitten verstoßen.

§ 74b [Zahlung und Berechnung der Karenzentschädigung] (1) Die nach § 74 Abs. 2 dem Handlungsgehilfen zu gewährende Entschädigung ist am Schlusse jedes Monats zu zahlen.

---

1 Das BAG wendet die §§ 74ff. auch auf Arbeitnehmer an, die nicht kaufmännische Angestellte sind (vgl. BAG, AP Nr. 24, 26 zu § 611 BGB Konkurrenzklausel; Nr. 23 zu § 133f. GewO; Nr. 26, 28 zu § 74 HGB).

(2) Soweit die dem Gehilfen zustehenden vertragsmäßigen Leistungen in einer Provision oder in anderen wechselnden Bezügen bestehen, sind sie bei der Berechnung der Entschädigung nach dem Durchschnitt der letzten drei Jahre in Ansatz zu bringen. Hat die für die Bezüge bei der Beendigung des Dienstverhältnisses maßgebende Vertragsbestimmung noch nicht drei Jahre bestanden, so erfolgt der Ansatz nach dem Durchschnitt des Zeitraums, für den die Bestimmung in Kraft war.

(3) Soweit Bezüge zum Ersatze besonderer Auslagen dienen sollen, die infolge der Dienstleistung entstehen, bleiben sie außer Ansatz.

§ 74c [Anrechnung anderweitigen Erwerbs] (1) Der Handlungsgehilfe muß sich auf die fällige Entschädigung anrechnen lassen, was er während des Zeitraums, für den die Entschädigung gezahlt wird, durch anderweitige Verwertung seiner Arbeitskraft erwirbt oder zu erwerben böswillig unterläßt, soweit die Entschädigung unter Hinzurechnung dieses Betrags den Betrag der zuletzt von ihm bezogenen vertragsmäßigen Leistungen um mehr als ein Zehntel übersteigen würde. Ist der Gehilfe durch das Wettbewerbsverbot gezwungen worden, seinen Wohnsitz zu verlegen, so tritt an die Stelle des Betrags von einem Zehntel der Betrag von einem Viertel. Für die Dauer der Verbüßung einer Freiheitsstrafe kann der Gehilfe eine Entschädigung nicht verlangen.

(2) Der Gehilfe ist verpflichtet, dem Prinzipal auf Erfordern über die Höhe seines Erwerbes Auskunft zu erteilen.

§ 75 [Wahlrecht bei Kündigung] (1) Löst der Gehilfe das Dienstverhältnis gemäß den Vorschriften der §§ 70 und 71[2] wegen vertragswidrigen Verhaltens des Prinzipals auf, so wird das Wettbewerbsverbot unwirksam, wenn der Gehilfe vor Ablauf eines Monats nach der Kündigung schriftlich erklärt, daß er sich an die Vereinbarung nicht gebunden erachte.

(2) In gleicher Weise wird das Wettbewerbsverbot unwirksam, wenn der Prinzipal das Dienstverhältnis kündigt, es sei denn, daß für die Kündigung ein erheblicher Anlaß in der Person des Gehilfen vorliegt oder daß sich der Prinzipal bei der Kündigung bereit erklärt, während der Dauer der Beschränkung dem Gehilfen die vollen zuletzt von ihm bezogenen vertragsmäßigen Leistungen zu gewähren. Im letzteren Falle finden die Vorschriften des § 74b entsprechende Anwendung.

2 §§ 70–72 HGB sind aufgehoben.

(3) Löst der Prinzipal das Dienstverhältnis gemäß den Vorschriften der §§ 70 und 72 wegen vertragswidrigen Verhaltens des Gehilfen auf, so hat der Gehilfe keinen Anspruch auf die Entschädigung.[3]

§ 75a [Verzicht auf Wettbewerbsverbot] Der Prinzipal kann vor der Beendigung des Dienstverhältnisses durch schriftliche Erklärung auf das Wettbewerbsverbot mit der Wirkung verzichten, daß er mit dem Ablauf eines Jahres seit der Erklärung von der Verpflichtung zur Zahlung der Entschädigung frei wird.

§ 75b *(aufgehoben)*

§ 75c [Vertragsstrafe] (1) Hat der Handlungsgehilfe für den Fall, daß er die in der Vereinbarung übernommene Verpflichtung nicht erfüllt, eine Strafe versprochen, so kann der Prinzipal Ansprüche nur nach Maßgabe der Vorschriften des § 340 des Bürgerlichen Gesetzbuchs geltend machen. Die Vorschriften des Bürgerlichen Gesetzbuchs über die Herabsetzung einer unverhältnismäßig hohen Vertragsstrafe bleiben unberührt.

(2) Ist die Verbindlichkeit der Vereinbarung nicht davon abhängig, daß sich der Prinzipal zur Zahlung einer Entschädigung an den Gehilfen verpflichtet, so kann der Prinzipal, wenn sich der Gehilfe einer Vertragsstrafe der in Absatz 1 bezeichneten Art unterworfen hat, nur die verwirkte Strafe verlangen; der Anspruch auf Erfüllung oder auf Ersatz eines weiteren Schadens ist ausgeschlossen.

§ 75d [Abweichende Vereinbarung] Auf eine Vereinbarung, durch die von den Vorschriften der §§ 74 bis 75 c zum Nachteil des Handlungsgehilfen abgewichen wird, kann sich der Prinzipal nicht berufen. Das gilt auch von Vereinbarungen, die bezwecken, die gesetzlichen Vorschriften über das Mindestmaß der Entschädigung durch Verrechnungen oder auf sonstige Weise zu umgehen.

---

3 Das BAG hat § 75 Abs. 3 wegen ungleicher Gestaltung der Rechte von Arbeitnehmern und Arbeitgebern für verfassungswidrig erklärt. Seine Leitsätze hierzu lauten:

»1. § 75 Abs. 3 HGB verstößt gegen Art. 3 GG und ist daher nichtig. Zu dieser Feststellung ist das Bundesarbeitsgericht befugt, weil § 75 Abs. 3 HGB vorkonstitutionelles Recht darstellt.

2. Der Wegfall des § 75 Abs. 3 HGB führt zu einer Regelungslücke, die durch analoge Anwendung des § 75 Abs. 1 HGB zu schließen ist. Im Falle einer außerordentlichen Vertragsbeendigung kann sich der Arbeitgeber unter den gleichen Voraussetzungen und in der gleichen Form von einem Wettbewerbsverbot lossagen wie der Arbeitnehmer.« (BAG, BB 77, 847).

§ 75e *(aufgehoben)*

§ 75f [Sperrabreden unter Arbeitgebern] Im Falle einer Vereinbarung, durch die sich ein Prinzipal einem anderen Prinzipal gegenüber verpflichtet, einen Handlungsgehilfen, der bei diesem im Dienst ist oder gewesen ist, nicht oder nur unter bestimmten Voraussetzungen anzustellen, steht beiden Teilen der Rücktritt frei. Aus der Vereinbarung findet weder Klage noch Einrede statt.

§ 75g [Vermittlungsgehilfen] § 55 Abs. 4 gilt auch für einen Handlungsgehilfen, der damit betraut ist, außerhalb des Betriebes des Prinzipals für diesen Geschäfte zu vermitteln. Eine Beschränkung dieser Rechte braucht ein Dritter gegen sich nur gelten zu lassen, wenn er sie kannte oder kennen mußte.

§ 75h [Mangelnde Vertragsmacht] (1) Hat ein Handlungsgehilfe, der nur mit der Vermittlung von Geschäften außerhalb des Betriebes des Prinzipals betraut ist, ein Geschäft im Namen des Prinzipals abgeschlossen, und war dem Dritten der Mangel der Vertretungsmacht nicht bekannt, so gilt das Geschäft als von dem Prinzipal genehmigt, wenn dieser dem Dritten gegenüber nicht unverzüglich das Geschäft ablehnt, nachdem er von dem Handlungsgehilfen oder dem Dritten über Abschluß und wesentlichen Inhalt benachrichtigt worden ist.

(2) Das gleiche gilt, wenn ein Handlungsgehilfe, der mit dem Abschluß von Geschäften betraut ist, ein Geschäft in Namen des Prinzipals abgeschlossen hat, zu dessen Abschluß er nicht bevollmächtigt ist.

§§ 76–82 *(aufgehoben)*

§ 82a *Auf Wettbewerbsverbote gegenüber Personen, die, ohne als Lehrlinge angenommen zu sein, zum Zwecke ihrer Ausbildung unentgeltlich mit kaufmännischen Diensten beschäftigt werden (Volontäre), finden die für Handlungsgehilfen geltenden Vorschriften insoweit Anwendung, als sie nicht auf das dem Gehilfen zustehende Entgelt Bezug nehmen.*[4]

§ 83 [Andere Arbeitnehmer] Hinsichtlich der Personen, welche in dem Betrieb eines Handelsgewerbes andere als kaufmännische Dienste leisten, bewendet es bei den für das Arbeitsverhältnis dieser Personen geltenden Vorschriften.

---

4 § 82 a ist wegen §§ 1 und 19 BBiG gegenstandslos.

Siebenter Abschnitt – Handelsvertreter

§ 84 **[Handelsvertreter]** (1) Handelsvertreter ist, wer als selbständiger Gewerbetreibender ständig damit betraut ist, für einen anderen Unternehmer (Unternehmer) Geschäfte zu vermitteln oder in dessen Namen abzuschließen. Selbständig ist, wer im wesentlichen frei seine Tätigkeit gestalten und seine Arbeitszeit bestimmen kann.

(2) Wer, ohne selbständig im Sinne des Absatzes 1 zu sein, ständig damit betraut ist, für einen Unternehmer Geschäfte zu vermitteln oder in dessen Namen abzuschließen, gilt als Angestellter.

(3) Der Unternehmer kann auch ein Handelsvertreter sein.

(4) Die Vorschriften dieses Abschnitts finden auch Anwendung, wenn das Unternehmen des Handelsvertreters nach Art oder Umfang einen in kaufmännischer Weise eingerichteten Geschäftsbetrieb nicht erfordert.

...

§ 87 **[Provisionspflichtige Geschäfte]** (1) Der Handelsvertreter hat Anspruch auf Provision für alle während des Vertragsverhältnisses abgeschlossenen Geschäfte, die auf seine Tätigkeit zurückzuführen sind oder mit Dritten abgeschlossen werden, die er als Kunden für Geschäfte der gleichen Art geworben hat. Ein Anspruch auf Provision besteht für ihn nicht, wenn und soweit die Provision nach Absatz 3 dem ausgeschiedenen Handelsvertreter zusteht.

(2) Ist dem Handelsvertreter ein bestimmter Bezirk oder ein bestimmter Kundenkreis zugewiesen, so hat er Anspruch auf Provision auch für die Geschäfte, die ohne seine Mitwirkung mit Personen seines Bezirkes oder seines Kundenkreises während des Vertragsverhältnisses abgeschlossen sind. Dies gilt nicht, wenn und soweit die Provision nach Absatz 3 dem ausgeschiedenen Handelsvertreter zusteht.

(3) Für ein Geschäft, das erst nach Beendigung des Vertragsverhältnisses abgeschlossen ist, hat der Handelsvertreter Anspruch auf Provision nur, wenn

1. er das Geschäft vermittelt hat oder es eingeleitet und so vorbereitet hat, daß der Abschluß überwiegend auf seine Tätigkeit zurückzuführen ist, und das Geschäft innerhalb einer angemessenen Frist nach Beendigung des Vertragsverhältnisses abgeschlossen worden ist oder
2. vor Beendigung des Vertragsverhältnisses das Angebot des Dritten zum Abschluß eines Geschäfts, für das der Handelsvertreter nach Absatz 1 Satz 1 oder Absatz 2 Satz 1 Anspruch auf Provision hat, dem Handelsvertreter oder dem Unternehmer zugegangen ist.

Der Anspruch auf Provision nach Satz 1 steht dem nachfolgenden Handelsvertreter anteilig zu, wenn wegen besonderer Umstände eine Teilung der Provision der Billigkeit entspricht.

(4) Neben dem Anspruch auf Provision für abgeschlossene Geschäfte hat der Handelsvertreter Anspruch auf Inkassoprovision für die von ihm auftragsgemäß eingezogenen Beträge.

§ 87a [Fälligkeit der Provision] (1) Der Handelsvertreter hat Anspruch auf Provision, sobald und soweit der Unternehmer das Geschäft ausgeführt hat. Eine abweichende Vereinbarung kann getroffen werden, jedoch hat der Handelsvertreter mit der Ausführung des Geschäfts durch den Unternehmer Anspruch auf einen angemessenen Vorschuß, der spätestens am letzten Tag des folgenden Monats fällig ist. Unabhängig von einer Vereinbarung hat jedoch der Handelsvertreter Anspruch auf Provision, sobald und soweit der Dritte das Geschäft ausgeführt hat.

(2) Steht fest, daß der Dritte nicht leistet, so entfällt der Anspruch auf Provision; bereits empfangene Beträge sind zurückzugewähren.

(3) Der Handelsvertreter hat auch dann einen Anspruch auf Provision, wenn feststeht, daß der Unternehmer das Geschäft ganz oder teilweise nicht oder nicht so ausführt, wie es abgeschlossen worden ist. Der Anspruch entfällt im Falle der Nichtausführung, wenn und soweit diese auf Umständen beruht, die vom Unternehmer nicht zu vertreten sind.

(4) Der Anspruch auf Provision wird am letzten Tag des Monats fällig, in dem nach § 87c Abs. 1 über den Anspruch abzurechnen ist.

(5) Von Absatz 2 erster Halbsatz, Absätzen 3 und 4 abweichende, für den Handelsvertreter nachteilige Vereinbarungen sind unwirksam.

…

§ 87c [Abrechnung über die Provision] (1) Der Unternehmer hat über die Provision, auf die der Handelsvertreter Anspruch hat, monatlich abzurechnen; der Abrechnungszeitraum kann auf höchstens drei Monate erstreckt werden. Die Abrechnung hat unverzüglich, spätestens bis zum Ende des nächsten Monats, zu erfolgen.

(2) Der Handelsvertreter kann bei der Abrechnung einen Buchauszug über alle Geschäfte verlangen, für die ihm nach § 87 Provision gebührt.

(3) Der Handelsvertreter kann außerdem Mitteilung über alle Umstände verlangen, die für den Provisionsanspruch, seine Fälligkeit und seine Berechnung wesentlich sind.

(4) Wird der Buchauszug verweigert oder bestehen begründete Zweifel an der Richtigkeit oder Vollständigkeit der Abrechnung oder des Buchauszuges, so kann der Handelsvertreter verlangen, daß nach Wahl des Unternehmers entweder ihm oder einem von ihm zu bestimmenden Wirtschaftsprüfer oder vereidigten Buchsachverständigen Einsicht in die Geschäftsbücher oder die sonstigen Urkunden so weit gewährt wird, wie dies zur Feststellung der Richtigkeit oder Vollständigkeit der Abrechnung oder des Buchauszuges erforderlich ist.

(5) Diese Rechte des Handelsvertreters können nicht ausgeschlossen oder beschränkt werden.

...

§ 92a [Mindestbedingungen für Einfirmenvertreter] (1) Für das Vertragsverhältnis eines Handelsvertreters, der vertraglich nicht für weitere Unternehmer tätig werden darf oder dem dies nach Art und Umfang der von ihm verlangten Tätigkeit nicht möglich ist, kann das Bundesministerium der Justiz im Einvernehmen mit den Bundesministern für Wirtschaft und Technologie nach Anhörung von Verbänden der Handelsvertreter und der Unternehmer durch Rechtsverordnung, die nicht der Zustimmung des Bundesrates bedarf, die untere Grenze der vertraglichen Leistungen des Unternehmers festsetzen, um die notwendigen sozialen und wirtschaftlichen Bedürfnisse dieser Handelsvertreter oder einer bestimmten Gruppe von ihnen sicherzustellen. Die festgesetzten Leistungen können vertraglich nicht ausgeschlossen oder beschränkt werden.

(2) Absatz 1 gilt auch für das Vertragsverhältnis eines Versicherungsvertreters, der aufgrund eines Vertrages oder mehrerer Verträge damit vertraut ist, Geschäfte für mehrere Versicherer zu vermitteln oder abzuschließen, die zu einem Versicherungskonzern oder zu einer zwischen ihnen bestehenden Organisationsgemeinschaft gehören, sofern die Beendigung des Vertragsverhältnisses mit einem dieser Versicherer im Zweifel auch die Beendigung des Vertragsverhältnisses mit den anderen Versicherern zur Folge haben würde. In diesem Falle kann durch Rechtsverordnung, die nicht der Zustimmung des Bundesrates bedarf, außerdem bestimmt werden, ob die festgesetzten Leistungen von allen Versicherern als Gesamtschuldnern oder anteilig oder nur von einem der Versicherer geschuldet werden und wie der Ausgleich unter ihnen zu erfolgen hat.

...

2. Tarifliche Regelungen für den Außendienst

2.1 Auszug aus dem MTV für das private Versicherungsgewerbe (Stand: 1. 10. 2009)

III. Bestimmungen für die Angestellten des Werbeaußendienstes

§ 17 Auswahl und Ausbildung

1. Die Auswahl von Angestellten des Werbeaußendienstes muss nach Grundsätzen erfolgen, die eine einwandfreie Berufstätigkeit gewährleisten. Dabei finden die Wettbewerbsrichtlinien der Versicherungswirtschaft Anwendung, die dem Zweck dienen, den Versicherungsaußendienst von unlauteren Personen frei zu halten.
2. Der Arbeitgeber ist verpflichtet, den Angestellten des Werbeaußendienstes zu Beginn ihrer Tätigkeit die Teilnahme an der Ausbildung zum/zur »Geprüften Versicherungsfachmann/-frau (IHK)« gem. dem vom Deutschen Industrie- und Handelskammertag (DIHK) e. V. in Kooperation mit dem Berufsbildungswerk der Deutschen Versicherungswirtschaft (BWV) e. V. veröffentlichten Rahmenplan mit Lernzielen für die Sachkundeprüfung in der jeweils gültigen Fassung zu ermöglichen.[5] Nach Abschluss der Ausbildung erfolgt die Anmeldung zur Sachkundeprüfung »Geprüfte/r Versicherungsfachmann/-frau (IHK)« bei einer Industrie- und Handelskammer durch den Arbeitgeber. Die Angestellten sind verpflichtet, an der Ausbildung teilzunehmen und die Prüfung abzulegen. Die Sätze 1 bis 3 gelten nicht für Angestellte, die zu Beginn ihrer Tätigkeit die Qualifikation »Versicherungsfachmann/-fachfrau (BWV)« oder »Versicherungsbetriebswirt/-wirtin DVA« oder über eine gemäß VersVermV als Sachkundenachweis anerkannte andere Qualifikation verfügen.
3. Die Kosten der Ausbildung und der Prüfung trägt der Arbeitgeber. Betriebliche Regelungen über die Rückzahlung von Ausbildungskosten durch die Angestellten im Falle vorzeitigen Ausscheidens (Betriebsbindungsklauseln) können in den von der Rechtsprechung gezogenen Grenzen vereinbart werden.

5 Tarifvereinbarung zu § 17 Ziff. 2 MTV mit Wirkung ab 1. 10. 2009: Der Rahmenplan mit Lernzielen, wie er zwischen dem vom DIHK und BWV berufenen Sachverständigengremium entwickelt worden ist, ist Gegenstand dieser Tarifvereinbarung.

§ 17a Erleichterung des Übergangs vom Innendienst zum Außendienst
Wechseln Angestellte von einer Tätigkeit nach Teil II MTV in eine Tätigkeit nach Teil III MTV, so haben sie das Recht, bis zum Ablauf von 6 Monaten zu erklären, dass sie auf einen Arbeitsplatz nach Teil II zurückkehren wollen.

Machen Angestellte den Anspruch auf einen Arbeitsplatz nach Teil II MTV geltend, so hat ihnen der Arbeitgeber ihren früheren und soweit das nicht möglich ist, einen gleichwertigen anderen Arbeitsplatz anzubieten, der für die Angestellten geeignet und zumutbar ist. Die Begriffe gleichwertig, geeignet und zumutbar sind entsprechend § 5 Abs. 5 und 6 des Rationalisierungsschutzabkommens zu verstehen.

Die Bestimmungen von Ziffer 1 und 2 finden nur Anwendung auf Angestellte, die unmittelbar vor ihrem Wechsel in den Werbeaußendienst eine mindestens 2-jährige ununterbrochene Tätigkeit nach Teil II MTV ausgeübt haben. Hierzu rechnen nicht Zeiten der Berufsausbildung gem. § 1 Abs. 2 BBiG.

§ 18 Arbeitszeit
Eine bestimmte Arbeitszeit wird nicht festgelegt.

Der 24. und 31.12 sind arbeitsfrei. Für diese Tage erfolgt Fortzahlung der Bezüge entsprechend § 22 Ziff. 1 und 2.

§ 19 Einkommen
1. Für die Angestellten des Werbeaußendienstes wird ein Mindesteinkommen festgelegt, dessen Höhe sich nach § 3 GTV bestimmt.
   Auf das Mindesteinkommen sind die verdienten Provisionen anzurechnen, wenn nichts Anderes vereinbart ist. Das Mindesteinkommen nach § 3 Ziff. 2 GTV ist jedoch in Höhe von 470 € (ab 1.4.2010: 475 €, ab 1.7. 2011: 480 €) unverrechenbar.
2. Das Mindesteinkommen, das nach Ziff. 1 mit den Provisionen verrechnet werden kann, erhöht sich bei Vorliegen der Voraussetzungen gem. Abs. 4 um die Sozialzulage nach § 4 Ziff. 2 GTV.
   Nach sechsmonatiger Unternehmenszugehörigkeit erhalten Angestellte, deren durchschnittliche Monatsbezüge (ohne Sozialzulage) im vorangegangenen Gesamtabrechnungszeitraum gem. Ziff. 3 den Betrag von 3415 € nicht überstiegen haben, die Sozialzulage zusätzlich zu ihren Bezügen; bei Angestellten, deren durchschnittliche Monatsbezüge 3415 € überstiegen haben, vermindert sich der Anspruch auf die Sozialzulage um den 3415 € übersteigenden Betrag. Eine pauschale Abgeltung der Sozialzulage (durch Gehalt oder Provision) ist nicht zulässig. Die Sozialzulage ist bei der Abrechnung der Bezüge gesondert auszuweisen.

Anspruch auf Sozialzulage haben

a) verheiratete Angestellte, die mit ihrem Ehegatten im eigenen Haushalt leben,

b) verwitwete, geschiedene, dauernd von ihrem Ehegatten getrennt lebende und ledige Angestellte,
wenn sie mit einem gesetzlich unterhaltsberechtigten Familienangehörigen im eigenen Haushalt leben
oder
wenn sie das Sorgerecht für unterhaltsberechtigte Kinder haben

oder

wenn sie das 38. Lebensjahr vollendet haben.

Im Übrigen gilt § 8 Ziff. 2 bis 4 in der bis 31. 1. 1995 gültigen Fassung.

3. Die Gesamtabrechnung erfolgt mindestens einmal jährlich. Bei neueingestellten oder aus dem Innendienst in den Außendienst wechselnden Angestellten, die an der Ausbildung »Geprüfte/r Versicherungsfachmann/-frau (IHK)« teilnehmen, erfolgt die erste Gesamtabrechnung nach 3 Monaten, die zweite nach weiteren 3 Monaten. Bei Ausscheiden innerhalb des Abrechnungszeitraumes hat die/der Angestellte Anspruch auf eine entsprechende anteilige Abrechnung. Ein etwa verbleibender Schuldsaldo wird in jedem Fall abgeschrieben, soweit durch die Nichtabschreibung des Schuldsaldos die tatsächlichen Bezüge unter dem Mindesteinkommen des Abrechnungszeitraumes liegen. Ein Schuldsaldo, der sich aus der Verrechnung mit Reisekosten ergibt, wird auch insoweit abgeschrieben, als durch die Nichtabschreibung die vereinbarten Reisekosten des Abrechnungszeitraumes unterschritten werden.
4. Die Bezüge werden monatlich nachträglich, spätestens am letzten Arbeitstag des Kalendermonats, gezahlt.
5. Zusätzlich zu den Bezügen nach Ziff. 1 bis 4 erhalten Angestellte, deren durchschnittliche Monatsbezüge im vorangegangenen Kalenderjahr den Betrag von 4280 € (ab 1. 4. 2010: 4390 €, ab 1. 7. 2011: 4500 €) zuzüglich Sozialzulage nicht überstiegen haben, in jedem Kalenderjahr eine Sonderzahlung in Höhe von 80 % ihres im vorangegangenen Kalenderjahr erzielten monatlichen Durchschnittseinkommens, jedoch höchstens folgende Beträge:

   Bei Anspruch auf Mindesteinkommen nach

   § 3 Ziff. 1 GTV, Stufe 1: 1595 € (ab 1. 4. 2010: 1645 €, ab 1. 7. 2011: 1695 €)

   § 3 Ziff. 1 GTV, Stufe 2: 1990 € (ab 1. 4. 2010: 2050 €, ab 1. 7. 2011: 2110 €)

§ 3 Ziff. 2 GTV: 2205 € (ab 1.4.2010: 2275 €, ab 1.7.2011: 2345 €)
Bei Angestellten mit Anspruch auf Sozialzulage erhöhen sich diese Höchstbeträge um jeweils 80 % der im vorangegangenen Kalenderjahr durchschnittlich pro Monat bezogenen Sozialzulage.
Die Sonderzahlung soll allen Angestellten des Außendienstes eines Betriebes gleichzeitig ausgezahlt werden. Die Auszahlung erfolgt zum bisher betriebsüblichen Zeitpunkt. Abweichende Regelungen können nur durch Betriebsvereinbarung getroffen werden.
Der Anspruch auf die Sonderzahlung entsteht nach einer sechsmonatigen ununterbrochenen Unternehmenszugehörigkeit, dann aber rückwirkend ab Beginn des Arbeitsverhältnisses.
Für jeden Monat im laufenden Kalenderjahr, in dem die/der Angestellte nicht für wenigstens 15 Tage Anspruch auf Bezüge nach Ziff. 1 und 2 oder auf Leistungen nach § 21 Ziff. 1 bis 3 oder auf Leistungen für die Zeiten der Schutzfristen und Beschäftigungsverbote nach dem Mutterschutzgesetz hat, wird die Sonderzahlung um 1/12 gekürzt. Eine Kürzung unterbleibt, wenn die/der Angestellte nur deshalb keine Zahlungen nach § 21 Ziff. 2 und 3 erhält, weil das Krankengeld bereits dem Nettobetrag aus 90 % der Durchschnittsbezüge der letzten 12 Monate entspricht. Der für die Dauer des Mutterschaftsurlaubs anteilig gekürzte Betrag der Sonderzahlung wird der Angestellten nachgezahlt, wenn das Arbeitsverhältnis im Anschluss an eine Elternzeit für mindestens 6 Monate fortgesetzt wird. Zeiträume, für die der Angestellten weder Bezüge gem. Ziff. 1 und 2 noch Leistungen gem. § 21 Ziff. 1 zustehen, bleiben dabei außer Betracht.[6]
Angestellte, deren Arbeitsverhältnis im Auszahlungszeitpunkt beendet ist, haben keinen Anspruch – auch nicht anteilig – auf die Sonderzahlung. Das Gleiche gilt für Angestellte, die in einem gekündigten Arbeitsverhältnis stehen, außer im Falle betriebsbedingter Arbeitgeberkündigung. Pensionierung, auch wegen voller oder teilweiser Erwerbsminderung, gilt nicht als Kündigung.
Die Sonderzahlung wird auf alle Sonderzuwendungen des Arbeitgebers angerechnet.

6 Protokollnotiz vom 25.9.1991: »Die Parteien stimmen darin überein, dass die Nachzahlungsregelung für Arbeitnehmerinnen, die nach dem Mutterschaftsurlaub in das Unternehmen zurückkehren, ... in gleichem Umfang, also begrenzt auf die Dauer und auf die anspruchsberechtigten Personen des früheren Mutterschaftsurlaubs, entsprechend anzuwenden ist, wenn das Arbeitsverhältnis nach Abschluss des Erziehungsurlaubs fortgesetzt wird.«

6. Bezüglich der Beteiligung des Arbeitgebers an den Aufwendungen für eine Befreiungsversicherung (in der gesetzlichen Kranken- und Rentenversicherung) und an den Aufwendungen der nicht krankenversicherungspflichtigen Angestellten für eine private Krankenversicherung oder für die freiwillige Weiterversicherung in der gesetzlichen Krankenversicherung gilt § 3 Ziff. 4 und 5 entsprechend.

§ 19a Tarifliche Elternzeit

§ 9 gilt für Angestellte des Werbeaußendienstes entsprechend.

§ 20 Fahrtauslagen und Spesen

1. Notwendige tatsächliche Fahrtauslagen werden den Angestellten gemäß vorheriger schriftlicher Vereinbarung ersetzt. Pauschale Abgeltung kann vereinbart werden.
2. Spesen werden je nach Art der Tätigkeit und der Arbeitsgebiete auf Grund von Erfahrungssätzen berechnet und in freier Vereinbarung schriftlich festgelegt.

§ 21 Leistungen in besonderen Fällen

1. Bei durch Krankheit oder Unfall verursachter Arbeitsunfähigkeit erhalten die Angestellten ihre Bezüge für die Dauer von 6 Wochen.
2. Vom Beginn der 7. Woche an erhalten
   a) krankenversicherungspflichtige Angestellte einen Zuschuss zum Krankengeld.
   Der Zuschuss wird so berechnet, dass er zusammen mit dem Krankengeld den Nettobetrag aus 90 % der Durchschnittsbezüge der letzten 12 Monate (höchstens des Betrages der jeweiligen monatlichen Krankenversicherungspflichtgrenze) ergibt. Maßgeblich für die Berechnung ist das volle, noch nicht um Sozialversicherungsbeiträge geminderte Krankengeld (Bruttokrankengeld).
   b) Angestellte, bei denen sich der Arbeitgeber nach § 3 Ziff. 5/§ 257 SGB V an den Aufwendungen für eine private Krankenversicherung oder freiwillige Weiterversicherung in der gesetzlichen Krankenversicherung beteiligt, eine Krankenzulage.
   Die Krankenzulage wird so berechnet, dass sie zusammen mit demjenigen Krankengeld, das die/der Angestellte bekommen würde, wenn sie/er pflichtversichert wäre, den Nettobetrag aus 90 % der Durchschnittsbezüge der letzten 12 Monate (bei befreiungsversicherten Angestellten höchstens des Betrages der jeweiligen monatlichen Krankenversiche-

rungspflichtgrenze, bei nicht krankenversicherungspflichtigen Angestellten höchstens von 3700 € monatlich) ergibt. Maßgeblich für die Berechnung ist das volle, noch nicht um Sozialversicherungsbeiträge geminderte Krankengeld (Bruttokrankengeld).

c) nicht krankenversicherungspflichtige Angestellte, bei denen sich der Arbeitgeber nicht nach § 3 Ziff. 5/§ 257 SGB V an den Aufwendungen für eine private Krankenversicherung oder freiwillige Weiterversicherung in der gesetzlichen Krankenversicherung beteiligt, als Krankenbeihilfe 90 % ihrer Durchschnittsbezüge während der letzten 12 Monate (höchstens insgesamt von 3700 € monatlich).
Die Krankenzulage und die Krankenbeihilfe werden jedoch nur insoweit gewährt, als sie nicht von den Sozialversicherungsträgern (z.B. AOK, Ersatzkassen, BfA) auf satzungsgemäße Leistungen angerechnet werden.

Die Leistungen nach a) bis c) werden nur bei einer ununterbrochenen Unternehmenszugehörigkeit
von mehr als 2 bis 5 Jahren bis zum Ablauf der 13. Woche,
von mehr als 5 bis 10 Jahren bis zum Ablauf der 26. Woche,
von mehr als 10 bis 15 Jahren bis zum Ablauf der 39. Woche,
von mehr als 15 bis 20 Jahren bis zum Ablauf der 52. Woche,
von mehr als 20 bis 25 Jahren bis zum Ablauf der 65. Woche,
von mehr als 25 Jahren bis zum Ablauf der 78. Woche,
jeweils seit Beginn der Arbeitsunfähigkeit gewährt.

Die erforderliche Unternehmenszugehörigkeit muss jeweils am ersten Tag der 7., 14., 27., 40., 53. oder 66. Woche gegeben sein.

Die Leistungen nach a) bis c) entfallen, sobald ein Anspruch auf Rente wegen Alters oder wegen Erwerbsminderung oder auf ähnliche Bezüge öffentlich-rechtlicher Art geltend gemacht werden kann; die/der Angestellte ist verpflichtet, Rentenansprüche unverzüglich anzumelden. Diese Vorschrift findet keine Anwendung auf die durch § 36 SGB VI gegebene Möglichkeit, vorzeitig Altersruhegeld zu beantragen. Wird bei teilweiser Erwerbsminderung/teilweiser Erwerbsminderung wegen Berufsunfähigkeit ein Beschäftigungsverhältnis mit dann verringerter Arbeitszeit fortgeführt, besteht ein Anspruch auf Leistungen nach Ziff. a) bis c) insoweit fort.

3. § 10 Ziff. 3 findet Anwendung.
4. Die Hinterbliebenen einer/eines Angestellten erhalten deren/dessen Durchschnittsbezüge der letzten 12 Monate vor dem Tode (höchstens 4360 € monatlich) für den Rest des Sterbemonats und für weitere 3 Monate, im ersten Jahr der Unternehmenszugehörigkeit die Durchschnittsbezüge der Beschäf-

tigungszeit (höchstens 4360 € monatlich) für den Rest des Sterbemonats und für einen weiteren Monat.

§ 10 Ziff. 4 Abs. 2 findet Anwendung.

5. Unter Bezügen ist das tatsächliche monatliche Durchschnittseinkommen der letzten der Arbeitsunfähigkeit vorausgehenden 12 Monate zu verstehen, soweit es Entgelt für die Dienstleistungen aus dem Arbeitsverhältnis ist (Gehalt zuzüglich Provisionen, nicht jedoch Spesen bzw. Spesenpauschale sowie Fahrtkostenersatz).

§ 22 Erholungsurlaub, Arbeitsbefreiung

1. Für den Erholungsurlaub und die Arbeitsbefreiung von Angestellten des Werbeaußendienstes gelten die §§ 13 und 14, soweit nicht nachstehend etwas Abweichendes bestimmt ist.
2. Für die Dauer des Urlaubs werden den Angestellten die Bezüge fortgezahlt, soweit sie Entgelt für die Dienstleistungen aus dem Arbeitsverhältnis sind (Gehalt und Provisionen, nicht jedoch Spesen oder Spesenpauschale und Fahrtkostenersatz).
   Besteht ein Teil der Bezüge, die das Entgelt für die Dienstleistungen aus dem Arbeitsverhältnis ausmachen, vertragsgemäß aus Provision für Eigengeschäfte, so ist für den Teil des Urlaubs, der den gesetzlichen Urlaub nach § 3 BUrlG übersteigt, der Provisionsausfall nur insoweit auszugleichen, als er zusammen mit den übrigen Bezügen (Gehalt, Super- und Inkassoprovision), die in der tatsächlich anfallenden Höhe weitergezahlt werden, den Betrag von 270 € (ab 1. 4. 2010: 280 €, ab 1. 7. 2011: 290 €) pro Urlaubstag nicht überschreitet. Während der Urlaubszeit gutgeschriebene Provisionen aus Eigengeschäften dürfen nicht angerechnet werden.
   Der Berechnung des Provisionsausgleichs ist für jeden Urlaubstag der Durchschnittsprovisionsbezug eines Tages zugrunde zu legen, mit der Maßgabe, dass dieser 1/22 der verdienten Durchschnittsmonatsprovision aus Eigengeschäften während des letzten Kalenderjahres beträgt. Zeiten, für die kein Anspruch auf Bezüge für geleistete Arbeit bestand, bleiben bei der Berechnung unberücksichtigt. Hat das Arbeitsverhältnis nicht bereits während des ganzen letzten Kalenderjahres bestanden, so ist der Ausgleich nach dem Monatsdurchschnitt des Arbeitsverhältnisses, höchstens jedoch nach dem Durchschnitt der ersten 12 Monate vorzunehmen.
3. Zusätzlich zu den Bezügen nach Ziff. 2 erhalten Angestellte, deren durchschnittliche Monatsbezüge im vorangegangenen Kalenderjahr den Betrag von 4280 € (ab 1. 4. 2010: 4390 €, ab 1. 7. 2011: 4500 €) zuzüglich Sozialzulage nicht überstiegen haben, in jedem Kalenderjahr eine Sonderzahlung

von 50 % ihres im vorangegangenen Kalenderjahr erzielten monatlichen Durchschnittseinkommens, jedoch höchstens folgende Beträge:
Bei Anspruch auf Mindesteinkommen nach

§ 3 Ziff. 1 GTV, Stufe 1: 1000 € (ab 1.4.2010: 1030 €, ab 1.7.2011: 1060 €)

§ 3 Ziff. 1 GTV, Stufe 2: 1240 € (ab 1.4.2010: 1280 €, ab 1.7.2011: 1320 €)

§ 3 Ziff. 2 GTV: 1380 € (ab 1.4.2010: 1425 €, ab 1.7.2011: 1470 €).

Bei Angestellten mit Anspruch auf Sozialzulage erhöhen sich diese Höchstbeträge um jeweils 50 % der im vorangegangenen Kalenderjahr durchschnittlich pro Monat bezogenen Sozialzulage.
Die Sonderzahlung soll allen Angestellten des Außendienstes eines Betriebes gleichzeitig ausgezahlt werden. Die Auszahlung erfolgt zum bisher betriebsüblichen Zeitpunkt. Abweichende Regelungen können nur durch Betriebsvereinbarung getroffen werden.
Der Anspruch auf die Sonderzahlung entsteht nach einer sechsmonatigen ununterbrochenen Unternehmenszugehörigkeit, dann aber rückwirkend ab Beginn des Arbeitsverhältnisses.
Für jeden Monat im laufenden Kalenderjahr, in dem die/der Angestellte nicht für wenigstens 15 Tage Anspruch auf Bezüge nach § 19 Ziff. 1 und 2 oder auf Leistungen nach § 21 Ziff. 1 bis 3 oder auf Leistungen für die Zeiten der Schutzfristen und Beschäftigungsverbote nach dem Mutterschutzgesetz hat, wird die Sonderzahlung um 1/12 gekürzt. Eine Kürzung unterbleibt, wenn die/der Angestellte nur deshalb keine Zahlungen nach § 21 Ziff. 2 und 3 erhält, weil das Krankengeld bereits dem Nettobetrag aus 90 % der Durchschnittsbezüge der letzten 12 Monate entspricht. Der für die Dauer des Mutterschaftsurlaubs anteilig gekürzte Betrag der Sonderzahlung wird der Angestellten nachgezahlt, wenn das Arbeitsverhältnis im Anschluss an eine Elternzeit für mindestens 6 Monate fortgesetzt wird. Zeiträume, für die der Angestellten weder Bezüge gem. § 19 Ziff. 1 und 2 noch Leistungen gem. § 21 Ziff. 1 zustehen, bleiben dabei außer Betracht.[7]

7 Protokollnotiz vom 25.9.1991: »Die Parteien stimmen darin überein, dass die Nachzahlungsregelung für Arbeitnehmerinnen, die nach dem Mutterschaftsurlaub in das Unternehmen zurückkehren, ... in gleichem Umfang, also begrenzt auf die Dauer und auf die anspruchsberechtigten Personen des früheren Mutterschaftsurlaubs, entsprechend anzuwenden ist, wenn das Arbeitsverhältnis nach Abschluss des Erziehungsurlaubs fortgesetzt wird.«

Angestellte, deren Arbeitsverhältnis im Auszahlungszeitpunkt beendet ist, haben keinen Anspruch – auch nicht anteilig – auf die Sonderzahlung. Das Gleiche gilt für Angestellte, die in einem gekündigten Arbeitsverhältnis stehen, außer im Falle betriebsbedingter Arbeitgeberkündigung. Erfolgt die Auszahlung beider Sonderzahlungen (§ 19 Ziff. 5, § 22 Ziff. 3) im 2. Kalenderhalbjahr und wird das Arbeitsverhältnis im 2. Kalenderhalbjahr gekündigt, so wird bezüglich der Sonderzahlung in § 22 Ziff. 3 unterstellt, dass sich die/der Angestellte zur Zeit der Auszahlung in einem ungekündigten Arbeitsverhältnis befindet. Pensionierung, auch wegen voller oder teilweiser Erwerbsminderung, gilt nicht als Kündigung.
Die Sonderzahlung wird auf alle Sonderzuwendungen des Arbeitgebers angerechnet.

§ 23 Kündigung

1. Die Kündigungsfrist beträgt beiderseits im ersten Jahr der Unternehmenszugehörigkeit 1 Monat zum Monatsschluss, vom Beginn des zweiten Jahres der Unternehmenszugehörigkeit an 6 Wochen zum Vierteljahresschluss.
   Im Übrigen gilt § 15 Ziff. 2.
2. Die Bestimmungen des § 15 Ziff. 5 und 6 gelten auch für die Angestellten des Werbeaußendienstes.
3. Können Angestellte, die das 50. Lebensjahr vollendet haben und dem Unternehmen 20 Jahre angehören, aus gesundheitlichen Gründen ihre bisherige Tätigkeit nicht mehr ausüben, ist der Arbeitgeber verpflichtet, den Angestellten einen anderen geeigneten und zumutbaren Arbeitsplatz im Unternehmen anzubieten.
   Ist eine Weiterbeschäftigung der/des Angestellten auf einem anderen Arbeitsplatz nach Abs. 1 nicht möglich, hat der Arbeitgeber spätestens im Rahmen der Anhörung des Betriebsrats zur beabsichtigten Auflösung des Arbeitsverhältnisses mit dem Betriebsrat zu beraten, ob die Kündigung unter Berücksichtigung aller Umstände des Einzelfalles und der sich aus betrieblichen Versorgungsregelungen und sozialversicherungsrechtlichen Vorschriften ergebenden Möglichkeiten durch die einvernehmliche Beendigung des Arbeitsverhältnisses (z. B. vorzeitige Pensionierung) vermieden werden kann.

2.2 Auszug aus dem Gehaltstarifvertrag für das private Versicherungsgewerbe vom 1.1.2009

§ 3 Mindesteinkommen für Angestellte nach Teil III des Manteltarifvertrages

1. Das monatliche Mindesteinkommen für die Angestellten des Werbeaußendienstes beträgt ab 1.7.2008: 1720 €, ab 1.4.2010: 1770 €, ab 1.7.2011: 1810 €.
   Nach zweijähriger ununterbrochener Unternehmenszugehörigkeit beträgt das Mindesteinkommen ab 1.7.2008: 1820 €, ab 1.4.2010: 1845 €, ab 1.7.2011: 1865 €.
2. Angestellte, die aufgrund ihres Anstellungsvertrages ausschließlich[8] haupt- und/oder nebenberufliche Mitarbeiter anwerben und einarbeiten sowie unterstellte Mitarbeiter betreuen (organisierender Außendienst), erhalten nach zweijähriger Tätigkeit in dieser Aufgabe ein Mindesteinkommen von monatlich ab 1.7.2008: 2170 €, ab 1.4.2010: 2225 €, ab 1.7.2011: 2275 €.

§ 4 Zulagen

1. Verantwortungszulagen

gültig ab 1. Januar 2009

	§ 7 Ziff. 1 MTV	§ 7 Ziff. 2 MTV
Gehaltsgruppe II	220,00 €	110,00 €
Gehaltsgruppe III	228,00 €	114,00 €
Gehaltsgruppe IV	235,00 €	117,50 €
Gehaltsgruppe V	241,00 €	120,50 €
Gehaltsgruppe VI	250,00 €	125,00 €
Gehaltsgruppe VII	256,00 €	128,00 €
Gehaltsgruppe VIII	265,00 €	132,50 €

8 Gelegentliche Vermittlung in anderen Sparten für Konzernunternehmen steht der Anwendung dieser Regelung nicht entgegen.

gültig ab 1. April 2010

	§ 7 Ziff. 1 MTV	§ 7 Ziff. 2 MTV
Gehaltsgruppe II	226,00 €	113,00 €
Gehaltsgruppe III	234,00 €	117,00 €
Gehaltsgruppe IV	241,00 €	120,50 €
Gehaltsgruppe V	247,00 €	123,50 €
Gehaltsgruppe VI	256,00 €	128,00 €
Gehaltsgruppe VII	262,00 €	131,00 €
Gehaltsgruppe VIII	272,00 €	136,00 €

2. Sozialzulage für den Werbeaußendienst nach § 19 Ziff. 2 MTV
   für Arbeitnehmer ohne unterhaltsberechtigte Kinder 46 €
   für Arbeitnehmer mit einem unterhaltsberechtigten Kind 56 €
   für Arbeitnehmer mit zwei unterhaltsberechtigten Kindern 66 €
   für Arbeitnehmer mit drei und mehr unterhaltsberechtigten Kindern 77 €

3. Betriebsvereinbarungen

3.1 Einstufungen im Außendienst (Handel)

Tätigkeit	Grundgehalt
1. Nachwuchsreisender ohne Erfahrung im Außendienst	......
2. Nachwuchsreisender mit geringer Erfahrung im Außendienst	......
3. Nachwuchsreisender mit fundierter Erfahrung im Außendienst	......
Bezirksleiter mit qualifizierter Ausbildung und Erfahrung im Außendienst	......
Gebietsleiter (+ Prämie 1000 €)	
Gebietsverkaufsleiter (+ 0 Prämie)	......
im 1. Tätigkeitsjahr + 2000 €	......
im 2. Tätigkeitsjahr + 2000 €	......

3.2 Betriebsvereinbarung über eine Regelung der Arbeitszeit im Außendienst (Handel)

1. Allgemeines

Diese Betriebsvereinbarung geht davon aus, dass der Außendienstmitarbeiter Manager seines Verantwortungsbereiches im Sinne der jeweils gültigen Stellenbeschreibung ist.

Dennoch sind einige verbindliche Regeln für das Funktionieren einer Außendienstorganisation unerlässlich.

Diese Betriebsvereinbarung fixiert deshalb verbindlich für alle Reisenden der ... (GmbH oder andere Rechtsform) das Gerüst, innerhalb dessen sich die Mitarbeiter zu bewegen haben. Sie stehen jedoch gegenüber ihren Vorgesetzten in der vollen Verantwortung, den durch diese Betriebsvereinbarung gegebenen Spielraum im Sinne eines optimalen Bezirksmanagements wirtschaftlich sinnvoll zu nutzen.

Sinngemäß gilt das Vorgenannte für die Verkaufsförderer im Rahmen ihrer Stellenbeschreibung.

2. Regelung

Die wöchentliche Arbeitszeit im Handel beträgt 38,75 Stunden exklusive Pausen und Arbeitsbereitschaftszeiten.

Folgende Grundsätze gelten bei der Verteilung der wöchentlichen Arbeitszeit auf den einzelnen Wochentag:

- die tägliche Arbeitszeit orientiert sich grundsätzlich an den örtlichen Gegebenheiten in Bezug auf die Ladenöffnungszeiten;
- der Arbeitsbeginn ist so rechtzeitig zu legen, dass das Tagesbesuchsziel gemäß Kundenbesuchsplanung, das jeweils durch das 14-tägige Kundenbesuchspensum vorgegeben ist, erreicht wird;
- die tägliche Arbeitszeit ist daher so rechtzeitig zu beginnen, dass der erste Besuch beim Kunden unmittelbar nach Öffnung des Geschäftes durchgeführt werden kann.
  Für die Ladenöffnungszeit gilt als Orientierungswert 8.00 Uhr;
- die Mittagspause orientiert sich wiederum an den örtlichen Ladenöffnungszeiten oder an den Tischzeiten der Kontaktpersonen im Handel. Es ist davon auszugehen, dass von 13.00–14.00 Uhr in der Regel deshalb nicht im Einzelhandel gearbeitet werden kann. Ist es aufgrund der örtlichen Handelsstruktur möglich, in dieser Zeit im Handel zu arbeiten, ist von einer Stunde Mittagspause auszugehen;

- das tägliche Arbeitsende orientiert sich in erster Linie an der Erreichung des Tagesbesuchsziels. Als Richtwert ist jedoch davon auszugehen, dass nach 17.30 Uhr kein Besuch im EH mehr begonnen werden sollte;
- auch bei vorzeitiger Erreichung des Tagesbesuchsziels sind von Montag bis Donnerstag acht Stunden, d.h. in der Regel bis 17.00 Uhr, am Freitag 6,75 Stunden, d.h. in der Regel bis 15.45 Uhr, in jedem Fall jedoch bis 15.00 Uhr, im Handel zu arbeiten – ggf. sind
  - ursprünglich geplante Kundenbesuche, die an den vorangegangenen Tagen nicht ganz bewältigt werden konnten, nachzuholen, wenn dieses wirtschaftlich möglich ist;
  - oder es ist die zu früh endende Tour im letzten Drittel durch Kundenbesuche, d.h. kleinere am Weg liegende Geschäfte, zu ergänzen (ggf. KA-Kunden);
  - oder die voraussichtlich zu früh endende Tour durch Merchandisingarbeiten in großen Geschäften auszudehnen, soweit dieses sinnvoll ist;
  - Hauslagerarbeiten und/oder administrative Bezirksarbeiten in Ausnahmefällen nach Genehmigung durch den GVL zu erledigen.

Aus vorstehend genannten Grundsätzen ergibt sich in der Regel eine tägliche Arbeitszeit von acht Stunden von Montag bis Donnerstag bzw. 6,75 Stunden am Freitag

Montag-Donnerstag	8.00–13.00 Uhr
	14.30–17.30 Uhr
	14.00–17.00 Uhr
Freitag	8.00–13.00 Uhr
	14.30–16.15 Uhr
	14.00–15.45 Uhr

für die **Arbeit im Handel** (Verkaufs- und Merchandising-Tätigkeit).

Außerhalb der Arbeitszeit im Handel anfallende Hauslager- und administrative Arbeiten sind mit der Zahlung der Mehrarbeitspauschale abgegolten.

Am Tag (in der Regel ein Freitag) jeweils nach einem Verkaufsrundenmeeting kann die Verkaufsarbeit im Handel bereits um 15.00 Uhr beendet werden.

Damit wird dem an diesem Tag verstärkten Anfall von Besuchsvorbereitung auf GH-Ebene anlässlich der Präsentation der neuen VKF-Aktion Rechnung getragen.

3. Kundenbesuchsplanung

Die innerhalb eines Besuchspensums für den betreffenden Tag zu besuchenden Kunden bestimmen das tägliche quantitative Besuchsziel. Auch hier hat der Reisende die volle Verantwortung als Manager seines Bezirkes bezüglich

- des Erreichens der 100 %igen Abdeckung der zu besuchenden Kunden,
- der ständigen Aktualisierung dieser Planung,
- der Wirtschaftlichkeit dieser Planung,
- der Auswahl der Kunden unter objektiven und firmenpolitischen Gesichtspunkten.

Daher ist ein Abweichen von den geplanten und im Wochenbericht pro Tag angegebenen Kundenbesuchen nur nach vorheriger Zustimmung des Vorgesetzten und nur in Ausnahmefällen gestattet.

4. Samstags-/Sonntagsarbeit

a) Wenn durch Messen u. Ä. am Samstag oder Sonntag nach GVL-Genehmigung eine Verkaufstätigkeit stattfindet, so wird für diesen Arbeitseinsatz entsprechende bezahlte Freizeit zuzüglich der entsprechenden Zuschläge gem. § 5 MTV ebenfalls in Freizeit gewährt.
   - Mehrarbeits-Zuschläge [§ 5 Ziff. 1 a] und b) MTV)
     für die ersten zwei Mehrarbeitsstunden = 25 %,
     ab 3. Mehrarbeitsstunde = 40 %
   - Zuschlag für Sonntagsarbeit [§ 5 Ziff. 1 f.) MTV] = 75 %

   Die Abgeltung erfolgt innerhalb der darauf folgenden 14 Tage.

b) Meetings an Samstagen/Sonntagen sind grundsätzlich nicht vorgesehen. Falls ausnahmsweise doch ein Meeting am Samstag oder Sonntag anberaumt werden muss, so wird auch diese Zeit mit Freizeit vergütet (wie unter a).

5. Gültigkeit

Diese Betriebsvereinbarung tritt am ... in Kraft und kann von beiden Seiten mit einer Frist von einem Monat zum Monatsende gekündigt werden. Nach der Kündigung gilt die Vereinbarung bis zum Abschluss einer neuen Vereinbarung weiter.

4. Vertragliche Vereinbarungen

4.1 Vereinbarung über ein Wettbewerbsverbot und die Zahlung einer Karenzentschädigung

(1) Der Mitarbeiter verpflichtet sich, während der Dauer von zwei Jahren nach Beendigung des Anstellungsverhältnisses nicht für ein Unternehmen in der Bundesrepublik Deutschland tätig zu sein, das mit der Gesellschaft in Konkurrenz steht.

Als Konkurrenzunternehmen gelten solche Unternehmen, die sich mit der Herstellung oder dem Vertrieb von ...... oder ...... befassen.

Der Mitarbeiter verpflichtet sich demnach vor allem:

a) nicht ein festes Arbeitsverhältnis oder ein freies Beratungs- oder Vertretungsverhältnis bei einem solchen Unternehmen einzugehen;

b) nicht ein solches Unternehmen selbst zu errichten oder zu erwerben;

c) sich nicht an einem solchen Unternehmen zu beteiligen.

(2) Die Gesellschaft zahlt dem Mitarbeiter für die Dauer des Wettbewerbsverbots pro Jahr eine Entschädigung in Höhe der Hälfte der zuletzt von ihm bezogenen vertragsgemäßen Vergütung (gemäß § 2 des Anstellungsvertrages). Soweit die Bezüge in wechselnden Leistungen (Provision) bestehen, ist bei der Berechnung der Entschädigung von dem Durchschnitt der letzten drei Jahre auszugehen. Die Entschädigung wird in Raten jeweils am Monatsende ausgezahlt.

(3) Der Mitarbeiter verpflichtet sich, der Gesellschaft während der Dauer der Wettbewerbsvereinbarung unaufgefordert jeweils am Schluss eines Kalendervierteljahres die Höhe seines Verdienstes aus der Verwertung seiner Arbeitskraft mitzuteilen. Während der gleichen Zeit wird der Mitarbeiter der Gesellschaft jeden Wechsel seines Wohnsitzes bekannt geben.

(4) Der Mitarbeiter verpflichtet sich, für jeden Fall einer Verletzung des Wettbewerbsverbots an die Firma eine Vertragsstrafe in Höhe eines Bruttomonatsgehaltes zu zahlen. Bei Dauerverstößen ist die Vertragsstrafe gemäß Satz 1 für jeden angefangenen Monat der Zuwiderhandlung neu verwirkt. Die Geltendmachung weiteren Schadens durch die Firma ist nicht ausgeschlossen.

(5) Die Gesellschaft kann vor Beendigung des Arbeitsverhältnisses und zwar auch vor Ausspruch einer Kündigung schriftlich auf das Wettbewerbsverbot verzichten. In diesem Fall entfällt der Entschädigungsanspruch mit Ablauf eines Jahres seit der Erklärung, gleich, ob das Dienstverhältnis dann noch besteht.

(6) Diese Wettbewerbsvereinbarung tritt nach Ablauf der Probezeit in Kraft.

(7) Im Übrigen gelten die gesetzlichen Vorschriften der §§ 74ff. HGB.

..........., den ...., den ....

....

....

4.2 Vereinbarung über die Überlassung und Nutzung eines Dienstfahrzeuges an Mitarbeiter im Außendienst

Zwischen der Firma ...

und

Frau/Herrn ...

– im Folgenden Arbeitnehmer –

wird folgender Kfz-Nutzungsvertrag gültig ab Beginn des Arbeitsverhältnisses, geschlossen:

§ 1 Fahrzeugüberlassung

1. Zur Erfüllung der arbeitsvertraglichen Pflichten stellt die Firma dem Arbeitnehmer nach Maßgabe dieser Vereinbarung entsprechend der gültigen Klassifizierung ein Dienstfahrzeug zur Verfügung.
2. Sollte die Firma ein anderes Fahrzeug, das nicht der gültigen Klassifizierung entspricht, auf Dauer oder vorübergehend zur Verfügung stellen, so gelten ebenfalls die Bestimmungen dieses Vertrages.
3. Bei zukünftigen Kfz-Überlassungen besteht kein Anspruch auf ein nach Fabrikat, Klasse und Ausstattung vergleichbares Fahrzeug.
4. Wenn der Aufgabenbereich des Arbeitnehmers sich wesentlich ändert, ist die Firma berechtigt, das Fahrzeug anderweitig einzusetzen. Es besteht in

diesem Fall weder ein Zurückbehaltungsrecht, noch ein finanzieller Ausgleichsanspruch.
5. Das Firmenfahrzeug wird von der Firma auf Leasingbasis beschafft. Für das Fahrzeug wird ein Leasingvertrag abgeschlossen; die Laufzeit des Vertrages bestimmt die Firma.

§ 2 Ausstattung/Sonderausstattung
1. Die von der Firma angebotenen Fahrzeugmodelle sind standardmäßig entsprechend der jeweils gültigen Kfz-Klassifizierung ausgestattet. Die Firma behält sich vor, diese Klassifizierung jederzeit zu ändern.
2. Die Farbe der Lackierung sowie der Polsterung kann vom Arbeitnehmer im Rahmen der Angebotspalette des Herstellers frei gewählt werden.
3. Weitere Sonder-/Zusatzausstattungen können vom Arbeitnehmer jeweils bei Neubeschaffung eines Fahrzeuges bestellt werden. Die dadurch entstehenden zusätzlichen Kosten für das Finanzleasing sowie ggf. Full-Service, Kfz-Versicherung und Steuer, sind vom Arbeitnehmer zu tragen und werden monatlich vom Nettoeinkommen in Abzug gebracht.
4. Nachträgliche Änderungen, zusätzliche Einbauten sowie anderweitige Veränderungen am Fahrzeug während der Laufzeit des Leasing-Vertrages bedürfen der vorherigen schriftlichen Zustimmung durch die Firma.

§ 3 Rechte Dritter
Der Arbeitnehmer muss den Firmenwagen von Rechten Dritter freihalten, er darf ihn insbesondere weder verkaufen, verpfänden, verschenken, vermieten, verleihen oder zur Sicherheit übereignen. Entwendung, Beschädigung oder Verlust sind unverzüglich der Polizei anzuzeigen und der Firma mitzuteilen. Die Firma verständigt die Versicherung.

§ 4 Privatnutzung
1. Das Firmenfahrzeug kann vom Arbeitnehmer und seinen Familienangehörigen (Ehepartner bzw. Lebenspartner/in sowie Kinder) in angemessenem Umfang auch privat genutzt werden.
2. Private Auslandsfahrten innerhalb Europas sind grundsätzlich zulässig. Fahrten in osteuropäische und andere Länder sind nur mit vorheriger Zustimmung gestattet.

§ 5 Überlassung an Dritte
1. Die Überlassung des Firmenwagens an Dritte ist unzulässig. Ausgenommen sind die unter § 4 Abs. 1 genannten Personen.

2. Der Arbeitnehmer haftet für jeden Schaden, der bei einer unberechtigten Überlassung des Fahrzeugs an Dritte, sei es am Fahrzeug selbst oder im Zusammenhang mit der Kraftfahrzeugnutzung, entsteht.
3. Dritte Personen, insbesondere Kunden und Geschäftsfreunde, sollen nur mitgenommen werden, wenn hierfür ein betriebliches oder geschäftliches Interesse besteht. Bei Mitnahme sonstiger Personen – insbesondere auch im Rahmen von Privatfahrten – ist grundsätzlich die Haftung des Leasinggebers und von der Firma auszuschließen. Hat der Arbeitnehmer bei Mitnahme sonstiger Personen die Haftung nicht ausdrücklich ausgeschlossen, so stellt er hiermit – soweit der Schaden nicht durch die Haftpflichtversicherung gedeckt ist (z. B. bei grob fahrlässiger Schadensverursachung oder bei Schadensersatzansprüchen von Familienangehörigen) – den Leasinggeber und der Firma im Rahmen der gesetzlichen Bestimmungen von jeder Haftung frei.

§ 6 Straßenverkehrsrecht

1. Der Arbeitnehmer ist für die Einhaltung der Vorschriften des Straßenverkehrsgesetzes (StVG), der Straßenverkehrsordnung (StVO) und der Straßenverkehrszulassungsordnung (StVZO) verantwortlich. Er hat insbesondere dafür zu sorgen, dass
   - das Fahrzeug sachgemäß und schonend gefahren, behandelt und gepflegt wird;
   - es stets in einem betriebs- und verkehrssicheren Zustand (Reifen, Lenkung, Bremsen, Beleuchtung etc.) erhalten wird;
   - Warndreieck und Verbandkasten vorhanden sind;
   - die Besetzungs- und Belastungsgrenzen des Fahrzeugs eingehalten werden;
   - der Führerschein und der Kfz-Schein ständig mitgeführt werden;
   - die gesetzliche Verpflichtung im Hinblick auf das Anlegen der Sicherheitsgurte eingehalten wird.
2. Geldstrafen und Bußgelder hat der Arbeitnehmer bzw. der Fahrer zu tragen.

§ 7 Wartung/Reparaturen

1. Der Arbeitnehmer übernimmt die Verantwortung und Haftung für die fristgerechte Wartung des Fahrzeugs. Hierzu zählen insbesondere die rechtzeitige Vornahme der Inspektionen laut Betriebsanleitung der Herstellerfirma sowie die Durchführung verschleißbedingter Reparaturen bei einer autorisierten Vertragswerkstatt. Darüber hinaus hat er die fabrikatgebundenen Gewährleistungsbedingungen für fabrikneue Fahrzeuge zu beachten

und die Gewährleistungsansprüche rechtzeitig geltend zu machen. Der Arbeitnehmer erhält für die Durchführung der notwendigen Inspektions- und verschleißbedingten Reparaturarbeiten vom Leasinggeber einen Reparaturausweis in Form einer Kreditkarte. Diese ist der Werkstatt bei jedem Service vorzulegen.
2. Die Auftragserteilung bzgl. Reparaturen, die nicht durch den Reparaturausweis abgedeckt sind, bedürfen stets der vorherigen Zustimmung durch die Firma.

§ 8 Versicherungen
1. Die von der Firma für das Fahrzeug abgeschlossenen Versicherungen beinhalten:
   - gesetzliche Haftpflicht, Sach- und Vermögensschäden unbegrenzt, Personenschäden bis € 7,5 Mio.
   - Vollversicherung mit € 300 Selbstbeteiligung
   - Teilkasko ohne Selbstbeteiligung
2. Es ist grundsätzlich wünschenswert, dass der Arbeitnehmer einen bereits bestehenden günstigen Schadensfreiheitsrabatt einbringt. Nimmt die Firma ein derartiges Angebot des Arbeitnehmers an, wird die Firma in Verbindung mit der neuen und bisherigen Versicherungsgesellschaft dafür sorgen, dass der Schadensfreiheitsrabatt während der Vertragsdauer den Tarifbestimmungen gemäß fortgeschrieben wird. Der Arbeitnehmer hat das Recht, den selbst eingebrachten Schadensfreiheitsrabatt jederzeit für private Zwecke zurückzuverlangen. Dem Arbeitnehmer wird in diesem Fall eine entsprechende Bescheinigung über den aktuellen Schadensfreiheitsrabatt ausgehändigt.

§ 9 Kosten
1. Die Kosten für Wartung und Verschleißreparaturen (einschließlich Ersatzteile) sind im Full-Service enthalten. Alle derartigen Reparaturkosten werden direkt zwischen Werkstatt und Leasinggeber abgerechnet.
2. Sofern reparaturbedürftige Schäden durch Verschulden des Arbeitnehmers entstanden sind, richtet sich eine Haftung nach § 11 dieses Vertrages.
3. Die laufenden Betriebskosten (Kraftstoff, Öl, Wagenpflege etc.) trägt die Firma. Dem Arbeitnehmer wird bei Fahrzeugübergabe eine Tankkarte ausgehändigt, mit der diese Kosten direkt zwischen den Mineralölgesellschaften und der Firma abgerechnet werden.
4. Die laufenden Betriebskosten, die während des Urlaubs anfallen, gehen zu Lasten des Arbeitnehmers. Gleiches gilt für Zeiten der Arbeitsunfähigkeit,

des Bildungsurlaubs, bei Wehrübungen sowie sonstigen Arbeitsfreistellungen. Kraftstoffbelege, die an arbeitsfreien Wochenenden sowie Feiertagen ausgestellt sind, sind nicht ersatzfähig.

§ 10 Unfallschäden

1. Bei Unfallschäden ist der Arbeitnehmer verpflichtet – ohne Rücksicht auf die sich zunächst ergebende Schuldbeurteilung und eventuelle strafrechtliche Konsequenzen – die Polizei zur Protokollierung des Schadensfalles hinzuzuziehen. Etwas anderes gilt nur bei Bagatelleunfällen, bei denen die Polizei eine Unfallaufnahme ablehnt. Schuldanerkenntnisse dürfen auf keinen Fall abgegeben werden. Die Personalien, Versicherungsgesellschaft und Fahrzeugdaten vom Unfallgegner sowie vorhandener Zeugen sind aufzunehmen. Die Firma ist unverzüglich telefonisch über den Unfall zu informieren.
2. Nach einem Verkehrsunfall sowie bei sonstigen Schäden am Fahrzeug hat der Arbeitnehmer unverzüglich eine Schadensmeldung zu erstellen und diese an die Firma zu senden. Vor Unfallreparaturen ist Rücksprache mit der für Schadensfälle zuständigen Abteilung zu halten.

§ 11 Haftung

1. Der Arbeitnehmer haftet der Firma für Schäden am Fahrzeug, die durch unsachgemäße Behandlung entstehen und als Betriebsschäden von der Vollversicherung ausgenommen sind, z. B. Motorschäden infolge Ölmangels. Ferner hat der Arbeitnehmer die Firma von allen Ansprüchen freizustellen, die aufgrund seines Verhaltens von der Haftpflichtversicherung nicht gedeckt werden, z. B. im Falle von Unfallflucht, unwahre Angaben gegenüber der Versicherung.
2. Sofern der Arbeitnehmer einen Schaden grob fahrlässig, z. B. Alkoholfahrt, Überholen im Überholverbot, verursacht hat, hat er der Firma sämtliche Kosten zu ersetzen, die durch den Unfall entstehen, insbesondere Reparaturkosten, Nutzungs- und Verdienstausfall, Wertminderung sowie Rückstufung im Schadensfreiheitsrabatt (Letzteres gilt nur dann, wenn der Arbeitnehmer keinen eigenen bestehenden Schadensfreiheitsrabatt eingebracht hat, vgl. oben § 8 [2]).
3. Bei Unfällen auf Privatfahrten hat der Arbeitnehmer der Firma in jedem Fall sowohl die Selbstbeteiligung in Vollversicherung als auch diejenigen Verluste zu ersetzen, die durch die Rückstufung im Schadensfreiheitsrabatt in der Haftpflicht- und Vollversicherung entstehen (vgl. oben [2] in Klammern). Sollte die Vollversicherung (z. B. bei grober Fahrlässigkeit) nicht eingreifen, hat der Arbeitnehmer der Firma sämtliche Schäden zu ersetzen.

§ 12 Lohnsteuerliche Behandlung

Die Versteuerung der Nutzung des Firmenfahrzeugs richtet sich nach den jeweils geltenden steuerlichen Vorschriften. Darüber hinaus sind ggf. Sozialversicherungsbeiträge entsprechend abzuführen.

Je nach Nutzungsumfang kommen Punkt a) oder b) oder beide zur Anwendung

a) Private Nutzung

Hierfür wird zurzeit 1 % vom Listenpreis (abgerundet auf volle € 50) plus Ausstattung (ohne Autotelefon) plus Mehrwertsteuer dem Einkommen zur Berechnung von Steuern und Sozialversicherung hinzugerechnet. Abzugsfähig hiervon sind Nettozuzahlungen des Arbeitnehmers für Sonderausstattungen (vgl. § 2 Ziff. 3).

b) Nutzung für Fahrten zwischen Wohnung und Arbeitstätte

Für diese Nutzung lautet die steuerlich vorgeschriebene Berechnungsformel zurzeit wie folgt:

0,03 % vom Listenpreis (gem. a) ohne Nettozuzahlungen des Arbeitnehmers) × Entfernungskilometer Wohnung bis Firma

Für Arbeitnehmer mit Heimbüro kommt nur § 12 Buchstabe a) zur Anwendung.

§ 13 Fahrerlaubnis/Fahrtüchtigkeit

1. Voraussetzung für das Fahren des Dienstfahrzeugs ist eine in der Bundesrepublik Deutschland gültige Fahrerlaubnis; sollte die Fahrerlaubnis – auch nur vorübergehend – beschlagnahmt oder aufgrund eines Fahrverbotes eingezogen werden, so ist die Firma hierüber unverzüglich schriftlich zu informieren, das Führen des Fahrzeugs umgehend einzustellen und für eine unverzügliche Rückgabe des Dienstfahrzeugs an die Firma Sorge zu tragen.
2. Die Benutzung des Fahrzeuges ist untersagt, wenn der Fahrer durch Alkoholgenuss oder die Einnahme von Medikamenten in der Fahrtüchtigkeit beeinträchtigt sein könnte oder wenn er nach pflichtgemäßer Prüfung aller Umstände nicht mit Sicherheit ausschließen kann, dass seine Fahrtüchtigkeit anderweitig eingeschränkt ist, insbesondere durch Übermüdung oder Krankheit.

§ 14 Beendigung der Überlassung

1. Die Gebrauchsüberlassung ist an das bestehende Arbeitsverhältnis gebunden und endet somit automatisch mit der Beendigung des Beschäftigungsverhältnisses.
2. Die Firma behält sich vor, nach Kündigung des Arbeitgebervertrages, insbesondere bei Freistellung des Arbeitnehmers, das Fahrzeug vorzeitig herauszuverlangen.
3. Die Firma ist berechtigt, das Fahrzeug bei einer mehr als sechs Wochen andauernden Arbeitsunfähigkeit herauszuverlangen, wenn zu diesem Zeitpunkt nach einer medizinischen Prognose mit einer weitergehenden Arbeitsunfähigkeit von mindestens sechs Wochen zu rechnen ist. Im Fall von Wehrdienst und Elternzeit ist das Fahrzeug am ersten Tag des Wehrdienstes bzw. der Elternzeit herauszugeben.

Auf Wunsch des Arbeitnehmers kann das Fahrzeug auch schon zu einem früheren Zeitpunkt zurückgegeben werden. Mit Wiederaufnahme derselben Tätigkeit wird dem Arbeitnehmer das Fahrzeug bzw. ein vergleichbares Fahrzeug wieder zur Verfügung gestellt. Ein finanzieller Ausgleichsanspruch für die Zeit, in der das Fahrzeug zurückgegeben wurde, besteht nicht.

§ 15 Rückgabe des Firmenwagens

1. Abgesehen von der Regelung nach § 14 wird der Firmenwagen grundsätzlich jeweils nach Beendigung des Leasing-Vertrages zurückgegeben und ausgetauscht. Der Arbeitnehmer wird über den Austauschzeitpunkt rechtzeitig informiert. Die Firma behält sich darüber hinaus vor, bei Vorliegen betrieblicher Gründe die Kraftfahrzeuge von Arbeitnehmern untereinander zu tauschen.
2. Das Fahrzeug ist nach Beendigung des Leasingvertrages in einem dem vertragsgemäßen Gebrauch entsprechenden Verkehrs- und betriebssicheren Zustand zurückzugeben.
   Über den Zustand des Fahrzeuges wird ein Abnahmeprotokoll erstellt, in dem alle am Fahrzeug festgestellten Schäden aufgezeichnet werden.
   Befindet sich das Fahrzeug zum Vertragsende in einem Zustand, der nicht dem normalen Gebrauch während der Leasingdauer entspricht, gehen die erforderlichen Instandsetzungskosten zu Lasten des Arbeitnehmers.
3. Im Falle des Ausscheidens ist die Firma berechtigt, bis zur ordnungsgemäßen Rückgabe (vgl. Ziffer [2]) vom letzten Gehalt des Arbeitnehmers einen Beitrag in Höhe € 500,– netto einzubehalten.

§ 16 Schlussbestimmungen

1. Sollten einzelne Bestimmungen dieses Vertrages unwirksam sein oder werden, soll dieses die Vereinbarung im Übrigen nicht berühren. Vielmehr verpflichten sich die Parteien schon jetzt, die unwirksame Bestimmung durch eine wirksame zu ersetzen, die dem Gewollten am nächsten kommt.
2. Änderungen und Ergänzungen dieser Vereinbarung bedürfen zu ihrer Wirksamkeit der Schriftform.

Stichwortverzeichnis